# 이스탄불

Istanbul

by Orhan Pamuk

Copyright © Yapi Kredi Kültür Sanat Yayincilik Ticaret ve Sanayi A.S., 2003
All rights reserved.

Korean Translation Copyright © Minumsa 2008, 2015

Korean translation edition is published by arrangement with
Orhan Pamuk c/o The Wylie Agency (UK) Ltd.

이 책의 한국어 판 저작권은 The Wylie Agency (UK) Ltd.와
독점 계약한 (주)민음사에 있습니다.

저작권법에 의해 한국 내에서 보호를 받는 저작물이므로
무단 전재와 무단 복제를 금합니다.

오르한 파묵

자전
에세이

이스탄불

도시 그리고 추억
*Istanbul*
이난아 옮김

나의 아버지 귄뒤즈 파묵(1925~2002)을 기억하며

풍경의 아름다움은 그 슬픔에 있다.
―아흐메트 라심

## 차례
CONTENTS

1장     또 다른 오르한 __ 15

2장     어두운 박물관 집의 사진들 __ 24

3장     "나" __ 36

4장     허물어진 파샤 저택들의 슬픔 : 거리의 발견 __ 48

5장     흑백 __ 58

6장     보스포루스 탐험 __ 74

7장     멜링의 보스포루스 풍경 __ 92

8장     어머니와 아버지 그리고 그들의 가출 __ 111

9장     또 다른 집 : 지한기르 __ 120

10장     비애-멜랑콜리-슬픔 __ 129

11장     네 명의 외롭고 슬픈 작가 __ 151

12장     할머니 __ 162

13장     학교생활의 지루함과 즐거움 __ 169

14장     오시마 지뻴 을침 에닥바 __ 181

15장    아흐메트 라심 그리고 다른 편지 칼럼 작가들 __ 186

16장    길거리에서 입을 벌리고 걷지 마시오 __ 194

17장    그림 그리는 즐거움 __ 202

18장    지식과 기이함에 관한 레샤트 에크렘 코추의 컬렉션
        : 『이스탄불 백과사전』 __ 209

19장    정복인가 몰락인가 : 콘스탄티노플의 터키화 __ 238

20장    종교 __ 245

21장    부자들 __ 262

22장    보스포루스를 지나가는 배들, 화재, 가난, 이사
        그리고 다른 재앙들 __ 277

23장    이스탄불의 네르발 : 베이올루 산책 __ 302

24장    변두리 마을, 고티에의 우울한 산책 __ 309

25장    서양인의 시선 아래서 __ 322

26장    폐허의 비애
        : 탄프나르와 야흐야 케말, 가난한 변두리 마을에서 __ 337

27장 가난한 변두리 마을의 회화적인 아름다움 _ 348

28장 이스탄불 그리기 _ 361

29장 그림, 그리고 가족의 행복 _ 371

30장 보스포루스 위에 떠 있는 배에서 나는 연기 _ 378

31장 이스탄불의 플로베르 : 동양과 서양 그리고 매독 _ 388

32장 형과의 싸움 _ 398

33장 외국인 학교의 이방인 _ 409

34장 불행이란 자신과 도시를 혐오하는 것이다 _ 429

35장 첫사랑 _ 441

36장 할리치 만에 떠 있는 배 _ 466

37장 어머니와의 대화 : 인내, 신중함, 예술 _ 483


사진에 관하여 _ 502

옮긴이의 말 : 오르한 파묵 그리고 이스탄불의 음울한 영혼 | 이난아 _ 507

▶ 보스포루스 해협을 사이에 둔 이스탄불의 유럽 지구와 아시아 지구

베식타쉬

유럽 지구

베이올루
툴하네

할리치 만

파티흐

아시아 지구

보스포루스 해협

위스퀴다르

에미뇌뉘

마르마라 해

보스포루스 다리

초라안 궁전

돌마바흐체 궁전

성세파사 사원
윔라니예

하렘 항구
셀리미예

하이다르파샤 기차역

아타튀르크 박물관
레쉬비키예
닥싱 광장
갈라타사라이
지한기르
페라 팔라스 호텔
갈라타 탑
갈라타 다리
크즈쿨레시
톱카프 궁전
아야소피아 사원

예니 사원
시르케지 기차역
카펠르 차르시
술탄 아흐메트 사원

할리치 다리
가슴파샤
에스키갈라타 다리
아타튀르크 다리
(운카파느 다리)
쉴레이마니예 사원
뷰조투안 수도교

일러두기

1. 번역에 사용한 책은 *Istanbul*(Istanbul: Yapı Kredi Yayınları, 2003)이다.
2. 터키어 고유명사의 한글 표기는 외래어표기법을 따르되, 발음상의 편의를 위해 몇몇 예외를 두었다.
3. 모든 주석은 독자의 이해를 돕기 위해 옮긴이가 붙였다.

# 1장
# 또 다른 오르한

어렸을 때부터 시작해 오랜 세월 동안 내 뇌리의 한구석에, 이스탄불 골목들 중 한 곳에, 우리 집과 비슷한 다른 어떤 집에, 모든 면에서 나와 비슷한, 아니 나와 꼭 닮은 또 다른 오르한이 살고 있다고 믿었다. 이러한 생각을 처음 언제, 어떻게 히게 되었는지는 기억할 수 없다. 아마도 오해, 우연, 장난 그리고 두려움으로 짜인 긴 세월 끝에 내 마음속에 스며든 것 같다. 이 상상이 머릿속에서 빛을 발하기 시작하자 내가 무엇을 느꼈는지를 해명하기 위해 그것을 가장 확연한 형태로 처음 느꼈던 순간 중 하나를 설명해야 할 것 같다.

다섯 살 때였다. 한동안 나는 다른 집으로 보내졌다. 아버지와 어머니는 많은 다툼과 이별을 반복하다 파리에서 만났고, 이스탄불에 있던 나와 형도 떨어져 살게 되었다. 형은 니샨타쉬에 있는 파묵 아파트에서 할머니 그리고 대가족과 함께 살았고, 나는 지한기르에 있

는 이모 집으로 보내졌다. 이 집 사람들은 항상 사랑이 가득 담긴 미소를 지으며 나를 맞이했다. 집의 벽에는 어린아이 사진이 들어 있는 하얀 액자가 걸려 있었다. 가끔 이모나 이모부는 벽에 걸린 사진을 가리키며 "봐, 저게 너야."라고 미소 짓곤 했다.

커다란 눈을 한 사진 속 아이는, 그렇다, 나와 약간 닮았었다. 그 아이도 내가 밖에 나갈 때 쓰는 모자를 쓰고 있었다. 하지만 그래도 나는 그 사진이 내 사진이 아니라는 것을 알고 있었다.(실은 그 사진은 유럽에서 온 키치*, 사랑스런 아이의 복제물이었다.) 내가 항상 생각

했던, 그러니까 다른 집에서 사는 다른 오르한이 이 아이였을까?

하지만 지금 나도 다른 집에서 살기 시작했다. 이스탄불의 다른

---

* 저속한 모방 예술.

집에서 사는 나와 닮은 아이와 만나기 위해 나도 다른 집에 가야만 했던 것 같다. 하지만 나는 이 만남이 전혀 기쁘지 않았다. 나의 진짜 집, 파묵 아파트로 돌아가고 싶었다. 벽에 걸려 있는 사진이 나라고 말했을 때, 나는 약간 혼란스러웠다. 나, 내 사진, 나와 닮은 사진, 나와 비슷한 사람, 또 다른 집에 대한 상상들이 서로 뒤엉켰고, 진짜 집으로 다시 돌아가, 그곳에서 대가족과 항상 함께 있고 싶었다.

나의 바람은 실현되었다. 얼마 지나지 않아 나는 파묵 아파트로 돌아왔다. 하지만 이스탄불에 있는 다른 집에 사는 또 다른 오르한에 대한 상상이 도무지 내 뇌리에서 떠나지 않았다. 어린 시절에, 청소년기에, 이 마법적인 생각은 쉽게 도달할 수 있던 내 뇌리의 한구석에 항상 그대로 있었다. 겨울밤, 이스탄불 거리를 걸을 때, 오렌지색 빛을 보고, 행복하고 여유로운 사람들이 평온한 삶을 산다고 상상했고, 그 안을 들여다보고자 했던 어떤 집에 다른 오르한이 산다는 것이 순간 소름끼치게 내 뇌리를 스쳐 지나가곤 했다. 나이가 들어 갈수록, 이러한 상상은 환상으로, 환상은 꿈의 장면으로 변했다. 어떤 때는 악몽 속에서 고함을 지르며, 이 다른 오르한과—항상 다른 집에서—만나거나, 놀라울 정도로 매정하고 냉정하게 두 명의 오르한이 조용히 서로를 바라보았다. 그러면 나는 반수 상태에서 내 베개를, 집을, 거리를, 내가 살고 있는 곳을 더 꼭 안았다. 불행할 때에는 또 다른 집으로, 또 다른 삶으로, 또 다른 오르한이 살고 있는 곳으로 갈 거라고 상상했다. 그러다가 내가 그 다른 오르한이라는 것을 약간 믿었고, 그 행복한 상상으로 시간을 보내곤 했다. 이 상상이 나를 얼마나 행복하게 했던지, 다른 집으로 갈 필요조차 없었다.

이제 문제의 심장부에 이르렀다. 나는 내가 태어난 날부터 시작하여 내가 살았던 집, 거리 그리고 마을을 한 번도 떠난 적이 없다. 오십 년 후에(가끔 이스탄불의 다른 곳에서 살기도 했지만) 다시 파묵 아파트에, 어머니가 나를 품에 안고 처음 세상을 보여 주고, 처음 사

진을 찍었던 곳에 내가 살고 있다는 것은, 이스탄불의 다른 곳에 있는 다른 오르한에 대한 생각과 이것에서 비롯된 위안과 관련이 있다는 것을 알고 있다. 나의 이야기가 나에게, 그리고 이러한 이유로 이스탄불에게 특별한 점이 바로 이것이라고 느낀다. 그러니까 다량의 이주 그리고 이주자들이 자신들의 삶과 주위에 미친 변화들로 형성된 어느 시대에, 항상 같은 곳에, 더욱이 오십 년간 항상 같은 집에 사는 것. 어머니는 슬픈 표정으로 항상 "밖에 좀 나가렴, 다른 곳으로 가렴, 여행을 떠나거라."라고 말하곤 했다.

콘래드, 나보코프, 나이폴처럼 언어, 국민, 문화, 나라, 대륙, 더욱이 문명을 성공적으로 바꾸면서 글을 쓴 작가들이 있다. 그들이 창조적 정체성을 유배 혹은 이주에서 얻었던 것처럼, 내가 항상 같은

집, 거리, 풍경 그리고 도시에 매여 사는 것이 나를 나타낸다는 것을 알고 있다. 이스탄불에 대한 이 예속감은, 도시의 운명도 사람의 성격이 된다는 의미이다.

내가 태어나기 102년 전에 이스탄불에 와서 도시의 복잡함과 다양성에 영향을 받은 플로베르는, 콘스탄티노플이 100년 후에 세계의 수도가 될 거라 믿는다고 한 편지에서 쓴 적이 있다. 오스만 제국이 멸망하여 사라지자, 이 예언은 정반대가 되었다. 내가 태어났을 때 이스탄불은, 세상의 외관적 측면에서 2000년 역사에서 가장 나약하고, 가장 가난하고, 가장 변방이자, 가장 고립된 시기를 살아가고 있었다. 오스만 제국의 몰락의 정서와 가난 그리고 도시를 뒤덮은 폐허가 부여한 슬픔은, 나의 전 생애 내내 이스탄불을 표상하는 것들이었다. 내 인생은 이 우울함과 싸우거나 결국에는 다른 모든 이스탄불 사람들처럼 이것을 받아들이는 것으로 지나갔다.

삶에 어떤 의미를 부여하는 데 관심이 있는 사람들은 모두 평생 최소한 한 번은 자신이 태어난 상황과 시기의 의미를 묻는다. 우리가 세상의 이곳에서, 이 시기에 태어난 의미는 무엇인가? 복권에서 나온 것처럼 우리에게 부여된, 사랑하기를 기대하고 결국은 진심으로 사랑하는 데 성공한 이 가족, 이 나라, 이 도시는 공정한 선택이란 말인가? 몰락하여 붕괴된 제국의 잔재, 잿더미 아래서 무기력, 빈곤 그리고 우울과 함께 퇴색되며 낡아 가는 이스탄불에서 태어났기 때문에 때로 나 자신이 불행하다고 느끼곤 했다.(하지만 내 마음속 어떤 소리는 실은 이것이 행운이었다고 내게 말한다.) 부유함에 관한 문제라면, 나는 이스탄불에서 꽤 넉넉한 집에서 태어났기 때문에 가끔 내가 행운아라고도 생각하기도 했다.(하지만 이렇게 생각하지 않는 사람들도 있을 것이다.) 불평할 필요가 없다고 스스로 믿으려 했던 나의 몸과(조금 더 뼈가 굵고, 잘생겼더라면) 나의 성별처럼(여자였더라면 성 문제가 더 작은 고민이었을까.) 내가 태어나 평생을 살았던 이스탄불은 내게 논쟁의 여지가 없는 운명이라는 것을 알게 되었다. 이 책은 이 운명에 관한 것이다.

나는 1952년 6월 7일 자정이 조금 지난 시간에 이스탄불 모다에 있는 작은 사설 병원에서 태어났다. 밤에 복도와 세상은 고요했다. 우리 행성에, 이틀 전에 이탈리아의 스트롬볼리 화산이 갑자기 뿜어내기 시작한 불꽃과 재 이외에 다른 충격적인 일은 없었다. 북한에서 전쟁 중인 터키군에 관한 기사와 북한 사람들이 생화학 무기를 사용할 준비를 한다는 것과 관련된 미국 자료에 근거한 일련의 추측들은 신문에 나온 작은 소식들이었다. 나를 출산하기 몇 시간 전에, 이스탄불에 사는 대부분의 사람들처럼 어머니가 관심을 갖고 읽었던 진짜 기사는 '우리의 도시'에 관한 것이었다. 이틀 전 얼굴에 끔찍한 가면을 쓰고 랑가에서 화장실 창문을 통해 어떤 집에 들어가려고 하다가 들켜, 경비원과 콘야 학생 기숙사의 '용감한' 학생들에 의해 길에서 쫓기다가 어떤 목재소 창고에서 포위당하고, 경찰들에게 욕설을 퍼부은 후 결국 자살한 전과범 도둑의 시체를 어제 확인한 포목상은, 지난해 대낮에 무기로 위협하며 하르비예에 있는 자신의 가게를 턴 사람이 바로 이 도둑이라고 진술했다. 어머니는 병원에서 혼자 이 기사를 읽고 있었다. 왜냐하면 몇 년이 흐른 후 약간은 화를 내며, 약간은 슬픈 표정으로 내게 설명한 바에 의하면, 아버지가 어머니를 입원시킨 후 출산이 늦어지자 지루해서 친구들을 만나러 가 버렸기 때문이다. 병원 출산실에는 늦은 시간에 병원 벽을 뛰어넘어 안으로 들어온 이모만이 어머니 곁에 있었다. 어머니는 나를 보았을 때, 두 살 많은 형보다 내가 조금 더 마르고, 더 연약하고, 더 가냘프다고 생각했다.

실은, 나는 어머니가 "생각했다고 한다."라고 말해야 할 것이다. 터키어에서 꿈, 옛날이야기, 직접 경험하지 않은 것들을 설명할 때, 내가 아주 좋아하는 미쉬(miş)*로 표현하는 과거시제는 우리가 요람에 있을 때, 유모차를 타고 있을 때 혹은 처음 걸음마를 했을 때 경험했던 것들을 설명하는 데 더 적당하다. 왜냐하면 세월이 흐른 후 어머니와 아버지가 우리의 이 첫 인생 경험을 말해 줄 때, 마치 다른 사람이 첫 단어를 말하는 것을 듣고 첫 걸음마를 내딛는 것을 구경하는 것처럼, 우리의 이야기를 듣는 것을 전율을 느끼며 좋아하기 때문이다. 우리 자신을 꿈에서 보는 희열을 떠올리게 하는 이 달콤한 느낌은, 이후 살아가는 내내 우리를 중독시킬 어떤 습관이 우리 영혼에 자리 잡게 만든다. 우리는 삶에서 경험하는 것들의—가장 깊은 희열조차—의미를 다른 사람들을 통해 아는 것을 습관화한다. 마치 다른 사람들에게서 듣고 열정적으로 받아들인 후, 우리가 기억했다고 생각하기 시작하여, 굳게 믿고 다른 사람들에게 설명했던 아기 시절 '기억들'처럼, 우리가 인생에서 했던 다양한 것에 대해 다른 사람들이 말했던 것은 시간이 흐른 후 단지 우리 자신의 생각이 되는 것이 아니라, 우리가 경험했던 것 자체보다 더 중요한 기억으로 변한다. 우리가 경험한 삶처럼, 우리가 살고 있는 도시의 의미도 우리는 대부분 다른 사람들에게 들어서 알게 된다.

* 비한정 과거시제. 터키어에서 남에게 들은 이야기나, 사건이 일어난 것을 나중에 보고 알게 되었을 때 사용하는 과거시제.

다른 사람들이 나에 대해서, 이스탄불에 대해서 설명했던 것들을 나의 기억처럼 받아들였을 때 속으로 이렇게 말하고 싶어진다. "나는 한때 그림을 그렸고, 이스탄불에서 태어났고, 이스탄불에서 자랐고, 그럭저럭 호기심 많은 아이였고, 그 후 스물두 살에 어떤 이유로 소설을 쓰기 시작했다고 한다." 모든 삶을, 다른 사람이 경험한 것처럼 이야기했을 뿐만 아니라, 자신의 목소리와 의지가 약해진 달콤한 꿈에 비유했기 때문에 이 책을 이러한 언어로 쓰고 싶었다. 하지만 이 삶을, 이후에 꿈에서 빠져나오는 것처럼 깨어날 때 더 현실적이고, 더 밝은 두 번째 삶에 대한 준비처럼 보여 주었기 때문에 이 아름다운 이야기체는 내게 신빙성이 없어 보인다. 왜냐하면 나와 같은 사람들이 이후에 살 수 있는 두 번째 삶은, 당신이 손에 들고 있는 책뿐이기 때문이다. 아, 독자여, 이는 당신의 집중에 달려 있다. 나는 당신에게 진솔함을 보여 줄 테니, 당신도 나에게 인정(人情)을 베풀어 주길.

## 2장
## 어두운 박물관 집의 사진들

우리 가족, 그러니까 어머니, 아버지, 형, 할머니, 삼촌들, 고모들, 숙모들은 5층짜리 아파트의 각 층에서 살았다. 내가 태어나기 일 년 전까지 오스만 제국의 대가족들처럼 모두 함께 석조 대저택 안에서 다른 방과 다른 구역에서 살다가, 그 건물을 사립 초등학교에 임대하고, 1951년에 바로 옆에 있는 토지에 지금 우리가 4층에 살고 있는 '현대적인' 아파트를 지어 당시의 유행에 따라 자랑스럽게 현관 출입구에 '파묵 아파트'라고 써 놓았다. 초창기에 어머니의 품에 안겨 오르락내리락 했던 각 층의 세대마다 한두 대의 피아노가 있었다. 항상 신문을 읽고 있었던 것으로 기억되는 막내 삼촌은 결혼을 하고, 이후 반세기 동안 거리를 지나가는 사람들을 창문에서 바라보며 살아갈 1층에 숙모 그리고 피아노와 함께 정착했다. 한 번도 연주된 적이 없었던 이 피아노들은 내게 비애와 침울함을 불러일으키곤 했다.

단지 피아노가 연주되지 않았기 때문이 아니라, 도자기, 찻잔, 은 제품, 설탕 통, 코담배 통, 크리스털 컵, 장미수 스프레이, 접시들, 달아매는 향로(그리고 어느 날 이것들 사이에 숨겨 둔 작은 장난감 자동차)로 가득 찬 진열장이 항상 잠겨 있었던 것, 자개 장식의 작은 책상,

 벽에 걸려 있는 터번 보관집들이 사용되지 않았던 것, 아르누보와 일본 예술의 영향을 담고 있는 병풍 뒤에 아무것도 숨겨지 있지 않았던 것, 미국으로 이주한 의사 삼촌의 먼지 가득한 이십 년 된 의학서적들이 꽂혀 있던 책장의 유리문들이 전혀 열리지 않았던 것은 내게 각 세대의 거실을 꽉 채우는 이 모든 물건들이 삶을 위해서가 아니라, 죽음을 위해 전시되고 있다는 느낌을 불러일으키곤 했다.(가끔 어떤 작은 탁자 혹은 조각 장식의 궤가 신비스럽게 어떤 거실에서 다른 세대로 옮겨지곤 했다.)
 때로 우리가 자개와 은실로 장식된 안락의자에 아무렇게나 앉아 있으면 할머니는 "똑바로 앉아라."라며 주의를 주었다. 거실이 가족들이 평온하게 시간을 보낼 수 있는 편한 장소가 아니라, 언제 올지 전혀 알 수 없는 상상의 손님들을 위해 만든 작은 박물관처럼 정리된 배후에는 물론 서구화에 대한 관심이 자리 잡고 있었다.(장식장과 피아노에 둘러싸여 살면서 라마단* 기간에 금식을 하지 않는 사람은,

* 회교력의 음력 9월로, 금식 기간이 있는 달.

방석이 깔린 긴 의자와 쿠션에 책상다리를 하고 앉아 사는 사람보다 양심의 가책을 덜 느낀다.) 서구화가 종교적 요구 사항에서 탈피하는 이외에 어떤 필요가 있는지 별로 알지 못했기 때문에, 거실이 가급적 만지면 안 되는 서구화와 부유함의 상징, 우울한(때로는 시적인) 어떤 부가적 영혼의 전시 장소로 사용된 것은 단지 이스탄불뿐만 아니라 터키 전역에 확산되었고, 텔레비전이 가정에 들어오기 시작한 1970년대 말에는 이 유행이 지나가기 시작했다. 화면 앞에 모여 앉아 영화나 뉴스를 시청할 때 함께 이야기하고 웃고 즐거워하던 거실이 박물관에서 작은 극장으로 변했던 이 시기에조차, 집 안의 작은 홀 같은 방에 텔레비전을 놓고, 박물관 거실의 잠긴 문을 오로지 명절 때나 아주 특별한 손님들을 위해서만 열던 구식 가정을 보았던 것을 기억한다.

아파트 각 세대들 사이에는, 대가족 저택의 구역들 간에 그러했던 것처럼 계속 왕래가 있었기 때문에, 파묵 아파트 세대들의 현관문은 대부분 열려 있었다. 형이 학교에 다니기 시작하고 나서, 나는 때로 어머니의 허락을 받고, 때로는 어머니와 함께 위층으로 올라가서, 아침에 할머니가 아직 침대에 있을 때, 망사 커튼이 드리워진, 골목 맞은편에 있는 아파트와 거리상으로 가까워서 특히 아침에는 반쯤 어두운 골동품 가게 같은 거실의 무겁고 커다란 카펫 위에서 혼자 놀곤 했다. 유럽에서 가져온 작은 장난감 자동차들을 강박증이 있듯이 질서 있게 정돈하여 주차시키는 '주차장' 놀이를 하거나, 복도까지 계속 늘어져 있는 카펫은 바다이고, 안락의자와 테이블은 이 바다에서 솟아오른 작은 섬들이라고 상상하곤 했다. 발을 바닥에 대지 않고 한 물건에서 다른 물건으로 건너뛰며(발을 전혀 땅에 대지 않고 나무에서 나무로 건너뛰며 평생을 보낸 칼비노의 남작처럼) '바다에 안 닿기' 놀이를 하거나, 헤이벨리 섬에 있는 마차에서 얻은 영감으로 안락의자의 팔걸이에 마치 말을 타듯 앉아 운전하는 데 지쳤을 때, 내가 평생 하려는 것처럼, 지루함 때문에 이곳을(이 방을, 이 거실을, 이 교실을, 이 군인 막사를, 이 병실을, 이 관공서를) 다른 곳으로 상상하는 데 나의 상상력이 바닥이 났을 때, 어떤 즐거움을 기다리며 주위에 있는 작은 탁자, 테이블, 벽을 절망적으로 바라보았지만, 사진들 이외에 다른 그 어떤 오락거리도 보이지 않았다.

그 당시 아래층에서도 피아노들이 같은 용도로 사용되었기 때문에, 피아노는 액자를 끼운 사진들을 전시하는 데 유용한 것이라고 생각하곤 했다. 할머니 전용 거실과 거실의 모든 표면은 액자에 끼운 크고 작은 사진들로 뒤덮여 있었다. 전혀 불을 피우지 않는 벽난로 위의 벽에는 1934년에 돌아가신 할아버지와 할머니의 색을 넣어 수정한 커다란 사진이 따로 액자에 넣어져 걸려 있었다. 박물관 거실에 들어간 사람은 이 커다란 사진이 걸려 있는 장소로 인해, 할머니와 할아버지가 당시 어떤 유럽 국가의 우표에서 내가 보았던 왕과 왕비처럼 서로 등지고 서 있지만 카메라를 보는 시선으로 인해, 그들로부터 이야기가 시작된다는 것을 알게 된다.

두 사람 모두 마니사 근처에 있는 괴르데스 마을 출신이었으며, 피부와 머리칼이 무척이나 하얬기 때문에 파묵\*이라고 불리는 가문 사람들이었다. 할머니에게는 오랜 세월 동안 오스만 제국 하렘에 키가 크고 아름다운 처녀를 보냈던 코카서스인의 피가 흐르고 있었다.

---

\* 파묵은 터키어로 '솜'이라는 의미이다.

할머니의 아버지는 1877년~1878년 오스만 제국과 러시아 간의 전쟁 중에 아나톨리아로 이주했고, 이후 가족은 이즈미르로 갔으며(할머니는 이즈미르에 두고 온 빈집에 대해 가끔 언급하곤 했다.) 이후 할아버지가 공학을 공부했던 이스탄불로 왔다. 할아버지는 1930년대 새로운 터키 공화국이 많은 투자를 했던 철도 건설 사업에서 큰돈을 벌었다. 보스포루스로 연결되는 괵수 강변에 담뱃잎을 건조하는 데 필요한 노끈에서부터 밧줄까지 많은 것을 생산하는 큰 공장을 세운 후, 아버지와 삼촌들이 오랜 세월 동안 다양한 사업을 시도하며 파산에 파산을 거듭해도 다 바닥내지 못할 많은 재산을 남기고 1934년 쉰 두 살에 사망했다.

거실로 통하는 서재 벽에는 수정하기 좋아하는 사진사가 파스텔 톤으로 색을 입힌 다음 세대의 커다란 사진들이 액자에 끼워져 대칭으로 세심하게 배치되어 있었다. 의학을 공부하고 미국으로 이민 갔다가, 군복무를 하지 않아 터키로 귀국하지 못한, 이런 사정으로 할머니에게 계속 애도의 분위기 속에서 살 기회를 준 삼촌(외즈한)은 뚱뚱하고 건강했다. 그보다 나이가 어리고, 맨 아래층에 정착한 아이든 삼촌은 안경을 끼고 있었다. 아버지처럼 그도 공학을 전공했으며, 젊은 나이에 감당하지 못할 큰 건축 사업에 뛰어들었다. 오랜 세월 동안 피아노 교육을 받은 후, 파리에서도 이 일을 계속하다 결혼하여 피아노를 그만둔 고모도 법과대학의 조교인 남편과 함께, 오랜 세월이 흐른 후 내가 이사해서, 이 책을 쓸 때 살았던 맨 위층에 있는 세대에 살고 있었다.

서재를 거쳐 크리스털 전등이 더욱더 침울한 분위기를 자아냈던 실제 거실로 가면, 수정을 하지 않은 더 작은 수많은 흑백사진들 사이에서 삶은 갑자기 빨라졌다. 모든 형제들의 약혼과 결혼 사진, 어느 특별한 날에 부른 사진사에게 취한 포즈, 미국에 있는 삼촌에게서 온 첫 컬러사진, 이스탄불의 공원들, 보스포루스 해안 그리고 탁심 광장에서 모두 함께 했던 명절 식사, 어머니, 아버지, 형 그리고 나 모두 함께 갔던 어떤 결혼식, 우리 집 옆에 있는 고옥의 정원, 할아버지와 삼촌이 그들이 소유한 자동차와 아파트 정문 앞에서 찍은

사진들. 미국에 있는 삼촌의 첫 번째 부인 사진 대신 두 번째 부인의 사진이 걸리는 것 같은 특별한 상황 말고는, 마치 완공된 옛 스타일의 박물관에서처럼 아무것도 변하지 않는 이 사진들을 일일이 모두 수백 번 봤음에도 불구하고, 그 복잡한 거실로 들어갈 때마다 다시 보기 시작하곤 했다.

매번 사진들을 다시 보는 것은, 살았던 삶과 그 안에서 끌어내어 시간으로부터 보호하며 사진틀 안에 넣어 강조한 어떤 순간들의 중요성을 내게 가르쳐 주곤 했다. 형에게 산수 문제를 내는 삼촌을 보면서, 동시에 그가 삼십 년 전에 찍은 사진을 보는 것, 혹은 한편으로 신문을 뒤적이면서 다른 한편으론 많은 사람들로 복잡한 방에서

오가는 농담들을 듣고 있음을 얼굴에 띤 미소로 알 수 있었던 아버지를 바라보면서, 동시에 나와 같은 아이인 다섯 살 때 소녀처럼 긴 머리를 하고 있는 그의 사진을 바라보는 것은, 삶의 액자 속에 넣은 이 특별한 순간들을 경험하기 위해 우리에게 주어진 기회라는 인상을 불러일으키곤 했다. 가끔 할머니가 젊은 나이에 죽은 할아버지에 대해 어떤 국가 설립자에 대해 언급하듯 말하면서, 테이블과 벽에 있는 그 액자 속 사진들을 손으로 가리키는 것으로 이 삶과 비유할 데 없는 순간, 평범함-의전 딜레마를 강조하곤 했다. 나는 시간의 흐름에, 인간과 물건의 부식에 저항하고, 액자 속에 숨은 이 특별한 순간들의 중요성과 의미를 경외감에 빠져 이해하면서도 한편으론 지루하기도 했다.

어린 시절에, 온 가족이 함께 모여 농담을 하면서 식사를 하던 저녁 시간, 사탕절과 희생절 때의 점심 식사, 나이를 먹을수록 매번 "이제 내년에는 오지 말아야지." 하면서도 다시 갔던 신년 식사, 그리고 식사 후 함께 했던 빙고 게임을 아주 좋아했다. 이 대가족의 식사, 농담, 삼촌이 라크* 혹은 보드카, 할머니도 약간 마신 맥주의 술기운에 서로 웃고 떠드는 모습은 내게 한편으로 액자 밖에 있는 삶이 더 즐거운 것이라고 느끼게끔 해 주었고, 다른 한편으로는 행복이라는 것이 가족과 많은 사람들과 공유하는 신뢰감, 농담, 편안함이라는 착각을 불러일으키곤 했다. 한편으로는 모두 함께 웃고 즐기고 오랜 시간에 걸쳐 명절 음식을 먹는 친척들이, 가끔 불타오르는 재산 싸움에서 서로에게 얼마나 가혹하게 행동하는지도 아주

---

* 터키에서 '국민 음료'로 불리는 증류주로, 주로 물에 희석해 마신다.

잘 알고 있었다. 어머니는 우리 집에서 우리끼리 있을 때 "너희 고모", "너희 삼촌", "너희 할머니"라고 칭하면서 누가 우리에게—그러니까 대가족 속에서 우리 네 명의 핵가족에게—나쁜 짓을 했는지를 나와 형에게 분노하며 말하곤 했다. 재산, 밧줄 공장의 주식, 혹은 아파트 한 채의 분배 문제는 항상 기나긴 논쟁과 다툼 그리고 상심의 원인이 되곤 했다. 얇은 유리를 끼운 액자에 넣어 피아노 위에 올려놓은 행복의 사진들 위에 금이 간 것과 비슷한 이 어두운 이야기들을, 할머니가 사는 아파트에서 그들이 서로 주고받는 농담 속에서 어쩌면 한동안 잊을 수도 있었지만, 아주 어린 나이였음에도 나는 이 농담 뒤에 비밀스런 계산, 암시가 있다는 것을 감지하곤 했다. 대가족을 이루는 각 핵가족의 하녀들조차도(예를 들면 우리 집에서 일했던 에스마 부인) 다른 하녀들과(예를 들면 고모 집의 하녀인 익발) 같은 기 싸움을 하는 것을 일종의 의무로 여기는 것을 목격하곤 했다.

"아이든이 뭐라고 했는지 알아요?"

어머니는 어느 아침 식사에서 이렇게 말했다.

"뭐라 했는데?"

아버지는 궁금해하며 물었다. 하지만 이야기를 들은 후,

"신경 쓰지 마!"라며 그 문제에 대한 언급을 막고는 신문에 파묻혔다.

모두 같은 목조 저택에서 살았던 전통적인 오스만 이스탄불 대가족의 흔적을 여전히 안고 있는 가족이 서서히 썩어 흩어지는 것을 이 모든 갈등 때문에 느꼈다고 할 수는 없어도, 계속적으로 이어지는 아버지와 삼촌의 파산, 끊임없이 계속되는 새로운 사업 시도, 갈

수록 빈번해지는 아버지의 부재로 감지하고 있었다. 가끔 어머니는 우리를 '외할머니' 집으로 데리고 갔다. 유령들로 가득 찬 쉬실리에 있는 집의 방에서 형과 함께 놀며 시간을 보내고 있을 때 어머니는 사업이 잘되지 않는다고 외할머니에게 말했고, 외할머니는 어머니에게 냉정하라고 충고했으며, 어머니가 친정으로 돌아올 가능성을 염두에 두고는 자신이 혼자 살고 있는 먼지 많은 3층짜리 집은 전혀 매력적인 곳이 아니라는 것을 우리에게 암시하곤 했다.

가끔 일시적인 분노에 휩싸이는 것만 빼면 아버지는 자신의 삶, 자기 자신, 외모, 두뇌 그리고 운에 꽤 만족하는 사람이었다. 그는 몸에 배인 순수함과 사랑스러움으로, 이러한 행복감을 전혀 숨기지 않았다. 나는 아버지가 집 안에서 자주 휘파람을 불며, 거울에 비친 자신의 모습을 만족스럽게 바라보고, 손바닥에 레몬을 짜서 머리에 헤어 광택제처럼 발랐던 것을 기억한다. 그는 농담, 말장난, 남을 헷갈리게 하는 것, 시 암송, 자신의 영리함을 과시하는 것, 비행기를 타고 먼 곳으로 가는 것을 좋아했다. 꾸중하고, 금지하고, 벌을 주는

아버지가 전혀 아니었다. 나는 특히 어린 시절 초기에 아버지와 돌아다니고, 친구처럼 지내면서, 세상은 인간이 행복하기 위해 온 즐거운 곳이라고 느끼곤 했다.

아버지가 해악이나 적의 혹은 전적으로 지루한 것 주위에서 소리 없이 배회할 때, 어머니는 이 위험에 맞서 우리에게 경고를 하고, 금기를 두고, 화를 내며 삶의 어두운 부분에 맞서 예방 조치를 취하곤 했다. 이는 어머니를 아버지보다 덜 재미있는 사람으로 만들곤 했지만, 기회가 될 때마다 집에서 도망치는 아버지보다 나는 우리에게 더 많은 시간을 할애했던 어머니의 사랑과 인정(人情)에 무척 의존했다. 이 사랑 때문에 형과 경쟁해야만 했던 것은, 나 자신을 알자마자 배우게 된 가장 기본적인 삶의 현실이었다.

어머니의 사랑을 얻기 위해 형과 벌였던 투쟁과 경쟁은, 아버지가 내게 느끼게 해 주지 않았던 권위, 힘 그리고 권력이 내 영혼에 가할 상처보다 더 많은 자리를 차지했다. 그때는 지금처럼 이를 파악할 수 없었다. 왜냐하면 형과의 경쟁은, 특히 초기에는 한 번도 적

나라한 형태로 드러나지 않았고, 항상 어떤 놀이의 일부로서, 어떤 놀이 속에서 나 자신을 다른 어떤 사람으로 상상하며 느끼곤 했다. 우리는 주로 오르한과 셰브케트가 아니라, 내가 나 자신과 동일화했던 축구 선수 혹은 영웅으로, 형은 자신과 동일화했던 다른 축구 선수 혹은 영웅으로 분해 서로 부딪히곤 했다. 우리 대신 싸우고 다투는 이 상상 혹은 실제 인물들을 연기할 때, 결국 피와 눈물로 끝나는 놀이와 싸움에 우리 자신들을 온전히 몰입시켰기 때문에 실상 싸움을 하고 질투 때문에 서로에게 상처를 입히고, 무시하고, 짓밟는 사람이 우리 두 형제라는 것은 잊어버리곤 했다. 성공 통계나 이긴 쪽의 승리 요인을 분석하는 데 평생 관심을 갖게 될 형은, 세월이 흐른 후 계산해서 내게 말해 주었던 것처럼, 놀이와 전쟁의 90퍼센트를 이기곤 했다.

마음이 우울하고, 불행해지고 심심해지면 아무에게도 아무 말도 하지 않고 집에서 나가, 아래층 고모의 아들에게 놀러가거나 할머니가 사는 아파트로 가곤 했다.(한번은 어머니가 "넌 어렸을 때 한 번도 다른 아이들처럼 심심하다는 말을 하지 않았단다."라고 말했다.) 내부가 서로 너무 비슷비슷하고, 그릇 세트에서 시작해서 설탕 통, 소파에서 재떨이까지 많은 물건들이 똑같았음에도 불구하고 각 세대는 전적으로 다른 세상, 전적으로 다른 나라처럼 여겨졌다. 물건들로 꽉 찬 그 모든 음울한 모습에도 불구하고, 어쩌면 이러한 이유로, 할머니의 거실로 가서 놀고, 박물관 같은 거실, 꽃병, 사진틀, 작은 탁자의 그림자 아래서 상상을 하고, 이곳이 다른 곳이라고 꿈꾸는 것을 좋아했다.

저녁에, 전등 빛 아래서 가족이 모두 모였을 때, 할머니의 집을 거대한 배의 선장실이라 상상하곤 했다. 우리는 폭풍 속에서 전진하는 이 배의 선장이며 선원인 동시에 승객이었으며, 파도가 높아질수록 걱정이었다. 밤에 침대에 누웠을 때, 보스포루스에서 지나가는 커다란 배가 슬픔으로 신음하는 뱃고동 소리를 들으며 꾸었던 꿈과 많은 면이 닮았던 이 상상에서, 배, 우리, 우리 모두의 운명이 내게 달려 있다는 것을 자랑스러워하곤 했다.

형의 만화책에 나오는 영웅들을 연상시키는 이 상상에도 불구하고, 내가 신을 생각할 때 느꼈던 것처럼, 도시를 구성하는 인파들과 우리의 운명은 단지 우리가 부자이기 때문에 일치되지 않는다고 느끼곤 했다. 하지만 이후, 아버지와 삼촌의 파산, 재산 분배 문제 그리고 어머니와 아버지의 다툼들로 대가족과 우리 작은 가족이 여기저기 균열과 파열로 부스러지며 가난해져 붕괴되고 있을 때, 할머니 집을 방문할 때마다 내 마음속에는 어떤 슬픔이 일었다. 오스만 제국의 몰락이 이스탄불에 부여한 의기소침과 상실감 그리고 비애감이 또 다른 구실로 약간은 뒤늦게, 결국 우리 가족에게도 찾아왔던 것이다.

3장
"나"



 행복했던 순간에—나의 어린 시절은 이런 순간들로 가득 차 있다—나는 나의 존재가 아니라 세상이 좋고, 아름답고, 멋지고, 화창하다고 느끼곤 했다. 좋아하지 않는 음식, 형편없는 맛, 손을 찌른 바늘, 어렸을 때 도망가지 말라고 가둬 두었던 플레이 야드(왜 그런지 몰라도 공원이라고 불렸다.)의 나무들을 분노하며 이빨로 무는 것, 혹은 가장 끔찍한 어린 시절 추억들 중 손가락이 삼촌의 차문에 끼어서 몇 시간 동안 운 것은(두려움에 떨며 엑스레이 찍는 의사에게 갔던 것) 내게 나의 주체가 아니라 피해야 하는 어떤 해악과 고통스런 생각을 가르쳐 주었다. 하지만 나의 의식의 왕래, 상상, 긴장감 사이에서 내가 나 자신이라는 것, 나의 주체가 있다는 느낌도 어떤 죄책감

처럼 서서히 내 마음속에 자리 잡았다.

나보다 두 살 많은 형이 학교에 다니기 시작했기 때문에, 내가 네 살에서 여섯 살이던 사이에, 그와 맺었던 우정과 연대감이 사라졌다. 그의 힘, 경쟁심에서 도망칠 수 있었기 때문에, 파묵 아파트와 어머니의 정과 관심이 하루의 긴 시간 동안 전적으로 내게 집중되었기 때문에 기분이 좋았던 이 이 년 동안, 혼자 있는 것이 무엇인지 알게 되었고, 절대 잊지 못하는 첫 충격적인 추억들을 쌓았다.

형이 읽었던 만화책들의 말풍선을 형에게 읽어 달라고 한 후, 그가 학교에 가면 그에게 들었던 것을 기억하면서 혼자 만화책을 '읽었다.' 낮잠을 자라고 침대에 눕혀 놓았을 때, 곧장 자지 않고 《톰믹스》잡지를 보던 어느 달콤하고 따스한 오후, 내 고추가(어머니가 '비비'라고 했던 것) 딱딱해지는 것을 느꼈다. 반라의 인디언 그림을 보고 있을 때 일어난 일이었다. 허리에 두른 아주 가느다란 끈 이외에 다른 것은 아무것도 걸치지 않은 인디언들의 사타구니 아래로 '비비'를 감추기 위해 기(旗)처럼 반듯한 천 조각이 늘어져 있었고, 천

한가운데에 동그라미가 그려져 있었다.

또 다른 어느 날 다시 낮잠을 자기 위해 잠옷을 입고 이불 속에 누워 있었다. 나 자신을 인지하기 시작한 이래로 내 소유였던 곰 인형과 이야기를 하다가 또다시 딱딱해지는 것을 느꼈다. 그 마법을 이해할 수 없었던 기분 좋은, 하지만 남이 보는 것을 원하지 않았던 이 변화는 바로 곰 인형에게 "널 잡아먹겠다!"라는 말을 했기 때문에 일어났던 것이다. 다른 때에도, 별로 애착을 느끼지 않았던 곰 인형을 잡고 같은 말로 위협을 했을 때 다시 이 이상한 발기가 일어났다. 나는 "널 잡아먹겠다."라는 말을 어머니가 해 준 이야기들의 무서운 순간에 듣곤 했다. 많은 세월이 흐른 후, 이란 고전 문학에서 악마이자 정령의 형제이며, 400년 전 잉크로 작은 키에 꼬리가 달린 추악한 괴물들처럼 그려졌다는 것을 알게 될 '디브'*는 페르시아어에서 이스탄불 터키어와 동화로 유입될 때 거인('데브')이 되었다. 나는 거인이 무엇인지는 「데데 코르쿠트 이야기」**에서 발췌해 만든 작은 선집의 표지에서 알게 되었다. 이 책에서는, 마치 인디언들처럼 반라에다 힘이 세고 약간은 거부감이 드는 어떤 괴물이 온 세상을 통치하고 있는 것만 같았다.

"널 잡아먹겠다."라는 말은 어머니에게서 들은 이야기에서 먹어 삼키는 것 이외에 죽이는 것, 없애는 것이라는 의미도 있었다. 같은 시기에 삼촌이 작은 영사기를 샀고 니샨타쉬에 있는 어떤 사진관에서 십 분 내지 십오 분짜리 짧은 영화를(찰리 채플린, 월트 디즈니, 로

---

\* 페르시아어로 거인, 악마라는 의미가 있다.
\*\* 아제르바이잔과 중앙아시아의 옥수스투르크 족 사이에서 탄생된 역사시(歷史詩) 중 하나로 터키 문학 가운데서도 걸작으로 꼽힌다.

렐과 하디*) 대여해 명절 때나 신년에 벽난로 위의 하얀 벽에서(할아버지와 할머니의 사진은 엄숙하게 내려졌다.) 대가족에게 보여 주기 시작했다. 삼촌의 소장품 중 월트 디즈니 단편영화는 나 때문에 두 번 이상 상영되지 못했다. 멍청하고, 육중하고, 아파트 한 채 크기만 한 원시적인 거인이 작은 미키 마우스를 쫓고, 쥐가 우물 밑에 숨자 거인이 우물을 단번에 땅에서 뽑아 한 잔의 물처럼 마시면, 작은 쥐가 거인의 입에 들어가는 찰나 오르한이 소리 내어 울기 시작했다. 프라도 미술관에 있는 어떤 거인이 작은 사람을 땅에서 낚아채 입으로 넣는 모습을 그린 고야의 「아들을 잡아먹는 사투르누스」 그림은 여전히 날 두렵게 한다.

어느 정오 무렵 낮잠 시간에, 나는 한편으로는 이상한 연민을 가지고 다시 곰 인형을 위협하고 있었는데 갑자기 문이 열렸고, 아버지는 그 순간 팬티가 내려가 있고 비비가 발기된 상태의 나를 보았다. 문은 열렸던 것보다 더 천천히, 당시의 나도 느꼈을 만큼 어떤 존중심으로 닫혔다. 아버지는 점심시간에 집에 와서, 식사를 하고 약간 낮잠을 잔 후 일터로 돌아가기 전에 내 방에 들어와 내게 입맞춤을 하곤 했다. 나는 내가 잘못을 했고, 더 나쁜 것은 희열 때문에 그것을 했다는 사실이라고 느꼈다. 그런 후 이 희열의 생각은 조금씩 해독을 끼치며 내 마음에 파고들었다.

다른 한 번은, 아버지와 어머니가 끝나지 않는 싸움을 한 후 어머니가 가출을 하자 집으로 부른 유모가 욕조에서 나를 씻길 때 일어났다. 유모는 동정과는 먼 목소리로 내가 '개처럼' 되었다고 말했던

---

* 우리나라에서 '홀쭉이와 뚱뚱이'로 알려져 있는 인물들.

것을 기억한다. 하지만 당시 내게 희열을 느끼게 해 준 것은 물, 목욕, 따스함과 같은 것이었다.

나의 이 모든 경험을 위축되고 부끄럽게 만든 것은 단지 내가 내 몸의 반응을 통제하지 못했기 때문만은 아니었다. 나는 발기라는 것이 오로지 나만 겪는 이상한 것이라고 생각하고 있었다. 하지만 육, 칠 년 후 중학교 때 남녀가 분리된 반에 배정되고 "내 것이 섰어."라는 유의 아이들의 대화를 들었을 때, 발기가 오로지 내게 국한된 것만은 아니라는 것을 알게 되었다.

발기와 악이 오로지 내게만 국한된 두려움이라는 것 때문에, 내 마음속의 '악'을 감춰야 한다는 결론을 내렸다. 이는 내게 아무도 닿지 못하는 외부와 차단된 두 번째 세계에서 사는 습관을 갖게 만들었다. 자주 일어나지 않았던 발기 이외에, 내 마음속에 있는 악의 진짜 근원은 부적절한 상상을 하는 것이라고 느꼈으며, 박물관 집의 방에서 살 때, 대부분 철저히 지루했기 때문에, 내가 다른 어떤 곳에서 살고 있으며, 다른 사람이라는 꿈을 꾸었다. 머릿속에 어떤 비밀처럼 감추고 있는 이 두 번째 세계로 도망치는 것은 아주 쉬운 일이었다. 할머니 집 거실에 앉아 있을 때, 예를 들면 내가 잠수함 안에 있다고 상상하기 시작했다. 당시 나는 난생처음 극장에 갔으며, 「해저 이만 리」라는 이름의, 그 고요함으로 날 두렵게 했던 각색된 쥘 베른의 작품을 베이올루에서, 먼지 냄새 나는 사라이 극장에서 관람했다. 흑백영화의 반쯤 어두운 장면들, 카메라가 도무지 외부로 나가지 못했던 그림자 드리운 내부는 그렇지 않아도 우리 집을 연상하게 했다. 당시는 아직 자막을 읽지 못했기 때문에 많은 것을 놓쳤지만, 어차피 형의 만화책도 이렇게 읽지 않았던가? 이해할 수 없었던 것을 상상력으로 꾸며 대는 것은 아주 쉬웠다.(책을 읽을 때 여전히 내게 중요한 것은, 이해하는 것보다는 내가 읽은 것에 적합한 상상을 하는 것이다.) 나도 그 끝을 택해 의식적으로 어떤 꿈속으로 들어가는 것처럼 맞추었던 이 상상들은, '발기'처럼, 내가 어찌할 수 없었던 것의 연장선이 아니라, 내가 쉽사리 통제할 수 있었던 세계였다. 커다란 샹들리에 밑에 있는, 넓은 표면에 자개 장식이 되어 있고 새김이 있는 테이블과, 거의 바로크라고 할 수 있는 조각과 장식 들을 상상력으로 단숨에 지우고는 그곳이 '내가 읽은' 만화책에 나오는 커다란 산이라고 상상하고, 마치 그 거대하고 이상한 산처럼 그곳에도 다른 문명이 있다고 상상하곤 했다. 그러다가 방에 있는 모든 물건을 각각의 산으로 보고, 나는 그 산들 사이에서 비행기 조종사가 되어 속력을 냈다.

"다리 좀 그렇게 떨지 마라, 머리가 어지럽구나."

내 앞에 앉아 있던 할머니는 이렇게 말하곤 했다.

나는 다리를 떠는 것을 멈췄다. 하지만 상상 속의 비행기 조종사는 할머니의 손에 들린 겔린직 담배의 폐로 들이마시지 않고 뿜어 낸 연기 속으로 들어가 사라지고, 나의 시선은 카펫에 있는 무늬들 사이에서 이전에 식별하고 발견했던 다양한 토끼, 잎사귀, 뱀, 사자 들이 있는 숲으로 들어가고, 그곳에서 만화책에 나오는 모험 속으로 뛰어들고, 불을 지르고, 몇 명을 죽이고, 말에 타고, 형의 구슬들을 그가 학교에 있는 동안 어떻게 흐트러뜨렸는지를 상기했다. 머리 한구석은 아파트에서 나는 소리를 향해 열려 있었기 때문에, 엘리베이터의 문이 부딪치는 소리로 관리인 이스마일이 우리 집이 있는 층으로 갔다는 것을 알았다. 그러다가 반라의 인디언들 사이에서 새로운 모험 속으로 이끌려 가곤 했다. 집에 불을 지르고, 불타는 집 안에 있는 사람들에게 총알 세례를 하거나 불탄 집 안에 있을 때 터널을 파고, 담배 냄새가 나는 망사 커튼과 창유리 사이에 파리를 끼게 만들어 천천히 눌러 죽이고, 죽어 가는 파리가 라디에이터 위에 있는 구멍 난 판자에 떨어질 때 그것이 벌을 받는 산적이라고 상상하는 것을 좋아했다. 나는 마흔다섯 살까지, 잠과 생시 사이에 있는 그 달콤한 지역에서, 이를 생각하는 것이 내게 좋을 거라는 것을 알고 항상 누군가를 죽였다. 일부는 가까운 친척, 게다가 형처럼 아주 가까운 사람들, 일부는 정치인, 문학인, 일부는 상인, 대부분은 상상의 산물이었던 이 사람들에게 사죄를 드리는 바이다. 고양이들을 사랑과 우정으로 좋아하다가, 어떤 회의(懷疑)나 절망, 공허의 순간에 아무도 안 보는 사이에 그들을 한 대 때리고는 웃었고, 나중에는 부끄러웠고, 마음속이 고양이에 대한 연민으로 가득 찼던 적이 많았다. 이십오 년 후 군대에 가서, 점심 식사 후 모든 부대원이 담배를 피우며 잡담을 할 때, 의자에 앉아 있는 멀리서 보면 모두 서로서로 닮은 750명의 사병의 머리가 목에서 떨어져 나가고, 담배 연기로 인해 달콤하고 투명한 푸른색으로 변한 커다란 구내 식당에서 그들의 피투성이 식도가 천천히 흔들리는 것을 상상하고 있을 때, 군대 친구 중 한 명이 "이봐, 다리 좀 떨지 마, 내가 다 피곤해."라고 했다.

어렸을 때 마치 발기처럼 비밀로 감춰 두었던, 감출수록 해가 없다고 믿었던 이 두 번째 세계의 존재에 대해서는 오로지 아버지만이 알고 있는 것처럼 보였다.

어떤 분노나 흥분의 순간에 한쪽 눈을 떼어 내거나 배에 있는 구멍에서 지푸라기를 약간 빼내 날씬하게 만들었던 곰 인형을 생각

할 때, 지나친 사랑과 흥분 때문에 두 번 망가뜨려 세 번째로 사 주었던 장난감을(머리에 있는 단추를 세게 치면 발길질을 하는 손가락만 한 축구 선수) 다시 망가뜨린 후 내가 감춰 두었던 곳에서 어쩌면 숨을 헐떡이고 있을 상처 입은 몸을 상상할 때, 우리 집에서 일하는 아주머니 에스마 부인이 신에 대해 언급할 때의 신념으로 주장했던 옆집 지붕에서 거닌다는 족제비를 두려움에 싸여 상상할 때, 갑자기 아버지는 이렇게 말하곤 했다.

"지금 뭘 생각하고 있지? 말하면 20쿠루시* 주마."

머릿속에 있는 것을 말할지, 약간 바꿔서 말할지, 혹은 거짓말을 할지 결정을 못하면서 아무 말도 하지 않고 있으면, 아버지는 미소를 지으며 덧붙이곤 했다.

"이제 소용없어, 바로 말했어야지."

아버지도 이 두 번째 세계에서 살았을까? '상상하다.'라는 말로

* 터키 화폐단위.

이미 정당화되었지만 오랜 시간이 흐른 후에나 이해할 그 일을 당시에는 단지 내 머릿속의 이상한 것이라고 생각했던 것이 얼마나 옳았을까? 단지 아버지가 말한 것 때문에 머리가 혼란스러운 것이 아니라, 불안하게 만드는 것들을 망각하는 재능이 있었기 때문에 좋은 의도로 이 질문을 나 자신에게 묻지 않고 회피했다.

상상하는 것을 오로지 나의 이상한 취미로 인식하고 머릿속에서 생각하는 것을 숨겼던 또 다른 이유는 이 두 번째 세계에서 현실로 복귀하는 데 있어 내게 아무런 방해물이 없었기 때문이다. 할머니와 마주 앉아 있을 때, 밤마다 보스포루스를 지나가는 배들의 호기심 많은 탐조등 불빛처럼, 방 안 커튼 사이로 내리쬐는 햇빛을 정면으로 바라보며 눈을 깜박여 순간 눈앞에서 내가 원하는 대로 붉은색 우주선이 지나가기 시작하면, 내가 원하는 형태의 상상을, 원하는 대로 펼쳤다. 그러고는 방에서 나갈 때 전등을 끄는 사람처럼("전등을 꺼라." 이 말은 내가 어린 시절에 가장 많이 들었던 말들 중 하나이다.) 상상하는 것을 그만두고 평온하게 현실 세계로 되돌아올 수 있었던 것이다.

자신이 나폴레옹이라고 상상하는 것을 좋아하는 사람과, 자신이 나폴레옹이라고 생각하는 사람 사이의 차이는 행복한 몽상가와 불행한 정신분열증 환자 사이의 차이이다. 다른 세계를 상상하지 않고, 다른 정체로 분하지 않고 살지 못하는 '정신분열'의 사람들을 나는 아주 잘 이해한다. 하지만 정신분열증 환자들이 두 번째 세계의 포로가 되고, 복귀할 수 있는 행복하고 건전한 어떤 '진짜' 세계가 없기 때문에 나는 그들에게 연민을 느끼며 (몰래) 얕본다. 나를 두 번째 세계로 달려가게 하거나, 이스탄불의 다른 집에 다른 오르한

이 살고 있으며 내가 그를 대신할 수 있을 거라고 생각하게 만든 것은, 당시의 삶, 박물관 집의 거실, 복도, 카펫(나는 카펫을 혐오한다.) 그리고 수학과 단어 퍼즐에만 관심 있는 많은 실증주의자 남자들이 지루했으며, 영적인 것이 없고, 애정이 없고, 그림을 좋아하지 않고, 문학(이야기)을 언급하지 않았기 때문이며(그들은 나이가 들면서 이를 부정했다.) 집 안이 물건들로 꽉 차 있고, 어둡고 우울한 곳이었기 때문이다. 내가 불행했기 때문이 아니라.

왜냐하면 어린 시절, 특히 입학하기 전 이 년 동안 나는 아주 행복했다. 농담 식으로 말해 보겠다. 나는 단지 가족들과 친한 사람들

사이에서뿐만 아니라, 모든 사람들이 아주 '귀엽고', '사랑스럽다.'라고 여기는, 뽀뽀도 많이 받고, 이 사람 품에서 저 사람 품으로 옮

겨 다니는 똑똑하고 얌전한 아이였다. 뽀뽀, 칭찬, 달콤한 말 그리고 청과물 가게 아저씨가 공짜로 준 사과와(어머니는 즉시 "씻기 전에 먹지 마라."라고 말하곤 했다.) 분말 커피 파는 사람이 선물한 말린 무화과와(어머니는 주인에게 정중한 미소를 지어 보이며 "밥 먹고 먹어라."라고 말하곤 했다.) 길에서 만난 친척 아주머니가 준 사탕은("고맙습니다, 라고 해야지."라고 말하곤 했다. 어머니는.) 이외의 다른 많은 것들처럼, 내 머릿속에 있는 두 번째 세계의 끔찍함을, 이상함을, 부적절함을 나 혼자만 알고 감춰야 한다는 느낌을 주었다.

내 어린 시절의 불만은, 벽 저편을 보지 못하는 것, 창문을 통해 거리와 맞은편 아파트는 볼 수 없고 단지 하늘만을 바라볼 수 있다는 것, 경찰서 바로 맞은편에 있는 냄새가 지독한 정육점에(곧 그 지독한 냄새를 잊었다가도 시원한 거리로 나오면 다시 기억하곤 했다.) 어머니와 함께 갔을 때 정육점 주인이 내 다리만 한 칼로 나무 판 위에서 고기를 자르는 것을 보지 못하는 것, 아이스크림 냉동고 안과 진열장과 탁자 위를 보지 못하는 것, 엘리베이터와 문의 벨에 손이 닿지 않는 것과 관련된 것이었다. 길에서 작은 교통사고가 났거나 갑자기 말을 탄 경찰관이 지나는데, 어떤 어른이 내 앞에 서 있어서 일어난 일의 절반을 놓치기도 했다. 아주 어렸을 때 아버지가 우리를 데리고 축구 경기장에 갔는데, 갑자기 위험한 포지션이 나오자 우리 앞줄에 앉아 있던 사람이 모두 동시에 일어나는 바람에 어떻게 골을 넣었는지 볼 수 없었다. 하지만 경기에서 내 관심을 끄는 것은 공이 아니라, 아버지가 우리에게 사 주었던 치즈가 들어간 피데*와 토스트, 은박지에 싸인 초콜릿이었기 때문에, 형만큼 속상하지는 않았다. 내가 가장 혐오했던 것은, 경기가 끝나고 나올 때 서로를 밀면서 앞으로 나가는 남자들의 다리 사이에 꽉 끼는 것, 거기에서 숨을 쉬지 못하면서 모든 세계를, 구겨진 바지와 진흙 묻은 신발들로 이루어진 어둡고 공기가 탁한 남자 다리들의 숲으로 보는 것이었다. 나는 내 어머니처럼 아름다운 여자 이외에 어른들을 그렇게 많이 좋아했다고는 할 수 없다. 그들은 추하고, 털이 많고 거칠었다. 지나치게 둔하고, 지나치게 무겁고, 지나치게 현실주의자들이었다. 그들은 세계 속에 비밀스런 두 번째 세계가 있다는 것을 한때 보았겠지만, 경탄하거나 상상하는 법을 잃은 사람들이었다. 그들이 나를 사랑스럽게 여기고, 항상 내게 귀엽다고 말하고, 나를 보면 달콤하게 미소 짓고, 내게 선물을 주며 오냐오냐하는 것은 좋았지만, 내게 자주 뽀뽀하는 것은 불편했다. 그들의 입에서 나는 담배 냄새 혹은 진한 향수 냄새에 거부감이 일었으며, 얼굴에 난 털과 수염은 날 자극하곤 했다. 손등과 목에 난 털, 귀와 코 안에서 삐져나온 남자들의 털이 싫었고, 그들이 더 나쁘고 통속적인 사람들이라고 생각하곤 했다. 이 모든 불만들은 주제를 집 밖에 있는 삶으로, 거리로, 그리고 이스탄불로 이끌어 갔다.

---

\* 타원형의 얇고 넓적한 빵.

## 4장
## 허물어진 파샤 저택들의 슬픔 : 거리의 발견

파묵 아파트는 니샨타쉬에, 한때 커다란 파샤 저택의 정원이었던 넓은 땅의 가장자리에 지어졌다. 니샨타쉬라는 지역의 이름은, 18세기 말엽과 19세기 초 개혁주의자이자 서구화주의자 술탄들이(셀림 3세, 마흐무트 2세) 스포츠와 오락을 위해 빈 언덕으로 겨냥해(니샨) 쏜 화살들이 떨어진 곳이나, 때론 장총으로 쏘아 맞춘 빈 접시들이 깨진 곳을 표시하기 위해 세운(이에 대해 설명하는 한두 줄 글이 쓰여 있는) 돌(타쉬)에서 유래한다. 오스만 제국 술탄들이 서양 스타일의 안락과 변화를 꾀하고자 하는 생각으로, 그리고 결핵에 대한 두려움으로 톱카프 궁전을 떠나 돌마바흐체와 일드즈에 지은 새 궁전에 정착하자, 이곳에 가까운 니샨타쉬 언덕에다 고관들, 바쉬베지르\*들, 왕자들이 커다란 목조 저택을 지었다. 나는 초등학교를 왕자 유스프 이제딘 파샤 저택으로(으윽 고등학교) 다니기 시작했고, 이후 총리 대신 할릴 리파트 저택으로(쉬실리 테라키 고등학교) 계속 다녔다. 이 두 저택은 내가 그곳에 다닐 무렵, 교정에서 축구를 할 때 불타 허물어지고 말았다. 우리 집 맞은편에 있는 아파트는 궁정 의전관 파

---
\* 오늘날의 수상에 해당되는 오스만 제국의 최고 대신.

이크 베이 저택의 폐허 위에 세워졌다. 주위에서 건재한 유일한 고저택은, 19세기 말에 세워졌으며, 한때 바쉬베지르들이 살았으며, 오스만 제국이 몰락하고 수도가 앙카라로 이전하자 주지사들에게 넘겨진 석조 건물이었다. 나는 천연두 접종을 위해, 이제는 지역의회 본부로 사용되는 오스만 제국 파샤의 저택으로 가곤 했다. 한때 오스만 제국이 서양 손님들을 접대하기 위해 사용했던 외무부 저택, 술탄 압둘하미트의 딸들의 저택 혹은 불타고 허물어진 저택의 폐허는—벽돌 벽, 유리 조각, 한두 개의 부서진 계단, 고사리 나무와 무화과나무로 이루어진, 여전히 내게 깊은 슬픔과 어린 시절을 상기시키는 어떤 농도—아직은 아파트 건물을 지을 목적으로 힐리지 않았다.

테쉬비키예 대로에 있는 우리 아파트의 뒷 창문들이 향한 정원에 사이프러스 나무와 보리수나무 사이에 폐허가 되어 남아 있는 저택은 1877년~1878년 오스만-러시아 전쟁 중 짧은 기간 동안 바쉬베지르를 지낸 튀니지인 하이레딘 파샤가 지은 것이다. 카프카시아에서 태어난 코카서스인인 파샤는, 플로베르가 "이스탄불에 정착하여 내게 시중을 들 노예를 사고 싶다."라고 쓰기 십 년 전인 1830년대에 어린 나이에 노예로 이스탄불에 와서, 거기서 튀니지 주지사에게 팔렸고, 젊은 시절을 프랑스에서 보냈으며, 아랍어와 아랍 문화 영향하에서 성장했다. 튀니지에서 입대하여 빠르게 진급했으며, 사령관, 주지사, 외교관, 재무관과 같은 가장 높은 직위에서 근무를 하다가 인생의 말엽에 파리에 정착했다. 술탄 압둘하미트는(같은 튀니지 아인인 교주 자피리의 추천으로) 예순 살 가까운 이 파샤를 이스탄불로 불렀고, 잠시 재무 일을 맡긴 다음 바쉬베지르로 임명했다. 빚으로 허덕이고 있는 나라를 구하도록, 이제는 일부가 서양이 되어 버린 나라에서 개혁의 환상을 가지고 불러 온 구원자인 전문 재무관, 행정관 들 중 터키에서의(그리고 가난한 나라에서의) 첫 실례들 중 하나가 된 이 파샤에게(마치 이후에 온 그와 비슷한 사람들처럼 그가 충분히 오스만인이나 토착인이나 터키인이 아니고, 이제는 서양인 사고를 가지고 있기 때문에) 커다란 희망을 걸었다. 하지만 그는 정확히 같은 이유로(그러니까 터키인도 토착인도 아니기 때문에) 커다란 치욕을 겪었다. 뒷공론에 의하면 튀니지인 하이레딘 파샤는 궁전에서 면담을 한 후 마차를 타고 돌아오는 길에 그 면담 내용을 아랍어로 필기하고, 나중에 프랑스인 서기관에게 프랑스어로 쓰게 했다는 것이다. 그의 터키어 실력이 불충분하다는 유의 반대파들이 퍼트린 소문과 그의 비밀스런 목적이 아랍 국가를 세우는 것이라는 보고서에 따라(압둘하미트는 사실 근거가 낮은 고발도 심각하게 받아들이곤 했다.) 그를 바쉬베지르 직에서 물러나게 했다. 총애를 잃은 오스만 제국의 수상은 자신이 무척 사랑하는 프랑스로 돌아가는 것이 부적절했기 때문에, 겨울에는 나중에 우리 아파트가 들어설 정원이 있던 저택에서, 여름에는 보스포루스 해안의 쿠루체시메에 있는 해안 저택에서, 여생을 우울하게 반감옥 생활을 하면서, 압둘하미트에게 보고서를 쓰고, 프랑스어로 회고록을 썼다. 팔십 년이 지난 후 터키어로 출간되었던, 유머 감각보다는 의무감으로 쓰였다는 것이 확연한 이 회고록을 파샤는 아들들에게 바쳤다. 이십 년 후에 이 아들들 중 한 명이, 마흐무트 셰브케트 파샤 저격 사건에 연루되었다는 이유로 사형에 처해졌을 때는, 압둘하미트는 이미 이 저택을 사서 딸인 샤디에 술탄에게 선물한 후였다.

우리 머릿속에서 미치광이 왕자들, 아편 중독자 궁전 사람들, 다락방에 감금된 자식들, 배반당한 술탄의 딸, 유배되거나 저격당한 파샤의 이야기들과, 오스만 제국이 부패하여 몰락한 것과 동일시되는 이 불타고 허물어진 저택들에 대해서 우리 가족이 사는 아파트

에서는 침묵으로 회피되곤 했다. 우리 가족은 1930년대, 이 모든 오스만 제국의 파샤들, 왕자들, 고위 관리들이 공화국과 함께 사라진 후, 작은 궁전 같은 저택들에 아무도 살지 않아 돌보지 않게 되고, 불타 허물어지기 시작하는 시기에 니샨타쉬로 왔다.

한편 이 죽은 문화, 몰락한 제국의 비애는 사방에 흩어져 있었다. 이는 내게 서구화와 현대화 바람보다는 몰락한 제국이 남긴 슬픔을 안겨 주었고, 가슴 아픈 기억들로 가득 찬 물건들로부터 벗어나려고 허둥거리는 느낌을 주었다. 갑자기 죽은 아름다운 애인이 남겨 놓은 파멸적인 추억에서 벗어나기 위해 옷, 장신구, 물건, 사진 들을 다급하게 버리는 것처럼. 그 자리에 강하고 새로운 것, 서구적 혹은 토착

적인 현대적 세계를 건설하지 못했기 때문에 이 모든 노력은 더더욱 과거를 지우는 셈이 되었다. 저택들은 불타고 허물어졌으며, 문화는 단순화되고 불완전해졌고, 집 안은 존재하지 않는 어떤 문화의 박물관처럼 정렬되었다. 오랜 세월이 흐른 후, 서서히 나의 내면에 영향을 미친 이 모든 이상함과 슬픔을 나는 답답함과 침울함으로 어린 시절에 경험하게 되었다. 도시 안에 파묻힌, 도무지 빠져나갈 수 없었던 슬픔의 느낌은, 마치 할머니가 무의식중에 슬리퍼 발끝으로 박자를 맞추며 '터키' 음악을 듣는 것을 보며 느꼈던 것처럼, 치명적인 권태에 휩싸이고 싶지 않으면 상상의 세계로 가야 한다는 것을 상기시켰다.

비애와 권태에 휩싸이지 않고 사는 두 번째 방법은, 어머니와 함께 밖에 나가는 것이었다. 우리 집에서는 아이들을 공원이나 놀이터 그리고 바람을 쐬러 어떤 곳으로 데리고 나가는 습관이 없었기 때문에, 밖에 나가는 것은 내게 특별했다. 나는 나보다 세 살 많은 고모의 아들에게 "내일 밖에 나갈 거야!"라고 자랑스레 말하곤 했다. 나는 나선형 계단을 돌고 돌아 내려가서는, 집의 대부분이 지하에 있는 아파트 관리인 집의 출구가 바라다 보이는(집에 들락거리는 사람을 통제하기 위한) 작은 창문 앞에서 옷매무새, 단추를 마지막으로 한 번 더 점검하고 밖으로 나가면서 "밖이다!"라고 경탄하며 중얼거리곤 했다.

태양, 깨끗한 공기, 빛. 우리 집은 때론 너무나 어두워서, 여름에 커튼을 열 때 그러는 것처럼, 밖으로 나가면 빛 때문에 눈이 부셨다. 처음에는 인도에서 걷는 것이 아주 좋았다. 어머니가 내 손을 잡으면 상점 진열장들을 주의 깊게 바라보았다. 화원의 김이 서린 창문 뒤에 있는 시클라멘을 긴 코의 색색깔 늑대에 비유하고, 신발 가게 진열장에 굽 있는 신발을 날아다니듯 매달아 놓은 보이지 않는 줄을 바라보고, 문방구의 진열장에 형의 '학급 지식' 과목 교과서와 똑같은 것이 진열되어 있는 것을 보고, 바깥이 부여한 첫 번째 지식은 우리 아파트에 사는 사람들과 비슷한 삶이 다른 사람들에게도 있다는 어떤 실마리라는 것을 감지하곤 했다. 형이 다니고, 나도 일 년 후에 다니게 될 초등학교는 사람들의 장례식이 치러지는 테쉬비키예 사원 바로 옆에 있었다. 형이 집에서 "내 선생님, 내 선생님."이라고 열렬하게 언급했기 때문에, 마치 담당 유모가 있듯이 모든 학생들에게 개인교사가 있다고 나는 생각했다. 다음 해 같은 학교에 입학했을 때 교실을 가득 채운 서른두 명의 학생에게 교사 한 명이 배당된 것을 보자, 편한 집과 어머니로부터 멀어지는 슬픔에 많은 사람들 속에서 하나의 콤마가 되는 절망감이 더해졌다. 우리가 가끔 들르고, 마치 화원처럼 김이 나는 또 다른 곳은, 아버지의 셔츠에 풀을 먹이고 다림질을 하는 세탁소였다. 어머니가 이쉬 은행에 들어가서 여섯 계단 위의 창구로 다가가도 나는 어머니가 있는 곳으로 가지 않았다. 왜냐하면 나무 계단 사이에 있는 빈 공간으로 미끄러져 넘어져 버릴 거라는 생각이 들었기 때문이다. 나는 이 이유를 처음에는 절대 말하지 않았다.

"왜 여기로 오지 않니?"

어머니는 위층 창구 앞에 줄을 서서 기다리면서 이렇게 말했다. 나는 대답하지 않았다. 나의 고민을 이야기하면 이상하게 여길 거라는 당혹감에 휩싸여 한동안 나를 다른 사람이라고 여기고는, 가끔 어머니가 거기 있나 없나 점검하면서 상상 속을 거닐었다. 여기

는 궁전 혹은 어떤 우물의 바다……. 오스만베이 혹은 하르비예 쪽으로 걸으면, 모퉁이에 있는 모빌 주유소의, 한 아파트 건물 측면을 뒤덮은 날개 달린 말이 이 상상과 뒤섞이곤 했다. 말, 늑대, 끔찍한 괴물의 입과 코가 머릿속에 남아 있고, 내가 그곳에 있는 구멍에 빠져 사라져 버릴 거라는 생각을 하곤 했다. 나일론 양말을 꿰매고, 단추와 벨트를 파는 약간 나이가 든 룸* 여인이 있었다. 그녀는 옻칠한 서랍에서 마치 보석처럼 하나씩하나씩 꺼냈던 '시골 계란'을 아주 특별한 것인 양 팔곤 했다. 그녀의 가게에 있는 작은 수족관 안에서 천천히 헤엄치는 금붕어는 유리에 댄 내 손가락을 먹기 위해 작지만 위협적인 입을 나를 즐겁게 하는 아둔한 단호함으로 뻐끔거리곤 했다. 길을 따라 가면서 우리가 들렀던 또 다른 가게는 야쿱과 와실이 경영하는 담배와 잡지도 파는 작은 문방구였다. 하지만 내부가 얼마나 좁고 붐볐던지 우리는 대개 안으로 들어가지도 못했다. 한때 라틴아메리카에서 아랍인을 '터키인'이라고 했던 것처럼, 이스탄불에서는 많지 않은 흑인을 '아랍인'이라고 했기 때문에 '아랍인 가게'라고 불리는 분말 커피 가게가 있었다. 이 가게에 있는 고무벨트가 달린 커다란 커피 분쇄기가 마치 집에 있는 세탁기처럼 소음을 내며 흔들흔들 작동하기 시작하면 나는 거기서 약간 떨어졌고, '아랍인'은 나의 겁먹은 모습을 보고 사랑이 가득 찬 눈으로 미소를 짓곤 했다. 이후 시간이 흐르면서 유행에 따라 폐점되고 그 자리에 다른 가게들이 생기고 또 사라졌던 이 가게들의 사십 년 된 역사를, 과거에 대한 그리움보다는 기억을 테스트하듯 형과 줄줄이 열거

---

\* 회교국에 사는 그리스계 사람.

했다. 예를 들면 우리 중 하나가 여자 기숙 고등학교 맞은편에 있는 가게라고 말하면 다른 하나는, 1.룸 마담의 제과점, 2. 꽃집, 3. 가방 가게, 4. 시계방, 5. 한때는 스포츠 복권 판매점, 6. 화랑과 서점, 7. 약국이라고 열거하곤 했다.

오십 년 동안 같은 곳에서 담배, 장난감, 신문, 학용품을 파는 알라딘의 작은 가게의 동굴과 비슷한 어둠 속으로 들어가기 전에, 계획했던 대로 어머니에게 호루라기나 유리구슬 몇 개, 색칠 공책 혹은 요요를 사 달라고 했다. 선물이 어머니의 가방에 들어가자마자 집으로 돌아가고 싶은 마음이 꿈틀거리기 시작했다.

"공원까지 걷자."

어머니는 이렇게 말했다.

갑자기 다리와 온몸에 이상한 통증이 시작되고, 내키지 않는 마음이 몸에서 영혼으로 번지기 시작했다. 많은 세월이 흐른 후, 당시의 나와 같은 나이의 내 딸과 같은 거리를 걷고, 그 아이에게서 같은 불평을 듣고는, 의사와 이야기를 나눈 후에 유전적 피로감과 지루함은 다리에 있는 성장 통증과 평범한 피로 사이의 어떤 것이라는 것을 믿으려고 노력했다. 피로와 지루함이 내 마음속에 자리 잡기 시작하면 모든 거리, 이제는 보고 싶지 않은 진열장들은 천천히 색이 바래고, 도시는 흑백의 장소로 보이기 시작했다.

"엄마, 안아 줘."

"마치카까지 걷자. 전차를 타자꾸나."

1914년부터 우리가 사는 길 앞을 지나 마치카, 니샨타쉬에서, 당시 내게는 다른 나라처럼 보였던 도시의 가난하고, 오래되고, 역사적인 장소인 탁심 광장, 튀넬, 갈라타 다리로 데려다 주는 전차를 좋

아했다. 일찍 잠자리에 들었던 밤에 슬픈 음악처럼 귀에 느껴졌던 신음소리를, 나무로 된 내부를, 운전사 '구역'과 승객 좌석 사이에 있는 미닫이문의 남색 창문을, 종점에서 어머니와 출발 시간을 기다릴 때 철제 크랭크를 만지게 해 준 운전사를 좋아했다. 돌아오는 길에는 거리, 아파트, 게다가 나무들도 흑백인 것처럼 느껴졌다.

# 5장
# 흑백

　어린 시절의 이스탄불은 흑백사진처럼, 두 가지 색의, 반쯤 어두운 회색의 장소였고, 또 그렇게 기억한다. 음침한 박물관 집의 반쯤 어두운 곳에서 성장했음에도 불구하고, 집 안을 좋아하는 데는 이것이 한몫을 했다. 골목들, 거리들, 먼 마을들은 마치 흑백의 갱 영화에서 그러한 것처럼 위험한 곳으로 비쳐졌다. 나는 항상 이스탄불의 겨울을 여름보다 더 좋아했다. 어둠이 빨리 깔리는 이른 저녁을, 삭

풍에 떠는 잎사귀 없는 나무들을, 가을을 겨울로 연결하는 날에 검은 외투와 재킷을 입고 반쯤 어두운 골목에서 종종걸음으로 귀가하는 사람들을 바라보는 것을 좋아한다. 낡은 아파트들의, 돌보지 않고 칠을 하지 않아 이스탄불 고유의 색으로 변한 허물어진 목조 저택의 벽은 내가 좋아하는 어떤 슬픔과 바라보는 즐거움을 불러일으킨다. 겨울날, 어둠이 일찍 깔리고 서둘러 집으로 돌아가는 사람들의 흑백의 색은 내게 내가 이 도시에 속해 있고, 이 사람들과 같은 것을 공유한다는 느낌을 준다. 밤의 어둠이 비참한 삶, 거리 그리고 물건들을 덮을 것만 같았고, 우리 모두가 집 안에서, 방에서, 침대에서 숨을 쉴 때, 이스탄불이 이제는 아주 먼 이야기가 되어 버린 과거의 부유함, 사라진 건물 그리고 전설들로 이루어진 꿈, 환상과 뒤섞이는 것처럼 느껴지곤 했다. 추운 겨울 저녁 한적한 변두리 마을에, 희미한 가로등 밑에 시처럼 내려앉은 어둠을, 우리가 외국인과 서양인의 시선에서 멀리 떨어져 있기 때문에, 부끄러워 감추고 싶었던 도시의 빈곤을 덮었기 때문에 좋아했다.

한적한 뒷골목에서, 콘크리트 아파트와 목조 가옥이 나의 어린 시절의 농도를 보여 주고(이후 목조 가옥들은 천천히 허물어졌고, 어쩐지 이것들의 연장처럼 느껴졌던 아파트들은 같은 골목에서, 같은 곳에서 계속 같은 느낌을 주었다.) 가로등의 희미한 빛이 아무것도 밝히지 못하고, 내게 이스탄불을 이스탄불이게 한 '저녁 무렵의 흑백' 느낌을 가장 잘 반영하고 있기 때문에 아라 귈레르의 이 사진이 가끔 떠오른다. 내 어린 시절의 네모난 돌로 된 보도, 자갈로 포장한 도로, 창문의 쇠창살, 텅 비어 있고 쓰러져 가는 목조 가옥들만큼이나 이 사진이 내 마음을 끄는 것은, 아직 날이 채 어두워지지도 않았지만 한

산한 거리, 그림자를 이끌고 귀가하는 두 사람이 마치 자신들과 함께 도시에 밤을 데리고 오는 것 같은 느낌을 주기 때문이다.

1950년대와 1960년대에 도시의 사방에서 길 한쪽에 주차한 영화사 미니버스, 발전기로 작동하는 커다란 두 개의 전등, 대사를 외우지 못한 진한 화장의 여자와 잘생긴 젊은이를 보조하며 발전기의 소음을 덮기 위해 온 힘으로 소리를 지르는 '수플뢰르'(souffleurs. 프랑스어로 '속삭이는 남자들')와 그들을 구경하는 호기심 많은 군중들, 카메라의 시야를 가리는 아이들을 때리면서 쫓아내는 세트 일꾼들로 구성된 작은 '영화 팀들'을, 나도 다른 사람들처럼 오랫동안 구경하곤 했다. 사십 년 후에 터키 영화산업이 자국의 시나리오 작가, 배우, 제작자의 무능력과 할리우드를 모방하기에는 부족한 자본 때문에 무너지자 텔레비전에서 모두 다시 방영하기 시작한 이 흑백영화에 나오는 거리 장면, 옛 정원, 보스포루스 바닷가, 허물어진 저택과 아파트를, 바로 내가 그것들을 경험하고 기억했던 것처럼 흑백으로 보게 되면, 어떤 때는 내가 보고 있는 것이 영화가 아니라 나의 추억이라는 느낌에 휩싸이고, 한순간 슬퍼서 멍해지곤 했다.

이 흑백 도시의 뗄 수 없는 일부는 이 옛날 영화를 볼 때마다 나를 흥분시켰던 네모난 돌이 깔린 도로이다. 나 자신을 이스탄불 거리의 인상파 화가로 상상했던 열다섯, 열여섯 살 때 네모난 돌이 깔

린 도로를 일일이 그리는 것에서 어떤 고통스러운 희열을 느끼기도 했다. 지나치게 의욕적인 시당국에 의해 가혹하게 아스팔트로 덮여 버리기 전에, 자동차를 빨리 소모시킨다는 이유로 돌무쉬*와 택시 운전사가 네모난 돌이 깔린 도로에 대해 끊임없이 불평을 했다. 돌무쉬 운전사들이 손님들에게 연신 고충을 호소한 또 다른 것은, 하수구나 전기 따위 보수공사를 이유로 길이 계속 파헤쳐지는 것이었다. 이러한 유의 공사 때문에 네모난 돌들이 하나하나 뽑히는 것을

---

\* 일정한 지역을 왕래하는 마을버스 같은 승합 택시.

구경하고, 절대 끝나지 않을 것만 같았던 보수공사가—때론 비잔틴 시대의 통로를 발견하기도 했다—결국 마무리되었을 때, 내게 마법적으로 느껴졌던 노련한 손동작으로 일꾼들이 네모난 돌을 마치 카펫처럼 잘 덮어 까는 것을 즐겁게 구경했다.

내게 도시를 흑백으로 만들었던 또 다른 것은, 어린 시절의 목조 저택들과 저택이라고는 할 수 없지만 폐허가 된 커다란 목조 가옥들이었다. 가난과 무관심으로 인해 단 한 채도 페인트칠이 안 되어 있었고, 추위, 습기, 오염 그리고 오랜 세월 때문에 목조들은 서서히 진해졌고, 검어졌기 때문에 드러난 그 고유한 색과 짜임을, 검은색과 흰색의 음침하지만 무섭도록 아름다운 색의 꽤 많은 목조 가옥이 뒷골목에 나란히 늘어선 것을 보았기 때문에, 어렸을 때는 이 건물들이 애초부터 그 색깔이었다고 여기곤 했다. 어쩌면 집을 지은 후 전혀 페인트칠을 하지 않은 가장 가난한 골목에 있는 몇 채는, 처음부터 이 검은색과 흰색 사이, 간간이 밤색을 띠는 색이었을 것이다. 하지만 19세기 중반 혹은 그 이전에 이스탄불에 온 서양 여행가들이 쓴 글들을 보면, 특히 부유한 저택들의 색과 화창한 날씨는 도시에 힘 있고, 충만하고, 풍부한 아름다움을 부여했다고 진술하고 있다. 어린 시절에 때로 나도, 이 목조 건물들을 모두 칠한다면 얼마나 좋을까 상상하곤 했다. 하지만 검게 변한 오래된 목조의 아주 특별한 조직(組織)과 분위기를, 도시와 내 삶에서 벗어났을 때 슬퍼하며 그리워했다. 여름날, 바싹 말라 진한 밤색을 띠거나 분필처럼 윤기 없는 조직으로 덮이고, 바삭바삭함 때문에 한순간 송진처럼 불이 붙어 버릴 것처럼 느껴지는 오래된 목조 가옥에서는 오래 지속된 겨울의 추위, 눈, 비로 인해 독특한 습기, 곰팡이, 나무 냄새가 났다.

공화국 법령으로 인해, 그 안에서 그 어떠한 종교적 활동도 금지되고, 대부분 텅 비고, 오랜 세월 동안 장난꾸러기 아이들, 유령들 그리고 고물을 찾는 사람들 이외에 아무도 들어가지 않았던 테케* 건물들도 내게는 동일한 두려움, 호기심, 끌림이 뒤섞인 감정을 불러일으켰고, 반쯤 허물어진 정원 벽과 젖은 나무들 사이로 깨진 창들이 보이는 이 건물들을 소름끼쳐하면서도 갈망하는 마음으로 바라보곤 했다.

도시의 이 흑백의 영혼과 나를 단둘이 있게 해 주었기 때문에, 르 코르뷔지에처럼 호기심 많은 동양 여행가들이 그린 연필화를 보거나, 이스탄불이 배경인 손으로 그린 흑백 만화를 읽는 것을 좋아한

다.(만화의 원작가인 헤르게가 그렸으면 하고 어린 시절 오랫동안 기다렸던 땡땡의 이스탄불 대모험은 그려지지 않았다. 하지만 첫 땡땡 영화는 이스탄불에서 촬영되었다. 이스탄불 출신의 어느 창조적인 해적 출판사는, 1962년에 찍은 이 실패한 영화의 장면을 그림으로 그리고, 다른 땡땡의 모험들을 잘라 합성하여 『이스탄불에 온 땡땡』이라는 흑백 모험 책을 만들었

---

* 종단에 속한 사람들이 기도와 의식을 행하며 기거하는 장소.

다.) 나는 옛날 신문에(모두 흑백이었다.) 나온 살인, 자살, 강도 기사를, 어린 시절에 그러했던 것처럼 두려움보다는 과거에 대한 그리움과 애수로 읽곤 한다.

테페바쉬, 지한기르, 갈라타, 파티흐, 제이렉 그리고 보스포루스 해안가 마을들, 위스퀴다르의 뒷골목들은 내가 설명하고자 하는 이 흑백의 영혼이 여전히 돌아다니는 곳들이다. 안개가 끼고 연기 자욱한 아침, 비가 오고 바람이 부는 밤, 사원 돔에 자리를 잡고 있는 갈

매기 떼, 오염된 공기, 가옥에서 거리로 포신처럼 삐져나와 더러운 연기를 뿜어 내는 난로 연통, 녹슨 쓰레기통, 겨울날 텅 빈 채 돌보지 않은 공원과 정원, 겨울 저녁 눈과 진흙탕 위를 걸어 집으로 돌아가는 사람들의 분주함은 내 마음속에서 행복과 슬픔처럼 꿈틀거리는 이 흑백의 감정에 호소한다. 수백 년 동안 흐르지 않은 여기저기 깨진 오래된 분수, 변두리 마을에 있는 오래된 사원 혹은 이제는 잊힌 커다란 사원 주위에 자연적으로 형성된 허름한 가게들, 하얀 칼라가 달린 검정 교복을 입은 초등학교 학생들이 한순간 뛰쳐나와 복잡해진 거리, 석탄을 실은 낡은 트럭, 오래되고 손님이 없고 먼지

때문에 어두워진 작은 구멍가게들, 슬픈 실업자들로 꽉 찬 작은 마을 찻집, 구불구불하고 굴곡이 심한 지저분한 인도, 짙은 초록색이 아니라 검은색처럼 느껴지는 사이프러스 나무들, 언덕에 펼쳐져 있는 오래된 묘지들, 수직으로 올라가는 네모난 돌로 된 거리처럼 보이는 허물어진 도시 성곽들, 얼마 지나지 않아 모두 같은 형태로 서로 닮은 극장 입구들, 무할레비* 가게들, 인도에서 신문 파는 사람들, 한밤중 취객들이 돌아다니는 거리들, 희미한 가로등, 보스포루스를 왕래하는 페리보트들, 굴뚝에서 나오는 연기, 눈 덮인 도시의

* 우유와 쌀가루로 만든 달콤한 푸딩.

풍경은 항상 내게 동일한 흑백의 영혼의 표시처럼 느껴진다.

눈은 나의 어린 시절 이스탄불과 떼려야 뗄 수 없는 일부였다. 어떤 아이들이 여름 방학을, 여행을 떠나기를 손꼽아 기다리는 것처럼, 나는 어린 시절에 눈이 오기를 기다리곤 했다. 밖에 나가 눈싸움을 하려는 것이 아니라, 눈 덮인 도시가 더 '아름답게' 보였기 때문이다. 이 아름다움이란, 눈이 도시의 진흙탕, 더러움, 균열, 방치된

곳을 덮어 버리기 때문에 생긴 새로움 혹은 경이로움의 느낌보다는 그것이 도시에 가져다줄 혼란과 재앙의 분위기를 의미하는 것이다. 해마다 사나흘 정도 눈이 내리고, 도시는 일주일이나 열흘 정도 눈에 덮여 있게 되지만, 이스탄불 사람들은 매번 마치 처음 내리기라도 한 듯 방심한 채로 눈을 맞이한다. 길은 차단되고, 전쟁이나 재앙

흑백 _ 67

이 일어났을 때처럼 사람들이 빵 화덕 앞에 줄을 서고, 더욱이 모든 도시는 눈이라는 같은 주제를 가지고 어떤 공동체의 감정으로 하나가 되었다. 도시와 사람들은 세상과 단절되어 자신들의 문제로 고민하고 있기 때문에, 눈 오는 날의 이스탄불은 더 한산할 뿐만 아니라 동화에나 나오는 옛 시절과 조금이나마 더 가까워진 느낌이 들곤 했다.

　어린 시절의 기억들 중 같은 주제로 도시를 하나로 만들고, 오랫동안 계속 언급되던 이러한 종류의 멋진 기상 이변 중 하나는, 도나우 강에서 흑해로 흘러가는 얼음이 북쪽에서 밑으로 내려와 보스포루스로 들어온 사건이었다. 어차피 이스탄불도 지중해 도시이기 때문에 그 이변이 두렵기도 하고 놀랍기도 했으며, 게다가 절대 잊지 못할 추억이기 때문에, 사람들을 아이들처럼 신나게 했던 이 사건에 대해 많은 세월이 흐른 후에도 이야기하는 사람들이 있었다.

이 흑백의 감정의 일면은 물론 도시가 빈곤, 역사 그리고 아름다운 것을 드러내지 못하고, 낡고, 빛이 바래고, 가치가 하락되고, 방치된 것과 관련이 있었다. 또 다른 면은 가장 화려하고 웅장한 시기에조차 소박했던 오스만 제국 건축과 관련이 있다. 거대한 제국의 몰락 이후 내버려졌다는 슬픔과 지형적으로 전혀 멀지 않은 유럽에 비해 이스탄불 사람들이 일종의 고질적인 빈곤, 치유할 수 없는 병에 걸릴 수밖에 없었던 것도 도시의 이 내향적인 영혼에 자양분을 주었다.

도시의 뗄 수 없는 일부인 비애감을 강조하며, 이스탄불 사람들이 어떤 슬픔처럼 공유하고 있기 때문에 반복적으로 새롭게 생산되는 이 흑백의 감정을 더 잘 이해하기 위해서는 어느 부유한 서구의 도시에서 비행기로 이스탄불에 와서 곧장 인파 사이로 들어가거나, 겨울날 도시의 심장부인 갈라타 다리로 나가 그 인파들이 왜 그곳에서 항상 눈에 띄지 않는, 빛바랜, 회색의 그림자 같은 옷을 입고

돌아다니는지 보아야만 한다. 내가 자랐던 시기의 이스탄불 사람들은, 부유하고 도도했던 조상들과는 반대로 선명한 색, 붉은색, 빛나는 오렌지색, 초록색을 거의 입지 않았기 때문에, 처음에는 외국인 여행객들에게, 그들이 도덕상 눈에 띄는 옷을 입지 않으려고 신중을 기한 것처럼 보인다. 물론, 이러한 은밀한 도의는 없다. 대신 겸손의 도덕을 권유하는 짙은 비애감이 있다. 지난 150년 동안 도시에 천천히 내려앉은 패배감과 상실감은 흑백의 풍경에서 시작하여 이스탄불 사람들의 옷차림에 이르기까지 모든 것에서 그 빈곤과 폐허의 흔적들을 보여 준다.

라마르틴에서 네르발 혹은 마크 트웨인까지 19세기에 이 도시에 왔던 서양 여행가들 모두가 흥분하여 썼던 길거리 개떼도 내게 있는 흑백의 감정을 어떤 긴장감으로 풍부하게 하면서 키워 준다. 각각 서로 닮거나 그 어떤 것도 지나치게 확연하지 않은 회색, 잿빛, 무채색 혹은 뒤섞인 색의 뭉치이자, 도시에서 여전히 자유롭고 의기양양하게 돌아다니는 이 개들은, 서구화와 현대화 추진, 군사 쿠데타, 국가, 교칙, 서구식 시청의 견해와 캠페인에도 불구하고 이스탄불의 비밀스런 신경 끝에서, 정부와 권력의 힘이 아니라, 어떤 공허, 어떤 허무 그리고 연민의 감정이 여기저기 부유기뢰처럼 돌아다닌다는 것을 연상시킨다. 흑백의 감정을 더욱더 영속시키는 또 다른 것은, 도시의 과거로부터 남은 승리와 행복의 색깔들이 이 도시에서 나고 자란 사람에 의해 그려지지 못했다는 사실이다. 오늘날의 시각적 감각에 호소할 오스만 회화 예술은 없다. 오스만 회화와 이 회화가 모델로 삼은 이란 고전 회화에 대해 우리의 시각적 감각을 키우고, 가르치는 어떤 글, 어떤 작품도 오늘날 이 세상 그 어느 곳에도 없다. 이란 세밀화를 보고 약간 흥분한 오스만 제국의 세밀화가들은 이스탄불을(마치 디완 시인*이 도시를 실재하는 장소가 아닌 단어로 찬미하고 사랑한 것처럼) 어떤 공간 혹은 풍경으로서가 아니라, 어떤 표면 혹은 지도로 보았다.(이에 대한 가장 좋은 실례는 마트락츠 나수흐** 이다.) 「축제의 서」에서도 그렇듯이, 세밀화가들은 술탄의 종, 길드, 기구, 기예, 물건의 풍부함에 관심을 두었기 때문에, 도시는 일상생활을 하는 곳이 아니라, 어느 공식 행렬 장면이나 영화를 찍는 내내 한 지점에 초점을 고정시킨 카메라 렌즈를 통해 볼 수 있는 장소로 그려졌다.

이렇게 해서, 사진과 엽서에 취미가 있는 사람들을 위해 신문, 잡지, 교과서에 실릴 이스탄불의 과거 풍경이 필요할 때는 서양 여행가나 화가의 흑백 판화를 사용했다. 장차 멜링을 언급할 때 피력할 것인바, 도시의 가장 행복한 시절이 수수한 구아슈*** 색들로 그려져 있지만, 이스탄불 사람들은 그 색들에서조차 자신들의 행복한 과거를 보는 희열을 경험할 수 없었고, 별로 거부하지 않고 어떤 운명처럼 받아들인 기법적인 문제 때문에 도시를 항상 흑백의 감정으로 경험했다. 이 결핍은 그들의 비애와 완벽하게 조화를 이루고 있다.

어린 시절에 밤은, 도시가 빈곤해질수록 그 안에 파묻힌 혼란스럽고 피곤한 분위기를—마치 눈처럼—덮어 주고, 시적으로 느끼게 해 주었기 때문에 아름다웠다. 이스탄불의 밤은, 내가 어렸을 때는

---

* 20세기 초 신고전주의 학파에 반대하여 등장한 아랍의 초기 낭만주의 시인들.
** ?~1564. 보스니아 태생으로 여겨지는 터키 세밀화가. 자신만의 고유한 스타일로 세밀화와 지도가 혼합된 그림을 그렸다.
*** 물과 고무를 섞어 만든 불투명한 수채 물감.

높은 건물도 별로 없었기 때문에, 집으로, 나무와 나뭇가지 사이로, 여름 극장으로, 발코니로, 열려 있는 창문으로, 투박한 어떤 표면이 아니라 도시의 구불구불한 건물로, 오르막길로, 언덕으로 우아하게 파고들곤 했다. 나는 토마스 알롬이 1839년에 어느 여행서에 어둠을 신비스런 동화적 요소로 그려 보인 이 판화를 좋아한다. 나는 칠흑 같은 밤을 밝힌 보름달을, 이스탄불 전체가 즐겼던 달 놀이 문화를, 어둠의 신비스런 힘을 어떤 악의 원천으로 보여 주는 데 필요로 했기 때문에 반달을, 혹은 이 그림에서처럼 앞을 구름으로 가려 마치 살인을 저지르라는 듯 빛의 강도를 줄인 램프처럼 희미하게 그린 달빛을 좋아한다.

밤은 도시에 꿈같은 동화적인 분위기를 부여하는, 불가사의한 악의 원천이기 때문에 이스탄불의 흑백의 영혼을 더 강조한다. 밤을 비밀스럽고, 모든 것을 덮고, 다다를 수 없는 도시의 수상함을 감추

고, 어둠 속에서 새로운 악을 저지를 수 있게 하는 어떤 것이라고 보는 서양인 여행가들의 시선과, 궁전 안에서 꾸며지는 음모와 속임수를 이해하지 못하는 이스탄불 사람들의 시선은 서로 비슷하다. 궁전에서 살해된 하렘 여자 혹은 죄인의 시체가, 할리치 만으로 통하는 궁전 벽에 있는 문을 빠져나가 나룻배에 실려 바다에 던져지는 것은 서양 여행가들뿐만 아니라 이스탄불 사람들도 좋아하며 반복하는 이야기이다.

내가 읽고 쓰는 것을 배우기 전이었던 1958년 여름에 발생한, 밤과 나룻배와 보스포루스의 물처럼 각기 다른 애착을 느꼈던 비슷한 재료로 이루어진 살라작 살인 사건은 내 머릿속에 있는 흑백의 보스포루스 물의 이미지를 풍부하게 만들었을 뿐만 아니라, 오늘날까지 내 마음속에 무서운 환상으로 남아 있다. 집 안에서 오가는 이야기에서 처음 들었고, 모든 이스탄불 사람들과 신문이 반복에 반복을 거듭하여 전설화한 이 사건의 주인공인 젊은이는 술에 취한 가난한 어부였다. 아이들에게 바람을 쏘이기 위해 나룻배에 탄 어느 어머니를 강간할 목적으로 그녀의 두 아이와 친구 한 명을 바다에 밀어 익사시킨 무서운 '살라작 괴물' 때문에, 헤이벨리 섬에 있는 여름 집에서 어부들과 그물을 치기 위해 나가는 유희뿐만 아니라, 집의 정원에서조차 혼자 돌아다니는 것은 금지되었다. 어부가 파도치는 바다에 던졌던 아이들이 나룻배 가장자리를 손가락과 손톱으로 붙잡으려고 안간힘을 쓰던 모습, 어머니의 비명, 아이들과 어머니의 머리를 노로 내리치는 어부의 환영은 세월이 흐른 후, 이스탄불 신문에서 살인 사건 기사를 읽을 때(내가 즐겨 하는 일이다.) 흑백의 환영으로 내 머릿속을 스쳐 지나간다.

# 6장
# 보스포루스 탐험

살라작 살인 사건 이후 다시는 어머니와 형과 함께 보스포루스에서 뱃놀이를 하지 않았다. 전해 겨울 형과 나는 백일해를 앓았기 때문에 한동안 우리 둘은 보스포루스에서 뱃놀이를 하곤 했다. 백일해는 먼저 형이 걸렸고, 열흘 후에 내게 전염되었다. 한편으로는 이 병 때문에 행복하기도 했다. 어머니는 내게 더 잘 대해 주었고, 내가 좋아하는 그 달콤한 말들을 해 주었고, 내가 원하는 작은 장난감들도 사다 주었다. 내가 느꼈던 고통의 원인은 병 자체가 아니라, 우리 집 혹은 위층에서 모두 함께 하는 점심과 저녁 식사에 참석하지 못하는 것, 식탁에서의 대화, 포크와 나이프와 접시 소리, 웃는 소리들을 멀리서 귀를 쫑긋하며 들을 수밖에 없다는 것이었다.

가방에서부터 콧수염까지 모든 것이 무서웠던 소아과 의사 알베르는 처음으로 심한 발열이 있던 밤이 지난 후, 형과 나를 치료하기 위해 한동안 매일 보스포루스로 바람 쐬러 데리고 나가야 한다고 했다. '보스포루스'라는 단어의 터키어 의미*와 '바람 쐬다.'라는 말은 이렇게 해서 내 머릿속에서 서로 뒤엉켰다. 타라비야가 지금처럼

---

* 보스포루스는 터키어로 'Boğaz'이며 목이라는 의미이다.

여행객을 위한 식당과 호텔로 유명한 곳이 아니라, 유명한 시인 카바피*가 100년 전 어린 시절에 살았던 조용한 룸 어촌이었던 때, 그곳을 테라피아(회복)라고 불렀던 것을 알고도 어쩌면 이러한 이유로 별로 놀라지 않았다. 어쩌면 머릿속에서 치료라는 생각과 뒤섞였기 때문에 보스포루스를 보는 것이 항상 좋았다.

도시가 패배, 파괴, 좌절, 침울, 빈곤으로 은밀히 썩고 있는 반면, 보스포루스는 삶에 대한 애착, 흥분, 행복감으로 내 머릿속에서 깊이 합치되었다. 이스탄불의 혼과 힘은 보스포루스에서 비롯된다. 하지만 도시는 보스포루스를 처음에는 별로 중요하게 여기지 않았다. 그저 어떤 길, 멋진 풍경, 그리고 최근 200년 동안은 여름용 궁전 혹은 해안 저택이 있는 곳으로 여겼을 뿐이다.

룸 어민들 외에는 살지 않던 보스포루스가 18세기부터 오스만 제국의 명사들의 여름 별장 장소가 되기 시작하자, 특히 곽수, 퀴췩수,

---

* 1863~1933. 그리스의 시인.

베벡, 칸딜리, 루멜리히사르, 칸르자 주변에, 이스탄불과 오스만 제국에 속한, 외부와 차단된 문화가 형성되었다. 오스만 제국의 파샤들, 명사들, 근세기 부자들이 짓고 살았던 여름 별장들은 이후 20세기에, 공화국과 터키 민족주의의 열광으로 터키-오스만 정체성과 건축의 모델이 되었다. 세다드 하크 엘뎀은 『보스포루스 추억들』이라는 책에 이 해안 저택들의 옛 사진, 멜링 같은 화가들이 제작한 판화와 설계도를 모았다. 이 해안 저택들을 모델로 한, 폭이 좁고 높은

창문, 넓은 처마, 가는 굴뚝과 퇴창이 있는 '현대적' 건물 그리고 이들의 모방작들은 단지 이 허물어지고 사라진 문화가 남긴 그림자들일 뿐이다.

1950년대에 탁심-에미르갼 구간 버스 노선은 니샨타쉬를 경유했다. 우리는 보스포루스에 가기 위해 어머니와 함께 집 앞에 있던 정거장에서 이 버스를 타곤 했다. 전차를 타고 가면 종점인 베벡의

보스포루스 탐험 __ 77

해안가에서 한동안 산책을 한 후, 매일 같은 곳에서 우리를 기다리는 사공의 배에 올랐다. 나는 베벡의 후미에서 카누를 타고, 나룻배, 작은 외돛배, 페리보트, 가장자리가 조개로 뒤덮여 있는 부표(浮標), 그리고 등대 사이를 지나가는 것을 좋아했다. 먼바다로 나가서 보스포루스의 급류의 힘을 느끼고, 지나가는 배가 일으키는 물결로 우리가 탄 나룻배가 흔들리는 것이 재미있었고, 이 뱃놀이가 영원히 끝나지 않았으면 했다.

보스포루스에서 노니는 즐거움이란, 거대하고, 역사적이고, 방치된 도시 속에 살면서 깊고, 힘차고, 변화무쌍한 바다의 자유와 힘을 당신의 마음속에서 느끼는 것이다. 보스포루스의 급류에서 빠르게 전진하는 여행객은 복잡한 도시의 더러움, 연기, 소음의 한가운데서 바다의 힘이 자신에게 전이되고, 그 모든 군중, 역사, 건물 속에서 여전히 홀로 자유로울 수 있다는 것을 느낀다. 도시 속에서 노니는 이 물은 암스테르담과 베네치아의 수로, 혹은 파리나 로마를 둘로 나누는 강과 비교될 수 없다. 이곳은 급류가 있고, 바람이 있으며, 파도가 일고, 깊고, 어둡다. 당신이 급류를 뒤로하거나 급류와 함께 페리보트가 가는 방향으로 게처럼 옆으로 전진하면서 휩쓸려 가기 시작하면, 발코니에서 차를 마시며 당신을 바라보는 아주머니, 아파트와 해안 저택 가까이에 있는 부두와 덩굴 덮인 찻집, 해변에 있는 하수구 파이프가 폐수를 쏟아 내는 곳에서 팬티만 입고 바다로 들어가거나 햇볕을 쬐기 위해 아스팔트에 누워 있는 아이들, 해안가에서 낚시를 하는 사람들, 요트에서 하릴없이 시간을 보내는 사람들, 손에 책가방을 들고 학교에서 나와 해안가를 따라 걷는 학생들, 교통이 막히자 버스 창문을 통해 바다를 바라보는 승객들, 부두에서 어부들을 기다리는 고양이들, 키가 얼마나 큰지를 지금에서야 알게 되는 사이프러스 나무, 해안 도로에서는 절대 보이지 않고 단지 바다에서만 볼 수 있는 정원 속의 저택들, 비탈길, 비탈길 뒤에 있는 언덕, 먼 곳에 있는 높은 아파트에서 시작하여, 이스탄불은 천천히 이 모든 혼잡함, 사원, 먼 마을, 다리, 첨탑, 탑, 정원, 매일 새로 지어지는 높은 건물들과 함께 당신 앞을 지나간다. 보스포루스에서 배나 모터보트, 그리고 내 어린 시절에 그러했던 것처럼 나룻배를 타고 노니는 것은 이스탄불의 모든 집과 모든 마을을 가까이에서 볼 수 있게 해 줄 뿐 아니라, 계속해서 변하는 실루엣과 환상을 볼 수 있는 즐거움을 선사해 준다.

어린 시절 모두 함께 자동차를 타고 갔을 때도 느꼈던 보스포루스의 즐거움 중 하나는 이곳에서, 오스만 제국의 문명과 문화가 서

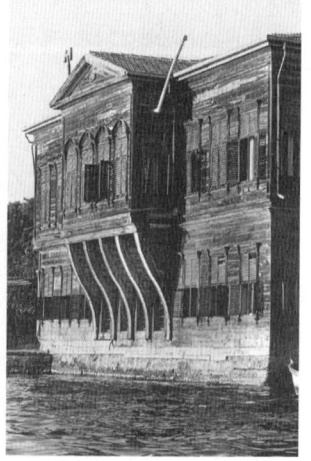

구의 영향 아래 들어가긴 했지만, 자신의 고유함과 힘을 잃지 않은 매우 번창한 시기의 유적들을 보는 것이었다. 페인트 칠이 벗겨진 해안가 저택의 멋진 철문, 여전히 건재하는 이끼가 낀 두껍고 높은 벽, 아직 불에 타지 않은 창문 덧문, 목공 기술, 혹은 해안 저택들 뒤에 있는 높은 언덕까지 펼쳐져 있으며 유다 나무, 소나무, 100년 된 플라타너스로 뒤덮인 어둠 속 정원들을 보고는 시대를 마감하고 남긴 휘황찬란한 문명의 흔적들을 감지하곤 했다. 한때는 우리를 약간 닮은 사람들이 이곳에서 완전히 다른 삶을 살았지만, 이제는 그 시기가 지나갔으며, 우리는 그 사람들과는 약간 더 다른—그들보다 더 가난하고, 더 상처 입고, 더 의기소침하고, 더 시골 사람들 같은—사람들이라는 것을 느끼곤 했다.

옛 이스탄불이 중심부였던 역사적 반도가, 19세기 중반부터 확연하게 드러나는 빈곤, 부패, 패배, 인구 증가, 패전과 서구화 영향 아래의 현대 오스만 제국 관료제의 거대한 건물들로 시달리고 수렁에 빠져 있을 때, 관료들, 부자들, 파샤들은 여름에 보스포루스 해안에 지은 해안 저택으로 피신하여 외부 세계와는 차단된 문화를 형성했다. 처음에는 육로가 없었고, 19세기 중반부터 배 여행과 선착장들

은 있었지만 여전히 이스탄불의 완전한 일부가 아니었기 때문에 외국인들이 자유롭게 돌아다닐 수 없었던 이 장소와 외부와 차단된 문화에 대해, 그 당시 그곳에 살았던 오스만 제국인들도 그 어떠한 것을 쓰지 못했기 때문에, 우리에게는 다음 세대와 그다음 세대가 그리워하며 집필했던 회고록에 의거한 지식이 있을 뿐이다.

이 회고록 작가들 중 가장 뛰어난 사람은, '보스포루스 문명'이라고 했던 이 주변을 자신이 좋아하며 읽었던 프루스트의 감성과 긴 문장으로 서술한 압둘학 쉬나시 히사르(1887~1963)였다. 루멜리히사르에 위치한 해안 저택에서 어린 시절을 보낸 히사르는 젊은 시절 한때 파리에서 시인 친구인 야흐야 케말(1884~1958)과 함께 정치학을 공부했다. 프랑스 작가들을 좋아하게 된 그는 『보스포루스 달 풍경과 보스포루스 해안 저택』이라는 책에서 사라져 가는 이 특별한 문화와 세계를 "한동안 더 유지하기 위해 최대한의 관심과 주의를 기울여 과거 세밀화가처럼 꾸미고 엮어" 재창조하고 싶었다.

보스포루스에 달이 뜬 밤에 나룻배를 타고 모여, 먼 곳에 있는 작은 배에서 연주되는 음악을 듣고, 바닷물에 비치는 달의 은빛 놀이들을 구경하기 위해 아침부터 시작하는 준비, 하루, 긴 밤, 정적, 사랑, 습관, 그리고 작가가 고집스레 이 섬세한 의식들을 설명하고 있는 『보스포루스 달 풍경과 보스포루스 해안 저택』이라는 책의 '정적장' 부분을 가끔 펴서 읽는 것을 나는 좋아한다. 한편 나는 그 안으로 들어갈 수 없는 이 사라져 버린 세계 때문에 슬퍼하는 것을 좋아하며, 과거에 대한 그리움으로 가득 찬 작가가 이 사라진 세계 속에서 증오, 인간적인 허약함, 힘 그리고 권력으로 만들어진, 악마적이며 사악한 것들을 못 본 척하는 것에 분노하는 것을 좋아한다. 달이 뜬 밤에, 잔잔한 바다에서 나룻배를 타고 모여서 듣던 음악이 멈추고, 밤의 정적이 시작되었을 때, "바람 한 점 없는데 물에는 때로 그 안에서 나오는 가냘픈 떨림으로 물결이 일곤 했다."라고 압둘학 쉬나시 히사르는 썼다.

어머니와 함께 갔던 뱃놀이에서도 보스포루스 언덕에서 온 색깔들이 외부에서 들어온 빛의 반영이 아닌 것처럼 느껴졌다. 마치 지붕, 플라타너스와 유다 나무, 갑자기 우리 눈앞에서 빠르게 지나가

는 갈매기의 날개, 반쯤 허물어진 보트 창고 안에서 희미한 어떤 빛이 쏟아져 나온다고 생각하곤 했다. 가난한 아이들이 해안 길에서 바다로 뛰어들었던 가장 더운 여름날조차, 보스포루스에서는 태양이 기후와 풍경을 온전히 지배하고 있지 않았다. 여름날 저녁 무렵에 노을과 보스포루스의 신비스런 어둠이 합쳐지는 그 비할 데 없는 빛을 바라보고, 그것을 이해하려 했던 것을 좋아한다. 거품을 일으키며 미친 듯이 흐르며, 앞에 온 나룻배들을 미친 듯이 휩쓸고 가는 물이, 내가 놀라며 바라보았던 두 발자국 떨어져 있는 또 다른 곳에서, 모네의 연꽃이 핀 연못처럼 천천히 흔들거리며 색이 변하는 것을 보는 것도 좋아한다.

1960년대 중반에 로버트 칼리지를 다닐 때, 아침 일찍 베쉭타시에서 사르에르로 가는 만원 버스 안에 서서, 맞은편 아시아 해안가 언덕 뒤에서 해가 떠오르는 것을, 어둡고 신비스런 바다처럼 꿈틀거리는 보스포루스의 물이 색을 바꾸며 밝아지는 것을 바라보는 것을 좋아했다. 도시에서 잎사귀 하나 움직이지 않는 안개 낀 봄밤, 혹은 달도 뜨지 않고 바람도 없는 고요한 여름밤에 보스포루스 해안가에서 오로지 자신의 발소리를 들으며 혼자 한동안 걷던 애수에 잠긴 남자는 갑자기 어느 곳에, 아큰트 곶 혹은 아쉬안 묘지 앞에 있는 등대에 도착했을 때, 정적 속에서 갑자기 힘차게 포효하는 급류의 소름끼치는 소리를 들으며, 어디에서 왔는지 알 수 없는 어느 빛 아래서 반짝이는 새하얀 물거품을 두려워하며 바라보면서, 한때 나도, 그리고 압둘학 쉬나시 히사르도 그러했던 것처럼, 보스포루스에 자신 고유의 어떤 영혼이 있다는 것을 놀라워하며 인정하게 된다.

나는 지금 사이프러스 나무, 계곡에 있는 어두운 숲, 방치되고 아

무도 살지 않는 해안 저택, 무엇을 운반하는지 알 수 없는 허름하고 녹슨 배의 색에 대해, 보스포루스 배와 해안 저택이 있는 이 바닷가에서 인생을 보낸 사람들이 이해할 수 있는 시에 대해, 한때 거대하고 강력하며 지극히 고유한 스타일에 도달한 문명의 폐허 사이에서 삶의 맛을 발견하는 것에 대해, 역사와 문명에 전혀 신경 쓰지 않는 아이처럼 행복하고, 즐겁고, 이 세상을 진심으로 이해하고자 하는 욕구를 지닌 쉰 살 먹은 작가의 망설임과 아픔, 삶이라는 희열과 경험에 대해 이야기하고 있다. 보스포루스, 이스탄불, 어두운 골목의 아름다움 혹은 시에 대해 언급할 때마다 내 마음속에서 들려오는 어떤 소리는, 나보다 이전 세대 작가들처럼, 내가 살았던 삶의 부족한 부분을 숨기기 위해서 내가 살았던 도시의 아름다움을 과장하면 안 된다고 내게 말한다. 도시가 우리에게 아름답고 마법적으로 느껴진다면 우리의 삶도 그러해야만 한다. 이스탄불에 대해 언급한 이전 세대의 많은 작가들이 도시의 아름다움 때문에 머리가 어찔했다고 설명할 때마다 한편으로 그들의 이야기와 언어의 마법적인 분위

기가 나를 감동시키지만, 다른 한편으로 그들이 언급하는 대도시에 이제 그들은 살지 않으며, 그들은 이제 서구화된 이스탄불의 현대적 안락함을 선호했다는 것이 떠오른다. 이스탄불을 무한하고 서정적인 흥분으로 찬미하는 대가가 이제 그 도시에서 살지 않거나 '아름답다.'라고 여겨지는 것을 바깥에서 바라본다는 것을 나는 그들에게서 배웠다. 이에 대한 죄책감을 영혼에서 느끼는 작가는, 도시의 폐허와 비애를 말할 때, 이것들이 자신의 삶에 비춘 신비스런 빛에 대해 언급해야 하고, 도시와 보스포루스의 아름다움에 자신을 빼앗겼을 때, 자신의 삶의 비참함을, 도시의 과거가 남긴 승리와 행복한 분위기에 자신이 전혀 어울리지 않는다는 것을 떠올려야 한다.

어머니와 함께 갔던 뱃놀이가, 한두 번 급류에 휩쓸리고, 지나가는 배가 만든 물결로 흔들리는 몇 번의 '위험'을 겪으며 끝이 나면, 사공은 급류가 해안까지 도달했던 루멜리히사르 곶 전에 있는 아쉬안에 우리를 내려놓았다. 우리는 어머니와 함께 보스포루스의 가장 좁은 지점인 루멜리히사르까지 걸었다. 우리 형제는 루멜리히사르의 바깥마당에 장식용으로 놓아 둔 파티흐 술탄 시대의 대포를 가지고 놀았으며, 술주정뱅이와 집 없는 사람들이 안에서 잠을 자고 밤을 보내는 이 커다란 실린더 속에 있는 유리 파편, 오물, 깡통, 담배꽁초 들을 통해, 보스포루스의 거대한 역사적 유산이 지금 그곳에 사는 대부분의 사람들에게는 어둡고, 불가사의하고, 이해할 수 없는 것이라는 사실을 느꼈다.

루멜리히사르 선착장에 도착했을 때 선착장 바로 옆에 있는, 절반은 돌길이며 절반은 인도이고, 작은 찻집이 있는 어떤 곳을 가리키며 어머니는 우리에게 이렇게 말했다.

"옛날에 여기에 목조 해안 저택이 있었단다. 내가 어린 소녀였을 때, 너희들 할아버지는 여름마다 이곳으로 우리를 데려왔다다."

무섭고, 오래되고, 낡은 건물, 허물어지고 불에 탈 폐허로만 언제나 상상했던 이 여름 별장에 대해 뇌리에서 절대 떠나지 않는 이야기가 있다. 그것은 파샤의 딸이자 아래층에 살던 집주인 여자가 1930년대 중반에 어느 도둑에 의해 불가사의하게 살해된 사건이었다. 어머니는 내가 이 이야기의 어두운 면에 무척 집착하는 것을 보고, 사라진 해안 저택의 보트 창고의 흔적을 우리에게 보여 주면서, 다른 이야기로 넘어갔다. 외할머니가 만들어 준 오크라\*가 들어간 채소 혼합 요리를 어머니가 맛없다고 하자 외할아버지가 화를 버럭 내며 그 음식이 든 냄비를 창밖으로, 보스포루스의 깊고 급류가 흐르는 물속으로 어떻게 던졌는지를 미소를 지으며 슬픔에 잠겨 말해 주곤 했다.

아버지와 다툼을 하던 시기에, 어머니가 머물렀던 먼 친척에게

---

\* 꼬투리를 수프의 재료로 쓰는 식물.

는 이스틴예에, 조선소를 바라보는 곳에 해안 저택이 있었다. 그곳도 나중에 거의 폐허가 되었다는 것을 기억한다. 내가 어렸을 때, 당시의 신흥 부자들, 서서히 부자가 되기 시작하는 이스탄불 출신의 부르주아들에게 보스포루스 해안 저택들은 전혀 매력적인 곳이 아니었다. 옛 보스포루스 해안 저택들은 북동풍과 겨울의 추위를 피할 수 있는 곳이 아니었고, 난방이 어려울 뿐만 아니라 비용도 많이 들었다. 공화국 시대의 신흥 부자들은 오스만 제국 시대의 파샤만큼 권력이 없었고, 탁심 근처에 있는 지역에, 멀리 보스포루스가 보이는 아파트에 살아야 자신들이 더 서구화된 것처럼 느낄 수 있었기 때문에, 권력에서 멀어진 오스만 제국의 가족이나 가난해진 파샤들의 자녀들, 압둘학 쉬나시 히사르 같은 사람들의 친척들에게서 옛 보스포루스 해안 저택들을 사지 않았다. 이렇게 해서 도시가 빠르게 성장했던 1970년대까지, 보스포루스에 있는 커다란 목조 저택들과 해안 저택들은 대부분, 그 안에 살던 미친 궁전 사람들, 재산 분배

문제로 서로 소송을 건 파샤들의 손자들과 함께, 어떤 때는 한 층 한 층, 어떤 때는 방을 한 칸 한 칸 나눠 세를 주며 돌보지 않아 썩고, 페인트칠이 벗겨진 목재들은 추위와 습기 때문에 검게 색이 변했고, 그 자리에 새 아파트를 지을 희망으로 교묘하게 불을 질러, 내가 어렸을 때는 점차 사라져 갔다.

1950년대 말, 매주 일요일 아침마다, 아버지 혹은 삼촌들이 몰았던 닷지 자동차를 타고 바람을 쐬기 위해 보스포루스에 갔다. 사라져 가는 이 오스만 제국의 문화에 대해 약간 슬퍼하기는 했지만, 우리가 공화국의 신흥 부자들이었기 때문에 '보스포루스 문명'은 우리에게 상실감과 비애감보다는 거대한 문명의 연장이라는 자부심과 위로를 안겨 주었다. 보스포루스에 갈 때마다 꼭 에미르갼에 들러 츠나르알트 찻집에서 헬와*를 먹고, 베벡과 에미르갼 해안가를

---

* 설탕, 밀가루, 우유, 생크림, 식용유를 넣어 만든 터키 과자.

따라 걸으며 보스포루스를 지나가는 배들을 구경했다. 돌아가는 길에 어머니는 자동차를 멈추게 하고는 화분 하나, 혹은 커다란 농어 두 마리를 사곤 했다.

자랄수록 어머니-아버지-두 아들로 구성된 핵가족 산책이 지루하고 답답했다는 것을 기억한다. 사소한 가족 다툼, 매번 지독한 경쟁과 싸움으로 변했던 형과의 놀이, 한 차에 타고 답답한 아파트 밖에서 숨을 돌리고 싶어 했던 '핵가족'의 불행은 보스포루스의 부름에 악영향을 미치곤 했지만, 그래도 나는 매번 이 짧은 일요일 여행에 나서곤 했다. 이후 보스포루스 길에서 우리처럼 일요일 산책을 나선 불행하고, 불화가 있고, 시끄러운 다른 가족들을 다른 차 안에서 보았을 때, 우리의 삶만이 그렇게 아주 특별하지는 않다고 느끼는 대신, 이스탄불 가족에게 보스포루스가 어쩌면 유일한 행복의 원천이라는 것을 느끼게 되었다.

나의 어린 시절의 보스포루스를 특별한 곳으로 만든 많은 것들이 서서히, 마치 하나하나 불타 버린 해안 저택들처럼 사라지자, 보스포루스에 가는 것은 어떤 추억을 상기시키는 즐거움도 주기 시작했다. 사라진 오래된 양식장에 대해, 양식장이 그물을 사용해 물고기들에게 파 놓은 일종의 함정이라는 것을 아버지가 어떻게 설명했는지에 대해, 나룻배를 타고 해안 저택들을 돌아다니며 과일을 파는 상인들에 대해, 어머니와 함께 갔던 보스포루스 해변에 대해, 보스포루스에서 수영하는 즐거움에 대해, 하나하나 닫히고 버려진 후 호화로운 레스토랑으로 바뀐 보스포루스 선착장에 대해, 이 선착장 옆에 나룻배를 정박시킨 어부에 대해, 그들의 나룻배를 타고 짧은 여행을 하는 것이 불가능하다는 것에 대해 언급하는 것을 나도 이제

좋아한다. 하지만 보스포루스는 내게 여전히 어린 시절의 보스포루스와 같다. 그러니까 내게 보스포루스는 사람을 건강하게 하고, 회복시키고, 도시와 삶을 건재하게 만드는 무한한 어떤 선(善)과 긍정의 원천이다.

나는 때로 이렇게 생각한다.

"삶이 그렇게 최악일 수는 없어. 여전히 보스포루스로 산책 나갈 수는 있으니까."

# 7장
# 멜링의 보스포루스 풍경

보스포루스 풍경을 소재로 그림을 그린 서양화가들 중에서 내게 감상하는 즐거움을 가장 많이 맛보게 하고 가장 설득력 있게 다가오는 사람은 멜링이다. 1819년에 발간된, 그 이름마저 시적인『이스탄불 그리고 보스포루스 해안에서의 회화적인 여행』이라는 그의 책이 있다. 출판업자이자 시인인 나의 이모부 셰브케트 라도는 이 책

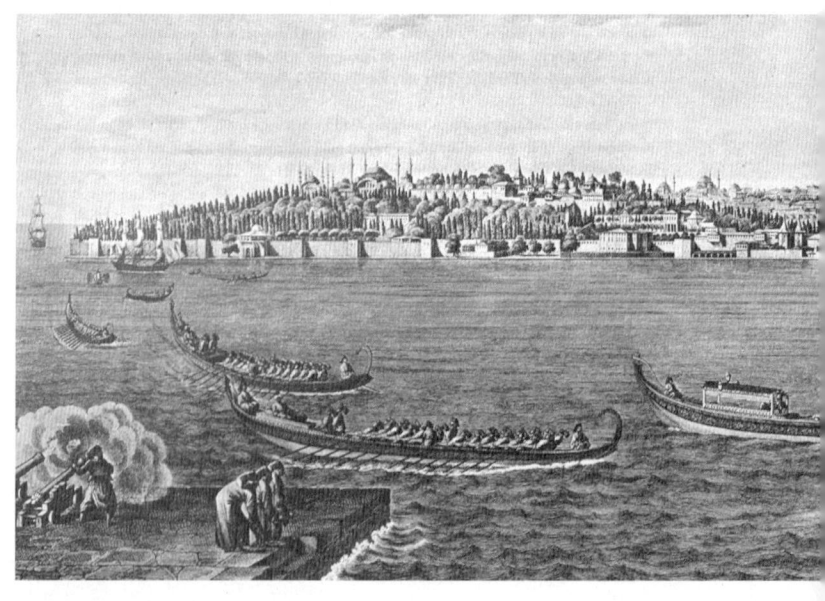

의 절반 크기 판형의 복사본을 1969년에 출판했고, 내 마음속에서 그림에 대한 열정이 활활 타오르던 시기에 우리 가족에게 선물했다. 몇 시간이고 구석구석 주의 깊게 살펴보았던 이 그림들은, 과거의 완벽한 오스만 제국 이스탄불이 바로 이것이라는 느낌을 주었다. 이 달콤한 착각은, 멜링이 건축가와 수학자의 세세함으로 섬세하게 그린 세부 사항들로 어우러진 수채화-구아슈 그림들보다는, 그 그림들 중 그의 지휘 하에 그려진 동판화의 흑백의 선들을 볼 때 내 마음속에서 우러나곤 한다. 최소한 과거는 멋졌다는 것을 나 자신에게 믿게 만들고 싶을 때(서양 문학과 예술의 힘에 지나치게 개방적인 것은 때로 우리를 이러한 이스탄불 민족주의로 떠밀 수도 있다.) 멜링의 동판화를 보는 것이 위안이 된다. 이러한 위안에, 이 아름다운 건축물의 대부분이 사라졌다는 감정이 슬프게 동반된다. 한편, 나의 이성

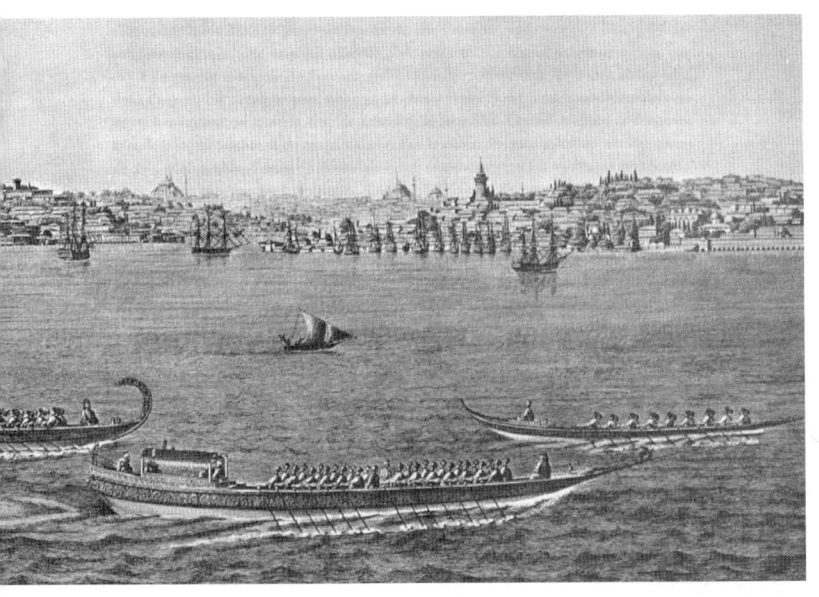

멜링의 보스포루스 풍경

은 내가 지나치게 흥분하고 있는 순간에, 멜링의 그림들을 아름답게 보이게 하는 것이 상실감이라는 것을 일깨워 준다. 나는 약간은 슬퍼지고 싶을 때 그 그림들을 보곤 한다.

1763년생인 앙투안 이그나스 멜링은 진짜 유럽인인 이탈리아와 프랑스인의 피가 흐르는 독일인이다. 칼스루헤의 카를 프리드리히 대공의 궁전에서 조각가로 일했던 아버지 곁에서 조각을 배운 후, 슈트라스부르크의 삼촌 곁에서 회화, 건축, 수학을 공부했다. 열아홉 살 때, 당시 서서히 부상하기 시작한 동양 낭만주의는 그를 여행으로 이끌었고, 이스탄불로 오게 되었을 것이다. 이스탄불에 도착하던 날, 자신이 이 도시에서 십팔 년을 머물 게 되리라고는 아마 상상조차 못했을 것이다. 멜링은 먼저, 이스탄불에서 갈수록 증가하는 인구를 수용하고 오늘날 베이올루의 첫 핵을 이룰 페라 포도원 주변에 국제적인 상류사회 생활을 연 대사관들 주변에서 개인교사로 일하기 시작했다. 전 덴마크 이스탄불 대사인 바론 드 휘프시가 뷔윅데레에 짓게 한 여름 별장의 정원을 거닐던 셀림 3세의 여동생 하티제 술탄이, 자신도 이러한 정원을 만들고 싶다고 하자, 젊은 멜링이 추천된다. 멜링은 술탄처럼 서양의 새로운 것에 개방적인 여동생에게 먼저 장미, 아카시아, 라일락 들로 된 미로 모양의 서양식 정원을 만들어 주었다. 이후 데프테르다르부르누(오늘날 오르타쾨이와 쿠루체시메 사이)에 있는 하티제 술탄의 궁전에 추가로 작은 별장을 지어 준다. 소설가 아흐메트 함디 탄프나르(1901~1962)는 멜링의 그림들을 보고 알았던, 그러나 오늘날에는 소실되어 버린 이 기둥 있는 신고전적 유럽풍 건물이 보스포루스의 정체성에 어울릴 뿐만 아니라 '혼합적 스타일'이라고 하는 창조의 기준이 되었다고 말했다.

멜링은 셀림 3세의 여름 별장인 베쉭타시 궁전에도 같은 형태로 신고전주의적이지만 보스포루스의 분위기에 딱 어울리는 추가적인 건축과 실내 장식을 했다. 한편으로 그는 하티제 술탄을 위해 오늘날의 의미로 예술 고문 혹은 '실내 장식가'로 일했다. 그녀를 위해 화분을 사고, 수예 냅킨에 진주를 장식하는 것을 감독하고, 대사 부인들에게 일요일마다 해안 별장을 안내하거나 모기장 만드는 것을 준비했다.

우리는 이 모든 것을 두 사람이 서로에게 썼던, 오늘날 어느 개인의 소장품이 된 편지들을 통해 알 수 있다. 멜링과 하티제 술탄은 작은 지적인 발견을 하고는 서로에게 보내는 편지에서 아타튀르크*가

---

* '터키의 아버지'라고 불리는 아타튀르크의 원래 이름은 무스타파 케말(1881~1938)이다. 국부라는 뜻의 '아타튀르크'는 1934년에 국회가 그에게 부여한 성이다. 그는 터키 국민의 정신적 지주로 1923년 터키 공화국을 선포하면서 초대 대통령이 되었고, 종래의 이슬람 전통을 크게 탈피한 서구식 근대화 개혁 작업을 급진적으로 추진하였다.

1928년에 실시한 '문자 개혁'보다 130년 전에 터키어를 라틴 알파벳으로 쓰기 시작했다. 이 편지들 덕분에 우리는 회고록이나 소설 쓰는 습관이 없었던 이스탄불에서 술탄의 여형제가 대강 어떻게 말을 했는지를 알 수 있다.

"멜링 장인(匠人), 모기장은 언제 도착하지요? 내일 꼭 도착했으면 좋겠어요. (중략) 빨리 끝내도록 힘써 줘요. (중략) 아주 이상한 칼 그림*이군요. (중략) 이스탄불 그림을 보냈어요, 그림은 빛깔이 바래지지 않았어요. (중략) 의자를 원하지 않아요, 마음에 들지 않아요. 금박 칠이 된 의자를 원해요. (중략) 비단천은 조금 사용하고 비단실이 많이 들어갔으면 해요. 은 서랍에 그릴 그림을 봤어요, 절대 그 그림으로 제작하지 말아요, 이전 그림 그대로 두세요, 절대 이전 그림에 손대지 말아요. (중략) 진주와 우표 비용은 마르테디(화요일)에 지불할게요." 기타 등등.

라틴 알파벳 이외에 이탈리아어를 약간 배운 것으로 여겨지는 하티제 술탄은 멜링에게 이 편지를 쓸 때 아직 서른이 되지 않은 나이였다. 에르주룸 주지사였던 남편 세이드 아흐메트 파샤는 대체로 이스탄불에 없었다. 나폴레옹의 이집트 원정 소식이 이스탄불에 전해지고, 궁전 주위에 프랑스에 대한 적개심이 형성되던 시기에, 멜링은 제노아 출신의 여자와 결혼했고, 당시 하티제 술탄에게 쓴 편지에서도 알 수 있듯이 이유 없이 그녀의 총애를 잃게 되었다.

"저, 주인님의 좋은 금요일에 하인을 보냈습니다, 월급을 받으려고. 그런데 이제 제게 월급을 지급하지 않는다고 하더랍니다. 주인

---

* '판화'를 의미한다.

님으로부터 그렇게 많은 은혜를 받은 저로서는, 그 명령이 주인님께서 내린 것이라고 믿지 않았습니다. 그 말은 주인님께서 당신의 종을 아끼는 데 대한 질투 때문에 하는 말이라고 생각합니다. 이제 겨울이 오고 있습니다. 베이올루에 가야 합니다, 하지만 돈이 없으니 어떻게 간단 말입니까? 집주인은 집세를 달라고 합니다, 석탄, 땔감, 음식이 필요합니다. 제 딸이 천연두를 앓고 있습니다, 의사가 진료비 50쿠루쉬를 달라고 하는데 어찌해야 합니까? 제가 애원을 하고, 요금과 뱃삯을 지불했지만 긍정적인 답변이 없었습니다. 수중에 금화 한 닢도 없습니다, 제발 애원하오니 절 이런 상황에 내버려 두지 마십시오."

애원했지만 하티제 술탄에게서 답변이 오지 않자, 멜링은 한편으로 유럽으로 돌아가는 준비를 시작하면서, 다른 한편으로는 돈을 벌 수 있는 길을 모색했다. 술탄과의 친분으로 아주 예전에 그리기 시작했던 상세한 대형 그림들을 판화집으로 만들려는 생각을 그 당시에 진전시켰다. 주 이스탄불 프랑스 공사이자 유명한 동양학자인 피에르 뤼팽의 도움으로 파리에 있는 출판사와 연락을 취하기 시작했다. 멜링이 1802년 파리로 돌아간 후 출판되기까지 십칠 년이 걸리고(멜링이 쉰여섯 살일 때) 당시 파리에서 가장 유명한 판화가들이 작업을 하게 될 화집의 초기 준비 단계에서, 그는 세부적인 것을 사실적으로, 있는 그대로 반영하는 데 혼신의 힘을 기울였다.

오늘날 이 커다란 화집에 들어 있는 마흔여덟 점의 판화를 보면서 우리는 사실 그대로의 묘사와 정밀함에 우선 놀란다. 사라진 세계의 풍경을 바라볼 때, 보스포루스와 이스탄불의 아름다움을 평온하게 감상할 수 있도록, 건축의 세부 사항에 대한 빈틈없는 집중력

과 노련한 원근법 처리로 이성이 갈구하던 사실성을 부여한다. 이 마흔여덟 점의 그림 중에서 가장 환상적인 작품인 술탄의 하렘 내부를 보여 주는 그림조차, 건축의 단면과 원근법의 '고딕'적 장점을 사용하고, 서양에서 보는 하렘과 성적 판타지와는 동떨어진 진지함과 우아함으로 하렘 여성들을 묘사했기 때문에, 이스탄불 토박이 감상자에게조차 강한 사실감과 진지함을 불러일으킨다. 멜링은 그림의 학술적이며 진지한 분위기를 가장자리와 구석에 그려 넣은 인간적인 세부 사항들로 균형을 맞춘다. 하렘의 1층에, 가장자리에 서서

서로를 사랑으로 껴안고, 입술과 입술이 맞댄 두 명의 하렘 여자가 있다. 하지만 이러한 유의 세부적인 것에 호기심 많던 당시의 다른 서양화가들이 그린 것과는 반대로, 멜링은 이 쌍을 과장하지도, 그들의 친밀감을 감상적으로 만들어 그림의 중심부로 끌어오지도 않는다.

멜링이 그린 이스탄불 풍경에는 중심부가 없는 듯하다. 어쩌면 그가 그린 이스탄불에 내가 이렇게 친밀감을 느끼는 두 번째 원인은(세부적인 것에 대한 그의 주의력) 바로 이것일 것이다. 화집의 마

지막 부분에 있는 지도에, 멜링은 이 커다란 마흔여덟 점의 그림을, 각각 이스탄불의 어느 지역에서, 어떤 각도로 보면서 그렸는지를 지형학적으로 정확하게 표시했다. 하지만 그림들에, 마치 중국 두루마리 혹은 어떤 시네마스코프 영화에 나오는 카메라 움직임처럼, 장면의 중심부나 끝은 없다는 느낌을 불러일으킨다. 멜링은 그 어떤 그림의 중심부에도 감상적인 인간의 모습을 그려 넣지 않았기 때문에, 마치 어린 시절 보스포루스를 거닐 때, 어느 만(灣)의 뒤에 또 다른 만이 나올 때마다, 해안을 따라 계속 이어지는 길의 굴곡마다 놀랄 만한 각도로 풍경이 변할 때마다 느꼈던 것처럼, 이 화집의 페이지를 넘기며 흑백의 풍경을 볼수록, 이스탄불은 중심부가 없

고, 끝이 없다는 느낌이 어린 시절 좋아했던 동화처럼 내 마음속에서 떠오른다.

　멜링이 그린 보스포루스 풍경을 보는 것은, 단지 어린 시절 허허벌판이었다가 사십 년 만에 아파트 건물들로 뒤덮여, 이제는 허허벌판이었다는 것도 잊어버린 보스포루스 언덕을, 구릉을, 계곡을, 이것들을 처음 보았을 그 상태의 어린 시절의 풍경으로 되돌아가는 마법만을 내게 선사하는 것은 아니다. 뒤로 갈수록 페이지마다 열리는 보스포루스의 아름다움 뒤에는 천국 같은 역사가 있고, 나의 삶도 과거의 이 천국으로부터 온 몇몇 추억들, 풍경들, 장소들로 만들어졌다는 슬픔과 행복감으로 가득 찬 생각을 하게 된다. 슬픔과 행복이 조우하는 이 지점에서, 보스포루스를 잘 아는 사람들만이 알 수 있는 몇몇 세부적인 것이 지속되고 있다는 것을 알아채는 것은, 이 그림들이 시간 밖의 천국에서 나와, 나의 지금의 삶에 섞였다는 느낌을 준다. 그렇다, 나는 혼자 이렇게 말하곤 한다. 타라비야 만에서 나오자마자 잔잔한 바다는 갑자기 흑해에서 온 북풍으로 파도치고, 허둥지둥하고 신경질적인 파도의 등에는, 멜링이 정확히 그렸던 것처럼 분노에 찬, 작고 참을성 없는 포말들이 나타난다. 그렇다, 이른 저녁, 베벡 언덕의 숲은 오로지 나처럼, 멜링처럼 그곳에서 수십 년을 보낸 사람들만이 느낄 수 있는, 자신들 안에서 나온 이러한 종류의 어둠과 함께 깊어진다. 그렇다, 보스포루스의 소나무들, 사이프러스 나무들은 이스탄불의 풍경 속에 항상 우아하고 힘차게 자리 잡고 있다.

전통적인 이슬람 정원과 이슬람 회화에서 천국에 항상 등장하는 사이프러스도 멜링의 보스포루스 그림에, 마치 이란 세밀화에서 그러한 것처럼, 시적인 조화를 부여하는 우아하고 엄숙한 각각의 어두운 얼룩으로 자리 잡고 있다. 멜링은 보스포루스에 있는 구불구불한 소나무들을 그릴 때, 보스포루스와 이스탄불을 그린 다른 서양인 화가들과는 달리, 나뭇가지들 사이에 시선을 고정시켜 드라마틱한 긴장감 혹은 프레임 효과에 매달리지 않았다. 이러한 면에서 그는 세밀화가들과 비슷하다. 마치 나무들처럼, 가장 감상적인 순간조차 멀리서 사람들을 관망한다. 멜링이 인간의 몸동작을 노련하게 그리지 못했던 것, 그리고 어쩌면 이러한 이유로 인간의 제스처에 전혀 관심을 갖지 않았거나, 때로 나룻배들, 배들을 보스포루스 물 위에(특히 우리에게 수직으로 느껴진다면) 어설프게 그리고, 건물들과 사람들에게 대단히 집중했음에도 불구하고 때로 어설프고 비율에 맞지 않게 그렸던 것은 도리어 그의 그림에 시적인 면을 부여하며 이스탄불 사람들이 그를 자신들과 더 쉽게 동일화할 수 있는 화가로 만들었다. 하티제 술탄의 궁전 혹은 하렘에 있는 다양한 여자의 모습은 모두 자매처럼 비슷한 얼굴로 그려져 바라보는 사람을 미소 짓게 하는 어떤 순수함이 있다.

멜링을 두드러지게 하는 것은, 이슬람 세밀화의 걸작과 이스탄불 황금기의 유아기에서 나온 것처럼 보이는 이 순수함이 그 어떤 다른 동양화가도 다다를 수 없는 건축, 지형학 그리고 일상생활의 세부와 함께 섬세하게 합치되었다는 사실이다. 페라에서 바라다 보이는 당시의 크즈쿨레시*와 위스퀴다르의 모습 혹은 그림을 그리

---

\* 보스포루스 해협에 세워진 탑. '소녀 탑'이라는 뜻이며 '레안드로스 탑'이라고도 불린다.

는 시점이 지도에 표시된 것처럼, 내가 이 글을 쓰는 지한기르에 있는 집필실에서 마흔 걸음 떨어져 있는 지점, 톱하네 언덕에서 그렸던 어느 커피집 창문에서 보이는 톱카프 궁전 혹은 에윕* 언덕에서 보이는 이스탄불 풍경은 모두 여느 때와 같은 익숙한 풍경이 될 뿐만 아니라, 천국의 풍경이기도 하다. 이 천국의 풍경은 오스만 제국 조정이 보스포루스를 룸 어촌의 연장이 아니라 정착할 수 있는 장소로 보는 동시에 오스만 건축이 서양의 매력을 인식하여, 순수함을 포기하는 시기의 풍경과 같다. 멜링 덕분에 셀림 3세 이전의 오스만 시대는 내게 아주 먼 것처럼 느껴진다.

한때 피라네시**가 멜링보다 삼십 년 전에 제작하기 시작했던 로마-베네치아를 소재로 한 판화들을 검토할 때 마르그리트 유르스나르***가 그러했던 것처럼, 나도 "손에 돋보기를 들고" 멜링이 그린 이스탄불 풍경들에서 움직이는 이스탄불 사람들을 바라보는 것을 아주 즐긴다. 예를 들면 나는 멜링이 세부적인 것을 세세하게 그리기 위해 아주 공을 들였던 톱하네 분수와 광장을 그린 그림에서, 왼쪽 가장자리에 있는 수박 장수(전시 형태와 수박을 건네주는 모습은 오늘날도 같다.) 혹은 그림의 밑 부분 중간에 있는 다른 수박 장수가 의자에 앉아 있는 모습을 자세히 보는 것을 좋아한다. 멜링이 그린 이스탄불 기념물 중에서 그 섬세함 때문에 그릴 때 지대한 중요성을 부여했고, 그림에서는 약간 높은 곳에 있었다는 것을 알 수 있는 이 분수는 오늘날 주변에 있는 길을 보도블록과 아스팔트, 그 위에 또

---

\* 이스탄불 유럽 지구에 있는 지명.
\*\* 1720~1778. 이탈리아의 판화가이자 건축가.
\*\*\* 1903~1987. 벨기에 출생의 소설가. 프랑스어로 작품 활동을 했다.

아스팔트를 덮어 길이 높아진 결과 구덩이로 들어가고 말았다. 화가가 도시의 사방에서, 모든 정원에서 보기 좋아했던 엄마의 손을 잡고 있는 아이들(테오필 고티에*가 오십 년 후에 관찰했듯이, 아이들과 걷는 여자들은 혼자 걷는 여자들보다 언제나 더 존경을 받으며, 귀찮게 만들지 않을 것이기 때문에), 이스탄불 사방에 있는 오늘날처럼 다양한 옷, 작은 탁자, 음식 그리고 지친 표정이 드러나는 늙은 상인들, 베쉭타시의 해안 저택에서 낚싯대를 조용하게 바다에 던져 놓고 있는 젊은이(내가 멜링을 얼마나 좋아하는지, 베쉭타시 해안의 바다는 절대 이렇게 잔잔할 수 없다는 것을 말할 용기가 나지 않는다.), 그 젊은이에게서 열댓 걸음 떨어진 곳에 나란히 서 있는(나는 이들은 터키어판 『하얀 성』표지에 넣었다.) 두 명의 신비로운 남자, 칸딜리 언덕에서 곰을 훈련시키는 남자와 탬버린을 치는 그의 조수, 혹은 술탄 아흐메트 광장의(멜링에 의하면 히포드롬) 중앙에 있는 많은 군중과 짐을 실

* 1811~1872. 프랑스의 화가이며 무용, 연극 등 다방면으로 활동했다.

은 말 옆을 진짜 이스탄불 사람처럼 기념 건축물을 모르는 듯 천천히 걸어가는 남자, 같은 그림의 한구석에서 군중을 등지고 발이 세 개 달린 탁자 위에—마치 내 어린 시절에 있었던 것처럼—시미트<sup>*</sup>를 놓고 파는 장수, 잠시 후면 잊을 많은 세부 사항들을 다시 발견하는 것을 아주 좋아한다.

---

* 위에 깨가 뿌려져 있는 고리 모양의 빵.

피라네시의 그림에 있는 것과는 반대로 이스탄불 사람들은 그 어떤 기념비적인 건축물, 그 어떤 멋진 풍경이 주위에 있던지 간에, 건축물과 자연으로 인해 위축되지 않는다. 멜링은 피라네시처럼 원근법을 좋아하긴 했지만, 그의 그림은 극적이지 않다.(톱하네 해안에서 싸움이 붙은 뱃사공들조차!) 사람을 위축시키고, 일종의 기형, 걸인, 불구자, 이상한 사람 모습으로 분한 파괴적이며 극적인 피라네시의

동판화는 수직이다. 멜링의 작품에서는 그 어떤 것에도 제약을 받지 않고 자유로운 인간의 눈이 볼 수 있는 최대한의 넓은 시야로 멋지고 행복한 세계에서 돌아다니는 수평의 움직임을 보게 된다. 이것은 멜링의 그림 기교 혹은 우아함이라기보다는, 이스탄불의 지형과 건축이 그에게 제공한 일종의 힘이었다. 그가 이를 느끼는 데는 이스탄불에서 살았던 십팔 년이라는 세월이 걸렸던 것이다.

그는 삶의 절반을 이스탄불에서 보낸 후 도시를 떠났다. 이는 교

육을 받은 세월이 아니라, 삶에 대해 진정한 사고를 하고 생계유지를 위해 일을 하며 첫 작품을 냈던 십팔 년이라는 세월이었다. 이러한 이유로 그의 눈은, 그곳에서 사는 사람들이 이스탄불에서 보았던 세부적인 것과 재료를 포착할 수 있었던 것이다. 멜링은 자신보다 삼사십 년 이후에 윌리엄 헨리 바틀릿(「보스포루스의 아름다움」, 1835), 토마스 알롬(「콘스탄티노플과 소아시아의 칠대 교회 풍경」, 1839) 그리고 외젠 플랑댕(「오리엔트」, 1853) 같은 저명한 화가나 판화가가 이스탄불에서 찾고 있던 마법적이고 이국적인 분위기에 전혀 관심을 갖지 않았다. 『천일야화』와 당시 특히 프랑스에서 크게 부상한 동양 낭만주의에서 유래한, 그러나 얼마 지나지 않아 진부하게 되어 버린 풍경들도 그를 전혀 흥분시키지 않았기 때문에, 그는 상상적인 분위기에 적합한 그림자와 빛 장난을 사용하여 안개와 구름으로 효과를 내거나, 도시와 사람들을 실제보다 더 동그랗고, 구불거리고, 통통하고, 기교적이거나 위축되게 그리는 것을 전혀 시도하지 않았다.

멜링의 시선은 도시 속에서 나온다. 하지만 당시 이스탄불 사람들은 자신들과 도시를 그리는 것을 몰랐고, 이 일에 전혀 관심을 갖지 않았기 때문에, 그가 서양에서 유입한 그림 기교는 이 자연스런 그림들에 어떤 이질적인 분위기를 주었다. 멜링은 도시를 이스탄불 사람처럼 보고 선입견 없는 서양인처럼 그렸기 때문에 그의 이스탄불은 추억, 지형, 사원 들처럼 익히 알고 있는 곳이었을 뿐만 아니라, 유일무이하고, 이러한 이유로 멋진 세계이다.

그의 그림들을 볼 때마다 이 세계가 사라졌다는 것 때문에 내 마음은 슬픔에 휩싸인다. 하지만 멜링의 회화집을 펼칠 때마다, 과거로 남은 이 세계의 거의 유일하게 시각적으로 '옳은' 증인이 보여 주듯이, 나의 이스탄불이 이국적이거나 '마법적이거나' 이상하지 않고, 실은 내 어린 시절의 보스포루스의 많은 것을 간직하고 있으며, 굉장히 멋지다는 것을 볼 수 있다는 것이 내게 위안이 된다.

## 8장
## 어머니와 아버지 그리고 그들의 가출

아버지는 때로 먼 곳으로 가곤 했다. 우리는 오랫동안 그를 보지 못했다. 이상하게도 이 부재의 시작은 우리에게 느껴지지 않았다. 도둑맞았거나 사라졌음을 뒤늦게야 알게 되는 자전거 혹은 학교에 오지 않는 같은 반 친구처럼, 철저히 그리고 슬프게 그의 부재를 깨달았을 때는 우리가 이미 이 상황에 익숙해져 있다는 것을 느끼곤 했다. 아버지가 왜 사라졌는지에 대해 어떤 해명도 없었고, 언제 돌아올지도 우리에게 알려 주지 않았다. 형과 나는 이를 묻지 않아야 한다는 것을 느꼈고, 대가족 분위기에 쉽게 적응했다. 커다란 아파트에 삼촌들, 고모들, 할머니, 요리사들, 하인들이 모두 함께 살았던 것이 이 결핍을 잊지는 못해도, 질문을 하지 않고 그냥 넘어가는 데 일조했다. 때로 가정부 에스마 부인이 넘치는 연민으로 우리를 안아

주고, 할머니의 요리사인 베키르가 우리가 원하는 것을 말만 하면 다 해 주거나, 삼촌이 우리를 1952년형 닷지 자동차에 태워 보스포루스에 데리고 가는 일에 지나치게 열성적인 것 때문에 우리가 잊고 있던 슬픔을 이해하게 되었다.

우리 집 사정이 좋지 않다는 것도, 어머니가 때로 아침에 전화기 앞에 앉아 이모들과, 친구들과, 외할머니와 오랫동안 통화하는 것으로 알게 되었다. 어머니는 붉은 카네이션 꽃무늬가 있는 크림색 긴 모닝 가운을 입고 있었다. 다리를 꼬고 의자에 앉아 있었기 때문에 내 머리를 어지럽게 하는 다양한 굴곡을 이루며 밑으로 흘러내린 모닝 가운 사이로 어머니의 피부처럼 아름다운 잠옷과 아름다운 목이 보이곤 했다. 어머니가 통화를 할 때 품에 뛰어들어 안기고, 머리와 목과 가슴 주위의 아름다운 부분에 가까이 가고 싶었다. 많은 세월이 흘러, 아버지와 식탁에서 심한 언쟁을 한 다음 어머니가 내 얼굴에 대놓고 말해 버렸던 것처럼, 나는 어머니와 아버지의 언쟁이 집과 우리에게 전이시킨 재앙의 분위기를 좋아했다.

어머니가 나에게 관심을 갖는 순간을 기다리며 나는 향수병, 분첩, 립스틱, 매니큐어, 화장수, 장미수, 아몬드유로 가득한 화장대에 앉아 열심히 서랍을 뒤적거렸다. 다양한 종류의 족집게, 가위, 손톱 가는 줄, 눈썹 그리는 연필, 연필 형태의 붓, 빗, 끝이 뾰족한 기구들을 가지고 시간을 보냈다. 화장대와 유리 사이에 끼워 넣은 형과 나의 어린 시절 사진을 보면서(같은 모닝 가운을 입은 어머니는, 아기용 의자에 앉은 나에게 이유식을 한 수저 떠 넣어 주었고, 우리 둘 다 이유식 광고에나 나올 법한 즐거운 표정으로 미소를 짓고 있는 사진) 그 당시 내가 얼마나 행복에 겨웠는지는 사진에 나오지 않았다고 생각하곤 했다.

 이후, 서서히 휘감기 시작하는 지루함과 슬픔에서 벗어나기 위해, 많은 세월이 흐른 후 내 소설에서 이와 비슷한 것을 서술하게 되리라는 것은 전혀 모르는 놀이를 시도하곤 했다. 어머니의 화장대 거울 양편에 있는 병들과 머리빗 그리고 한 번도 열리지 않았던 꽃 자개 장식의 자물쇠가 달린 은상자를 화장대 가운데로 갖다 놓고, 머리를 거울 중간에 가져다 대고 접이식 거울의 양쪽 날개를, 그 사이에 내가 있는 상태에서 갑자기 펴면, 거울들이 자기들끼리 증가하면서 만든 깊고 차가운 유리 빛 영원 속에서 움직이는 수천 명의 오르한이 보였다. 가장 크고 가까이 있는, 전혀 알지 못했던 나의 뒷부분들, 짱구처럼 튀어나온 뒤통수, 마치 아버지의 그것처럼 한쪽이 다른 한쪽보다 더 크고 넓은 이상한 귀를 보고 놀라곤 했다. 더 흥미로운 것은 매번, 항상 나의 몸으로 여기며, 알지 못하는 누군가를 오랜 세월 동안 나 자신과 함께 데리고 다녔다는 것을 여전히 소름 끼치며 생각하게 만드는 나의 목덜미를 보는 것이었다. 거울 세 개 사이에 비치는 나의 프로필뿐만 아니라, 작은 각도로 변하면서 갈수록 더 작아지는 수십 개, 수백 개의 서로 다른 오르한들이 동시에 노예처럼 손동작을 모방한다는 것이 나를 자랑스럽고 즐겁게 만들곤 했다. 그들이 각자 완벽한 노예라는 것을 믿을 때까지 나는 그들에게 다양한 행동들을 하게 만들었다. 때로는 거울의 초록빛이 감도는 무궁무진 속에서 가장 멀리 있는 오르한을 찾으려고 애를 썼다. 때로 나의 모방자들의 모습, 손 혹은 머리의 행동을 동시는 아니지만, 내가 하는 것보다 아주 짧은 간격을 두고 곧바로 모방하는 것을 볼 수 있었다고 생각하곤 했다. 가장 소름끼치는 것은, 볼을 부풀리고, 눈썹을 위로 치켜올리고, 혀를 내미는 등 얼굴로 장난칠 때 혹은 거울 안에 있는 수백 개의 오르한 중에서 한구석에 있는 여덟 번째, 열 번째에 집중을 할 때, 팔들과 손가락들이 자발적으로 해 버린 단순한 행동을, 거울 바다의 초록빛 심연 어느 곳에 있는 열, 열다섯 개의 작은 오르한이 동시에 모방하지만, 내 손이 그 행동을 하는 것을 의식하지 못했기 때문에 순간 먼 곳에 있는 작은 오르한들 일부가 자기들끼리 짜고 이제는 자기들 스스로 움직인다고 생각되는 것이다. 처음에는 겁이 나고, 그런 다음 농담을 이해하지 못하는 내 이성의 한 면이 이것이 착각이라는 것을 인정한 후, 같은 두려움에 다시금 휩싸이기 위해 계속 놀이를 했다. 손가락으로 거울을 움직여 각도를 바꾸자 이번에는 아주 다른 오르한들의 연속을 보게 되었다. 마치 한순간 초점이 흐려진 사진기의 렌즈를 통해 보는 것처럼 이 새로운 수많은 오르한들 사이에서 가장 가까운 첫 모습이 있는 위치와 나 자신의 진짜 위치를(마치 그도 잃어버릴 것처럼) 한순간 속수무책에 빠져 찾는 것을 좋아했다.

때로 어머니 그리고 형과 함께 했고, 하루 내내 날 즐겁게 했던 이 '사라지기' 놀이를 하는 도중, 내가 감당할 수 없는 정보를 노련하게 걸러 냈던 내 이성의 다른 면은, 어머니의 전화통화, 아버지가 어디에 있는지, 언제 돌아올 수 있는지 혹은 어느 날 어머니도 사라질지 아닐지의 여부에 지극히 선택적인 형태로 열려 있었다.

왜냐하면 어머니도 가끔 사라졌기 때문이다. 하지만 그녀가 사라질 때는 해명이 있었다. 예를 들면 "너희들 엄마가 아파서 네리만 고모 집에서 쉬고 있다."라는 말을 들었다. 잠정적이기는 하지만, 마치 거울 앞에 있는 착각을 선의로 속아 주기도 했듯, 나는 이 해명을 받아들였던 것으로 기억한다. 나는 할머니의 요리사 혹은 아파트 관리인 이스마일과 함께 배로, 버스로 이스탄불의 다른 한쪽 끝에 렌쾨이에 있는 친척 혹은 이스틴예에 있는 다른 사람의 집에 머물고 있는 어머니를 방문하곤 했다. 이 모든 방문에서 내 머릿속에는 슬픔보다는 모험의 기쁨이 남곤 했다. 형이 내 곁에 있는 것이, 위험이 닥치면 나보다 그가 먼저 이에 직면할 것이라는 희미한 어떤 믿음이 날 보호하곤 했다. 우리가 방문했던 멀거나 가까운 외가 쪽의 집, 해안 저택에 사는 친척들, 늙거나, 다정하고 정 많은 아주머니들 그리고 내게 두려움을 주었던 털 많은 아저씨들은 우리를 예뻐하며 쓰다듬었으며, 집에서 우리의 관심을 끄는 이상한 것들, 예를 들면 맑은 소리가 울려 퍼지는 카나리아 한 마리, 이스탄불의 모든 서구화된 가정에 있다고 여겨지는 독일산 기압계(촌사람 옷을 입은 부부가 날씨에 따라 어떤 집에서 나왔다 들어갔다.), 그 단호함과 정확함이 놀라웠던 뻐꾸기시계와 삼십 분마다 그 기계음에 응답하려 안달하는 새장 속 카나리아를 보여 준 후, 우리를 어머니의 방으로 데려가곤 했다.

 탁 트인 넓은 집, 열린 창문을 통해 보이는 바다 그리고 빛의 아름다움에(어쩌면 이러한 이유로 나는 마티스의 창문에서 내다보는 남쪽 풍경들을 항상 좋아했다.) 놀란 후에는 어머니가 이렇게 아름답고 생소한 곳에 있다는 것이 슬프고 이상했다. 하지만 작은 탁자 위에 있는 몇 가지 물건들, 똑같은 족집게, 향수병, 등의 칠이 벗겨진 머리

빗 같은 당신의 물건들로 방을 채운 독특한 어머니 냄새는 내게 안정감을 주었다. 어머니가 형과 나를 한 명씩 품에 안고 예뻐하며 쓰다듬었던 것을 아주 세세하게 다 기억한다. 형에게 그가 할 일, 해야 할 말, 나아갈 길 그리고 행동들, 예를 들면 다음에 올 때 어떤 서랍에서 가지고 와야 할 물건들에 대해 충고를 했고(어머니는 충고하는 것을 항상 좋아했다.) 내 순서가 오면, 내가 이 모든 것을 듣지 않고 창밖을 바라본 것을 놀리며 즐거워했다.

 어머니가 사라진 또 다른 때에, 어느 날 아버지는 집에 유모 한

명을 데리고 왔다. 지나치게 하얀 피부, 작은 키, 아름다움과는 거리가 먼 둥글둥글한 여자였다. 그녀는 항상 미소를 짓고, 자신의 현명함을 자랑스러워하면서 우리도 항상 그래야 하며, 그녀처럼 미소를 지어야 한다고 충고했다. 우리가 알고 있는 가정에 있는 유모와는 달리 그녀가 터키인이었기 때문에 우리는 실망했으며, 형과 나는 그녀에게 전혀 정이 가지 않았다. 대부분 독일 혈통이며, 개신교 성향의 유모들과는 달리 그녀는 우리에게 전혀 '권위'를 내세우지 않았고, 우리가 집 안에서 난리를 치며 싸워 불안해질 때마다 "제발, 얌전히, 조용히."라고 말했다. 우리가 그녀의 이 말투를 흉내 내면 아버지도 웃었다. 그녀는 얼마 지나지 않아 그만두었다. 이후 아버지가 '사라지는' 것과 형과 나의 다툼에 지칠 때마다 화가 잔뜩 난 어머니는, 절망스럽게 "떠나 버릴 거다!" 혹은 "창밖으로 뛰어내리겠다!"(한번은 아름다운 다리 한쪽을 창문턱에 올렸다.), "그러면 너희들 아버지도 그 여자와 결혼할 거다."라고 말했다. 어머니가 이런 말을 할 때마다 내 눈앞에는, 새엄마 후보로서 어머니가 때로 화를 내며 입 밖에 냈지만 평소에는 전혀 언급하지 않았던 그 누군가가 아니라, 그 하얀 피부의 둥글둥글하고, 착하고, 허둥대던 유모가 떠올랐다.

항상 같은 아파트에서, 같은 방에서, 같은 구역에서 살았음에도 나중에야 진짜 가족이 그러하다고 믿었던 것처럼, 몇몇 사소한 것을 제외하고는 항상 비슷한 것들을 먹고 이야기하는 삶을 살았지만(반복은 행복의 원천이자 보증이자 죽음이다!) 항상 어디에서 나타날지 전혀 몰랐던 이 '사라지는' 것들은, 내 가슴을 아프게 하기보다는 평범한 삶, 지루한 순간과 일상에서 나를 데리고 가서(마치 어머니의 화장대 거울처럼) 갑자기 나를 다른 세계로 이끌고 가는 신나고, 경이로

우며, 독을 품은 꽃 같았다. 내 영혼의 어두운 부분에 호소하고, 나의 기분을 전환시키고, 나의 존재와 잊고 싶었던 외로움을 더욱더 깊게 느끼게 했던 이 '사라지는' 순간, 가족의 재앙, 다툼에도 나는 별로 눈물 흘리지 않았다.

다툼은 주로 식탁에서 시작되곤 했다. 하지만 나중에는 아버지가 샀던 자동차(1959년형 오펠 레코드) 안에서 다툼이 시작되는 것이 더 편리하게 되었다. 왜냐하면 빠른 속도로 가는 자동차에서 내리는 것은, 식탁에서 일어나는 것과는 반대로, 싸우는 사람들이 쉽사리 할 수 없는 것이었다. 때로 며칠 동안 계획을 세워 자동차로 여행을 가거나 일요일에 보스포루스로 바람 쐬러 나선 지 얼마 지나지 않아 다툼이 일어나면 형과 나는 내기를 하곤 했다. 아버지가 첫 번째 다리를 지난 다음에, 아니면 첫 번째 주유소를 지난 다음에 강하게 브레이크를 밟아 유턴을 해서, 가져갔던 짐을 그 짐을 가져왔던 부두에 다시 내려놓는 선장처럼, 우리를 집으로 데려다 놓고, 자신은 자동차로 다른 곳으로 갈지 아닐지에 관한 내기였다.

더 깊은 곳에 영향을 미치고, 더 시적이며, 더 점잖은 면이 있는 그 초기의 다툼 중에서, 한번은 헤이벨리 섬에서 어느 날 저녁 어머니와 아버지 모두 식탁에서 일어났다.(이러한 때에 나는 모든 아이들이 그러하듯이, 어머니가 원하는 대로가 아니라 내가 원하는 대로 음식을 먹을 수 있었기 때문에 만족스러웠다.) 그들은 위층에서 온 힘을 다해 상대방에게 고함을 질렀다. 나와 형은 아무 말도 하지 않고 그저 앞만 바라보며 식탁에 앉아 있다가, 어떤 본능에 이끌려 우리도 그들이 있는 위층으로 올라갔다.(어떤 본능으로 머릿속에서 이곳에 다시 괄호를 쳐야 한다는 것이 떠오르자, 실은 이 이야기를 절대, 절대 기억하고 싶지 않았다는 것을 알게 되었다.) 우리가 이 다툼 속으로 들어온 것을 본 어머니는 우리를 단숨에 어떤 방에 집어넣고는 문을 닫았다. 방은 어두웠다. 하지만 두 개의 커다란 젖빛의 반투명 유리문으로 나뉘어져 있던 다른 방에서 그 방 안으로 꽤 강한 빛이 골고루 퍼졌다. 형과 나는 아르누보 무늬가 있는 젖빛 반투명 유리를 통해 스며드는 빛 아래서, 고함 소리와 외침 속에서 어머니와 아버지가 서로 가까워지고 멀어지며 서로에게 닿으면 움직이고, 나중에는 다시 만나게 되는 그림자를 꼼짝 않고 바라보기 시작했다. 눈물겨운 이 그림자놀이의 격렬함 때문에, 마치 카라괴즈\*에서 그러한 것처럼, 가끔 커튼(젖빛 반투명 유리로 된 문)이 흔들렸고 모든 것은 흑백이었다.

\* 터키 전통 그림자 연극.

9장
## 또 다른 집 : 지한기르

　때로 아버지와 어머니는 함께 사라졌다. 이러한 때, 1957년 겨울에 형은 한동안 우리 집에서 2층 위인 고모와 고모부의 집으로 보내졌다. 어느 이른 저녁 니샨타쉬에 온 이모가 지한기르에 있는 그녀의 집으로 나를 데리고 갔다. 내가 슬퍼하지 않도록, 내게 아주 잘 대해 주었고, 자동차에(시보레) 타자마자 "너 먹으라고 체틴에게 요구르트를 사 오라고 했다."라고 말했다. 나는 요구르트에는 관심이 없었고, 그들에게 운전사가 있다는 데에 감동했다는 것을 기억하고 있다. 할아버지가 지은, 몇 년이 흐른 후 나도 그중 한 가구에서 살게 될 그 커다란 아파트에는 엘리베이터도, 라디에이터도 없었고,

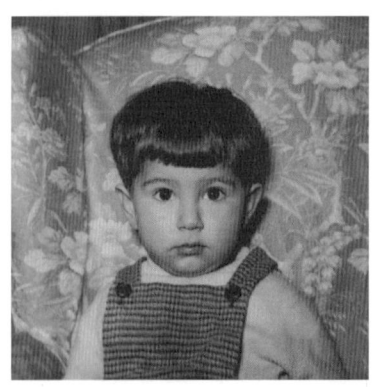

게다가 집 안 내부도 작아 실망이 이만저만이 아니었다. 다음 날 그 새 집에 익숙해지려고 하는데, 잠옷도 입혀 주고 애지중지하면서 재워 주었던 낮잠에서 깨어나자, 파묵 아파트에 살 때 들었던 버릇대로, 그 집의 가정부에게 "에미네 부인, 와서 나 일으켜 주고, 옷 입혀 줘!"라고 명령을 했을 때, 예기치 않게 거부를 당하자 충격에 빠졌다. 어쩌면 이러한 이유로, 그곳에서 보냈던 나날 동안 나는 더 점잔을 빼고, 젠체했다. 어느 저녁 식사 시간에, 벽에 걸려 있는 흰색 프레임으로 된 키치 사진에서 머리에 야구 모자를 쓴 나와 닮은 사랑스런 아이가 나를 보고 있을 때, 이모와, 신문기자이자 시인이며 멜링 작품의 복사본 출판업자이며 편집인인 그녀의 남편 셰브케트 라도와, 나보다 일곱 살 더 많은 열두 살짜리 사촌 메흐메트에게 별로 중요한 것이 아니라는 듯 내 삼촌이 수상인 아드난 멘데레스라고 말했다. 하지만 그들로부터 기대했던 존경스러운 반응 대신, 미소와 조롱 섞인 질문들이 되돌아오자 나는 부당한 대우를 받았다고 느꼈다. 왜냐하면 나는 삼촌이 수상이라고 진심으로 믿었기 때문이었다.

하지만 이러한 믿음은 단지 내 이성의 한구석에만 존재하고 있었다. 삼촌인 외즈한(Özhan)과 수상인 아드난(Adnan)의 마지막 두 철자가 맞아 떨어지는 다섯 철자의 그들의 이름이, 수상인 아드난이 그 당시 삼촌도 오랜 세월 동안 살았던 미국으로 갔던 것이, 이 둘의 사진을 매일 몇 번이고 보았다는 것이(한 명은 신문에서, 한 명은 할머니 집의 거실 사방에서), 그리고 어떤 사진에서는 이 둘이 아주 닮았다는 것이 이런 순진한 착각을 불러일으켰던 것이다. 이후 살면서 다양한 믿음, 생각, 견해, 판단, 편견, 지식 그리고 미적 선택을 이와 비슷한 추측으로 발전시켰다는 것을 인식했지만, 나는 이 습관에서 아주 조금 벗어났을 뿐이었다. 나는 같거나 비슷한 이름을 지닌 두 사람은 성격도 비슷하며, 내가 모르는 터키어나 외국어들이 철자 면에서 내가 가장 가깝다고 생각하는 단어와 의미가 비슷할 거라는 것을, 보조개가 있는 여자의 영혼에는 그녀보다 먼저 알았던 보조개 있는 여자의 영혼에서 나온 무엇인가가 있으며, 뚱뚱한 사람은 서로 비슷하며, 가난한 사람들 사이에는 내가 모르는 어떤 형제애가 있으며, 브라질(Brezilya)과 완두콩(Bezelye) 사이에 어떤 관련이 있다는 것을(브라질 국기에는 커다란 완두콩이 있다.) 어떤 미국인들이 터키와 칠면조 사이에 어떤 관련이 있다고 믿는 것처럼 '순진하게' 믿고 있었다. 더욱이, 수상과 삼촌을 내 상상에서 교차시키는 지점이 항상 그대로 있을 거라고 생각한 것처럼, 한번은, 예를 들면 어떤 식당에서 시금치가 들어간 계란 음식을 먹는 것을 보았던 먼 친척이(이스탄불에서 내 어린 시절의 기쁨은 항상 거리와 상점에서, 알고 지내는 사람이나 친척들 중 누군가와 우연히 만나는 것이었다.) 오십 년 후에도 여전히 (아주 예전에 닫히고 없는) 그 식당에서 시금치가 들어간 계란 음식을 계속 먹고 있을 거라고 내 이성의 한구석은 믿고 있다.

  인생을 시적으로 만들며 쉽게 살게 만드는 이 착각 때문에, 내가 진지하게 받아들여진다거나 소속되었다고 느끼지 못했던 이 새로운 집에서 더 용감한 시도를 하게 되었다. 매일 아침, 사촌이 독일계 고등학교에 간 후 책상에 앉아, 그의 크고, 두껍고, 화려한 책을 내 앞에 펼치고(브룩하우스 백과사전 양장본이었던 것 같다.) 내가 본 글들을 그대로 베꼈다. 독일어나 읽고 쓰는 것을 몰랐기 때문에 아무것도 이해하지 못한 채 했던 이 일은, 썼다기보다는 그렸다고 할 수 있을 것이다. 나는 페이지들, 문장들을 베끼며 그림을 그렸다. 나를 아주 힘들게 했던(g와 k) 고딕 알파벳들로 배열된 단어들 중 하나를 다 썼을 때는, 마치 커다란 플라타너스 나무의 수천 개의 잎사귀를 일일이 다 그린 사파위 세밀화가처럼 종이에서 시선을 거두고 창밖을, 골목들이 바다를 향해 내려가는 언덕에 있는 공터를, 아파트들 사이로 보이는 보스포루스와 배를 보면서 눈의 피로를 풀곤 했다.

나는 이스탄불에 동네 생활이 있다는 것을, 도시가 서로를 알지 못하는 곳과 벽으로 삶을 구분하고 있고, 누가 죽고 누가 잔치를 벌이는지 서로 알지 못하는 아파트 무정부주의가 아니라, 멀건 가깝건 모든 사람들이 서로 아는 마을 군도(群島)라는 것을, 이후 우리가 (우리 집은 갈수록 가난해졌다.) 이사 간 지한기르에서 처음 알게 되었다. 창밖을 내다볼 때는, 단지 아파트들 사이에 보이는 바다나 천천히 알아보았던 페리보트들뿐만 아니라, 아파트들과 집들 사이에 있는 정원들, 아직 허물어지지 않은 오래된 저택들, 오래된 벽들, 그리

또 다른 집 __ 123

고 이들 사이에서 노는 아이들도 보곤 했다. 보스포루스 바다가 보이는 많은 이스탄불의 집들처럼, 건물 앞에서 바다를 향해 내려가는 네모난 돌이 깔린 구불구불한 비탈길이 있었다. 눈이 오는 밤에, 나도 이모의 아들과 함께 먼발치에서나마 지켜보았던 아이들은 이 가파른 비탈길에서 아래로, 온 동네가 함께 소란스럽고 즐겁게 썰매, 사다리, 나무 조각을 타곤 했다.

그 당시는 일 년에 700편에 가까운 영화를 찍어, 인도 다음으로 세계 2위라는 호칭에 자부심을 갖고 있던 터키 영화 산업의 중심이

베이올루의 예실참 거리에 있었다. 지한기르가 그곳에서 십 분 정도 거리에 있고, 많은 배우들이 이곳에 살았기 때문에, 길에는 항상 같은 역할과 같은 보조 등장인물을 연기했던 아저씨들, 창백하고 두꺼운 화장을 한 아줌마들이 많았다. 그들을 본 아이들은 이 지친 배우들이 연기하는 우습고, 멸시당하는 역할들을(예를 들면 항상 젊은 하녀들의 꽁무니를 쫓아다니는 늙고, 시들고, 뚱뚱한 바람둥이 역할을 하는 와히 외즈) 떠올리며 그들 뒤를 따라다녔다. 비가 오는 날에는 자동차들, 트럭들이 가파른 비탈길의 언덕에서 네모난 돌길에 바퀴가 미끄러졌고, 화창한 날에는 갑자기 미니버스 한 대가 나타나 그 안에서 나온 배우들, 조명기사들 그리고 '영화 제작팀'들이 십 분 안에 사랑 장면을 서둘러 찍고는 사라졌다. 많은 세월이 흐른 뒤에 우연히 텔레비전에서 이 흑백영화와 장면들을 보았을 때, 그 영화의 진짜 주제가 사랑 혹은 싸움일 뿐만 아니라, 그 뒤에 보이는 보스포루스라는 것을 알게 되었다.

　동네 생활에서 모든 소문들이 한데 모이고, 해석되고, 평가되고 다시 퍼지는 중심지가(대부분 어느 상점) 필요하다는 것을 지한기르에 있는 아파트 사이에서 보스포루스를 바라보며 알게 되었다. 지한

기르에서 이 중심지는 우리 아파트 맨 아래층에 있는 구멍가게였다. 아파트의 거의 모든 이웃집들처럼 주인 리고르 역시 룸이었다. 그의 구멍가게에서 무엇인가를 사고 싶으면, 위층에서 줄에 바구니를 묶어 매달아 늘어뜨리고는, 큰 소리로 원하는 것을 열거하면 된다. 이후 우리가 이 아파트로 이사 왔을 때 어머니는 리고르에게 계란, 빵이라고 크게 소리치는 것이 자신의 격에 맞지 않다고 생각했기 때문에, 다른 이웃들보다 더 멋진 바구니 안에 구매 리스트를 써서 넣곤 했다. 이모의 개구쟁이 아들은 비탈길 언덕으로 안간힘을 쓰며 오르고 있는 자동차 위로 무엇인가를(침, 못, 그리고 철사로 교묘하게 잘 묶은 폭죽) 떨어뜨리기 위해 창문을 열곤 했다. 요즘에도 거리가 내다보이는 아주 높은 곳에 있는 창문을 볼 때면, 밑에서 지나가는 사람들에게 어떻게 침을 뱉을지 본능적으로 생각하곤 한다.

 이모의 남편인 셰브케트 라도는 젊은 시절 시인이 되지 못하고, 그 후 신문기자와 편집인을 지냈으며, 그 당시 터키에서 가장 많이 읽혔던 주간잡지《하야트》를 발행하고 있었다. 다섯 살의 나는 이러한 것들에도, 나의 이스탄불에 관한 생각이 자리 잡는 데 원인이 된 많은 시인이나 작가가—야흐야 케말에서 탄프나르까지, 도시의 조직과 빈곤을 반영한 디킨스 스타일의 멜로드라마틱한 어린이책을 쓰던 케말레딘 투우주\*까지—이모부의 지인이며, 친구이며, 동료라는 것에도 관심이 없었다. 나를 들뜨게 했던 것은 단지, 이모부가 발행하고, 읽고 쓰는 것을 배운 후 이모가 우리에게 선물해 준, 하도 읽어서 외워 버린 수백 권의 어린이책(『천일야화』 선집,《도안 카르데

---

\* 1902~1996. 터키 소설가.

쉬》 잡지 시리즈, 『안데르센 이야기』, 『발명과 발견 백과사전』)이었다.

이모는 일주일에 한 번 나를 데리고 형을 보러 니샨타쉬에 있는 집으로 갔다. 형은 파묵 아파트에서 자신이 얼마나 행복한지를 말해 주었다. 형은 아침 식사에 안초비를 먹으며, 저녁때는 함께 웃으며 놀고, 내가 대가족 생활에서 그리워했던 모든 것을 하며, 고모부와 축구를 하고, 일요일이면 삼촌 차를 타고 모두 함께 보스포루스에 가고, 저녁마다 라디오에서 중계되는 스포츠 경기와 라디오 극장을 빠지지 않고 듣는다고 입에 침이 마르도록 자랑했다. 그러고는 내게 "너 가지 마, 이제 여기서 살아!"라고 말하곤 했다.

지한기르로 돌아가는 시간이 되면, 형 그리고 이제는 문이 잠겨 있어 날 슬프게 했던 우리 집에서 멀어지는 것을 감당하기 힘들었다. 한번은 헤어질 때, 엉엉 울면서 문 옆에 있는 라디에이터 파이프를 온 힘을 다해 붙잡았다. 모두들 내 주위에 모여 좋은 말로 날 타이르려 하고, 약간은 무력을 사용해 내 손을 파이프에서 떼어 놓으려고 했지만, 내가 한 일이 무척 부끄러우면서도 절벽에서 떨어지지 않기 위해 마지막 순간까지 나뭇가지를 잡고 있는 만화 속 주인공처럼, 파이프를 한동안 놓지 않았던 것을 기억한다.

한 집에 대한 애착일까? 그럴지도 모르겠다. 왜냐하면 나는 오십 년이 흐른 후에도 여전히 같은 아파트에서 살고 있기 때문이다. 내게 집은 방이나 물건의 아름다움보다는 내 머릿속에 있는 세계의 중심이기 때문에 중요하다. 하지만 내 슬픔의 뒤에는, 부모님의 다툼, 아버지와 삼촌의 연이은 부도로 인한 빈곤, 재산 분쟁을 간접적

---

* '도안 형제'라는 의미. '도안'은 독수리라는 뜻이다.

이고 복잡하고 순진한 형태로 인지한 부분도 있었다. 나는 나의 고민을 전적으로, 성숙하게 인식하고, 이것과 직면하고, 이에 대해 직접적으로 얘기하거나 최소한 아픔을 밖으로 드러내는 대신, 내 이성의 초점을 변환하고, 나를 기만하고 잊는 놀이들을 함으로써 이를 숨겨진 감정으로 만들었다.

이 감정은 내 머릿속에 있는 두 번째 세계, 그리고 죄책감과 합치되곤 했다. 이 복잡한 상태를 비애*라고 하자. 전적으로 투명한 순간은 없고, 이러한 이유로 사실을 덮어 감추며, 이와 함께 우리가 더 편할 수도 있으니, 이 비애를 어느 추운 겨울날 활활 타고 있는 찻주전자로 인해 창문에 서린 김에 비유하자. 김이 서린 유리창이 내게 슬픔을 연상시키기 때문에 이 예를 들었다. 나는 여전히 김이 서린 유리창을 보거나, 자리에서 일어나 손가락으로 유리창에 무엇인가를 그리고 쓰는 것을 아주 좋아한다. 왜냐하면 슬픔에 대해 언급하는 것에는 이러한 부분이 있기 때문이다. 나는 손가락으로 유리창 위에 무엇인가를 그리고 쓰면서 마음속의 슬픔을 해소하고, 즐기기도 하며, 이 그리기와 쓰기 끝에 유리창을 닦고 바깥 풍경을 볼 수 있다. 하지만 결국에 풍경도 슬프게 느껴진다. 도시 전체의 운명처럼 보이는 이 감정을 조금이나마 이해할 때가 온 것 같다.

---

\* 터키어로 hüzün. 우리말로 하면 비애, 침울, 우울, 우수, 깊은 슬픔, 암울, 음울 등으로 표현할 수 있다. 이 단어는 이 책 전체를 관통하는 키워드로, 파묵에 의하면 이스탄불 정서와 떼려야 뗄 수 없는 감정이며 역사적, 문화적으로 심오한 의미가 있다. 이러한 광범위한 의미의 단어를 고심 끝에 '비애'로, 때로는 문장의 흐름에 따라 '우울', '슬픔', '침울', '비탄'으로 번역했음을 밝힌다.

# 10장
# 비애 - 멜랑콜리 - 슬픔

아랍어에 어원을 둔 단어 비애(hüzün)는, 오늘날 터키어에서 사용하는 것과 비슷한 의미로 코란에서 두 구절 언급되고 있다. 또한 hazen이라는 형태로 세 구절 더 나온다. 예언자 모하메트의 부인 하티제와 삼촌 에부 탈립이 죽은 해를 "애도의 해[年]"라고 한 것은 이 단어가 정신적인 면이 더 부각된 상실에서 비롯된 감정을 설명하고 있다는 것을 증명한다. 내가 읽었던 어떤 상실 그리고 그것이 만들어 내는 정신적 고통 및 슬픔과 관련된 의미는 몇 세기 이후 이슬람 역사에서 일어나는 작은 철학적 균열의 원인이 되며, 두 가지 기본적 관점이 두드러졌음을 환기하고자 한다.

내가 말한 비애라는 감정이 세계, 물질적 이익 그리고 희열에 집착한 결과라는 것을 암시하는 첫 번째 관점은 "만약 당신이 이 덧없는 세계에 지나치게 집착하지 않았다면, 그러니까 당신이 진실하고, 좋은 무슬림이었다면, 어차피 이 세계에서 비롯된 상실감에 대해 지나치게 관심을 갖지 않았을 것이다."라고 말한다. 신비주의에서 비롯된 두 번째 관점은 단어의 의미 그리고 이 상실감과 고통이 우리 인생에서 차지하는 위치에 관해 더 긍정적이며 더 사려 깊다. 신비주의 관점에 따르면, 비애는 신에게 충분히 다가가지 못하고, 이 세상에서 신을 위해 무엇인가를 충분히 하지 못한 것에서 비롯된 결핍의 감정 때문이다. 진정한 신비주의 구도자는 재산이나 재물, 더욱이 죽음 같은 세속적인 문제에 연연하지 않는다. 그는 신에게 다 가갈 수 없고, 영적인 삶에서 심오해지지 못하기 때문에 공허감, 상실감, 부족감으로 고통스러워한다. 이러한 이유로 비애의 존재가 아니라 비애의 부재가 고뇌의 원인이 된다. 비애를 경험하지 못하는 것은 비애의 원인으로 간주하고, 충분히 슬퍼하지 못했기 때문에 슬퍼하며 이성 끝까지 추적하는 이 사고는, 이슬람 문화에서는 비애에 고매한 존경심을 표시했다. 최근 200년 동안 이 단어가 이스탄불 문화, 일상생활, 시에 보편적으로 사용되고, 음악에서 지배적으로 사용된 것도 물론 이 고매한 존경심과 관련이 있다. 하지만 최근 세기에 이스탄불 그리고 이스탄불에 살고 있는 사람들이 서로에게 전염시킨 가장 강력하고 가장 영속적인 감정이 비애라는 것을, 단지 단어에 대한 신비주의적 고매한 존경심에서 비롯된 것이라고 해명하는 것은 부족한 감이 없지 않다. 최근 100년간 이스탄불 음악에서 비애가 어떤 정신 상태로서 큰 비중을 차지한 것이나, 현대 터키 시에서 비애가 원형 단어로서뿐만 아니라(마치 디완 시에서의 경구처럼) 어떤 감정, 삶에서의 실패, 의욕 결핍 그리고 번뇌를 설명하는 개념으로서 갖는 핵심적인 중요성을 단지 이 단어가 갖는 역사적이며 존경으로서의 의미만을 가지고 이해하기는 불가능하다. 내 어린 시절의 이스탄불이 내게 불러일으킨 강렬한 비애의 감정의 원천을 인지하기 위해서는 역사나 오스만 제국의 몰락이 가져온 결과뿐만 아니라, 이 역사가 도시의 '아름다운' 풍경과 사람들에게 어떻게 반영되었는지를 보아야 할 것이다. 이스탄불에서 비애는 음악의 중요한 분위기이며 시의 기본적인 단어일 뿐만 아니라, 인생관과 정신 상태 그리고 도시를 도시이게 만든 재료의 암시이다. 이 모든 특징을 동시에 담고 있기 때문에 비애는 도시가 자랑스럽게 흡수하거나, 흡수하려고 했던 정신 상태이다. 이러한 이유로 부정적인 만큼이나 긍정적으로 여겨진 감정이다.

비애라는 단어가 의미하는 다양한 것을 알기 위해서 이를 존경할 만하고 시적인 단어 그리고 어떤 감정이 아니라, 어떤 병으로 보는 사람들의 말로 돌아가 보자. 알 킨디\*에 의하면 감정은 단지 우리가 사랑하는 사람의 죽음 혹은 상실감과 관련 있을 뿐 아니라, 분노, 사랑, 적의, 망상 같은 많은 병적인 정신 상태와도 관련이 있다. 철학가이자 의사인 이브니 시나\*\*도 이 문제를 이러한 넓은 관점에서 보았기 때문에, 상사병에 걸린 젊은이의 병을 진단하기 위해 맥박을 재면서, 그가 사랑한 처녀의 이름을 말하게 하는 등 비애의 진단 방법을 제시했다. 이 주제에 대한 고전 이슬람 사상가들의 이런 접근은 17세기 초 『멜랑콜리 해부학』이라는 이상하지만 재미있는 1500쪽짜리 책을 쓴 옥스퍼드 대학의 교수 로버트 버튼의 생각과 비교하게 만든다.(이브니 시나의 『비애에 관한 지식』은 소책자이다.) 그는 이 어두운 고통의 원인을 죽음에 대한 공포, 사랑, 패배, 원한, 음식과 음료수 등 다양하고 많은 백과사전적인 접근으로 열거하고, 치료를 위해 이와 동일하게 광범위한 접근으로 의학과 철학을 접목하려고 하면서, 이성(理性), 일, 재앙에 익숙해져야 함과 동시에, 덕, 수양, 금식 같은 다양한 해결책을 제시하고 있다. 이러한 이유로 서로 문화

---

\* 803~873. 이라크 태생의 철학자, 수학자, 의사, 천문학자, 물리학자.
\*\* 980~1037. 이란의 철학자이자 의사.

와 전통이 다른 세계의 작품이라고 할 수 있는 이 두 텍스트에 유사점이 있음이 발견된다.

　비애의 기본적 원천이 '절망적인 열정'(black passion)으로 간주되고, '멜랑콜리'가 아리스토텔레스 시대에 어원이(melania kole, 검은 쓸개) 있는 단어라는 것은 단지 익히 알려진 이 감정의 색깔뿐만 아니라, 비애와 멜랑콜리가 한때(오늘날의 디프레션이라는 단어처럼) 아주 광범위하게 퍼진 깊고 절망적인 고통을 암시한다는 것을 나타낸다. 이 단어들이 사용되는 데 있어서의 기본적인 차이는, 그 자신도 멜랑콜리한 사람이라는 데 대해 자부심을 느꼈던 로버트 버튼이, 멜랑콜리가 행복한 외로움의 원인이 되고, 상상력을 발전시키기 때문에 때로 이를 즐거이 긍정적인 것으로 정의하고, 그것이 병적인 감정의 원인이건 결과이건 간에 이 고통의 심장부에 외로움을 놓았다는 것으로 알 수 있다. 그렇지만 신비주의에서뿐만 아니라(우리가 공통의 목표인 신에게서 떨어져 있기 때문에) 그것을 병으로 본 알 킨디의 주장에서도, 비애는 바람직하거나 용인될 수 있는 것이 아니다. 고전 이슬람 사상에서는 비애가 공동체의 가치로 측정되고, 공동체로 돌아가는 구제책으로 인정되기 때문에, 결과적으로 비애는 공동체 그리고 공동의 목적과 충돌하는 것이다.

　나의 출발점은, 어린아이가 뿌연 창을 보면서 느꼈던 감정이었다. 이제, 비애와 멜랑콜리를 구분하는 데에 이르렀다. 한 사람이 느끼는 멜랑콜리가 아니라, 수백 명의 사람이 공통으로 느끼는 그 암담한 느낌, 비애에 가까워졌다. 나는 지금 이스탄불 전체의 비애에 대해 언급하고자 한다.

　도시와 그 안에서 사는 사람들을 서로 묶어 주는 그 유일무이한

감정을 이해하려고 하기 전에, 풍경화의 진짜 주제는 그 풍경만큼이나 그 풍경이 불러일으킨 감정이라는 점을 상기할 필요가 있다. 이는 19세기 중반, 특히 낭만주의자들 사이에서 자주 반복되던 사상이었다. 보들레르는 들라크루아의 그림에서 가장 눈길을 끄는 특징이 멜랑콜리라고 말하며, 낭만주의자들 그리고 그 후 데카당주의자들이 그랬던 것처럼, 이 단어를 전적으로 긍정적인 의미의 찬사로 사용했다. 작가이자 비평가인 테오필 고티에는, 보들레르가 1846년에 들라크루아에 대해 쓴 지 육 년이 지나 이스탄불에 왔다. 많은 세월이 흐른 후 야흐야 케말과 탄프나르 같은 작가들에게 많은 영향을 미친 그는 『콘스탄티노플』이라는 작품에서, 도시의 어떤 풍경들이 지극히 멜랑콜리하다고 생각하면서 이 단어를 긍정적인 의미로 사용하고 있다.

하지만 나는 지금 이스탄불의 멜랑콜리가 아닌, 이 감정과 비슷

하며, 자랑스럽게 내면화하고, 한 공동체가 모두 함께 공유한 비애에 대해 언급하려고 한다. 이는 감정 그 자체와 그것을 도시에 퍼트린 분위기가 서로 섞이는 장소들과 추억들을 볼 수 있다는 의미이다. 나는 어둠이 일찍 깔린 저녁 변두리 마을의 가로등 밑에서 손에 비닐봉지를 들고 집으로 돌아가는 아버지들에 대해 말하고 있다. 지속되는 불황 이후 상점에서 하루 종일 추위로 덜덜 떨면서 손님을 기다리는 늙은 책방 주인, 불경기 때문에 사람들이 면도를 하지 않는다고 불평하는 이발사, 손에 양동이를 들고 텅 빈 선창에 묶인 낡은 보스포루스의 배를 닦으면서 먼 곳에 있는 흑백텔레비전을 바라본 후 배에서 잠에 빠질 선원, 네모난 돌이 깔린 좁은 길에서 자동차들 사이에서 축구를 하는 아이들, 한적한 버스 정거장에서 손에 비닐봉지를 든 채 서로 한마디도 하지 않고 오지 않을 버스를 기다리는 스카프를 쓴 아주머니들, 낡은 해안 저택의 텅 빈 보트 창고, 실업자들로 가득한 찻집, 여름밤 도시의 가장 넓은 광장에서

술 취한 관광객을 만날 거라는 희망으로 신발이 닳도록 인도를 어슬렁거리는 포주, 겨울 저녁 서둘러 배를 타려고 달려가는 군중, 밤마다 도무지 집에 돌아오지 않는 남편을 기다리며 커튼 사이로 거리에 내다보는 여자들, 사원 마당에서 종교 소책자, 염주, 장미 향수\*를 파는 테두리 없는 납작한 모자를 쓴 노인들, 수만 채의 아파트 건물의 서로 비슷비슷한 입구, 작은 궁전 같은 저택이었다가 나무 바닥이 걸을 때마다 삐거덕거리는 시청 건물로 변한 목조 가옥, 텅 빈 공원의 고장 난 시소, 안개 속에서 울려 퍼지는 뱃고동 소리, 비잔틴 시대 유적이자 폐허로 남은 도시의 수도교, 저녁 무렵 텅 빈 시장, 폐허로 변한 오래된 테케 건물, 더러움, 녹, 그을음, 먼지로 인해 외벽의 색이 사라져 버린 수천 채의 아파트 건물, 조개와 이끼로 덮인 녹슨 부표 위에 앉아 비를 맞으며 꼼짝하지 않는 갈매기들, 가장 추운 날에 굴뚝에서 가느다란 연기가 나오는 100년 된 커다란 저

---

\* 무슬림은 모하메트의 땀에서 장미 냄새가 난다고 믿는다.

택, 갈라타 다리에서 낚시를 하는 수많은 남자들, 추운 도서관 열람실, 거리의 사진사들, 천장에 금박 칠이 된 극장이었다가 남자들이 부끄러워하며 들어가는 포르노 영화관으로 변한 장소들에 밴 입내, 해 진 후 한 명의 여자도 보이지 않는 거리, 더운 남풍이 부는 날 시 당국의 통제 하에 있는 매음굴의 문 앞에 모여 있는 군중, 고기 할인 판매점 앞에 줄지어선 젊은 여자들, 종교 축일에 첨탑들 사이에 팽팽하게 당겨 건 마흐야\*의 희미한 전등들, 여기저기 찢겨지고 낙서가 된 벽보들, 서양 도시에 있었더라면 박물관에 옮겨졌을 테지만 도시의 더러운 거리와 비탈길에서 돌무쉬로 변신하여 사람들을 가득 태운 채 헉헉 신음하는 1950년대의 허름한 미국 자동차들, 사람들로 꽉 찬 버스들, 지붕의 납 도금과 비 홈통을 계속해서 도둑맞는 사원, 도시 안에서 두 번째 세계처럼 살아가는 묘지들과 사이프러스 나무들, 카드쾨이-카라쾨이 구간 배 안에 켜져 있는 희미한 전등,

---

\* 특히 종교 축일에 이슬람 사원 첨탑 사이에 전구를 밝혀서 만든 글, 혹은 그림.

거리를 지나가는 사람들에게 휴대용 휴지를 팔려고 하는 어린아이들, 아무도 보지 않는 시계탑, 아이들이 역사책에서 읽은 오스만 제국의 승리와 저녁에 집에서 맞는 매, 선거 인구조사, 테러리스트 수색 핑계로 자주 선포되는 통행금지 시간에 겁에 질려 '공무원들'을 기다리는 것, 신문의 한구석에 끼워 놓은 "우리 마을에 있는 370년 된 돔이 무너진다, 정부는 어디에 있는가!" 같은 아무도 읽지 않는 독자 편지, 도시의 가장 붐비는 곳에 있는 지하도와 육교의 제각기 다른 형태로 깨져 있는 계단 가장자리, 사십 년 동안 같은 장소에서 이스탄불 엽서를 파는 남자, 전혀 예상치 않은 곳에서 우리 앞에 나타나는 거지, 매일 같은 장소에서 같은 말을 하는 거지, 사람들로 붐비는 거리와 배, 지하상가, 통로에서 갑자기 코에 와 닿은 지독한 화

장실 냄새, 《휘리예트》 신문의 '귀진 아블라'* 고민 상담 칼럼을 읽는 처녀들, 위스퀴다르 지역의 창문을 붉은빛 나는 오렌지색으로 물들이는 일몰, 바다로 나가는 어부들 이외에 모든 사람이 잠을 자고 있는 아침 그 이른 시간, 퀼하네 공원에 있는 동물원이라고조차 말할 수 없는 곳의 철책 안에 있는 두 마리 염소, 지루한 고양이 세 마리, 나이트클럽에서 미국 가수와 터키의 유명 스타들을 모방하는 삼류 그리고 일류 가수, 영어 수업에서 그 누구도 육 개월 동안 예스와 노를 말하는 것 이외에 아무것도 배우지 못하고 지루해하는 아이들, 갈라타 부두에서 기다리는 이주민들, 겨울 저녁 파장 뒤 남은 채소, 과일, 쓰레기, 종이, 비닐봉지, 자루, 상자, 궤짝, 시장에서 부끄러워하며 흥정을 하는 스카프를 쓴 젊은 여자들, 세 명의 아이를 데리고 거리를 겨우 걸어가는 젊은 엄마, 갈라타 다리에서 에윕을 바라보았을 때 눈에 들어오는 할리치 모습, 부두에서 손님을 기다리면서 넋을 잃은 채 풍경을 바라보는 시미트 장수, 매년 일 분 동안

---

* '귀진 언니(누나)'라는 의미.

온 도시가 아타튀르크를 기억하기 위해 부동자세로 있을 때 먼 곳에서 동시에 울리는 뱃고동 소리, 보도블록 위에 아스팔트, 아스팔트 위에 아스팔트를 깔고 깔아 한때는 계단으로 올라갔던 곳이었다가 지금은 길 밑에 들어가고 수도꼭지마저 도난당한 채 대리석 더미로 변한 수백 년 된 마을 분수, 나의 어린 시절에 중산층 가정, 의

비애-멜랑콜리-슬픔

사, 변호사, 교사가 아내와 아이와 저녁에 라디오를 들었던 옆 골목에 있는 아파트에서 지금은 빽빽이 붙어 있는 오버로크와 단추 만드는 기계 앞에서 납품 기한을 맞추기 위해 아침까지 가장 낮은 임금으로 일하는 쳐녀들, 깨지고 부서지고 낡아 버린 모든 것들, 모든 도시 사람들이 가을이 다가올 때 발칸, 동아프리카나 남아프리카에서 와서 남쪽으로 가면서 보스포루스의 섬들 위를 지나가는 황새들을 바라보는 것, 내 어린 시절에 매번 완패로 끝난 국가 경기 후에 담배를 피우며 집으로 돌아가는 수많은 남자들에 대해 언급하고 있다.

우리가 이 감정과 이 감정을 도시에 퍼뜨린 풍경, 장소, 사람을 잘 느끼고, 그것에 길들여졌을 때, 어느 순간 이후 도시 어느 곳에서든지, 마치 추운 겨울 아침에 갑자기 해가 나면 보스포루스 물 위로 가느다랗게 꿈틀거리기 시작하는 그 수증기 같은 슬픈 감정이 풍경과 사람에게서 볼 수 있을 정도로 확연히 드러난다.

이 지점에서 비애는 한 사람의 정신 상태를 설명하는 멜랑콜리 감정에서 꽤 멀어지고 클로드 레비 스트로스가 『슬픈 열대(Tristes Troprqoes)』에서 사용한 것과 비슷한 의미에 접근한다. 위도 41도에 위치한 이스탄불의 기후는 지리와 극심한 빈곤이라는 측면에서 열대 도시에 전혀 비유되지 않더라도 삶의 나약함, 서양의 중심부에서 멀다는 점, 인간관계에서 서양인이 첫눈에는 이해하기 어려운 '신비로운 분위기' 그리고 비애라는 감정은 레비 스트로스가 사용한 의미에서의 슬픔(tristesse)과 비슷한 연상을 불러일으킨다. 한 사람의 병적인 고통이 아니라, 수백만 명이 사는 어떤 문화, 환경 그리고 감정에 대해서 언급하기 위해서는 비애도 슬픔처럼 아주 적합한 단어이다.

두 단어와 감정 사이의 진정한 차이는, 이스탄불이 델리 혹은 상파울루보다 부유하다는 것이 아니라(사실 변두리 마을로 갈수록 다양한 빈곤의 형태들과 도시들은 서로 비슷하다.) 이스탄불에서는 과거의 승리와 문명의 역사 그리고 유적들이 아주 가까이에 있다는 것이다. 방치되고, 관심을 갖지 않고, 콘크리트 더미 사이에 묻혀 있다 하더라도 도시의 거대한 기념비적인 사원과 역사적인 건물들뿐만 아니라, 여기저기 산재되어 있는 작은 수도교, 분수, 예배 장소조차 그것들 사이에서 살고 있는 수백만 명의 사람에게 그들이 대제국의 후손이었다는 것을 슬프게 알려 준다.

서양의 대도시들에서와는 달리, 몰락한 대제국이 남긴 이스탄불의 역사적인 기념물은 박물관에 있는 것처럼 보호받고 자랑스럽게 칭찬받고 전시되는 것들이 아니다. 이스탄불 사람들은 이것들 사이에 살고 있다. 서양인 여행기 작가들, 여행가들은 이것을 아주 좋아한다. 하지만 감각이 예민한 도시의 사람들은 과거의 힘과 부유함이 그 문화와 함께 사라졌고, 오늘날은 과거와 비교할 수 없을 정도로 가난하고 혼란스럽다는 것을 떠올린다. 더러움, 먼지, 진흙 속에 방치되어 '주위와 조화를 이룬' 이 건물들은 마치 나의 어린 시절에 하나하나 타 버린 저택들처럼, 그것들로 자부심을 갖는 즐거움도 남겨 놓지 않는다.

이런 감정은 1867년에 스위스에 체류하던 도스토예프스키가 자신들의 도시를 아주 사랑하는 제네바 사람들을 전혀 이해하지 못했던 것에 비유할 수 있다. 서양에 분노하는 민족주의자 도스토예프스키는 자신이 쓴 편지에서 이렇게 말했다. "그들은 가장 단순한 것,

더욱이 거리에 있는 기둥조차 아주 아름답고 멋진 듯이 바라본다." 제네바 사람들은 간단한 주소를 알려 줄 때조차 "그 멋지고 아주 우아한 돌으로 된 분수를 지난 후에"라면서 자신들이 사는 역사적인 환경에 자부심을 드러낸다. 하지만 같은 상황에서 이스탄불 사람들은 외국인이 이 가난한 거리에서 앞으로 보게 될 것들 때문에 불안해하면서 "저기 메마른 분수를 돌아서, 화재터를 따라 걸어가시오."라고 말한다.

이와 관련하여 되는대로 한 예를 들자면, 앞으로 언급할 가장 위대한 이스탄불 작가들 중 한 사람인 아흐메트 라심의 「베디아와 아름다운 엘레니」라는 단편에서 발췌할 수 있을 것이다. "이브라힘 파샤 목욕탕을 지나십시오. 조금 더 가십시오. 왼쪽의 골목 초입에 폐허(목욕탕) 쪽을 향해 서 있는 낡은 집을 보게 될 것입니다."

좀 더 긍정적인 이스탄불 사람은 어쩌면 많은 사람이 그러는 것처럼 이스탄불에서 물건이 가장 풍부한 식료 잡화점과 찻집 이름을 대며 위치를 설명할 것이다. 왜냐하면 강력한 제국이 남긴 후손이라는 비애에서 벗어날 수 있는 가장 확실한 지름길은, 역사적인 건물들에 전혀 관심을 갖지 않고, 건물의 이름과 그것들을 서로 구분 짓는 건축 특징들에 전혀 주의하지 않는 것이다. 가난과 무지도 이스탄불 사람들이 이렇게 행동하는 데 한몫한다. 예를 들면 '역사' 의식을 전적으로 무시하고, 그 건물들이 마치 오늘 세워진 듯 도시의 성벽에서 돌을 빼내어 자신이 세우는 건물에 사용하거나 그것들을 콘크리트로 보수하려고 한다. 불태우거나 허물어 그 자리에 '서양식의, 현대적인' 아파트를 세우는 것도 잊기 위한 한 방법이다. 이 모든 무관심과 폐허는 여기에 허무함과 가난의 색조를 더하여 비애감

이라는 감정을 더 고조시킨다. 몰락, 상실 그리고 가난의 고통이 발전시킨 비애감은 이스탄불 사람들을 새로운 패배와 다른 형태의 가난에 예비하게 한다.

이 지점에서 비애를 슬픔(tristesse)과 구분하는 것은 아주 확연하다. 클로드 레비 스트로스가 그 멋진 책에서 설명한 슬픔은 열대 지역의 그 모든 가난한 대도시가, 무기력이, 인간 군상이 서양인들에게 느끼게 했던 감정이다. 그는 도시와 그곳에 사는 사람들의 정신 상태가 아니라, 그곳에 도달한 서양인의 죄책감, 선입관과 구태의연함에서 벗어나고자 하는 노력, 그리고 그가 느꼈던 동정심과 혼합된, 극도로 인간적인 고통을 설명하고 있다. 비애는 외부에서 보는 사람이 아니라 이스탄불 사람들이 자신의 상황에서 발전시킨 반응이다. 고전 오스만 시대 음악, 터키 대중음악, 그리고 1980년대에 발전한 아라베스크라고 하는 음악은 자신에 대한 연민과 슬픔 사이에서 나양한 강도의 섬세함으로 왕래하며 항상 이 감정을 드러낸다. 외국에서 이스탄불로 온 서양인은 대부분 이 비애도 멜랑콜리도 느끼지 않는다. 결국 자살에 성공할 정도로 멜랑콜리했던 제라르 드 네르발조차 이스탄불의 색채, 삶, 가혹함, 의식을 보고 흥분하며 즐겼다. 그는 묘지에서조차 여자들의 웃음소리를 들었다고 한다. 어쩌면 이는 네르발이 이스탄불에 왔던 시기에 몰락과 상실감을 충분히 느끼지 못했고, 오스만 제국이 여전히 강건했기 때문이 아니라, 어차피 그가 서양인들의 구태의연한 동양 환상의 색채와 관련지어 자신의 멜랑콜리를 잊기 위해 『동양 여행』이라는 두꺼운 책을 썼기 때문일 것이다.

   이스탄불의 비애의 원천이 가난, 패배, 상실감이라는 것을 말했으니, 코란에 나오는 비애라는 단어의 의미로 돌아가고자 한다. 하지만 이스탄불은 비애를 '일시적인 병' 혹은 '우리에게 가해진 벗어나야 할 고통'이 아니라 자신이 택한 그 무엇처럼 안고 있다. 비애의 이 특별한 의미는 "다른 모든 희열은 공허하다. 그 어떤 것도 멜랑콜리처럼 달콤하지 않다."라고 쓴 로버트 버튼의 멜랑콜리 견해에 근접하지만, 버튼에게서 보이는 자신을 향한 조롱 혹은 유머가 이스탄불의 비애에서는 자랑, 더 나아가 자만으로 치환된다. 공화국 이후 현대 터키 시(詩)는 비애를 피할 수 없는 운명, 그리고 인간의 영혼을 구원하고 인간에게 심오함을 주는 감정으로 동일하게 표현한다. 동시에 이 감정은 시인과 삶 사이에 있는 뿌연 창과 같은 것이다. 삶의 슬픈 투영은 시인에게 삶 그 자체보다 매력적이다. 이스탄불 사람들도 가난과 의기소침으로 인해 자신들의 세계로 물러나 움츠리고 있다. 삶에 맞서 의식적으로 물러나 움츠리고 있다는 의미의 이 감정은, 한편으론 신비주의 문학에서 비애가 획득한 고매한 존경을 이용하면서, 다른 한편으로는 도시에 살고 있는 사람들이 실패, 우유부단, 패배, 빈곤을 의식적이며 자랑스럽게 선택한 이유처럼 보인다. 이러한 의미에서 비애는 단지 삶에 있어서의 커다란 상실과 결핍의 결과뿐만 아니라, 더 중요한 진짜 이유처럼 제시된다. 어린 시절과 청년 시기에 보았던 터키 영화의 주인공들은, 그 시기에 보고 들었던 많은 실화의 주인공들처럼, 태어날 때부터 품었던 듯한 이 비애 때문에 연인, 돈, 성공 앞에서 의욕적으로 행동하지 않는다. 비애는 이스탄불을 마비시키는 동시에 이 마비의 변명이 된다.

  발자크가 라스티냑\* 같은 등장인물을 매개로 하여 현대 도시의 중심부에 배치했던 성공에 대한 긍정적인 욕구는, 사회 앞에서 개인이 되는 의식은, 비애와 멀다. 이스탄불 사람들이 느끼는 비애는, 공동체의 가치와 형태에 맞서 온갖 창조성을 무디게 하고, 조금 갖는 것으로 만족하고, 모든 사람이 비슷하고, 겸손해야 한다는 도덕을

---

\*『고리오 영감』에 나오는 젊은 법학도.

지지한다. 가난한 시기에 살아남기 위해 필요한 상호의존 감정을 가치 있게 만드는 비애는, 삶과 도시를 반대로 평가하는 원인이 된다. 비애는 배와 빈곤을 어떤 결과가 아니라, 삶을 시작하기 전에 미리 받아들이는 영광스러운 수용으로 제시되었기 때문에, 존경스러운 동시에 오류가 있는 사고방식이다. 이스탄불의 삶에, 치유할 수 없는 병처럼 배여 있는 도무지 벗어날 수 없고, 운명처럼 존재하는 빈곤, 혼란 그리고 지배적인 백색과 흑색은 이렇게 해서 실패와 무능

이 아닌 어떤 영광으로 지속된다.

이 사고방식은, 1580년대에 그 자신도 멜랑콜리한 사람임에도 불구하고 슬픔(tristesse)의 개념에 대해 언급할 때, 자신은 이 감정과 아주 멀다고 주장한 몽테뉴의(많은 세월이 흐른 후 플로베르도 그러했다.) 자신감 있는 합리주의와 개인주의의 정반대이다. 몽테뉴는 tristesse를 대문자로 써서 지혜, 덕, 양심의 의미로 귀속시킨 것은 전혀 옳지 않다고 암시했으며, 이탈리아인들이 tristezz라는 단어에 일

종의 유해하고 광적인 악마주의 의미를 부여한 것을 좋아했다.

몽테뉴에게 슬픔은 마치 죽음 앞에서 그러하듯이, 책들과 홀로 사는 지식인이 혼자서 이성으로 극복하려고 했던 그 무엇이다. 이스탄불은 하나의 대도시로서 비애를 모두 함께 긍정하며 산다. 이스탄불과 관련된 현대 터키 문학, 시, 음악은 이 감정을 중시하며 자랑스럽게 취하고, 이것을 어떤 승리감으로 만들면서, 하나의 공동체로서 도시를 설명하고 통합시키는 중심부로 만들었다. 이스탄불에 관한 소설들 중 가장 위대한 작품인『평온』에서 주인공들은 자신들에게 도시의 역사, 폐허, 상실감이 부여한 비애 때문에 의지가 박약하고 패배할 수밖에 없었다. 사랑은, 비애 때문에 '평온'하게 끝이 나지 않는다. 이스탄불을 무대로 한 흑백영화에서 가장 감동적이며 진정한 사랑 이야기는 소년이 태어날 때부터 명백하게 지니고 있는 '비애' 때문에 멜로드라마로 끝난다.

이런 대부분의 흑백영화에서, 탄프나르의『평온』에서 그러했던 것처럼, 내성적인 성격, 결단력 부족, 소극적인 행동, 그리고 역사와 주위 환경이 그들에게 부여한 상황들에 굴복하여 행복하지 못한 슬픈 주인공들과 우리 자신을 동일화한 순간, 이스탄불 풍경은 너무나 '아름답고', 비유할 데 없고, 회화적이며 혹은 익히 알고 있는 광경일지라도 같은 비애로 떨리기 시작한다. 때로 텔레비전에서 채널을 바꿀 때 중반부터 되는대로 보기 시작했던 이런 영화에 나오는 흑백의 거리 장면을 보면 머릿속에 어떤 생각이 떠오른다. 변두리 마을에 있는 목조 가옥의 밝은 창문을 보며 다른 사람과 결혼하려는 연인을 떠올리는 주인공이 걷는 네모난 돌이 깔린 골목을 보면서, 혹은 부유하고 힘 있는 공장 주인 앞에서 겸손과 검소를 자부심과 의지의 표상으로 바꾼 주인공이 바라보았던 흑백 베이올루 풍경을 보면서, 주인공의 아프고 슬픈 이야기나 연인을 차지하지 못한 이야기는 비애의 원인 때문이 아니라 실은 풍경, 거리, 이스탄불 모습 속에서 슬픔이 나와 주인공의 의지를 꺾었기 때문이라고 생각하곤 했다. 그럴 때면 오로지 풍경, 뒷골목의 모습만을 보고도 주인공의 이야기를 이해하고 그의 슬픔을 내가 느낄 수 있다고 상상하곤 한다. 이런 대중영화에 비해 더 고급스러운 예술작품인 탄프나르의 소설

『평온』의 주인공들도 그들의 관계가 장애에 부딪힐 때마다, 보스포루스로 산책을 나가거나 이스탄불의 뒷골목으로 가서 폐허를 바라보며 슬퍼한다.

이 폐허, 상실감, 슬픔을 도시와 공유하면서, 『평온』의 작가 탄프나르처럼 독서를 좋아하고, 서양 문화에 대한 흥분과 현대적이고 싶은 바람을 지닌 이스탄불 작가들과 시인들의 문제는 더 복잡하고 슬프다. 이 문제는 이들이 슬픔의 맛을 주는 공동체 감정과 서양의 책들이 암시하는 몽테뉴 같은 합리주의나 소로의 감상적인 외로움 사이에 끼이게 되었다는 것이다. 이 작가들의 일부가 해결책으로 찾아서 발전시킨 이스탄불 이미지의 창조도 이제는 나의 이야기와 이스탄불의 일부이다. 열성적인 독서와 우연 그리고 산책으로 이 상상을 창조하고 발전시킨 이 네 명의 슬픈 작가의 작품과 대화하고 논쟁하면서 나는 이 책을 썼다.

## 11장
## 네 명의 외롭고 슬픈 작가

나는 어린 시절에 그들을 잘 몰랐다. 뚱뚱하며 위대한 시인이자 온 나라가 알고 있는 야흐야 케말의 시를 조금 읽은 적이 있었다. 다른 한 명, 유명한 역사가 레샤트 에크렘 코추는 신문의 역사 면에 실렸던 그의 글에 보충 설명으로 그려진 오스만 제국 시대 고문 방법 그림들로 내 주의를 끌었다. 나는 아직 열 살이었지만 이들의 이름을 모두 알고 있었다. 왜냐하면 그들의 책이 아버지의 서재에 있었기 때문이다. 하지만 아직 자리 잡지 못했던 이스탄불에 대한 나의 생각은 그 당시에는 그들로부터 영향을 받지 않았다. 내가 태어났을 때 네 명은 다 생존해 있었고, 모두 내가 살던 곳에서 걸어서 삼십 분 정도 떨어진 곳에 살았다. 내가 열 살이 되었을 때, 한 명을 빼고는 모두 세상을 떠났고 이들 중 그 누구도 살아 있을 때 본 적은 없다.

이후, 나의 어린 시절의 이스탄불을 구상했을 때, 내 머릿속 흑백 그림들과 그들이 이스탄불에 대해 썼던 것이 서로 뒤섞였고, 이스탄불을, 나의 이스탄불을 그들 없이는 생각할 수 없게 되었다. 한때, 서른다섯 살 무렵에 『율리시즈』 스타일의 위대한 이스탄불 소설을 쓸 꿈을 꾸고 있을 때, 어린 시절 내가 거닐었던 이스탄불 거리

_151

를 이 네 명의 침울한 작가도 거닐었다고 상상하는 즐거움에 빠졌다. 예를 들면 뚱뚱한 시인이 단골로 갔던 베이올루에 있는 압둘라 에펜디 식당에 한때 할머니도 일주일에 한 번씩 가서 식사를 했으며, 나중에는 먹었던 음식에 대해 까다로운 불평을 했다. 나는 유명한 시인이 그곳에서 점심을 먹을 때『이스탄불 백과사전』을 쓰기 위해 자료를 찾는 역사가 코추가 창문 앞을 지나갔을 거라고 상상하곤 했다. 그 후 젊고 잘생긴 젊은이를 좋아하는 기자 – 역사가는 베이올루의 뒷골목에 있는 아름다운 신문팔이 소년에게서, 소설가 탄프나르의 사설이 실려 있는 신문을 살 거라고 상상하곤 했다. 아주 드물게 집 밖에 나오는, 작은 키에 하얀 장갑을 낀 결벽증 있는 회고록 작가 압둘학 쉬나시 히사르는 자신이 먹으려고 샀던 간을 깨끗한 신문에 싸지 않은 정육점 주인과 다툼을 할 거라고 상상했다. 이 네 명의 나의 영웅은 때로 같은 시간에, 때로는 같은 비를 맞으며, 때로는 같은 장소, 때로는 같은 비탈길에서 걷거나 길이 엇갈렸을 거라고 상상하기도 했다.

나는 저명한 크로아티아인 보험 지도* 제작자 페르비티치가 그린 베이올루-탁심-지한기르-갈라타 지도를 펼치고 이 사람들이 거닐 거리들과 건물들을 정하고는, 나의 기억을 더듬으며 그들이 어떤 꽃집, 찻집, 술집 혹은 무할레비 가게에서 우연히 만났을 수도 있었을 거라고 세세하게 그려 보곤 했다. 이 모든 가게들에서 파는 음식 냄새, 찻집에서 읽고 또 읽어 닳아 버린 신문들, 내게 도시를 도시이게끔 만든 벽보들, 길거리 상인들, 버스에 붙은 광고들, 다른 많은 비슷한 것들, 예를 들면 탁심 광장 주변에 있던 거대한 아파트(지금은 허물어진) 꼭대기에 설치된, 전구로 만들어진 움직이는 글자들로 읽히는 뉴스들은 나의 이 네 명의 슬픈 작가의 관심이 교차했던 지점들일 것이다. 나는 이 작가들을 함께 떠올릴 때마다, 어떤 도시를 특별하게 만드는 것이 단지 그것의 지정학이나 건물 그리고 우연히 마주친 사람 자신들 특유의 모습이 아니라, 그곳에서, 나처럼, 오십 년 동안, 같은 거리에서 사는 사람들이 축적한 추억들과 문자, 색깔, 이미지가 자기들끼리 다투는 비밀스럽거나 공개된 우연들의 농도라고 생각하곤 한다. 그럴 때면 이 네 명의 우울한 작가와 어린 시절에 만났을 수도 있었을 거라고 상상하곤 한다.

이 작가들 중에서 내가 가장 가깝게 느꼈던 탄프나르는, 어머니가 나를 베이올루에 처음 데리고 갔던 시기에 분명히 만났을 것이다. 우리도 그처럼 튀넬에 있는 하셰트 서점에 들르곤 했다. '크르트필'이라는 가명의 작가는 이 서점의 바로 맞은편에 있는 나르만르

---

* 과거 이스탄불에서 화재가 자주 발생하자 '터키 보험 센터'는 이스탄불 거의 모두를 포함하는 지도 제작을 페르비티치에게 의뢰했다. 페르비티치는 1922년~1945년 사이에 이스탄불과 관련된 230장 이상의 '보험 지도'를 제작했다.

기숙사의 작은 방에서 살았다. 파묵 아파트는 아직 건축 중이었기 때문에, 내가 태어난 후 바로 데려갔던 아야즈 파샤에 있는 '온간 아파트' 맞은편에는 탄프나르의 스승인 시인 야흐야 케말이 생애의 마지막 기간을 보낸 파크 호텔이 있었다. 소설가 탄프나르는 그 당시 저녁마다 시인 야흐야 케말을 만나려고 파크 호텔에 오지 않았던가 말이다. 이후 니샨타쉬로 이사했을 때, 어머니를 따라 자주 케이크를 사러 갔던 그 호텔의 제과점에서 그들을 보았을 수도 있다. 회고록 작가라고 알고 있던 압둘학 쉬나시도, 유명한 역사가 코추처럼, 자주 베이올루로 쇼핑과 식사를 하러 가곤 했다. 나는 그들과도 만났을 것이다.

마치 선망하는 유명한 영화배우들이 찍은 영화들, 그리고 그들의 삶의 사소한 세부 사항들과 자신의 삶 사이에서 우연과 교차를 포착한 팬처럼 내가 행동하고 있다는 것을 알고 있다. 하지만 내가 이 책에서 가끔 이야기하고 논쟁할 이 네 작가의 시, 소설, 단편소설, 사설, 회고록, 백과사전은 내가 살고 있는 도시의 영혼을 향해 나의 눈이 뜨이게 만들었다. 이 네 인물은, 과거와 현재, 혹은 서양인들이 좋아하는 표현으로, 동양과 서양 사이의 복잡하고 창조적인 사고방식으로, 좋아하는 책과 현대 예술 취향 그리고 살고 있는 도시의 삶과 문화 사이에서 어떻게 관계를 맺을 수 있을지 나에게 일깨워 주었다.

이 작가들 모두는 생애의 어느 시기에 서양 문학, 주로 프랑스 문학과 예술의 광휘에 현혹되었다. 시인 야흐야 케말은 청년 시절에 구 년 동안 파리에 살았고, 베를렌과 말라르메의 시에서 이후 그가 추구할 '민족주의' 시학을 적용할 '순수시'를 배웠다. 야흐야 케말을 거의 아버지로 여겼던 탄프나르도 위의 시인들과 발레리 숭배자였다. 회고록 작가 압둘학 쉬나시 히사르와 함께 다른 세 명이 가장 존경하고 중독되었던 프랑스 작가는 앙드레 지드였다. 탄프나르는 야흐야 케말이 숭배했던 테오필 고티에에게서 풍경을 단어들로 설

명하는 법을 배웠다.

　이 작가들이 젊은 시절 한때 프랑스 문학과 서양 문화에 느낀 아이 같은 커다란 선망은 그들이 작품을 쓸 때 현대적 혹은 서양적으로 접근해야 한다는 것을 필연적으로 가르쳐 주었다. 그들은 프랑스인들처럼 쓰고 싶어 했고, 이를 추호도 의심하지 않았다. 하지만 이성 한구석으로는 서양인들처럼 쓴다 하더라도 그들만큼 독창적이지 못하리라는 것도 알고 있었다. 프랑스 문화는 그들에게 현대문학 사상과 함께 불가결하게 독창성, 고유성, 진정성에 대한 견해도 가르쳐 주었다. 서양인이 되는 것과 '독창적인' 것이 되어야 하는 사고 사이에서 느꼈던 갈등은 특히 자신들의 목소리로 첫 작품을 발표하기 시작한 시기에 그들을 힘들게 했을 것이다.

　자신들이 지닌 진정성과 독창성에 관한 사고와 융화하고자 했던 또 다른 것은, 고티에 혹은 말라르메 같은 작가들에게 배웠던 '예술을 위한 예술' 혹은 '순수시' 같은 개념이었다. 그들 세대의 다른 작가들, 시인들도 그들이 현혹되어 읽던 다른 프랑스 작가들에게서 영향을 받았지만, 그들이 배웠던 것들은 진정성의 가치보다는 '실용적인 것'과 교훈적인 가치들이었다. 한쪽은 교훈적인 문학, 다른 한쪽은 일시적인 이끌림으로 정치의 길로 들어선 이 작가들이 위고나 졸라에 관심을 가지고 있을 때, 야흐야 케말, 탄프나르 혹은 압둘학쉬나시 히사르는 베를렌, 말라르메, 프루스트의 사상으로 무엇을 할지 생각하고 있었다. 그들이 고심했던 또 다른 것은, 먼저 오스만 제국의 몰락 이후 터키가 서양의 식민지가 될 위험성과 이후 터키 공화국이 강요했던 터키 민족주의였다.

　그들은 미적인 본능으로 교훈적, 정치적인 것과 거리를 두고자 했던 바람과 민족주의의 요구 사이에 끼이게 되었다. 그들이 프랑스에서 습득한 미적 관점은 터키에서 절대 말라르메나 프루스트같이 힘 있고, 진정한 목소리를 내지 못하리라는 것을 깨닫게 해 주었다. 그들은 자신들이 찾고 있는 것을 어떤 진정한 것, 시적인 것에서, 거대한 문명의 일부로 자신들이 태어나고 자란 오스만 제국의 몰락에서 발견하게 되었다. 이들은 오스만 제국의 문명이 돌이킬 수 없게 붕괴되고 몰락한 것을 깊이 인식하게 되었다. 이는 그들이 단순한 향수나 역사에 대한 자부심을 갖거나, 혹은 많은 현대인들이 희생자가 되었던 공격적 민족주의와 공동체주의의 위험에 빠지지 않게 하고, 과거에 대해 언급할 수 있는 시적인 관점을 부여해 주었다. 커다란 상실의 흔적들이 폐허 상태로 존재하는 이스탄불은 그들의 도시였다. 몰락과 폐허의 감정이 담긴 시 창작에 혼신을 다하면 비로소 자신들의 고유한 소리를 찾을 수 있으리라는 걸 깨달았다.

에드거 앨런 포는 『작문의 철학』이라는 유명한 글에서, 「갈가마귀」라는 시를 구상할 때 '멜랑콜리한 톤'의 시를 쓰는 것에 대해 고민했다고 말했다. 포는 콜리지로부터 이어받은 냉철한 이성으로, 가장 '멜랑콜리한' 주제가 죽음이라는 결론을 내린다. 이후 '멜랑콜리한' 죽음이라는 주제가 언제 시적이 될지에 대해 자문한다. 이 질문에 "아름다움과 가장 가까운 관계일 때!"라고 공학도의 논리로 대답한 포는, 이러한 이유로 시의 심장부에 죽은 아름다운 소녀를 배치했다고 설명한다.

어린 시절 내가 그들과 만났을 수도 있었을 거라고 상상했던 이 네 작가도, 의심할 바 없이 의식적으로 포의 작문 논리를 도용했을 것이다. 하지만 그 문화가 죽었고, 다시는 돌아오지 않을 것이며, 상실했다는 것을 깨달았으며, 이 슬픔을 가지고 이스탄불의 과거로 돌아간다면 비로소 고유한 목소리를 찾을 수 있을 거라고 느꼈다. 과거의 아름다움을, 옛 이스탄불의 삶을 바라보면서 한구석에 누워 있는 아름다운 주검 혹은 도시의 폐허에 가끔 시선이 고정되는 것은, 과거에 어떤 위엄과 시적인 정취를 부여한다. '폐허의 비애'라고 할 수 있는 이런 시적이며 취사선택적인 관점은, 폭압적인 정부가 원하는 바대로 민족주의자가 되는 동시에 역사에 관심 있는 다른 현대주의자들이 몰입했던, 항상 그 한 끝이 공격적이었던 권위와 강압으로부터 이 작가들을 보호했다. 나보코프의 회고에서, 그의 귀족적인 가족의 완벽함과 부유함에서 우리가 질리지 않고 오히려 희열을 느낄 수 있는 것은, 다른 대륙에서 다른 언어로 우리에게 호소하는 작가가 책머리에다 이런 세계가 이미 없어졌고, 끝났고, 절대 다시는 돌아오지 않을 만큼 소진되었음을 아주 명백히 밝히고 있기 때문이다. 당시의 베르그송주의 분위기에 적합한(그리고 네 명의 슬픈 작가도 시도한) 시간과 기억의 게임들은, 마치 이스탄불 속에서 사는 유적들처럼, 과거가 지금도 여전히 살아 있을 수 있다는 일시적인 착각을 미적인 희열로 지속시킬 뿐이다.

네 명의 작가에게 이런 착각은 어떤 게임, 게임 이후에 오는 고통, 죽음, 아름다움이 서로 융합된 사고와 함께 살아 있다. 하지만 그들의 출발점은 무엇보다도 먼저 과거 문명의 아름다움이 끝났다는 생각이었다.

압둘학 쉬나시 히사르는 '보스포루스 문명'이라는 것을 그리움과 고통 사이에 있는 어떤 감정으로 설명하면서, 갑자기 말을 멈추고는 마치 새로운 것이 떠오른 듯 이렇게 말한다.

"모든 문명은, 무덤에 있는 사람들처럼, 덧없다. 우리는, 죽은 사람들이 그러하듯이, 시대를 마감한 문명들도 돌아오지 않을 것임을 알고 있다."

이 네 작가의 공통점은 이 지식만큼이나 이 상실감이 주는 슬픔을 시로 썼다는 것이다. 이 슬픔을 느끼기 위해서는 시선을 과거의 이스탄불뿐만 아니라 오늘날로 돌리는 것으로 충분했다. 이렇게 하자, 그들은 자신들이 살고 있는 오늘날의 이스탄불의 유적들 속에서 숨 쉬고 있는 과거를 보게 되었다.

1차 세계대전 후 슬픈 '터키-오스만'의 이스탄불 이미지를 발전시키기 위해 시인 야흐야 케말과 소설가 탄프나르가 서양 여행가의 책을 읽고, 변두리 마을의 잔재들 사이를 거닐던 시기에 이스탄불의 인구는 50만 정도였다. 내 어린 시절, 1950년대 말 도시의 인구는 100만 정도였다. 2000년도 초에는 1000만 정도였다고 한다. 보스포루스, 페라 그리고 구 시가지를 제외하면, 오늘날의 이스탄불은 이 작가들이 보았던 것보다 열 배 정도 인구가 증가했다.

하지만 도시에 살고 있는 사람들이 수용한 가장 보편적인 이미지 또한 이 작가들이 창조했다. 이는 최근 오십 년 동안 도시에 새로 들어온 사람들이 보스포루스, 역사적 반도 그리고 도시의 구 시가지 이외에 새로운 이스탄불 이미지를 거의 발전시키지 못했다는 데 그 원인이 있다. "그곳에는 열 살이 되었는데도 보스포루스를 보지 못한 아이들이 살고 있다."라고 가혹하게 객관적으로 언급되는 이 변두리 마을에 사는 사람들이 자신들을—앙케이트가 보여 주듯—이스탄불 사람으로 느끼지 않는 것도 이에 영향을 미쳤다. 전통 문화와 서양 문화 사이에서, 지나치게 부유한 소수의 사람들과 수백만의 가난한 사람이 사는 변두리 마을 사이에서, 계속되는 이주와 분열 때문에 최근 150년간 그 누구도 자신이 이스탄불에서 전적으로 편안하다는 느낌을 갖지 않게 되었다.

이 책에 앞으로 더 언급할 네 명의 슬픈 작가도 공화국 초기 사십 년 동안 작품을 쓰면서, 서구화 환상과 유토피아가 아니라, 과거의 폐허 혹은 오스만 제국 생활 방식에 지나치게 집중했기 때문에 때때로 '퇴보주의자'로 비판을 받았다.

하지만 그들은 단지 도시에 살면서 두 거대한 문화로부터, 기자들이 거칠게 '동양'과 '서양'이라고 부를 두 가지 기본적인 원천으로부터 계속 영향을 받고자 했을 뿐이다. 도시에서 지배적인 공동체 감정을 그들은 진심으로 느꼈던 슬픔 때문에 공유했지만, 감정이 풍경과 글에 부여할 아름다움을 서양인의 눈으로 도시를 보며 연구했다. 정부, 사회단체, 다양한 공동체가 주장한 것과는 반대로 행동하는 것, '동양적'인 것이 요구될 때는 '서양적'으로, '서양적'인 것이 기대될 때는 '동양적'으로 행동했던 것은, 이 이스탄불 작가들이 그들에게 없어서는 안 될 외로움을 위해 본능적으로 시도했던 보호책이다.

회고록 작가 압둘학 쉬나시 히사르, 그에 관해 책을 쓴 친구인 시인 야흐야 케말, 그의 학생이었다가 후에 친구가 된 소설가 아흐메트 함디 탄프나르, 기자이자 역사가인 레샤트 에크렘 코추 등 이 네 명의 슬픈 작가는, 평생 홀로 살았으며, 한 번도 결혼하지 않고 외롭게 죽었다. 야흐야 케말을 제외한 이들 모두는 죽을 때 자신들의 작품을 원하는 대로 완성하지 못했고 책들은 부분부분 쓰다 말았으며, 원하는 독자를 찾지 못했다는 것도 가슴 아파했다. 이스탄불의 가장 위대하며 가장 영향력 있는 시인 야흐야 케말은 평생 책을 출간하는 것 자체를 거부했다.

## 12장
## 할머니

할머니는 사람들이 물으면 아타튀르크의 서구화 착수 기획을 좋아한다고 말했다. 하지만 도시에 사는 다른 사람들처럼, 동양도 서양도 할머니의 관심 밖이었다. 어차피 할머니는 아주 드물게만 외출을 했다. 어느 도시의 한 곳을 집으로 여기는 사람들이 대부분 그러했던 것처럼, 이스탄불의 기념비, 역사, '아름다움'에도 관심이 없었다. 사범학교에서 역사를 공부했는데도 말이다. 할아버지와 약혼을 하고 결혼하기 전에 외출을 하는 등 1910년대 이스탄불에서는 아주 용기 있는 행동을 했고, 한번은 할아버지와 함께 식당에 갔다. 테이블에 마주 앉아 술을 마시는 것으로 봐서, 페라에 있는 극장식 식당이었을 거라고 상상되는 그 장소에서 할아버지가 그녀에게 무엇을 마실지(차나 레모네이드를 마시라는 의미에서) 묻자, 술을 권했다고 여긴 할머니는, 1917년에 그에게 아주 매몰찬 대답을 했다.

"나는 술을 마시지 않습니다."

사십 년 후에 모두 함께했던 명절과 신년 식사에서, 대가족이 함께 맥주 한잔을 마시고 기분이 좋아지자, 모두들 익히 잘 아는 이 이야기를 다시 들려준 할머니가 한동안 큰 소리로 웃었다. 거실에서 평소 앉는 안락의자에 앉아 있던 할머니가 이 이야기를 한 다음에 터뜨린 폭소는, 내가 겨우 사진 몇 장으로만 보았던 '특별한' 사람인 할아버지의 이른 사망으로 인해 눈물로 변하곤 했다. 할머니가 올 때면, 나는 그녀가 한때 즐거워하며 거리를 돌아다녔다는 상상을 하려고 했다. 하지만 이는 마치 르누아르 그림 속 통통하고 편안한 여자를 모딜리아니 그림에 나오는 가늘고, 길고, 신경질적인 여자로 상상하는 것만큼 힘들었다.

할아버지가 많은 재산을 축적한 후 혈액암으로 일찍 세상을 떠나자, 할머니는 대가족의 '사장'이 될 수밖에 없었다. 그녀의 평생 친구라 할 수 있는 요리사 베키르는, 할머니의 계속되는 명령과 비판에 지치면 조롱이 섞인 투로 "알겠습니다, 사장님!"이라고 대답하곤 했다. 하지만 할머니의 사장으로서의 지배는, 손에 커다란 열쇠 꾸러미를 들고 돌아다녔던 집 안에서만 통하는 것이었다. 아버지와 삼촌은 젊은 나이에 할아버지에게 물려받은 공장을 잃고, 거대한 건축 사업에 뛰어들고, 잘못된 투자를 하여 파산에 파산을 거듭해 할아버지가 남겨준 재산, 건물, 집을 할머니로 하여금 하나하나 팔아 치우도록 했다. 그럴 때면 바깥출입을 전혀 하지 않는 할머니는 단지 약간 눈물을 흘리며, 다음에는 더 조심하라고 충고를 했다.

할머니는 매일 아침을, 커다랗고 두꺼운 이불을 덮고, 등 뒤에 겹쳐 놓은 새털 베개에 기대어 침대에서 보내곤 했다. 요리사 베키르는 반숙한 계란, 올리브유, 흰 치즈, 구운 빵을 담은 커다란 쟁반을 할머니가 이불 위에 놓은 베개 위에 조심스럽게 올려놓았다.(꽃이 수놓인 베개와 은 쟁반 사이에 놓인 오래된 신문이 이 그림을 망치곤 했다.) 할머니는 침대에서 신문을 읽고, 아침 인사를 하러 오는 사람들을 맞으며 긴 아침 식사 시간을 보냈다.(나는 입에 딱딱한 흰 치즈를 문 상태에서 달콤한 차를 마시는 즐거움을 할머니에게서 배웠다.) 어머니에게 꼭 입맞춤을 하고 어루만진 후에야 직장에 가는 삼촌은 매일 아침 일찍 방문했다. 고모는 남편을 출근시킨 후 손에 핸드백을 들고 들르곤 했다. 입학하기 전에 얼마 동안 읽고 쓰는 것을 배우기 위해, 이 년 전에 형이 그랬던 것처럼, 나도 매일 아침 손에 공책을 들고, 할머니의 침대로 다가가 그녀에게 글자들의 신비를 배우려고 했다. 이후 학교에 다니면서 알게 되었지만, 다른 사람들에게서 무엇인가를 배우는 것은 지루했을 뿐만 아니라, 빈 종이를 보면 글을 쓰는 것이 아니라, 무엇인가를 그리고 낙서를 하고 싶은 마음이 들었다.

이 짧은 읽기 쓰기 공부 시간 도중에 요리사 베키르가 방으로 들어와 매일 같은 말로 같은 것을 물었다.

"오늘은 사람들에게 뭘 대접하지요?"

이 질문은, 커다란 병원 혹은 병영 부엌에서 그날 무엇을 요리할지를 결정하는 것처럼 아주 심각하게 던져지곤 했다. 할머니와 베키르가 점심 그리고 저녁 식사에 같은 아파트에 사는 가족들 중 누가 올 것이며, 무엇을 요리할 것인지에 대해 이야기를 나누고, 다양하고 이상한 정보들로 가득한 '기도 시간 일력(日曆)'의 밑에 쓰여 있는 '오늘의 메뉴'에서도 영감을 얻으려 할 때, 나는 뒷마당 정원에 있는 사이프러스 나뭇가지 주변을 날아다니는 까마귀에 눈길을 던지곤 했다.

힘든 일을 하면서도 유머 감각을 잃지 않았던 요리사 베키르는 집 안에서 돌아다니는 할머니의 손자들 모두에게 별명을 붙였다. 내 별명은 '까마귀'였다. 많은 세월이 흐른 후 왜 이런 별명을 붙였는지 물어보자, 내가 계속 바로 옆집 지붕에 있는 까마귀를 바라보았고, 아주 말랐기 때문이라고 말해 주었다. 아주 좋아했던 곰 인형과 절대 떨어지지 않는 형의 별명은 '유모'였고, 눈이 위로 치켜 올라간 사촌의 별명은 '일본 사람', 아주 고집이 센 다른 사촌은 '염소', 예정보다 훨씬 일찍 태어난 또 다른 사촌의 별명은 '여섯 달'이었다. 우리는 오랫동안 아파트에서 연민이 느껴지던 이 별명으로 불렸다.

할머니의 방에는 어머니의 것처럼, 날개를 열고 그 사이로 들어가면 나의 모습이 사라지는 멋진 화장대가 있었다. 하지만 화장대를 만지는 것은 금지였다. 왜냐하면 하루 중 오전을 침대에서 보내는 할머니는 화장을 하기 위해서는 쓰지 않는 화장대를 침대에서 보았을 때 긴 복도 전체, '서비스 문', 홀 그리고 거리가 내다보이는 창문에 이르기까지 거실의 다른 쪽도 볼 수 있는 곳에 놓아 두었던 것이다. 이렇게 해서 할머니는 침대에서 집 안의 모든 움직임, 들락거리는 사람들, 한구석에서 이야기를 하는 사람들, 서로 치고받는 손자들을 통제할 수 있었던 것이다. 항상 그림자 속에 있는 집 안의 저 먼 곳에서 일어나는 움직임은 화장대 거울에 더 작게 비치기 때문에, 할머니는 때로 거실 끝에 있는, 예를 들면 자개 장식으로 된 테이불 옆에서 일어나는 움직임이 무엇인지 알 수 없으면, 침대에서 온 힘을 다해 소리를 질렀고, 베키르는 즉시 뛰어가 할머니에게 그곳에서 누가 무엇을 하는지 보고하곤 했다.

할머니는 신문을 읽고, 때로 베개 커버에 꽃을 수놓는 일 이외에는 오후를 대부분 또래의 니샨타쉬 동네 부인들과 담배를 피우고, 베지크*를 하면서 보냈다. 때로 그들이 포커를 쳤던 것도 기억한다. 나는 한구석에 앉아, 부드러운 핏빛 벨벳 주머니에서 나온 게임 칩과 섞여 있는 구멍이 나 있고 가장자리가 깔쭉깔쭉하며, 위에 문장이 새겨진 몰락한 오스만 제국의 다양한 동전들을 만지작거리는 것을 좋아했다.

게임 테이블에 앉아 있는 부인들 중 한 명은, 오스만 제국이 몰락한 후 오스만 제국 왕족이(왕가라는 말은 차마 할 수 없다.) 이스탄불을 떠날 수밖에 없었기 때문에, 폐쇄된 하렘에서 나와 할아버지의 사업 친구와 결혼을 했다. 나는 형과 함께 극도로 정중한 그녀의 말투를 흉내 내곤 했다. 이 부인과 할머니는 친구였음에도 불구하고 서로에게 '부인'이라고 칭했고, 요리사가 오븐에서 꺼내 가져온 느끼한 쿠키, 부드럽고 누런 치즈를 녹여 얹은 빵 조각을 행복하게 먹곤 했다. 둘 다 뚱뚱했다. 하지만 이를 문제 삼지 않는 시대와 문화 속에서 살았기 때문에 신경 쓰지 않았다. 어쩌다 한 번 뚱뚱한 내 할머니가 외출을 하거나 초대에 응하려고 하면, 며칠이 걸리는 준비의 마지막 단계로 아파트 관리인의 아내 카메르 부인을 할머니의 코르셋 끈을 꽉 조이기 위해 아래층에서 불러들이곤 했다. 할머니의

---

* 네 사람이 64장의 패를 가지고 하는 카드놀이.

병풍 뒤에서 밀고 당기는 모습들, "살살해라, 얘야!"라는 말들과 한참이 걸리는 코르셋 조이기 장면을 무서워하며 구경하곤 했다. 초대 며칠 전에 불려 와, 할머니에게 매니큐어와 페디큐어를 해 주는 부인은 주위에 벌려 놓은 바가지, 비눗물, 솔 그리고 다른 많은 기구들로 나를 매료시키곤 했다. 하지만 내 머릿속에 아주 다르게 각인된 것이 있다. 할머니의 통통한 한쪽 발의 발톱에 새빨간 매니큐어가 발리고 있을 때, 다른 발의 발가락 사이에 끼워 놓은 솜뭉치들은 보고 싶은 마음과 혐오하는 마음을 동시에 불러일으켰다.

이십 년 후에 내가 이스탄불의 다른 집, 다른 곳에 살 무렵, 파묵 아파트에 사는 할머니 집을 방문할 때마다, 매일 아침 같은 침대에서, 가방, 신문, 화장수 그리고 그림자 사이에서 누워 있는 할머니를 보곤 했다. 방에서는 항상 비누, 화장수, 먼지, 나무 냄새가 뒤섞인 특유의 향기가 났다. 할머니가 항상 옆에 두고 있던 것들 중 하나는, 매일 무엇인가를 써 내려갔던 양장으로 된 두꺼운 공책이었다. 계산, 추억, 음식, 비용, 계획, 날씨 정보가 적혀 있는 이 공책은 더불어 이상한 '의전 공책'의 특징도 있었다. 어쩌면 역사를 공부했기 때문에, 할머니가 어떤 때는 조롱하는 듯 '공식 예법' 언어를 사용하는 원인이 된 이 의전과 오스만 제국 시대에 대한 관심으로 손자들 모두에게 오스만 제국의 승리의 건설 시기 술탄들 이름을 붙여 주었다는 것이다. 할머니를 만날 때마다 나는 손등에 입을 맞추고, 매번 주는 지폐를 추호의 부끄럼도 없이 신이 나서 호주머니에 넣고, 어머니, 아버지, 형이 무엇을 했는지 일일이 다 설명했다. 그런 후에 할머니는 때로 공책에 써 놓은 것을 내게 읽어 주곤 했다.

"손자 오르한이 나를 방문했다. 아주 똑똑하고, 귀엽다. 대학에서 건축학을 공부하고 있다. 그 아이에게 10리라를 줬다. 장차 아주 성공해서 파묵 집안의 이름을, 그 아이의 할아버지가 그랬던 것처럼, 영광스럽게 널리 알리길 바란다."

    이 글을 읽은 후, 백내장 걸린 눈을 더욱더 이상하게 보이게 하는 안경 너머로 신비스럽고 냉소적인 미소를 지으며 나를 한 번 바라보았다. 나는 그 냉소 뒤에 자신을 향한 어떤 익살이 있는지 아니면 인생에서 발견한 난센스가 있는지를 이해하지 못하고, 나도 할머니에게 같은 미소를 지어 보이려 했다.

# 13장
# 학교생활의 지루함과 즐거움

학교에서 처음 배운 것은 어떤 사람들이 바보라는 사실이었고, 두 번째로 배운 것은 어떤 사람들은 더더욱 바보라는 사실이었다. 종교, 인종, 성, 계급, 부 (그리고 이 리스트에 가장 마지막으로 첨가된) 문화 차이처럼, 삶에 있어서의 이 기본적이고 결정적인 차이를 인식하지 못하는 듯 처신하는 것이 성숙하고, 섬세하고, 점잖은 행동이라는 사실을 나는 그 나이에 파악하지 못했기 때문에 선생님이 반 학생들에게 질문을 할 때마다, 맞는 답을 안다는 것을 보여 주기 위해 안간힘을 쓰며 손을 들곤 했다.

그 후 몇 달, 몇 년 동안 이것은 일종의 습관이 되어 버렸다. 내가 착하고, 똑똑한 학생이라는 것을 반 아이들도 선생님도 약간 이해했다. 하지만 그래도 질문을 던질 때마다 내가 대답할 수 있다는 것을 증명하기 위해 손을 들었다. 선생님은 아주 가끔 내게 대답할 기회를 주었다. 대부분은 손을 든 다른 아이들에게도 말할 기회를 주기 위해 그들을 지목하곤 했다. 그다음에는 답을 알든 모르든 질문을 할 때마다 내 손은 자동적으로 올라가곤 했다. 여기에는, 평범한 옷을 입었다고 하더라도, 아주 비싼 장신구를 하거나 넥타이를 매서 부자라는 것을 알리고 싶은 어떤 불안감과 비슷한 자기 과시 욕구,

그리고 선생님에게 느끼는 일종의 선망과 공조의 바람도 있었다.

왜냐하면 학교에서 기쁘게 배웠던 또 다른 것은 '권위'로서의 선생님의 권력이었다. 파묵 아파트에 사는 대가족은 산만하고 분산되어 있었으며, 가족이 모두 모여 식사를 할 때면 각기 동시에 서로 다른 말을 했다. 가족은 사랑, 우정, 북적임, 대화의 필요성, 식사, 라디오 프로그램 시간처럼 아무도 이의를 제기하지 않는 습관과 규칙으로 마치 자동적으로 결속되어 있는 것 같았다. 나의 아버지는 집에서 어떤 권위나 권력의 중심이 전혀 아니었다. 집에 별로 있지 않았고, 때때로 사라지곤 했다. 더 중요한 것은 형과 나를 단 한 번도 꾸중하지 않았고, 우리가 아버지의 마음에 들지 않는 일을 해도 화조차 내지 않았다는 점이다. 나중에 친구들에게 우리를 소개할 때 했던 "얘들은 나의 어린 두 동생이라네."라는 말을 정말 할 자격이 있는 사람이었다. 이러한 이유로 집에서 '권위'라는 말은 어머니에게만 해당되었다. 하지만 내게 미치는 어머니의 힘은, 나의 관할 밖에 있는 생소한 '권력의 중심'이라기보다는, 어머니에게 사랑받고자 하는 마음, 나를 어루만져 주기를 바라는 마음 그리고 어머니의 마음에 들고자 하는 바람에서 나왔다. 이러한 이유로 스물다섯 명 정원의 교실에서의 선생님의 힘은 나의 관심사였다.

어쩌면 선생님과 어머니를 약간 동일화했기 때문에, 내 마음속에는 선생님으로부터 인정받고 싶은 끝없는 바람이 있었던 것 같다. 나는 단지 모든 질문에 대답하는 것뿐만 아니라, 숙제를 잘하고, 선생님의 사랑을 받고, 차별되고 똑똑하게 보이고 싶었다. 선생님은 "여러분 이렇게 팔짱을 끼고 조용히 앉아 있어요."라고 말하곤 했고, 나는 시키는 대로 팔짱을 끼고 수업 내내 끈기 있게 앉아 있었다. 하지만 모든 질문에 답을 하고, 어떤 산수 문제를 누구보다도 먼저 풀거나 가장 좋은 점수를 받는 것에 대한 희열은 서서히 사그라졌다. 수업 시간은 도무지 흐르지 않았고, 때때로 믿을 수 없을 정도로 천천히 흐르기 시작했다.

칠판에 무엇인가를 쓰려고 하는 똑똑하지 못하고 뚱뚱한 아이 혹은 선생님, 학생, 잡역부, 온 세상을 긍정적이며 좋은 의도와 건강한 웃음과 시선으로 바라보는 여자 아이들로부터 벗어나, 창밖 아파트 사이에 보이는 밤나무 가지로 나는 시선을 돌리곤 했다. 나뭇가지에 까마귀가 앉곤 했기 때문이다. 나는 주의 깊게 바라보았다. 밑쪽 몸통이 보였던 까마귀와 가지 뒤편에 있는 구름 한 점은 형태와 위치를 바꾸곤 했다. 창문을 통해 보았던 구름을 여우 코와 머리, 개에 비유하곤 했다. 개가 그 모습을 바꾸지 않고, 구름이 개의 모습으로 남아 있기를 바라곤 했지만, 잠시 후 구름은 할머니의 한 번도 열리지 않은 유리로 된 장식장 속의 다리 달린 은 설탕 통 중 하나로 변했다. 그러면 나는 내가 집에 있었으면 하고 바랐다. 집 안의 그림

학교생활의 지루함과 즐거움 _ 171

자 속 정적과 안정감을 주는 분위기에 몰두하고 있을 때, 갑자기 그 그림자 속에서, 마치 꿈에서처럼 아버지가 나타났고, 일요일에 모두 함께 자동차를 타고 보스포루스로 바람을 쐬러 나가곤 했다. 그런데 갑자기 맞은편 아파트의 창문이 열렸고, 어느 파출부가 손에 든 걸레를 털었다. 그런 후 그녀는 마치 나처럼, 내가 앉은 자리에서는 볼 수 없는 거리를 넋을 잃고 바라보곤 했다. 거리에는 뭐가 있었을까? 나는 네모난 돌이 깔린 도로 위를 가는 마차 소리를 들었고, 쉰 목소리로 고함치는 "고물 장수가 왔습니다아아!"를 듣곤 했다. 거리를 바라보던 파출부는 먼 시선으로 고물 장수를 바라본 후 집 안으로 들어가고, 나는 그녀가 닫은 창문 옆에서 조금 전의 구름의 속도로 이제 반대편으로 가는 다른 구름을 보곤 했다. 옆 창문으로도 비치는 구름이 계속 흘러가고 있을 때, 혹시 그 구름이 조금 전의 여우, 개, 설탕 통이었던 구름이 아닐까, 하고 자문하기도 했다. 바로 그때 교실이 들썩거리기 시작하고, 손을 든 아이들을 보고는, 선생님의 질문을 듣지 않았음에도 불구하고 나도 다급하게 손을 들었다. 그러고는 맞는 답을 안다는 자신감 있는 태도로 기다렸다. 다른 학생들의 대답으로 아직 선생님의 질문이 무엇인지 파악하지 못했지만, 상상 속을 거닐고 있던 내 이성에서는 답을 아주 잘 안다는 헛된 확신이 들곤 했다.

몇 년 동안 두 명씩 짝을 지어 앉았던 교실을 즐거운 장소로 만들어 준 것은 수업 시간에 배운 것들과 선생님들로부터 받은 인정보다는, 반 친구들을 하나하나 알게 되는 즐거움, 그 아이들이 나와 너무나 다르다는 것을 약간의 놀라움, 약간의 선망과 약간의 연민으로 알게 된 것이었다. 예를 들면 터키어 수업 시간에 무엇인가를 읽을 때 한 줄이 끝나면, 바로 밑에 있는 줄이 아니라 두 줄 밑에 있는 줄부터 읽기 시작해서, 주의를 집중했음에도 불구하고 반 전체를 웃겨 버린 실수를 도무지 정정하지 못하는 불쌍한 아이가 있었다. 초등학교 1학년 때 한동안, 긴 붉은색 머리를 뒤에서 하나로 올려 묶은 내 짝이었던 소녀가 있었다. 그 아이의 가방 안은 베어 먹다 만 사과, 시미트, 가방 바닥에 떨어진 깨, 연필, 머리띠 들로 뒤죽박죽이었으며, 단정치 못한 아이였다. 하지만 그 아이와 그 아이의 가방에서 풍겨 나오는 향기로운 라벤더 향기에 나는 끌렸고, 그 아이가 모든 것을 솔직히 용감하게 설명할 수 있다는 것에 감탄했으며, 주말에 그 아이를 보지 못하면 그리워하곤 했다. 어떤 아이는, 할머니가 쓰는 말에 의거하면 완전히 돌머리였다. 왜소하고 키가 작은 어떤 소녀의 연약함과 가냘픔은 나를 매료했고, 다른 아이가 자기 집에서 일어난 모든 일을 하나도 숨기지 않고 있는 그대로 말해 버리는 것에 놀라기도 했고, 나 스스로에게 어떻게 저럴 수가 있을까, 하고 묻곤 했다. 어떻게, 이 소녀는 아타튀르크에 관한 시를 읽을 때, 정말로 울 수 있으며, 다른 모두가 눈치 챌 거라는 것을 뻔히 알면서 거짓말을 할 수 있으며, 이 아이의 가방, 공책, 교복, 머리, 말 모든 것이 이렇게 정리정돈이 잘되어 있을 수 있단 말인가?

마치 내 이성이, 거리에 있는 자동차들의 램프, 범퍼, 앞쪽 보닛 그리고 유리로 구성된 앞부분을 나도 모르게 무엇인가에 비유했던 것처럼, 반에 있는 많은 아이들을 무엇인가에 비유했다. 예를 들면 코가 뾰족한 아이는 여우에, 덩치가 큰 아이는 이미 모든 사람이 말했던 것처럼 곰에, 머리카락이 하늘로 솟아오른 아이는 고슴도치에······. 마리라는 유대인 소녀는 밀가루 음식을 먹지 않는 자신들의 명절에 대해 장황하게 언급했고, 어떤 날에는 할머니 집에 있는 전기 스위치조차 만지지 않았다고 했던 것을 기억한다. 어떤 여자 아이는, 어느 날 저녁 방에 있다가 다급하게 뒤로 돌았을 때 천사의 그림자를 보았고, 이는 소녀의 머릿속에 두려움으로 자리 잡았다고 했다. 긴 다리에 긴 스타킹을 신고, 항상 울 것처럼 보였던 여자 아이가 있었다. 장관이었던 그 아이의 아버지가 수상인 아드난 멘데레스는 멀쩡하게 살아 나왔던 비행기 사고에서 죽자, 나는 그 아이가 아버지가 죽기 전에 무슨 일이 일어날지 알고 울었다고 생각했다. 많은 아이들은 나처럼 치아 문제가 있었는데, 치아 교정기를 낀 아이들도 있었다. 고등학교 기숙사와 체육관이 있는 옆 건물 윗층 양호실 옆에 치과가 있다는 소문이 있었다. 선생님은 화가 나면 개구쟁이 짓을 하는 아이들을 그곳으로 보내겠다고 위협하곤 했다. 더 작은 체벌은, 칠판이 걸려 있는 벽과 문 사이에 있는 구석에서 교실을 등지고 서 있는 것이었다. 때론 '한쪽 발로 서기' 벌로 바뀌었지만, 반 전체가 수업이 아니라 체벌을 받는 아이가 한 발로 얼마나 오래 서 있을 수 있는가에 관심을 가졌기 때문에 이 벌은 내려지지 않았다. 구석으로 쫓겨나 한 발로 서 있는 말썽쟁이들은 쓰레기통에 침을 뱉고, 선생님 몰래 반 아이들에게 눈짓을 하는 등, 내게는 경탄보다는 질투와 분노를 불러일으키는 짓들을 하곤 했다.

 게으른 아이, 말썽꾸러기, 바보, 뻔뻔한 아이를 선생님이 꾸중하고, 벌을 주고, 가혹하게 대하고, 때리는 것이 내가 이후 진심으로 믿을 공동체와 결속 정신에도 불구하고 때론 나를 행복하게 했다. 모든 사람들과 친하고, 적극적이던 여자 아이가 있었다. 운전사가 딸린 자동차를 타고 학교에 왔으며, 선생님이 원할 때마다 아주 만족스러운 태도로 칠판 앞으로 나와, 아양을 떨며 "징글벨, 징글벨, 징글 올 더 벨" 하고 영어 노래를 시작했다. 선생님과의 사이가 이렇게 좋았음에도 불구하고, 절대 숙제를 하지 않아 모욕과 떼밀기를 당하는 것을 보는 것이 지루하지 않았다. 숙제 검사를 할 때마다, 몇몇 아이들은 숙제를 하지 않았으면서도, 해 왔는데 공책이 어디 있는지 도무지 찾을 수 없는 체했는데, 선생님이 전혀 속아 넘어가지 않는데도 왜 자꾸 이런 짓을 하는지 전혀 이해할 수가 없었다. 한순간의 당황과 두려움 때문에 "지금은 찾을 수 없는데요, 선생님!"이라고 말하는 것은 벌 받는 것을 단지 몇 초 뒤로 연기할 뿐이었으며, 따귀를 더 많이 맞거나 귀가 더 세게 잡아당겨지는 원이이 될 뿐이었다. 오스만 제국 때 학교에서 학생들에게 가해지는 매, 선생님이 앉은 자리에서 학생들에게 내려치는 긴 막대기, 아흐메트 라심(1865~1932)의 『발바닥 때리는 벌, 나의 밤』이라는 책에 나오는 어린 시절과 학교에 관한 추억 속의 매는, 이후에 교과서에서 공화국, 아타튀르크 이전 시기의 나쁜 관습으로 그려지곤 했다. 하지만 부유한 니샨타쉬에 있는 비싼 사립학교인 으윽 고등학교에서조차 약자들에게 가해지는 압력의 개선이 현대화라는 개혁의 일부라는 것을, 이제 발바닥을 때리거나 몽둥이를 드는 대신, 가장자리에 가늘고 딱딱한 부레풀을 씌운 프랑스제 자를 사용하는 오스만 시대의 잔재인 늙거나 신경질적인 선생들은 느꼈을 것이다.

숙제는 절대 하지 않고, 개구쟁이 짓으로 선생님의 인내심의 한계를 실험하는 학생에게 본때를 보여 주기 위해 교단 쪽으로 부르고, 그 고통스런 매와 모욕을 주는 시간이 시작되면 내 심장은 빨리 뛰기 시작했으며, 머리는 혼란스러워졌다. 학년이 올라가면서는, 상냥하고 어머니 같은 여자 선생님 대신, 체육 선생님, 종교 선생님, 음악 선생님처럼 삶에 지치고 화를 잘 내는 늙은 선생님의 관할로 넘겨진 후 더 빈번해진 이 체벌 의식을, 지루한 수업 시간 중 몇 분 동안의 구경거리로 만족스럽게 받아들였다. 만약 학생이 우유를 엎지른 고양이처럼 앞만 바라보고, 죄를 고백하며, 용서를 구하는 믿을 만한 몇 마디 말을 하면 벌은 가벼워졌다. 하지만 용서가 잘못보다 더 컸던 아이들, 거짓말일지라도 죄를 감하기 위해 핑계를 대는 아이들, 선생님이 자신에게 모욕을 주고 가혹 행위를 하는데도 그 사이에 눈짓을 하며 반 아이들을 웃기는 아이들, 한편으론 어설픈 거짓말을 꾸며 대면서 다른 한편으로는 "다시는 거짓말을 하지 않겠습니다, 선생님!"이라며 진심 어린 맹세를 하는 아이들, 매와 모욕으로 혼쭐이 나고 있으면서도 덫에 걸린 짐승처럼 체벌을 더욱더 가중시키는 다른 잘못을 자신도 모르게 저지르는 아이들은, 내게 인간과 삶에 관하여 모든 인문사회 관련 책이나 잡지보다 더 심오한 것을 가르쳐 주었다.

때로 단정하고, 예쁘고, 연약한 모습 때문에 멀리서 사랑을 느꼈던 소녀가 이러한 모욕과 사죄의 순간에 얼굴이 붉어지거나 눈물을 글썽이는 것을 보면 그녀가 구제되기를 바랐다. 쉬는 시간에 나를 못살게 굴던 그 노란 머리의 뚱뚱한 아이가 말을 할수록 더 구석에 몰리고, 구석에 몰릴수록 따귀를 맞으면 나는 무정하게 희열을 느끼며 구경했다. 구제불능의 바보에다 둔감한 아이가 선생님을 머리끝까지 화나게 하는 반항의 원인을 알 수 없었을 때, 그리고 그 아이의 눈에서 눈물이 날 때, 선생님과 학생 둘 다 옳다는 결론을 내리는 데 지치곤 했다. 어떤 선생님들이 칠판 앞으로 부른 아이의 지식을 시험하기보다는 그 아이의 무식함을 보란 듯이 드러내 모욕을 주는 일을 좋아하면, 어떤 아이들은 그 상황을 대강 넘어가기보다는 모욕을 당하는 것을 더 좋아하는 듯 행동하기도 했다. 어떤 선생님들은 공책을 다른 색 종이로 싼 것을 보고 미친 듯이 화를 냈고, 어떤 선생님들을 다른 때에는 전혀 신경 쓰지도 않았던 속삭임에 따귀로 응징을 했다. 어떤 학생들은 답을 아는 단순한 질문에 눈이 자동차 불빛에 잡힌 토끼처럼 얼어붙어 버렸고, 어떤 아이들은—나는 이들의 진가를 높이 인정한다—답을 모르면서도, 알고 있는 그 어떤 것을 희망을 가지고 설명하곤 했다.

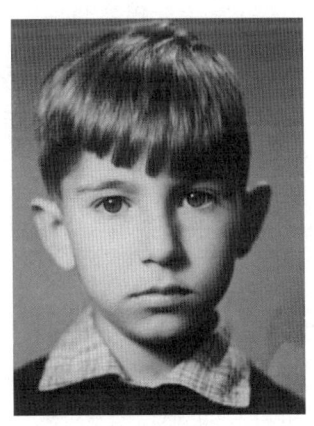

질책을 하거나 공책과 책을 던지며 시작되는 끔찍한 순간, 교실 전체가 쥐 죽은 듯이 고요할 때, 내가 이러한 모욕을 받지 않는 행운아들 중 하나라고 생각하며 감사하곤 했다. 반의 삼 분의 일은 이런 특혜를 받는 아이들이었다. 가난한 아이와 부유한 아이가 같은 반에서 공부하는 공립학교와는 달리 이 사립학교에서 계속해서 모욕을 받는 아이들과 전혀 혼나지 않는 운 좋은 아이들을 나누는 비밀스러운 선은 학생의 부유함이나 가난함과는 관련이 없었다. 학교에 익숙해져 순수한 형제애로 쉬는 시간에 함께 뛰놀 때 행복하게 잊어버리거나 내 영혼도 거부했던 이 비밀스런 선은, 선생님이 교탁에 권력의 기념비처럼 자리를 잡으면 갑자기 밖으로 드러났다. 나는 매와 모욕의 순간에 단순하지만 강한 호기심으로 어떤 아이들은 왜 그렇게 더 게으르고, 자존심도 없으며, 둔감하고, 멍청하거나 "그렇게 될 수 있는지"를 나 자신에게 묻곤 했다. 하지만 삶의 어두움과 반 친구들의 영혼으로 열리는 이 물음에, 그 당시 글을 읽기 시작하여 보았던, 사악한 사람들은 모두 입이 비뚤어지게 그려진 만화도, 아이 같은 나의 직관도 답을 주지 않아 나도 질문을 잊어버리곤 했다. 이 모든 것에서, 학교라는 곳은 실상 기본적인 질문에 답을 주지 않고, 단지 우리가 그것들을 삶의 현실로 받아들이는 것을 도와준다는 사실을 알게 되었다. 이러한 이유로 고등학교 때까지 손을 들면서 더 편하고 평온한 선의 방향으로 나 자신을 던지는 데 정성을 기울였다.

그래도 진정으로 학교에서 배운 것은 삶의 고찰되지 않은 '현실들'을 받아들이는 것이 아니라, 그것들로 매료되는 것임을 감지하곤 했다. 초기에 여러 가지 핑계로, 선생님은 자주 수업 중에 우리에게 노래를 부르라고 했다. 영어, 프랑스어 노랫말을 이해하지도 좋아하지도 않았기 때문에 그저 노래를 부르는 척하면서 반 친구들을 바라보곤 했다.(터키어로 '경비원 아빠, 경비원 아빠, 명절이 왔어요, 호루라기를 부세요'라고 번역할 수 있는 노래들을 불렀다.) 삼십 분 전에 또 공책을 집에 두고 왔다며 눈물을 흘렸던 작은 키에 통통한 아이는 지금 입을 크게 벌리고 행복하게 노래를 하고 있었다. 긴 머리를 자주 귀 뒤로 넘겼던 여자 애는 노래를 부르는 도중 또 같은 행동을 했다. 쉬는 시간에 복도에서 나를 쫓아오던 뚱뚱한 말썽꾸러기들 중 한 명과 그보다 더 음흉하고, 영리하고, 온갖 저질스런 짓을 했지만 비밀스런 선이 내 쪽에 남아 있을 정도로 신중했던 그의 조언자는 지금 천사 같은 표정으로 음악의 구름 사이로 빠져 들어갔다. 정리 정돈을 잘하는 단정한 여자 애는 노래를 부르다가 필통, 공책의 위치를 다시 한 번 점검했고, 운동장에서 교실로 들어갈 때 두 명씩 줄을 서야 했기 때문에 내가 매번 "내 짝이 돼 줄래?"라고 물었을 때 소리 없이 내 손을 잡았던 공부 잘하고 똑똑한 여자 애는 노래를 더 잘 부르기 위해 집중하고 있었다. 시험을 볼 때 아무에게도 보여 주지 않으려고 젖 먹는 아이처럼 종이 위에 찰싹 붙어 있던 깍쟁이에다 뚱뚱한 남자 애는 아무에게도 보여 주지 않던 몸을 보여 주는 듯한 행동을 했다. 매일 매를 맞는 가망 없는 멍청한 아이들 중 한 명이 의욕적으로 노래 부르기에 동참하고, 악동 한 명이 앞에 있는 여자 애의 머리를 잡아당기고, 자주 울었던 여자 애가 열중하여 노래를 부르다가 창밖을 바라보는 것을 보고는, 붉은 머리를 뒤에서 올려 묶은 여자 애와 나는 순간 서로의 눈을 바라보며 미소 지었다. 전혀 이해하지 못했던 노래에서 랄라라라 부분에 다다르면, 모두들 목소리가 높아졌고 나도 신이 나서 동참했다. 이후 창밖을 바라보면서, 잠시 후면, 잠시 후면, 수업 종료 벨이 울릴 것이고, 모두들 동시에 소란을 피우며 외투와 가방을 거머쥘 것이고, 나의 한 손은 가방을 들고, 다른 한 손은 형과 나를 삼 분 정도 거리에 있는 집으로 데리고 갈 아파트 관리인 아저씨의 커다란 손에 잡혀 있을 것이다. 반에서 일어나는 이 모든 일과 행동 때문에 피곤하지만, 어머니를 볼 거라는 생각에 내 발걸음을 재촉할 것임을 떠올리곤 했다.

## 14장
## 오시마 지뱉 을침 에닥바*

읽고 쓰는 것을 배운 직후 내 머릿속에 있는 상상의 세계에 글자 성운들도 첨가되었다. 이 새로운 세계는 의미 있는 상상이나 어떤 이야기를 해 주는 그림들이 아니라, 단지 글자들과 그것들이 내는 소리들로 만들어졌다. 내 눈은 보이는 모든 글자들, 재떨이에 쓰여

있는 회사 이름들, 벽보들, 신문의 뉴스들, 광고들, 상점, 식당, 트럭, 포장지, 교통 표지판, 식탁 위에 있는 계피 꾸러미, 부엌에 있는 식

---

* '바닥에 침을 뱉지 마시오'를 거꾸로 읽은 형태.

용유통, 비누, 할머니의 담뱃갑과 약 상자에 쓰여 있는 모든 것을 자발적으로 읽었다. 때로 큰 소리로 반복해 읽었던 이 단어들의 의미를 꼭 알아야 하는 것도 아니었다. 마치 내 뇌 안의 어느 곳에, 시각과 의미의 중심부 사이에 모든 글자를 음절과 소리로 바꾸는 기계가 장착되어 있는 것 같았다. 마치 시끄러운 찻집에 아무도 듣지 않지만 켜져 있는 라디오처럼, 어떤 때는 나조차 주의를 기울이지 않았던 이 기계는 계속해서 방송을 하고 있었던 것이다.

학교에서 집으로 돌아올 때, 너무나 피곤했음에도 불구하고 내 눈은 자발적으로 글자들을 찾았다. "당신의 돈과 미래의 안전을 위해"라고 내 머릿속의 기계는 말했다. "타고 내리는 손님이 있을 때만 서는 버스 정류소", "아픽오울루 튀르크 수죽*", "파묵 아파트".

집에서는 할머니가 읽는 신문의 기사 제목에 눈이 꽂혔다. "사이프러스, 분할 아니면 죽음", "최초의 터키 발레 학교", "거리에서 터키 처녀와 키스한 미국인이 가까스로 구타에서 벗어나다", "도시의 거리에서 훌라후프를 돌리는 것이 금지되다".

때로 글자들은, 맨 처음 이상한 방법으로 알파벳을 읽었던 날들을 마법적으로 연상시켰다. 니샨타쉬에 있는 우리 집에서 삼 분 정도 거리에 있는 주지사 건물 근처의 인도를 덮은 네모반듯한 시멘트 보도블록 위에 있는 계명(誡命)들이 이런 것들 중 하나였다. 어머니 그리고 형과 함께 니샨타쉬에서 탁심, 베이올루 방향으로 걸으면, 중간에 빈 시멘트 보도블록이 있는 이 글자들을, 마치 깽깽이 놀이를 하듯, 빈 곳을 건너뛰며 거꾸로 읽었다.

* 양념한 고기를 갈아서 말린 순대에 채워 만든 음식.

"오시마 지밸 을침 에닥바"

이 마법적인 계명은 즉각 바다에 침을 뱉고 싶은 욕구를 먼저 불러일으켰다. 하지만 바로 두 걸음 떨어져 있는 주지사 건물에 배치된 경찰들이 지키는 곳에 쓰여 있는 계명과 글을 근심스레 떠올리곤 했다. 벌어진 입에서 나도 모르게 침이 바닥으로 떨어질까 봐 두려워했다. 바닥에 침 뱉는 일은 교실에서 선생님에게서 자주 매를 맞는 멍청하고, 의지가 없고, 뻔뻔한 아이 같은 어른들이나 한다고 느끼고 있었다. 그렇다, 거리를 걸을 때, 길에 침을 뱉고, 손수건도 없기 때문에 가래를 뱉는 사람들을 가끔 본 적이 있다. 하지만 이는 이스탄불에서 이러한 계명을 길바닥에 쓸 만큼 자주 저질러지는 죄가 아니었다. 이후, 중국인들의 유명한 침 뱉는 병과 바닥에 침을 뱉는 일을 자연스럽게 생각하는 다양한 종족들에 대해 알게 되었을 때, 이스탄불에서 그렇게 절실하지는 않은 이 계명이 내 기억에 왜 지워지지 않을 정도로 각인되었는지를 나 자신에게 물었다.(여전히 보리스 비앙\*이라고 하면 이 프랑스 작가의 가장 훌륭한 소설이 아니라, 『그 무덤에 침을 뱉어라』라는 좋지 않은 작품이 떠오른다.)

스스로 작동하는 읽기 기계가 내 머리에 자리 잡은 시기는, 어쩌면 어머니가 집 밖의 생활에서 그러니까 이방인들 사이에서 무엇을 하고 무엇을 하지 말아야 할지 집중적으로 말했을 때와 맞아떨어져서, 니샨타쉬 인도에 쓰여 있는 계명이 내 기억에 각인되는 진짜 이유가 되었을 것이다. 같은 시기 어머니는 형과 나를 앞에 불러 세워 놓고 절대 길거리에서 더러운 장사꾼들에게서 무엇인가를 사 먹

---

\* 1920~1959. 프랑스의 작가.

지 말아야 하며, 식당에 가면 절대 쾨프테*를 주문하지 말아야 하는데 그 이유는 쾨프테가 가장 나쁘고, 가장 기름지고, 가장 신선치 못한 고기로 만들어졌기 때문이라는 등 많은 충고를 하기 시작했다. 이 충고들은, 그 당시 내 머릿속에 있는 기계가 스스로 읽고 저장했던 다른 고시(告示)들과 뒤섞이곤 했다. "우리 가게의 고기는 냉장고 안에 있습니다." 어느 날 어머니는 거리에서 모르는 사람을 멀리하라고 다시 한 번 경고했다. 내 머릿속의 기계는 "18세 이하 출입 금지"라고 말하곤 했다. 전차에 쓰여 있는 "위험, 매달리기 금지"라는 말은, 어머니도 동의했던 생각이 정부의 명령으로 고시되었을 뿐

만 아니라, 우리에게는 무척이나 생소한, 전차 뒤에 매달려 공짜로 타는 행동을 설명했기 때문에 내 머리는 전혀 혼란스럽지 않았다. 도시를 왕복하는 배 뒤에 쓰여 있는 "위험, 프로펠러 접근 금지"도

---

* 다진 고기에 양념과 채소를 넣어 완자로 만들어 굽거나 튀긴 터키 전통 요리.

그렇다. 바닥에 쓰레기를 버리는 것을 금지했던 어머니의 목소리가 "쓰레기 투척 금지"라는 정부의 목소리와 겹쳤고, 어떤 벽에 비공식적인 필사로 꼬불꼬불하게 써 놓은 "쓰레기를 버리는 사람의 에미를……."이란 표현은 나를 혼란스럽게 했다. 어머니가 친할머니나 외할머니 이외에 다른 사람의 손등에 입을 맞추지 말라고 했을 때, 나는 안초비 깡통 위에 있는 "손을 대지 않고 제조했습니다."라는 글이 떠올랐다. "꽃을 꺾지 마시오." 혹은 "손으로 만지지 마시오."라고 쓰여 있는 고시들과 그 당시 어머니가 길을 걸을 때 자주 말했던 '손가락으로 가리키기 금지' 사이에 어떤 관련이 있었을 것이다. 하지만 한 번도 그 안에 물이 채워져 있지 않았던 수영장에 "수영장의 물을 마시지 마시오."라고 쓰여 있는 것, 혹은 풀 한 포기도 남아 있지 않은 질척거리는 공원에 세워진 "잔디를 밟지 마시오."라는 푯말을 내가 어떻게 이해해야 했을까?

    도시를 경고, 위협, 힐책의 숲으로 에워싼 이 푯말들의 '문명화시키기' 견해를 더 잘 이해하기 위해, 이스탄불 신문의 칼럼 작가들과 그들의 조상인 '편지 칼럼 작가들'[*]이라는 사람들이 쓴 글을 한번 보자.

---

[*] 편지 형식으로 도시에 관한 칼럼을 쓰는 사람들을 말한다.

## 15장
# 아흐메트 라심 그리고 다른 편지 칼럼 작가들

압둘하미트의 전제정치라고 알려진 삼십삼 년의 압제 시대 초기인 1880년대 말의 어느 날이었다. 바브알리*에 있는 작은 《사데트》 신문사에서 아침 일찍 일을 하던 스물다섯 살 젊은 기자의 방문이 '갑자기' 열렸다. 소매가 붉은 브로드 옷감으로 된 '일종의 군인 재킷'을 입고, 붉은 페스**를 쓴 키가 꽤 커 보이는 젊은이가 기자에게 말했다.

"이리 와!"

젊은 기자는 두려워하며 자리에서 일어났다.

"페스를 써! 가자!"

젊은 기자와 군인 재킷을 입은 남자는 입구에서 기다리던 마차를 타고 길을 나섰다. 그들은 한마디도 하지 않고 다리를 건넜다. 한동안 그렇게 길을 가다가, 키가 작고, 사랑스런 얼굴의 젊은 기자는 겨우 어디로 가는지를 물어볼 용기가 났다.

"술탄의 비서실장님께! 당신을 데려오라는 명령을 내렸소!"

젊은 기자는 궁전에서 약간 기다린 후, 책상 앞에 앉아 있는 턱수

---

\* 관청과 언론 및 출판계가 모여 있는 이스탄불의 한 지역.
\*\* 윗부분에 검은 장식술이 달린, 챙이 없는 실린더 형태의 붉은색 터키 모자.

염이 듬성듬성 나고, 분노에 찬 남자를 만나게 되었다.

"이리 와!"

남자는 이렇게 소리쳤다.

그는 책상 위에 펼쳐져 있는 《사데트》 신문의 한 면을 격정적으로 가리키며 물었다.

"이게 무슨 말이야?"

젊은 기자가 아직 그가 가리키는 것이 무엇인지 이해하기도 전에 그는 소리 지르기 시작했다.

"머리를 절구로 빻아 버려야 해. 배반자들, 배은망덕한 놈들!"

젊은 기자는 두려움에 움츠려들었지만, 분노를 불러일으킨 글이 죽은 시인의 "봄은 오지 않을 것인가, 봄은 정녕 오지 않을 것인가?"라는 후렴구가 있는 시라는 것을 보고는 "저기요."라며 설명하려고 했다.

"그래도 또 할 말이 남아 있나, 나가!"

비서실장은 이렇게 그를 질책했다.

밖에서 십오 분 정도 벌벌 떨면서 기다리던 젊은 기자는 다시 안으로 들여보내졌다. 하지만 입을 열어, 그 시가 자신의 시가 아니라고 말하기 전에, 모욕과 위협을 당했다.

"버릇없는 놈들! 건방진 놈들! 뻔뻔한 놈들! 저질! 개자식들! 흉악한 놈들! 교수형에 처할 놈들!"

젊은 기자는 말을 할 기회가 없다는 것을 알자, 용기를 내어 조끼 주머니에서 도장을 꺼내 책상에 올려놓았다. 비서실장은 도장에 있는 이름을 읽고는 즉시 어떤 실수가 있었음을 깨달았다.

"네 이름이 뭐냐?"

"아흐메트 라심입니다."

아흐메트 라심은 사십 년 후에 작가 생활과 관련된 추억을 모은 책 『저술가, 시인, 작가』에서 이 사건을 설명했다. 실수로 다른 사람을 데려온 것을 안 압둘하미트의 비서실장이 자신에게 "자, 앉게나, 자네는 내 자식과 진배없네."라면서 자신에게 손짓을 하며 책상 서랍을 열고는 5리라를 주었고 "아무에게도 말하지 말게." 라는 말을 덧붙이며 돌려보냈다는 것을, 여느 때와 같은 섬세한 풍자와 믿지 못할 정도로 강하게 삶의 세부적인 것에 자신을 연결하는 삶의 기쁨으로 설명했다.

아흐메트 라심의 삶에 대한 기쁨과 기지, 글 쓰는 즐거움은 그를 이스탄불의 가장 위대한 작가 중 한 명으로 만들었다. 소설가 탄프나르, 시인 야흐야 케말, 회고록 작가 압둘학 쉬나시 히사르가 제국의 '몰락'으로 인해 휩싸인 비애를, 아흐메트 라심은 소진되지 않는 에너지, 낙관, 쾌활함으로 균형을 잡고, 조화시키는 법을 알았다. 이스탄불을 사랑하는 모든 작가들처럼 역사에 관심을 갖고, 역사책을 썼으면서도, 비애와 상실감 사이에서 균형을 잡는 법을 알았기 때문에, 과거의 '사라진 황금기'를 찾지 않았다. 그에게 이스탄불의 과거는, 서양식 명작을 쓰기 위해 필요한 힘과 진정한 목소리의 원류를 찾아낼 신성한 보물이 아니라, 그가 매일 자세히 바라보았던 도시 자체와 사람들처럼, 재미있고 신나는 것이었을 뿐이다.

그는 동양-서양 혹은 '문명 변화'라는 주제에 대해, 일상생활의 고민으로 눈코 뜰 새 없이 바쁜 이스탄불 사람들이 그러하듯, 별로 관심을 갖지 않았다. 서양화는 지나치게 인위적인 적용과 조롱할 만한 속물들 때문에 그의 관심을 끌었을 뿐이다. 젊은 시절 문학적 주장을 내세운 소설과 시를 썼지만 성공하지 못하자 그 뒤에는 인공적이며 주장이 강한 모든 것에 대해 의심과 씁쓸한 농담과 냉소만 남게 되었다. 프랑스 고답파 시인들 혹은 퇴폐파 시인들을 모방한 이스탄불 시인들의 다양한 시 낭송 스타일이나 길을 지나가는 사람을 막고 시를 읽은 행위, 어떤 문제를 즉시 자신의 이력 혹은 시에 적용할 수 있는 재능에 대해 기꺼이 조롱하던 아흐메트 라심의 모습에서, 초기에 자신처럼 바브알리 직원이었던 선별된 서양화주의자들의 문화와 자신 사이에 어떤 방식의 거리를 두었는지 느낄 수 있다.

하지만 아흐메트 라심의 목소리와 모습을 정말로 특징짓는 것은,

글을 쓰며 생계를 유지하는 기자, 칼럼 작가, 당시 프랑스에서 불리던 이름으로 푀이토니스트(feuilletoniste, 신문 소설가)라는 점이다. 일시적인 분노와 애착 외에는 별다른 감흥을 일으키지 않았던 정치 문제는 어차피 정부의 압력과 검열로 인해(칼럼들이 여기저기 잘려서 버려지면, 빈 공간이 얼마나 생겼는지를 즐겁게 설명하기도 했다.) 위험하고 불가능한 주제였기 때문에 그는 온 능력으로 자신이 살고 있는 도시를 기꺼이, 의욕적으로 관찰하게 된다.("정치적 금지와 핍박 때문에 주제를 찾지 못한다면, 시 당국의 문제와 도시 생활을 주제로 삼아라. 왜냐하면 항상 읽히니까!" 이는 이스탄불 칼럼 작가의 130년이나 된 충고이다.)

이렇게 해서 아흐메트 라심은 취객들, 변두리 마을의 행상들, 구멍가게, 마술사, 음악가, 거지, 보스포루스 지역의 아름다움, 술집,

일상 소식, 시세, 유희 장소, 들판, 공원, 시장, 각 계절의 아름다움, 군중, 눈싸움, 썰매 타기, 언론의 역사, 풍문, 식당의 음식 메뉴 등 이스탄불의 모든 것에 대해 반세기 동안 쉬지 않고 썼다. 그는 목록과 분류를 아주 좋아했으며, 기질, 성격, 특징 간의 차이를 찾으려 했다. 식물학자가 식물들의 다양성과 풍부함에 대해 숲에서 느끼는 흥분을, 그는 서구화 추진이나 이주 그리고 역사적 우연들로 인해 매일 새로움, 기이함, 난센스를 창출하는 도시의 다양성에서 느꼈다. 그가 젊은 작가들에게 했던 충고는 도시에서 거닐 때 '항상 메모지'를 지니고 다니라는 것이었다.

아흐메트 라심은 이 메모들과 1895년에서 1903년 사이에 신문에 썼던 가장 좋은 글들을 『도시 편지』라는 책으로 발간했다. 여느 때와 같이 냉소적으로 자신이 자신에게 "도시에 관한 편지를 쓰는 사람"이라는 직함을 붙였다. 시 당국에 대한 불만과 일상생활을 관찰하여 쓰고 거리의 맥박을 짚은 것은, 실은 프랑스 문학과 신문을 참고하여 1860년대부터 해 왔던 습관이었다. 빅토르 위고의 연극이나 시가 아니라, 그의 낭만주의와 저항주의 태도의 영향을 받은 나믁 케말은 1867년 《타스비리 에프캬르》 신문에 '라마단 편지'를 썼으며, 오스만 제국 독자들에게 편지는 단지 정부 인사나 연인들이 비밀을 공유하고 서로를 위협하기 위해 사용하는 것이 아니며, 자신이 출판한 '편지들'을 통해 연인이나 가까운 사람들에게처럼 모든 도시에 말할 수 있다는 것을 보여 주었다. 나믁 케말이 라마단 기간 동안의 이스탄불의 삶에 대해 세세하게 써 내려간 이 편지들은, 이후 많은 작가가 쓰게 될 도시 편지의 첫 실례 이상으로 남아 있다. 편지처럼 전통적으로 기밀이나 은밀이나 공유를 연상시키는 단어를 사용하여, 이스탄불 사람들에게 신문을 통해 서로 편지를 주고받는 연인, 친척, 가까운 사람처럼 내향적인 어떤 이스탄불 사람들의 공동체를 형성시켰음을 느낄 수 있다. 아흐메트 라심 이외에,《선견지명》이라는 신문을 발행했기 때문에 '선견지명이 있는' 알리 에펜디로 불리던(궁전의 지원으로 발행되던 그의 신문에 정부가 원하지 않는 것을 싣는 실수로 폐간당하자 한때 '선견지명이 없는' 알리 에펜디로 불렸다.) 알리 에펜디는 유머 감각이 없을 뿐 아니라, 이스탄불의 편지 칼럼을 쓰는 사람들 중, 도시의 일상생활에 대해 집착적일 정도로 충고와 비판을 일삼은 가장 깐깐한 사람이었다. 음악에 대한 고급 취향을 넘어 작곡도 했던 아흐메트 라심의 일상생활에 대한 글에서는 이스탄불의 모든 소리를 들을 수 있는 반면, 알리 에펜디의 편지를 읽는 사람들은 1870년대 이스탄불 거리를 배경으로 한 흑백영화를 보는 것 같은 느낌에 휩싸인다.

　아흐메트 라심에서 부르한 페렉\*까지 많은 칼럼 작가들은 20세기 내내 '도시 편지들'이라는 제목을 사용하지 않고 글을 썼는데, 도시인과 도시에 대한 이런 글들은 이스탄불의 색채, 냄새, 소리에 작가의 유머와 개성을 반영했을 뿐 아니라, 다른 역할도 했다. 바로 이스탄불 사람들에게 거리, 공원, 정원, 상점과 유희 장소, 배, 다리, 광장, 전차에서의 매너와 예의를 가르쳐 주는 것이었다. 술탄, 국가, 정부, 경찰, 군인, 종교 지도자뿐 아니라 시 당국조차 비판하기 어려웠기 때문에, 엘리트 독자나 작가는 마음속에 있는 비판 혹은 분노의 불길을 분출하기 위해 무력한 사람들, 익명의 군중들, 도시의 거

---

\* 1889~1982. 터키의 기자, 작가.

리에서 걷고, 돌아다니고, 일을 하는 이스탄불 사람들을 유일한 목표로 삼을 수밖에 없었다. 신문 독자들과 칼럼 작가들 정도의 교육을 받지 못한 이스탄불 사람들이 지난 130년 동안 거리에서 무엇을 하고, 무엇을 먹고, 무엇에 대해 이야기하고, 어떤 소음을 냈는지 오늘날 우리가 알 수 있는 것은, 이 군중들에게 때로는 분노로, 때로는 연민으로 그리고 대개는 무시하는 투로 질책했던 도시 편지를 쓰는 사람들의 집요함 덕분이다.

읽고 쓰는 것을 배운 후 사십오 년간, 서구화 추진 혹은 전통적 가치를 고수하고자 하는 취지로 시작된 이러한 질책이나 충고들이 담긴 칼럼이 눈에 들어올 때마다 "손으로 가리키지 마라."라는 어머니의 목소리가 행복하게 떠오른다.

16장
# 길거리에서 입을 벌리고 걷지 마시오

140년 된 이스탄불 신문 역사에서 가장 재미있는 글을 쓴, 익명 혹은 실명의 이스탄불 칼럼 작가들이 남긴 수백 페이지의 유산 중에서 무작위로 충고, 경고, 잠언, 불평 등을 이 지면에 소개하겠다.

"프랑스 승합마차에서 영감을 얻어 본뜬 우리의 승합마차들은, 도로 상태가 좋지 않아 베야즈트-에디르네카프 구간에서 돌에서 돌로 꿩처럼 종종걸음을 친다."(1894)

"비가 올 때마다 도시의 모든 광장에 물이 차는 것을 보는 데 질려 버렸다. 누가 됐든지 이 문제를 이제는 해결했으면 한다."(1946)

"상점의 월세와 세금 인상, 도시로의 끊임없는 이주 결과, 면도날 장수, 시미트 장수, 미드에 돌마* 장수, 휴대용 화장지 장수, 슬리퍼 장수, 포크-나이프 장수, 잡화 장수, 장난감 장수, 물장수, 사이다 장수에 이어 무할레비 장수, 코코레치** 장수, 디저트 장수, 되네르 장수가 페리보트를 점령했다."(1949)

"도시의 미관을 위해 마부들이 유니폼을 입을 거라고 한다. 이것이 실현된다면 얼마나 멋질까."(1897)

"계엄 정부가 성공한 일들 중 하나는 이제 돌무쉬들이 지정 정거장에서 멈춘다는 것이다. 과거의 무질서가 떠오른다."(1971)

"음료수 가게에서 어떤 색소와 과일을 넣어 만들었는지 모르는 음료를 팔지 못하게 한 시 당국의 결정은 좋은 시책이다."(1927)

"거리에서 아름다운 여자를 보았을 때, 그녀를 죽일 것처럼, 혐오스럽거나 과도한 갈망의 시선으로 응시하지 마시오. 서로 눈이 마주치면 사랑스럽게 미소를 짓고, 눈길을 돌리고 지나가시오."(1974)

"파리의 유명한《르 마탱》신문에 도시에서 걷는 올바른 방법에

---

\* 홍합 껍질 속에 각종 채소와 밥 등을 채워 넣은 음식.
\*\* 향신료 등으로 양념된 양 창자를 쇠꼬챙이에 감아 숯불에 구운 음식.

관해 나온 글을 보고, 우리도 이스탄불 거리에서 제대로 걷는 법을 모르는 사람들에게 우리 문제를 상기시키고자 한다: 길거리에서 입을 벌리고 걷지 마시오."(1924)

"군사정권이 택시에 달게 한 새 미터기를 운전사와 승객들이 이제는 켰으면 한다. 이십 년 전 미터기를 달던 때처럼 '마음 내키는 대로 주시지요.'라는 생각에서 벌어지는 흥정, 다툼, 경찰서행이 이제 우리 도시에서 일어나지 않았으면 한다."(1983)

"볶은 콩 장수와 껌 장수가 아이들에게 돈 대신 납을 받고 병아리 콩이나 마준*을 주는 것은 아이들에게 도둑질을 조장하는 것으로 끝나지 않고, 이스탄불에 있는 모든 분수의 바가지가 도난당하고, 수도꼭지가 떼어져 나가고, 분묘와 사원의 돔을 덮고 있는 납이 산산조각이 나는 결과를 초래하고 있다."(1929)

"프로판가스, 감자, 토마토를 실은 트럭들의 확성기와 귀에 거슬리는 장사꾼들의 목소리는 도시를 지옥으로 만들었다."(1992)

"길거리 개들을 몰아내겠다는 계획을 감행했다. 그 속도로 하루 이틀 더 밀어붙여, 모든 개를 하이르시즈 섬에 가두고, 개떼를 모두 쫓아냈더라면 어쩌면 이 도시에서 개들이 완전히 사라졌을 것이다. 지금 또 으르렁대는 소리 때문에 길을 지날 수가 없다."(1911)

"짐꾼들이 또다시 연민의 감정을 제쳐 두고, 말에게 감당하기 힘든 짐을 싣고 있으며, 도시 한복판에서 이 가련한 동물을 때리고 있다."(1875)

"가난한 사람의 밥벌이라며 우리 도시의 가장 특별한 장소에 들

---

\* 생강과 계피를 넣은 부드럽고 쫀득쫀득한 사탕.

어가는 마차에 여전히 눈을 감아 주는 것은, 이스탄불을 어울리지 않는 풍경에 운명 짓는 것이다."(1956)

"우리나라 사람들이 배 혹은 그 어떤 교통수단에서 제일 먼저 내리는 것에 얼마나 집착하는지, 배가 하이다르파샤 부두에 채 접근하기도 전에 뛰어내리는 사람들에게 '제일 처음 내리는 사람은 고집쟁이'라고 소리쳐도 그들을 저지할 도리가 없다."(1910)

"어떤 신문들이 판매 부수를 늘이기 위해 신문을 사는 사람들에게 터키 항공 기금표(지금의 '복권')를 나누어 준 탓에 추첨 당일 신문사 앞에 보기 흉한 대기 행렬과 군중이 몰리게 되었다."(1928)

"할리치 만은 더 이상 할리치 만이 아니다. 할리치 만은 공장, 작업장, 도살장으로 둘러싸인 더러운 웅덩이가 되어 버리고 말았다. 배의 잔해들, 공장에서 나오는 산성 물질, 작업장에서 나오는 타르, 하수 오물들이 할리치 만을 망치고 말았다."(1968)

"당신들의 도시에 관한 편지를 쓰는 사람들에게, 시장과 마을의 경비원들이 밤 근무 때 거리를 순찰하는 대신 찻집에서 꾸벅꾸벅

졸고, 야경꾼들이 두드리는 막대기 소리가 들리지 않는 마을이 많다는 불만들이 접수되고 있다."(1879)

"프랑스의 유명한 작가 빅토르 위고는 파리에서 말이 끄는 버스의 위층에 타고는 도시의 이 끝에서 저 끝까지 돌아다니며 도시인들의 모습을 구경하곤 했다. 어제 우리도 같은 일을 했다. 그리고 이스탄불 사람들 대부분이 거리에서 서로 부딪치며 조심성 없이 걷고, 손에 들고 있던 티켓, 아이스크림콘, 다 먹은 옥수수 자루를 바닥에 버리고, 행인들은 도로로 가고, 차들은 인도로 가며, 모두들 가난 때문이 아니라 게으름과 무지 때문에 아주 추한 옷을 입고 있다는 것을 확인했다."(1952)

"거리에서, 광장에서 그저 아무렇게나 우리가 원하는 대로가 아니라, 서양에서도 그러하듯이 교통 법규를 준수하며 걷는 것이 이 거리 혼잡에서 우리를 구해 줄 것이다. 그런데 이 도시에서 몇 명이나 교통 법규를 아느냐고 묻는다면, 그건 또 다른 문제다."(1949)

"카라쾨이 다리 양쪽에 있는 커다란 시계는, 도시의 공공장소에 있는 모든 다른 시계처럼 태엽이 되는대로 작동하여, 아직 부두에 묶여 있는 배가 벌써 떠났고, 이미 출발한 배는 여전히 대기하고 있다는 것을 암시해, 이스탄불 사람들에게 희망을 주고, 고문을 하고 있다."(1929)

"우기가 왔다, 온 도시가 수많은 우산으로 뒤덮였다. 우산의 살 끝이 서로의 눈을 찌르지 않고, 놀이 공원의 범퍼 카처럼 다른 우산에 부딪치지 않고, 시야를 덮는 우산 때문에 인도에서 부유기뢰처럼 종잡을 수 없이 우왕좌왕하지 않고 걸을 수는 없을까?"(1953)

"성인 영화, 인파, 버스나 자동차의 매연 때문에 안타깝게도 이제 더 이상 베이올루로 나가지 않게 되었다."(1981)

"이스탄불 사방에 전염병이 발생하면, 우리의 시 당국은 더럽고, 지저분한 거리 몇 군데에 석회만 뿌리고 만다. 오물이 버젓이 산더미처럼 쌓여 있는 것은 방치하고……."(1910)

"모든 사람이 아는바, 시 당국은 개와 당나귀를, 경찰은 거지와 부랑자를 완전히 없애기로 했다. 하지만 이것이 실행되지 않은 것은 고사하고, 지금은 가짜 목격자 패거리들이 등장했다."(1914)

"어제 눈이 왔다. 사람들은 전차에 앞문으로 타지도 않았고, 어른들에게 존경을 표하지도 않았다. 어차피 아무도 모르는 도시의 예의범절이 잊힌 것을 안타깝게도 항상 보게 된다."(1927)

"올 여름에 매일 밤 이스탄불 사방에서 미친 듯이 터지는 폭죽 축제의 비용을 물어 알아냈다. 즐거움과 쇼를 위해 낭비되는 이 돈이, 천만 인구의 우리 도시의 가난한 아이들의 교육에 쓰인다면 결혼식에 온 사람들을 더 행복하게 할 거라는 생각을 했다. 제 말이 틀렸습니까?"(1997)

"멋진 취향과 너그러운 마음을 지닌 서양 예술가들이 구역질할 듯 혐오했던 '현대적' 건물들이, 특히 최근 몇 년 동안, 마치 좀이 아

름다운 옷감을 먹듯이, 이스탄불의 아름다운 풍경을 야금야금 갉아 먹고 있다. 이렇게 간다면 얼마 지나지 않아 육섹칼드름과 베이올루 같은 지역은 추한 건물 더미로 변하고 말 것이다. 이 원인을 화재나 이제 가난해진 우리의 처지나 무력함에서 찾을 것이 아니라, 새로운 것에 대한 우리의 호기심에서 찾아야 할 것이다."(1922)

## 17장
## 그림 그리는 즐거움

학교에 다니기 시작하고 얼마 후, 내가 그림 그리는 것을 아주 좋아한다는 것을 발견하게 되었다. 하지만 여기서 '발견'이라는 단어를 사용한 것은, 미국 신대륙 발견이 그러하듯, 이전에 존재했지만 인식하지 못했던 어떤 것을 찾았다는 의미가 될 수 있기 때문에 오해의 여지가 있을 수 있다. 나의 내부에 그림에 대한 드러나지 않은 취향이나 재능이 존재하고 있었는데, 학교에 다니기 시작하자 그 사실에 도달했던 것은 결코 아니다. 그림 그리는 것이 재미있고, 가슴 뛰는 일이라는 것이 창안되었다는 말이 더 옳을 것이다. 이는 우리가 '재능'이라고 하는 개인적인 정신 상태와 재주의 창안이기도 하다. 하지만 이런 것은 없었다.

있었을 수도 있지만 중요하지 않았다. 나는 그저 그림 그리는 것이 재미있다고 느꼈고, 이 때문에 아주 행복했다. 중요한 것은 이것이었다.

많은 세월이 흐른 후 어느 날 저녁 아버지에게, 내가 그림에 소질이 있는 걸 어떻게 알았느냐고 물은 적이 있었다.

"네가 나무를 그렸지. 그 나뭇가지에 까마귀가 앉아 있었단다. 네 엄마와 나는 서로 얼굴을 마주 보았단다. 왜냐하면 그림 속 까마귀는 진짜 까마귀가 나뭇가지에 앉아 있는 것처럼 그려져 있었기 때문이란다."

아버지가 사실을 있는 그대로 말해 주지 않았다고 하더라도, 더욱이 오류가 있다손 치더라도, 나는 이 이야기를 좋아했고, 아버지의 말을 그 자리에서 믿었다. 내가 일곱 살 때 그린 나무와 까마귀는 아마도 대단하지 않았을 것이다. 아버지가 해 준 이야기의 마법적인 부분은, 아버지의 영향으로 아버지와 어머니가 갑자기 내게 '그림 소질'이 있다는 결론을 내렸다는 점이었다. 항상 낙관적이며 지나치게 자신감 있고, 아들들이 하는 것은 무엇이든 멋지다고 진심으로 믿는 나의 아버지의 성격이 보다 더 결정적인 요인이었다. 물론 당시에는 이렇게 생각하지 않았다. 나도 부모님처럼, 나 자신에게 그림과 관련된 비범한 특성, 이후 다른 사람들이 재능이라고 말할 어떤 것이 있다고 믿었다.

그림을 그려 사람들에게 보여 줄 때마다, 그들은 나를 칭찬하고 멋진 말을 해 주고, 게다가 진심처럼 보이는 감탄을 표현하곤 했다. 마치 사랑, 입맞춤, 칭찬을 받기 위해 내 손에 기계를 쥐어 준 것 같았다. 나는 지루할 때마다 그림을 그리고 그림을 만졌다. 그들은 내게 도화지, 물감, 미술 연필을 사 주었고, 나는 쉬지 않고 그림을 그렸다. 그리고 그 그림들을 아버지에게 가장 많이 보여 주었다. 아버지는 내가 원하는 반응을 그대로 보여 주었고, 그림을 볼 때마다, 나마저 놀랄 정도로 감탄과 경악을 하며 분석을 하곤 했다.

"이 어부의 자세를 정말 잘 그렸구나. 그가 지루해서 바다도 검게 변했구나. 옆에 있는 아이는 아들이지? 새들도 물고기들을 기다리고 있구나. 아주 기발한걸."

나는 곧장 안으로 들어가 다시 그림을 그렸다. 사실 어부 옆에 있는 남자는 그의 아들이 아니었다. 잘못해서 작게 그렸기 때문에 아들처럼 보였던 것이다. 하지만 이제는 칭찬을 받으면 어떻게 반응해야 하는지에 대해 약간의 경험이 있었다. 아버지의 말 중에서 나를 기쁘게 하는 면을 기억하여, 그 후 어머니에게 그림을 보여 주면서 이렇게 말했다.

"엄마, 봐, 어부와 아들이야."

"잘했다. 아주 멋지구나."

그러고는 어머니는 이렇게 덧붙이곤 했다.

"그런데 공부도 좀 하지 그러니."

어느 날 학교에서 그림을 그린 후에 반 아이들이 모두 내 그림을 보러 몰려왔다. 앞니가 벌어진 선생님은 그 그림을 교실 벽에 걸었다. 마치 내 호주머니에서 자동적으로 초콜릿과 장난감이 튀어나오는 느낌이었다. 내가 해야 하는 것은 무에서 토끼나 비둘기를 창조하는 마술사처럼, 그저 멋진 것들을 그려 보여 주고 칭찬을 받아들이는 것뿐이었다.

게다가 나의 소질은 이제 서서히 받아들여 마땅한 재능으로 변하고 있었다. 왜냐하면 혼자 계속 그림을 그리다 보니 실력이 늘었던 것이다. 내가 읽었던 만화책, 신문에 나오는 캐리커처, 학교 잡지와 교과서에 나오는 단순한 그림들에서 집이나 나무, 서 있는 남자가 어떻게 묘사되고 있는지를 주의 깊게 관찰했다. 그리하여 나는 내 뇌리에 있는 그림들을 보면서 그림을 그렸다. 그림이 뇌리에 남아 있고, 이것에서 영감을 얻기 위해서는 만화책이나 캐리커처, 교과서에 나오는 것처럼 단순해야 한다. 유화와 사진은 삶 자체, 아니

그보다 더 복잡했다. 그것들은 어떻게 만들어졌는지 이해할 수 없었을 뿐만 아니라, 그림을 그리고자 하는 욕구와 재미를 불러일으키지도 않았다. 나는 색칠 공책을 좋아했다. 어머니와 알라딘의 가게로 가서 색칠 공책을 더 사 달라고 했다. 하지만 그 공책에 색칠을 하기 위해서 사 달라고 한 것은 아니었다. 색칠 공책에 나오는 그림들을 보면서 종이에 그 그림들을 따라 그렸다. 이렇게 해서 내가 그린 집과 나무와 거리는 내 뇌리에 남게 되었다.

나는 나무를 그리는 것을 좋아했다. 홀로 서 있는 나무를 그렸다. 나뭇가지들, 잎사귀들을 빠르게 그렸다. 나뭇가지와 나뭇잎 사이로 보이는 산을 그렸다. 그 뒤에 더 커다란 산 두 개를 더 그렸다. 그러고는 예전에 보았던 일본 그림에서 받은 영감으로, 맨 뒤에 가장 높고 가장 감동적인 산을 그려 넣었다. 이제 내 손은 그것들을 어떻게 그려야 하는지 아주 잘 알고 있었다. 내가 종이 위에 그린 구름과 새는 색칠 공책에서 보았던 나무와 새와 같았다. 나는 그 그림들을 떠올리며 그렸다. 하지만 그것들은 이제 내 그림이었고, 나무와 산과 구름은 진짜 같았다. 그림 그리는 일에서 마지막 터치는 가장 즐거운 부분이었고, 나는 먼 곳에 있는 산들 중 가장 높은 산의 정상에 눈(雪)을 그려 넣었다.

그림을 책상에서 집어 들고, 조금 멀찌감치 잡고는 내가 그린 것들을 기쁘게 바라보곤 했다. 내가 그린 그림을 바라보면서 머리를 좌우로 움직이고, 그림을 어딘가에 기대어 놓고는, 물러나 약간 거리를 두고 바라보곤 했다. 그렇다, 그것이다, 멋지다, 그 그림을 내가 그렸다. 완벽하지는 않았지만, 내가 그린 것이다. 멋지다. 그 그림을 그린 것이, 지금 창밖을 바라보는 것처럼, 내가 그린 그림을 마치 다른 사람의 그림처럼 바라보는 것이 좋았다.

하지만 때로 내가 그린 그림을 다른 사람의 눈으로 보면 뭔가 결함이 느껴졌다. 혹은 흥분에 휩싸여, 그림을 그릴 때 느꼈던 그 비유할 데 없는 순간을 연장하고, 다시 경험하고 싶었다. 이를 느끼기 위한 가장 빠른 지름길은 그림에 구름 한 점, 새 몇 마리, 나뭇잎을 첨가하는 것이었다.

나중에는, 그 그림에 첨가했던 사소한 것들이 그림을 '망친' 듯한 생각이 들기도 했다. 하지만 그림을 그릴 때 느꼈던 희열로 되돌아가는 지름길이라는 것을 아주 잘 알았기 때문에 나 자신을 억누를 수가 없었다. 때로 내 영혼에서 그 희열을 다시 포착하기 위해 강력한 욕구가 꿈틀거리는 것을 느끼고는 새로운 그림을 그려 보려고 했다.

그림을 그릴 때 내가 어떤 희열을 느꼈던가? 여기에서 여러분의 회고록 작가는 어린아이의 서술에서 약간 멀어져, 그 어린아이를 이해하고자 하면서, 자신도 설명할 수 있다고 여기는 쉰 살 먹은 작가의 의식에 접근하려고 한다.

1. 그림을 그리는 희열의 출발점에는, 물론 한순간에 멋진 것을 창조하고, 이를 주위 사람들에게도 인정받는 즐거움이 있다. 나는 그림을 누군가에게 보여 주면, 그 사람이 그 그림을 좋아할 것이고, 내가 칭찬받고 사랑받을 줄 알고 있었다. 그림을 그리는 순간에 내 영혼의 한구석은 이러한 기쁨이 올 것임을 느끼고 있었다. 이런 기대는 갈수록 깊어져 그림을 그리는 순간과 합치되고, 연필이 종이 위에서 돌아다니는 순간에도 이러한 행복감에 휩싸인다.

2. 끊임없이 그림을 그리고, 다른 그림을 관찰하다 보니 내 머리

만큼이나 손도 숙달되기 시작했다. 이런 숙달로 인해 나무 한 그루를 그릴 때도 이제 내 손은 자동적으로 움직이는 것 같았다. 연필이 종이 위에서 빠르게 움직일 때, 내 손이 그린 선을 내가 아닌 다른 존재가 그린 것처럼 놀라며 바라보는 것이 즐거웠다. 마치 내 안에 다른 사람이 있어 그가 그림을 그리는 것 같았다. 그 다른 사람에게는 내 영혼을 도발하는 영리하고 매력적인 면이 있었다. 내가 그만큼 뛰어나고 매력적인 사람이 될 수 있을 거라고 놀라면서도 그렇게 믿고 싶었다. 이러한 나의 놀라움이 계속되면서 내 이성의 또 다른 면은 구불거리는 나무나 산의 위치 등 그림을 모두 점검하고 있었다. 빈 종이 위에다 무에서 유를 창조하는 것이 내게 자신감을 주었다. 나의 이성은 연필 끝에 있었고, 무엇을 하는지 모르고 움직이면서도, 동시에 뒤를 이어 무엇을 하는지 점검하고 있었다. 뒤를 이은 이 두 번째 순간, 이성으로 점검하는 이 순간은, 비평처럼 약간은 즐거운 것이었다. 하지만 진정한 즐거움은, 연필이 스스로 선을 그리기 시작하는 것, 어린 화가가 자신의 손의 움직임을 보면서 자신의 자유와 용기를 발견하는 즐거움이었다. 자신의 밖으로 나와서, 나의 내부로 들어가는 제2의 인물과 만나 하나의 선이 되고, 내 연필로 종이 위를, 눈 위에서 썰매를 타는 아이처럼, 미끄러져 가고 있었다.

3. 나의 이성과 손 사이에 있는 분리와, 손이 이성에서 떨어져 나가 스스로 움직인 것처럼 내 머리가 뜬금없이 어떤 상상의 세계로 빠르게 들어가는 것 사이에는 감각적인 어떤 유사함이 있었다. 게다가 내 머리가 상상하는 이상한 세계와는 반대로 내 손이 한 것은 감추지 않았고, 그것들을 모두에게 보여 주며 칭찬을 기대했고, 칭찬

을 받으면 자랑스러워했다. 그림을 그리는 것은, 그 존재로부터 죄책감을 느끼지 않았던 두 번째 세계를 소유하는 것이었다.

4. 내가 그렸던 것들이 아무리 상상의 집, 나무, 구름일지라도 그것들은 물질적이며 현실적인 면이 있었다. 나는 이것이 마음에 들었다. 내가 그린 그림이 마치 나의 집이 된 것 같았다. 내가 그릴 수 있는 것의 주인이 나라고 느꼈다. 발견하는 것, 내가 그린 나무 혹은 풍경 속에 있는 것은 나를 다른 세계로, 그것도 다른 사람들에게도 보여 줄 수 있는 것으로 보아 사실성이 있는 다른 세계로 데려가 지금의 고민에서 벗어나게 하고 있었다.

5. 나는 종이, 연필, 스케치북, 물감 케이스, 재료들의 냄새, 존재를 좋아했다. 빈 도화지를 진심 어린 사랑으로 어루만졌다. 내가 그린 그림들을 보관했고, 그것들의 물체 같은, 그 무엇인 것 같은 특징을 좋아했다.

6. 모든 이 작은 습관들과 즐거움들을 발견하는 것은, 칭찬도 곁들여져 있어, 내가 특별하고 뭔가 다른 사람이라고 믿게 해 주었다. 사람들에게 이것을 말하며 자부심을 느끼지는 않았지만, 다른 사람들이 이를 느껴 주기를 바랐다. 그림을 그리는 것은 마치 내 머릿속에 간직하고 있는 두 번째 세계처럼, 나의 삶을 풍부하게 해 주었고, 먼지 끼고 어두운 첫 번째 세계를 의식적으로 떠날 수 있는 힘과 나의 개성이 내 주위 사람들에 의해 받아들여지고, 인정받아 마땅할 일부가 되게 해 주었다.

18장
# 지식과 기이함에 관한 레샤트 에크렘 코추의 컬렉션
: 『이스탄불 백과사전』

    읽고 쓰는 것을 처음 배웠던 무렵, 할머니의 거실에 있는, 미닫이 창이 거의 열리지 않는 먼지투성이 책장에서 신문 크기만 한 커다란 책을 찾았다. 책장 안에는 『하야트』 백과사전, 소녀들이 읽는 소설들, 미국에 있는 삼촌의 의학 서적들이 있었다. '오스만 역사 600년의 파노라마'라는 부제가 붙어 있고, 소재 때문만 아니라 이상한 그림이 많아서 『오스만 가지*에서 아타튀르크까지』라는 책을 나는 아주 좋아했다. 집에서 빨래하는 날이거나, 아프다는 핑계 혹은 그렇다 할 이유 없이 학교를 빠지는 날 할머니가 사는 층으로 올라가, 삼촌의 책상에 이 책을 늘어놓고 모든 문장을 읽고 또 읽었다. 이후 우리가 셋집에 살면서 할머니를 방문했을 때도 꺼내 읽곤 했다.

    아무리 봐도 질리지 않는 손으로 그린 흑백 그림들과 이 책이 그렇게 멋졌던 것은, 오스만 제국의 역사를 자랑스럽고 민족주의적인 언어로 설명하는 교과서 같은 전쟁, 승리, 패전, 조약의 나열이 아니라, 기이하고 묘한 사건과 사람의 모습이 충격적이며, 오싹하고, 역

---

\* 전쟁에서 혁혁한 공을 세운 장군에게 국가가 부여하는 칭호, 혹은 전쟁에서 승리하여 돌아온 사람.

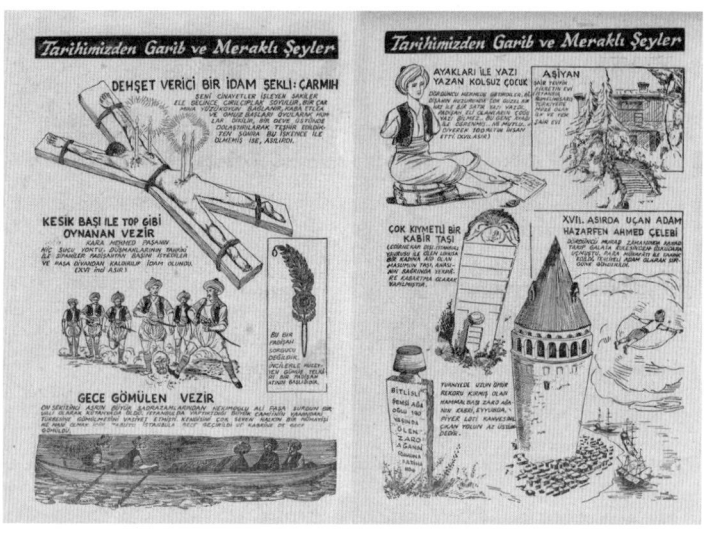

겨운 공식 행렬처럼 다루었기 때문이다. 이러한 면에서 이 책은 술탄을 즐겁게 하기 위해 이상한 행동을 하면서 지나가는 길드들의 가장행렬을 설명하는 오스만 제국의 『축제의 서』와 비슷했다. 『축제의 서』를 장식하는 세밀화에서도 볼 수 있듯이, 술탄이 술탄 아흐메트 광장에 있는, 지금의 이브라힘 파샤 궁전의 창문으로 제국의 모든 다양함, 색채, 진기함 그리고 다양한 사람들이 직업을 나타내는 의상을 입고 지나가는 모습을 만끽하며 구경했던 곳에, 지금은 우리가, 즉 이상한 책의 '현대' 독자들이 있는 것 같았다. 우리가 공화국과 서구화 이후 더 '논리적이며 과학적인' 문명의 후광을 껴안았다고 우리 자신을 믿게끔 했듯이, 뒤에 남겨 두었다고 생각하며 행복해했던 오스만 제국의 기이함, 이질성 그리고 기대하지 않는 순간에 이것들 속에서 나타나는 인간의 형태를 멀리서, 우리의 현대적 창문에서 바라보는 것은 즐거운 일이었다.

나도 이렇게, 18세기 아흐메트 3세의 아들 무스타파 왕자의 할례 의식에서, 곡예사가 배의 돛대 사이에 팽팽하게 묶어 놓은 줄 위에서, 할리치 만을 지나가는 것을 주의 깊게 읽고, 사건을 설명하는 흑백 그림을 빠르게 보곤 했다. '우리의 조상들'이 돈을 받고 사람을 죽이는 일을 직업으로 삼는 사형 집행인들과 다른 사람들이 같은 묘지에 매장되는 것이 적절하지 않다고 여겼기 때문에 에윕의 카르야으드 바이르에 사형 집행인 묘지를 만들었다는 것을 알게 되었다. 오스만 2세 시기 1621년 겨울은 아주 추웠기 때문에, 할리치 만 전체, 보스포루스 일부가 얼었다는 것을 읽었다. 보스포루스 바다 위, 썰매 위에 얹은 나룻배와 얼음 사이에 끼인 배들을 세세히 보여 주는 그림들을, 그 책에 나오는 그림들 대부분처럼 화가의 상상력이 지대하게 반영되었다는 것은 전혀 생각하지도 않고 오랫동안 바라보는 것을 아주 좋아했다. 내가 거듭거듭 보곤 했던 또 다른 기이한 그림은, 압둘하미트 2세 시기에 살았던 이스탄불의 두 유명한 광인의 그림이었다. 한 명은 항상 전라로 돌아다니던 오스만이라는 남자였고(화가는 사람들의 시선에 부끄러워하는 나체의 사람들처럼 그를 '부끄러운 곳을 손으로 가리고' 있는 모습으로 그렸다.) 다른 한 사람은 눈에 들어오는 것은 닥치는 대로 입는 여자, 마담 우폴랴였다. 작가에 의하면 이 두 광인이 만나기만 하면 서로 붙어 싸웠기 때문에 사람들은 그들을 '다리'에 들여보내지 않았다.(다리 : 그 당시에는 보스포루스 다리도 지금 할리치 만을 이어 주는 네 개의 다리도 없었다. 1845년에 카라쾨이와 에미뇌뉘 사이를 연결해, 20세기 말까지 세 번 보수한 나무로 된 갈라타 다리가 있었을 뿐이었다. 이스탄불 사람들은 이 다리를 그저 '다리'라고 불렀다.) 그러다 내 눈은, 등에 광주리를 지고, 목에는 줄을 매고 나무에 묶여 있는 남자를 그린 그림에 꽂혔다. 100년 전에 이스탄불의 옛 시장 휘세인 씨가, 빵 바구니를 짊어진 말을 나무에 묶어 놓고 자신은 커피 집에서 카드놀이를 했던 빵 행상을 죄 없는 동물을 학대한 죄로 말을 묶었던 자리에 그대로 묶어 놓았다는 것을 읽었다.

일부는 '당대의 신문'에서 가져온 자료라는 이 기이한 이야기들이 어느 정도 사실이었을까? 예를 들면 기병들이 이스탄불에서 일으킨 반란을 진정시키기 위해 교섭을 한 결과 정말로 15세기에 카라 무스타파 파샤의 머리가 잘렸고, 잘린 머리는 반란이 종식되도록 기병들에게 양도되었으며, 어쩌면 그들은 이러한 상황에서 사람들이 그러하듯 베지르\*에 대한 분노를 표명하기 위해 잘린 머리를 가지고 놀았을 수도 있다. 하지만 책에 그려진 것처럼 정말로 잘린 머리를 공 삼아 축구 경기를 한 선수들로 기병들을 비유할 수 있을까? 이 질문에 대해 많은 생각을 하기 전에 눈에 그림이 들어왔기 때문에, 이번에는 16세기 세금 징수원이자 사피예 술탄의 '뇌물 손'으로 알려진 에스테르 키라가 기병들의 반란에서 어떻게 갈가리 찢겨 죽었는지를, 그리고 그 살점이 그녀에게 뇌물을 준 사람들의 문에 어떻게 못으로 고정되었는지를 읽었고, 문에 못으로 고정되어 있는 흑백의 손을 약간은 두려워하며 보곤 했다.

이런 두렵고 기이한 세부 사항들에 대한 코추의 특별하고 진심 어린 관심은, 외국 여행가들도 끔찍이 좋아했던 또 다른 주제인 이스탄불의 고문 방법에 쏠려 있었다. 갈고리라고 하던 고문을 하기

---

\* 오스만 제국 시대의 고관으로, 오늘날의 장관.

위해 에미뇌뉘에 집행 장소를 만들었고, 전라의 죄인들을 도르래로 끌어 올린 다음 뾰족한 갈고리 위로 떨어뜨렸다는 것을 읽었다. 어떤 이맘*의 젊은 부인을 너무나 사랑한 나머지 그녀를 납치해서 머리를 짧게 잘라 소년처럼 입히고 도시를 다녔던 예니체리**가 있었다. 체포한 후 팔다리를 부러뜨린 그를 기름 먹인 천조각과 화약과 함께 곡사포의 포신에 끼워 하늘로 대포를 쏴 올렸다고 한다. '소름 끼치는 사형 형태'라고 알려진 또 다른 방법은, 전라로 십자가에 엎드려 묶인 죄인의 어깨 살을 파서 촛불을 꽂은 채 본보기로 도시에서 끌고 다니는 것이었다. 고문을 당하는 전라의 죄인을 보았을 때 내 마음속에서는 성적인 전율이 스쳐 지나갔고, 이스탄불의 과거를 이러한 소름 끼치는 죽음에 대한 느낌, 흑백의 그림자가 있는 그림들과 일련의 기이함과 관련되어 있는 것으로 보는 것이 내게 희열을 주곤 했다.

 이 장정본은, 내가 네 명의 슬프고 외로운 사람이라고 추억했던 이스탄불 작가들 중 하나인 대중 역사가 레샤트 에크렘 코추의 책이다. 처음에는 책으로 낼 계획이 없었다가 1954년에 《쥠후리예트》 신문에 포함되었던 네 장짜리 부록을 엮은 것이다.(각 부록의 마지막 페이지가 '우리 역사에서 이상하고 궁금한 것들'에 할애되었기 때문에, 내가 아주 좋아했던 이 부분을 네 페이지마다 한 번씩 볼 수 있었다.) 레샤트 에크렘 코추가 사실 이 이상한 이야기들, 기묘한 것들, 역사와 백과사전적인 지식들, 손으로 직접 그린 흑백 그림으로 된 이 특별한 조합을 국민들이 좋아하고, 읽게끔 하기 위해 이 책에서 처음 했던 것

---

 * 이슬람 사원의 예배 인도자.
 ** 술탄의 상비군, 1826년까지 정예부대로 활약했다.

은 아니었다. 첫 시도는 십 년 전에 했던, 그러니까 1944년에 나오기 시작해서 1951년에 여전히 4권 알파벳 B를 하고 있을 때 돈이 없어서 도중에 그만두었던『이스탄불 백과사전』이었다.

코추 스스로 "한 도시에 관한 세계 최초의 백과사전"이라며 자부심을 가지고 자랑했던『이스탄불 백과사전』을 도중에 그만둔 후 그는 칠 년이 지나 한 번 더 알파벳 A로 시작하여 출판하는 일에 나섰다. 이 두 번째 일을 쉰세 살에 시작한 코추는, 이 비유할 데 없는 백과사전이 다시 도중에 끝날 수도 있다는 두려움에 열다섯 권으로 끝내려는 결정을 했으며, 텍스트들도 더 '대중적'으로 만들려고 노력했다. 이제 자신을 더 많이 신뢰하고, 개인적 강박관념을 덜 부끄러워하고, 자신의 사적인 취미, 관심거리, 열정을 더 인간적이고 평범하게 보았기 때문에 주저 없이 그것들을 백과사전에 넣었다. 1958년

에 나오기 시작하여 1973년에 11권, 여전히 알파벳 G를 하고 있을 때 다시 중도하차하고 만 레샤트 에크렘 코추의 이 두 번째 『이스탄불 백과사전』은 이스탄불에 관해 쓰인 20세기 텍스트들 중 가장 이상하고 뛰어난 작품인 동시에 형태, 텍스트들의 짜임 그리고 분위기 면에서 이스탄불의 혼에 가장 적합하다.

도시와 문학에 관심이 있는 소수의 이스탄불 사람들 사이에서 일종의 '컬트'가 되어 버렸으며, 나도 아무 권이나 펼치고 되는대로 뒤져서 읽는 것을 아주 좋아했던 이 이상한 백과사전을 이해하기 위해서는 먼저 레샤트 에크렘 코추를 알아야만 한다.

레샤트 에크렘 코추는 20세기 초 슬픔으로 상처를 입고, 슬프지만 완성되지 않은 도시의 이미지를 창조한 특별한 영혼들 중 한 사람이다. 그의 삶을 특징짓고, 작품들의 숨겨진 논리를 형성하고, 인생관과 마지막 패배를 예비한 것은 모두 비애다. 하지만 비슷한 작

지식과 기이함에 관한 레샤트 에크렘 코추의 컬렉션 __215

가들에게서 볼 수 있는 것과는 반대로, 그가 이 감정을 인지하여 자신의 책과 글에 특별히 반영하거나 고려한 것은 전혀 아니다. 이러한 이유로 코추의 비애를 이해할 때 이 감정이 역사, 그의 가족, 그리고 물론 이스탄불에서 그에게 전이되었다고 하는 것이 이상하게 여겨질 수도 있다. 왜냐하면 도시가 상처를 입힌 민감한 주인공들처럼, 레샤트 에크렘 코추도 비애를 기껏해야 선천적인 기질에서 온, 자신을 형성한 어떤 것으로 보았기 때문이다. 이 내성적 감정, 삶에 대한 패배를 처음부터 받아들이는 상태는 이스탄불로부터 그에게 전이된 것이 아니며, 오히려 이스탄불이 그에게 위로가 되었다고 그는 생각했다.

 레샤트 에크렘 코추는 이스탄불의 공무원-교사 가정에서 태어났다.(1905) 그의 어머니는 파샤의 딸이었으며, 아버지는 오랫동안 기자로 일했다. 코추는 자신과 비슷한 또래의 슬픈 이스탄불 작가들과 같은 것들을 경험했다. 오스만 제국을 몰락시키고, 수십 년 동안 극복하지 못할 가난 속으로 이스탄불을 몰아넣은 전쟁과 패배와 이주자들을 보며 어린 시절을 고스란히 보냈다. 그가 어린 시절에 보았던 이스탄불 대화재, 소방사들, 길거리 싸움, 동네 생활, 술집과 마찬가지로, 이것들은 이후에 그의 책과 에세이 소재가 되었다. 나중에 다 타 버린 보스포루스 해안 저택에서 한동안 어린 시절을 보냈다고 어떤 글에서 언급하기도 했다. 레샤트 에크렘 코추가 스무 살 때 그의 아버지가 괴즈테페에 목조 저택을 샀고, 코추는 인생 대부분을 목조 저택 전통과 대가족의 해체를 목격하며 이스탄불의 이곳에서 보냈다. 이러한 가족들이 흔히 그러듯, 가난과 가족 간의 다툼 때문에 목조 저택은 팔려 버렸지만 코추는 그 주위를 떠나지 않고 아파트이긴 했지만 괴즈테페에서 계속 살았다. 코추가 과거를 향한 슬픈 영혼을 표출하며 내렸던 가장 중요한 인생의 결정은, 오스만 제국이 무너지고 터키 공화국 건설의 이념이 중심이 되어 오스만 제국의 과거와 관련된 모든 것은 억압되고, 지하로 밀려나고, 그것들에 대해 무시와 의심이 자리 잡던 시기에 이스탄불에서 역사 공부를 시작하여 졸업한 후 대학에서 존경하는 스승이었던 역사가 아흐메트 레픽의 조교로 들어갔던 일이다.

코추보다 스물다섯 살 위인 1880년 이스탄불 출신 아흐메트 레픽은 『지난 세기의 오스만 제국의 삶』이라는 시리즈를 써서 코추의 백과사전과 마찬가지로 분책(分冊)하여 출간해서 유명해진 이스탄불 최초의 현대적이며 대중적인 역사가이다. 그는 한편으론 대학에서 강의를 하고, 다른 한편으로는 당시의 '문서국'이라는 오스만 제국의 무질서한 기록 보관소의 '먼지 구덩이 속에서' 문서를 찾고, 모든 도서관을 돌아다니며 오스만 제국 연대기 작가들의 흥미롭고도 기이한 필사본을 읽었다. 그는 문학적 재능이(그는 사랑받는 시를 쓰고 작사를 한 시인이기도 했다.) 있었기 때문에, 빠르게 수집한 이 자료들로—코추처럼—신문에 곧 실릴 논설 혹은 대중 도서를 출간했다. 아흐메트 레픽은 역사와 문화를 합치시키고, 기록 보관소에서 흥미롭고 기이한 내용의 문서들을 찾아 신문과 잡지에 발표하고, 책방 여기저기를 돌아다니는 책벌레였으며, 역사를 쉽게 읽을 수 있도록 노력하고, 매일 밤 술을 마시며 대화를 나누는 등 코추에게 많은 영향을 미쳤다. 스승이 1933년에 있었던 '대학 개혁' 중에 대학에서 해고된 것은 코추에게 커다란 타격이었다. 스승 아흐메트 레픽이 한때 아타튀르크에 반대했던 자유연합당과 가깝게 지내고, 더욱이 오스만 제국사와 문화에 열정적인 애착을 보였기 때문에 '개혁'으로 인해 존경받던 자리를 잃어버리자(나의 외할아버지도 같은 시기에 법과 대학에서 해고되었다.) 코추도 실업자가 되었다.

코추를 더욱 불행하게 한 것은, 자신이 본보기로 삼았던 스승이 정부와 아타튀르크의 눈 밖에 난 후 오 년 동안 무일푼과 무관심 속에서 발버둥치고, 약을 사기 위해 책을 팔 정도의 빈곤 속에서 숨을 거두는 과정을 목격한 것이었다. 사십 년 후 코추도 역시 마찬가지였지만, 아흐메트 레픽이 썼던 아흔 권의 책은 대부분 그가 죽었던 시기에는 시중에 없었다.

아흐메트 레픽의 죽음과 살아 있을 때 작가로서 잊혀 버린 것에 관해 아주 슬프게 쓰면서 코추는 스승에 대해 진심 어린 시적인 설명을 곁들이며 자신의 어린 시절로 돌아간다. "보스포루스에 있는 우리 해안 저택 앞에 있는 선창에서 납으로 된 낚시 바늘처럼 바다로 뛰어든 후, 반짝이는 비늘의 물고기처럼 바다에서 나왔던 한가한 어린 시절에"라며 열한 살에 보스포루스의 해안 저택에서 살았던 행복한 아이였을 때 아흐메트 레픽을 처음 읽기 시작했다고 회상한다. 어린 시절과 청년 시절 내내 하나하나 불타는 것을 보았던 해안 저택과 별장에서 그가 보냈던 사라진 과거와 행복한 어린 시절 기억이, 어떻게 오스만 제국사와 이스탄불에 대한 자신의 강한 슬픔과 함께 서로 자양분이 되었는지를 이야기한다. 하지만 점차 가난해지는 나라에서 독자들의 관심이 적었다는 점, 그리고 이스탄불 이외에도 레샤트 에크렘 코추가 슬펐던 또 다른 강한 이유가 있었다. 그것은 그가 20세기 초반의 이스탄불에서 동성애자였다는 사실이었다.

레샤트 에크렘 코추의 대중소설들의 소재를 보고, 폭력과 성적

색깔이 강한 분위기를 호흡하고, 더욱이 『이스탄불 백과사전』을 되는대로 뒤적여 읽어 보면, 1950년대에 자신의 색다른 성적 열망과 취향, 그리고 강박관념을 서술했다는 점에서, 그가 자신과 비슷한 현대 이스탄불 작가들보다 더 용감하게 행동했음을 알 수 있다. 『이스탄불 백과사전』은 첫 분책에서부터 시작하여 갈수록 온갖 핑계를 대며 젊은 남자나 소년의 아름다움을 나타내는 감탄의 말들로 가득하다. 예를 들면 카누니 술탄 쉴레이만이 교육시키려고 했던 소년들 중 미르알렘 아흐메트 아아는 "플라타너스 가지처럼 두꺼운 팔을 가진 용의 모습을 한 인간이자, 싱싱한 용사"였다. 혹은 이발사 자페르는, 16세기 시인 울위 첼레비가 이스탄불의 상인들을 칭송했던 시 「세흐렌기즈」*에서 언급하는 "아름다움으로 소문이 자자한

* 디완 문학에서 한 도시와 그 도시의 아름다움과 아름다운 사람들을 설명한 작품들을 일컫는 말. 주로 2행 대구 운율시인 메스네비로 쓰였다.

젊은이"였다. 백과사전의 또 다른 항목인 '가장 아름다운 고물 장수 예팀 아흐메트'는 같은 제목의 이스탄불 민담에 나오는 "열다섯, 열여섯 살 정도의 젊고 아름다운" 주인공이다. "맨발에, 여기저기 기운 헐렁한 바지를 입고, 찢어진 셔츠 사이로 살이 보이는 젊은이였다. 그의 아름다움은 갈증을 해소하는 한 모금의 물 같고, 눈썹은 아름다운 증서인 술탄의 문장(紋章)처럼 이마에 그려져 있고, 머리카

락은 상모두루미* 같고, 다갈색 피부는 금가루를 뿌린 듯 반짝이며, 시선에는 수줍음이 묻어나고, 말투에는 아양이 배여 있고, 몸매는 송곳 같았다."라고 말하고 있다. 백과사전에 그림을 그리는 화가에게 이 상상의 주인공들이 맨발을 한 그림을 부탁해서 출판한 코추는 첫 권에 나오는 이 항목들에서, 소년들의 아름다움을 거리낌 없이 칭송한 디완 시인들처럼, 관습에 기대어 문학적 관행과 유희를 즐긴다. '예니체리 신병' 항목에서, 예니체리들 사이에 들어온 젊고, 아직 털도 나지 않은 소년들과 그들을 비호하는 "으스대는 예니체리 무뢰한들" 사이의 관계를 입에 침이 마르도록 찬미한다. '지완'**

---

\* 학과의 새로 물가에서 살며, 몸통은 은빛이 나고, 머리와 목은 검은 커다란 새.
\*\* '잘생긴 젊은 남자'라는 의미.

항목에서는 "디완 문학에서 묘사되는 아름다움은 잘생긴 젊은 남자의 아름다움"이라고 설명한 후 "항상 젊고, 싱싱한 청년"이라는 의미라고 썼던 이 단어의 역사적 어원에 대해 신나게 써 내려간다. 앞 권들에서 역사적, 문학적, 문화적 지식들 사이에 노련하게 스며든 이 조심스런 표현은 이후에는 다양한 핑계로 젊고 아름다운 소년들과 그들의 발에 대해 이야기할 때 자연스럽고 자유롭게 언급된다. 선원인 도브릴로비치의 이름으로 시작되는 이 항목에서 "아주 잘생긴" 이 크로아티아 청년이 선박 쉬르케티 하이리예의 선원이며, 1864년 12월 18일에 그가 일하던 배가 카바타쉬 부두에 접근하다가 그의 발이 배와 부두 사이에 끼었고(이스탄불 전체가 공유했던 깊은 공포 중 하나) 장화와 함께 발이 잘려 나가 바다로 떨어졌으며, 그 순간 크로아티아 청년은 "내 장화가 떨어졌어요."라고 했다고 쓰여 있다. 이게 전부다. 앞 권들에서 아름다운 청년들과 소년들, 맨발의 아름다운 소년들에 대해 언급하기 위해 코추는 오스만 제국 역사, 세흐렌기즈, 유명한 서사시, 아무도 들르지 않는 도서관에 있는 잊힌 필사본, 디완, 오스만 제국과 이스탄불 문화에 관한 이상한 책, 점술서, 축제의 서 그리고 아주 지대한 관심을 가졌던 19세기 신문들을 (그가 잘생긴 크로아티아 선원을 발견했던 곳) 훑어보았다.

코추는 나이가 들수록 백과사전이 십오 권으로 완성되지 않고 절대 끝나지도 않을 것임을 슬픔과 분노에 차 깨닫게 되었고, 강박관념에 충실하기 위해 글로 된 자료들을 찾을 필요도 느끼지 않게 되었다. 이스탄불의 거리, 술집, 찻집, 야외 찻집, 다리에서 여러 방식으로 알게 된 각양각색의 젊은이, 아이, 그리고 관심을 가졌던 신문 파는 아이들, 명절에 터키 항공 기금 배지를 파는 학생들 중에서 잘

생기고 깔끔한 아이들을 이제는 각기 다른 변명을 대고 백과사전의 표제어로 다루기 시작했다. 예를 들어 백과사전이 발간된 지 십 주년 되는 해, 즉 코추가 예순세 살 때 나오기 시작한 9권의 4767쪽에서는 '1955년~1956년 사이에 만난 14세~15세의 노련한 소년 곡예사'를 항목으로 썼다. 코추는 그 소년에 대해 그가 삶의 대부분을 보낸 괴즈테페에서 어느 날 밤 관람했던 '안드'라는 여름 극장 무대를 들어 설명한다. "그 아이는 하얀 신발, 하얀 바지, 가슴에 달과 별이 그려져 있는 하얀 러닝을 입고, 매우 짧은 하얀 반바지만 입은 채 무대에 나와 묘기를 하면서 깨끗하고 사랑스러운 얼굴, 얌전하고 예의 바르고 교양 있는 태도로 서양과 같은 수준이라는 것을 증명해 보이고 있었다." 뒤를 이은 글에서는 백과사전 작가가, 묘기를 끝낸 후 아이가 손에 접시를 들고 모금을 다녔기 때문에 슬퍼했지만, 그 아이가 환호를 받았으면서도 돈은 걷히지 않은 데에 실망하지 않았으며, 집요하거나 졸라 대는 타입이 아니라는 것을 알자 행복해졌다는 것을 알 수 있다. 어떤 관람객들에게 명함을 건넨 열네 살짜리 이 소년 곡예사와 쉰한 살의 작가의 만남, 그리고 이 만남 이후 작가가 아이에게 그리고 그 아이의 가족에게 편지를 썼음에도 극장에서의 첫 만남과 백과사전 항목을 쓸 때까지 십이 년 동안 이 이와 연락이 단절되었고, 불행하게도 그가 쓴 편지에 답장을 보내오지 않아, 최근에는 그 아이가 무엇을 하는지 백과사전에 쓸 수 없다는 것을 코추는 슬프게 설명했다.

 코추의 작품을 여전히 분책 형태로 계속 사던 1960년대의 인내심과 관심 많던 독자들도 이제는 『이스탄불 백과사전』을 이스탄불에 관한 모든 지식들을 질서 있게 나열한 거대한 자료라기보다는, 도시에 대한 흥미롭고, 신나고, 기묘하고, 이색적인 이야기들과 시사적인 사건들을 설명하는 잡지처럼 읽었다. 당시 이스탄불의 몇몇 가정에서 이 분책들을 주간잡지들과 함께 놓아 두던 것을 기억한다. 코추의 책은 신문 판매소에서 잡지처럼 팔리는 작품보다는 유명하지 않았다. 이스탄불과 이 도시에 관한 모든 종류의 지식에 슬픔으로 집착하는 외로운 현대 도시 사람들의 강박관념, 열정, 슬픔, 바람을 쓴 글로 인정받기란 1960년의 이스탄불에서는 불가능했다. 처음 출간된 책과 두 번째 출간된 책의 앞부분을 읽고 이스탄불에 대한 사랑을 공유했던 작가와 교수, 그리고 서구화와 화재와 폐허로 도시가 사라지는 것에 민감했던 그 세대 작가들의 지원을 받은 '학문적'이며 '진지한' 참고 자료인 『이스탄불 백과사전』의 마지막 권들을 뒤적일 때마다, 작가진들이 갈수록 적어지고, 코추 자신의 강박관념과 관심사에 더 많은 지면이 할애되었기 때문에, 나는 도시의 과거와

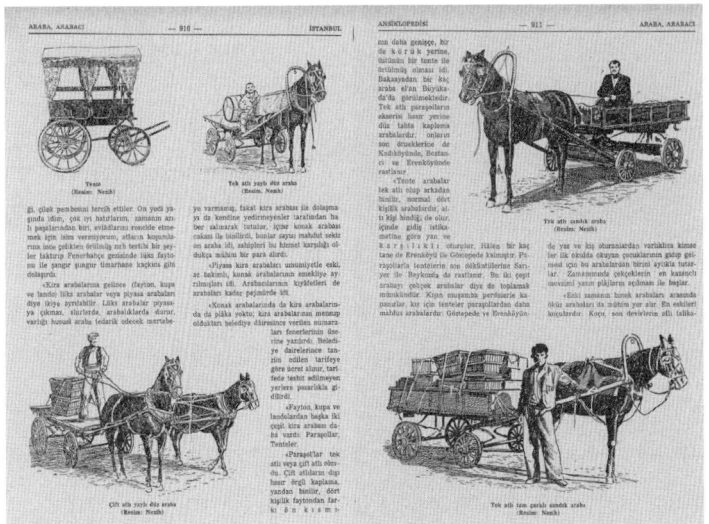

지식과 기이함에 관한 레샤트 에크렘 코추의 컬렉션 __ 223

현재에 정처 없이 나들이를 나선 상상의 여행객이 맛보는 즐거움을 느끼곤 했다.

코추가 전 생애를 바친 이 거대한 노력의 바탕에 깔린 과거에 대한 사랑과 슬픔을 나도 가끔 느낀다. 나는 이것이 오스만 제국의 몰락, 이스탄불의 쇠퇴 같은 역사적인 이유보다는 코추가 해안 저택과 별장에서 보냈던 어두운 어린 시절 때문은 아니었을까 생각한다. 우리의 이 백과사전 작가를, 과거 개인적인 정신적 외상 때문에 사랑과 인간관계를 모두 포기하고 본능적으로 무엇인가를 모아 보관하다가, 이 일에 전 생애를 바친 슬픈, 진정한 수집가들에 비유할 수 있을 것이다. 하지만 코추는 물건에 집착하는 고전적인 수집가들처럼 물건이 아니라 이스탄불과 관련된 기이한 지식을 모았다. 마음에서 우러나는 깊은 충동으로 행동했던 그는 자신의 수집이 박물관으로 귀착되리라고는 처음에는 전혀 생각지 않는 서양인 수집가들처럼, 그도 이후에 출간할 백과사전 때문이 아니라 오로지 마음속에서 우러나는 대로 도시와 관련된 온갖 이상한 재료, 세부적인 것, 사적인 기억들을 수집했던 것이다.

그는 자신의 수집이 끝이 없을 것임을 느낀 후, 마치 박물관을 꿈꾸는 수집가처럼, 이 모든 이상한 지식으로 '이스탄불 백과사전'을 만들 수 있을 거라는 기발한 생각을 하고, 그 순간부터 지식 수집이 물건 수집과 같을 수 있음을 느꼈을 것이다. 비잔틴 및 오스만 제국 예술사 교수였던 세마위 에이제는 1944년부터 코추와 알고 지냈으며, 백과사전 출간 초기부터 그에게 많은 항목 내용을 써 주었을 뿐 아니라 코추가 사망한 후 그에 대해서도 글을 썼다. 코추의 거대한 서재, 그가 오랜 세월 호주머니에 넣고 다니던 '항목들', 신문 스크

랩, 사진과 그림, 19세기 이스탄불 신문들을 몇 년 동안 끈질기게 읽으면서 써 둔 메모들로 가득 찬(현재는 소실되었다.) 공책들과 서류들에 대해 언급했다. 세마위 에이제는 또한 나와 만났을 때 코추가 과거에 일어난 크고, 이상하고, 신비스런 이스탄불의 살인 사건들에 대해서도 상당한 자료를 수집했다고 말해 주었다.

  삶을 마감할 즈음 슬프게도 백과사전이 완성되지 못할 것임을 확신했던 코추는 분노하는 동시에 심술이 나서 친구 세마위 에이제에게 그 모든 축적된 지식, 이스탄불과 관련된 그 모든 자료, 평생을 바쳤던 수집품들을 정원에서 불태워 버릴 거라고 말했다. 한때 소더비에서도 일한 적이 있는 소설가 브루스 채트윈*의 작품 속에 등장하는, 문득 화가 나서 자신의 수집품을 모두 박살 내 버린 도자기 수집가 우츠를 떠올리게 하는 이 '진정한 수집가의 분노'에 코추가 휩싸일 필요도 없이, 『이스탄불 백과사전』은 그렇지 않아도 집필이 늦어지고 있던 터에 결국 1973년에 분책 출간이 정지되었다. 코추는 이 년 전에 강박관념 때문에 장황하고 필요 없는 항목들로 백과사전을 채웠다는 이유로 자신을 비판한 부유한 동업자와 심술을 내며 다투었던 것이다. 이렇게 해서 바브알리에 있는 사무실이 폐쇄되자 자신의 모든 수집품, 초고, 신문 스크랩, 사진을 자신이 살던 괴즈테페에 있는 아파트로 옮겼다. 슬픈 과거가 있으며, 자신이 모은 것들을 절대 박물관에 넘기지 않는다는 강박관념을 지닌 다른 모든 이스탄불의 수집가들처럼, 코추도 삶의 마지막 시기에 수집품들로 (그러니까 종이와 사진 더미) 꽉꽉 채운 아파트에서 혼자 살기 시작했

---

* 1940~1989. 영국의 소설가.

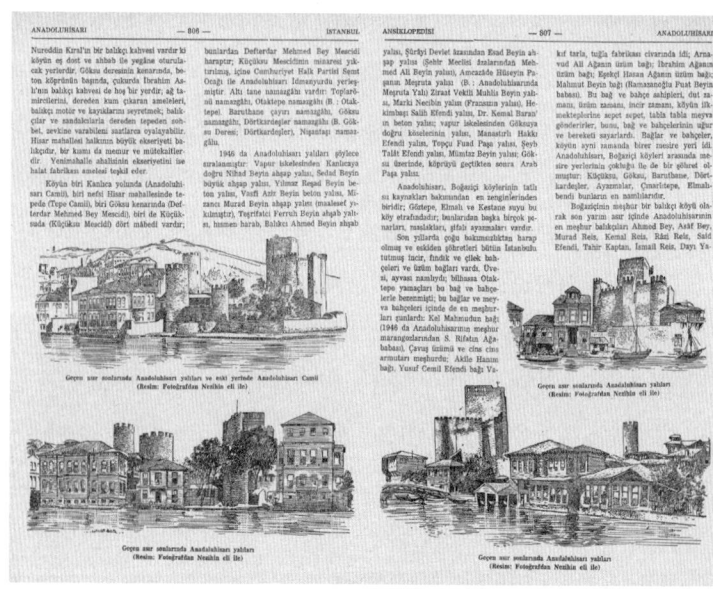

다. 아버지가 지은 목조 저택은 누나가 죽은 후 팔렸지만 코추는 자신이 살던 마을에서 떠나지 않았다. 이제 코추가 가까이 지낸 유일한 사람은, 백과사전에 항목으로 넣었던 이스탄불 거리의 아이들처럼 우연히 알게 되어 데리고 와서는 양자로 삼고, 출판사를 세운 후 그 자리에 앉혔던 메흐메트라는 고아였다.

물론 삼십 년 동안 『이스탄불 백과사전』을 위해 저작료도 받지 않고(대부분 세마위 에이제처럼) 글을 쓴 역사가, 작가, 문학가 등 마흔 명 정도의 '친구'가 있었다. 공통적으로 이스탄불에 대한 애정이 있었던 이 작가들 중 19세기 이스탄불의 마을, 인물, 저택 그리고 난봉꾼 파샤에 대해 회고와 풍자소설을 쓴 세르메트 무흐타르 아루스, 이스탄불에 대한 상세한 역사와 1934년에 유명한 도시 안내서를 출간하고 자신의 책들을 기증하여 이스탄불 시 도서관을 세운 오스만 누리 에르긴 같은 구세대 작가들은 백과사전이 첫 번째로 나오던 시기에 죽었다. 신세대 작가들은, 에이제의 표현에 의하면 "그의 변덕 때문에" 코추에게서 멀어졌고, 이러한 이유로 백과사전을 출간하기 위해 꼭 필요했던 대화가 끝난 후 함께 술집으로 몰려가는 인원들은 갈수록 줄어들었다. 사람들뿐만 아니라 물건에 대해서도 강박적으로 애착을 갖는 사람들의 어린 시절을 분석한 멜라니 클라인* 같은 심리학자가 설명하는 '외로운 수집가의 심술'이 코추에게 있었던 것이다.

이들은 대개(1950년~1970년 사이) 저녁마다 백과사전 준비 사무실에서 만나, 오랫동안 대화를 나눈 후 모두 함께 시르케지에 있는 술집으로 갔다. 여성은 한 명도 끼지 못했다. 마치 이스탄불의 디완 시인들처럼 극도로 남성 중심적인 세계에서 살았던 당시의 이 유명한 작가들은 디완 문학, 대화의 전통 그리고 오스만 시대의 특별한 남성 문화의 마지막 대표들이었다. 여성들에 대해서는 전설의 괴물 같은 고정관념적인 이미지 언어로 언급하며, 사랑과 글의 재료로서만 관심을 갖고, 여성의 성을 기이함, 죄, 더러움, 술수, 배반, 무시, 약점, 죄책감, 두려움과 연관시켰던 이 전통적인 남성 문화는 백과사전의 모든 페이지에서 느낄 수 있다. 삼십 년 동안 한두 가지 예외를 제외하고는 『이스탄불 백과사전』에 그 어떤 여성 항목도 쓰지 않았다. 새 항목들이 무엇이 될지, 누가 쏠지에 대해서는 코추도 그랬지만, 집필진들이 서점과 사무실에서 만날 때 혹은 이후 남자들끼리 함께 갔던 술집의 손님들도 그 결정에 참여했기 때문이다. 이후

---

\* 1882~1960. 오스트리아의 정신분석가.

매일 밤 진행되었던 이 술집 대화는 항목 집필에서 출간까지 떼려야 뗄 수 없는 백과사전의 일부가 되었기 때문에, 코추는 자신이 쓴 '상습적인 밤 음주' 항목에서, 문학가들이 자신에게 영향을 미친 작가들을 열거할 때처럼 흥분해서, 자신처럼 매일 밤 술집에 가지 않고는 못 배기는 오스만 시대의 시인들을 언급했다. 어떤 구실을 대며 아름다운 소년으로 주제를 이끌고 가서는 술집에서 손님들에게 포도주 시중을 드는—술을 나르는 일—아이들의 의상, 아름다운 외모, 공손함과 우아함에 대해 즐거이 펜을 놀리고, 코추가 가장 커다란 존경심을 표현했던 진짜 습관적으로 밤에 술을 마시던 작가는 '편지 칼럼 작가들'을 언급할 때 다루었던 아흐메트 라심이었다.

능변이나 과장과는 먼, 이스탄불에 대한 진정한 사랑, 도시의 거리로 나가 짧은 시간 동안 보고 들은 것들로 아주 생생한 그림과 장면과 이야기로 표현할 수 있는 재능, 추억을 자신의 비밀스런 이야기가 아니라 도시의 과거로 남은 기이함인 듯 쓸 수 있는 능력, 계속 변하는 도시의 습관, 관습, 전통, 유행, 감동을 기억하고 분류하는 아흐메트 라심의 습관은, 평생 위업을 따랐던 스승 아흐메트 레픽만큼이나 코추에게 영향을 미쳤다.

아흐메트 라심이 옛 이스탄불이 배경이 된 사랑, 난봉, 호색 이야기들을 술수와 악의 느낌을 주는 동시에 에로티시즘과 낭만주의 분위기로 서술한 것은, 항목의 대부분을 자신이 집필했던 『이스탄불 백과사전』뿐만이 아니라, 마치 아흐메트 라심처럼 신문에 연재하기 위해 썼던 '자료에 의거한' 많은 글에서도 코추에게 영향을 미쳤다.(이 영향이 가장 확연하게 드러나는 글은 「사랑을 찾을 때 이스탄불에서는 무슨 일이 일어났나?」, 「옛 이스탄불의 술집, 술집 남자 댄서, 남성여성」이다.) 코추는 백과사전을 출간할 때, 1960년대 터키의 느슨했던 저작법을 이용하여 기회가 있을 때마다 아흐메트 라심의 글을 인용하면서도, 신문에서 자르거나 복사해서 가방, 서류철, 봉투에 보관했던 글들을 세월이 지난 후―손가락질할 수 없는 수집가의 착각으로―어쩌면 자신의 것이라고 생각하게 되었기 때문에 불편한 마음조차 갖지 않았다.

 이 둘의 생년 간의 사십 년 동안(1865년과 1905년) 도시 최초의 신문이 발행된 것, 본격적인 서구화 움직임, 정치적 압력으로 지난 압둘하미트 시기, 대학들의 개설, 청년 튀르크*들의 정치적 반대 운동과 출판물들, 서구 문학 지향, 첫 터키 소설들, 대이주, 화재 따위를 모두 겪은 이스탄불의 가장 유명한 이 두 기이한 작가 아흐메트 라심과 레샤트 에크렘 코추를 구별하는 것은 근본적으로 서양에서 배운 집필 철학에 보였던 이들의 반응이었다. 젊은 시절 서양 문학의 영향을 받아 소설과 시를 썼던 아흐메트 라심은 때이른 실패를 맛보고 서양의 과도한 영향을 '모방주의'나 속물근성, 무슬림의 마을에서 달팽이를 파는 것**으로 보기 시작했다. 또한 독창성이나 불멸성, 예술가 숭배 같은 것들도 지나치게 서양적이며 '생소'하다고 여기면서 좀 더 겸손한 수도승과 같은 집필 철학을 받아들였다. 신문에는 밥값을 벌기 위해, 이스탄불의 끝없는 생동감에서 힘을 얻어 마음에서 우러나는 대로, 별로 힘들이지 않고, 그 어떤 '지속성'이나 '예술적' 고민으로 자신을 괴롭히지도 않고 쉽게 쓴 글을 실었다. 하

---

* 오스만 제국 조정의 폭정에 반대하여 1880년대 말부터 생겨난 불만 세력.
** 무슬림은 달팽이를 먹지 않는다. 즉 부적절한 곳에서 부적절한 행위를 한다는 의미.

지만 코추는 서양의 글 스타일, 분류 방법, 학문성 그리고 문학에서의 '위대성'이라는 생각을 도저히 떨쳐 버릴 수 없었다. 그는 자신이 좋아하는 주제, 기이한 것, 강박관념, 눈에 띄지 않는 기묘한 것에 대한 집착과 머릿속에 있는 서양 그리고 '서양적인' 사고를 조화시키는 데 어려움을 겪었다. 이는 그가 이스탄불에서 살았기 때문에 서양 문학의 낭만적이며, 소외되고, 왜곡된 작품들을 충분히 알지 못했던 탓이다. 하지만 알았다 하더라도 여전히 자신이 살고 있으며 오스만 제국의 흔적을 안고 있는 그 문화의 작가나 교사, 출판인으로부터 기대했던 것은 자신의 텍스트를 소외되거나 왜곡된 지하의 장소가 아니라 사회의 중심부, 권력, 문화의 진원과 교훈적인 대화를 하도록 하고 그 중심부에 호소하도록 하는 것이었다. 코추도 먼저 대학의 교수가 되고, 나중에 해고되면 백과사전을 출판하려고 했다. 지식을 지배하고, 분류하고, 권력의 중심부로 사용하는 이 기관이 자신에게 또 다른 이익이 될 거라고 생각했다. 그의 우선적인 바람은 그의 마음속에서 자연스레 우러나는 '기이함'들을 정당화하여 권위와 '학문'의 후광으로 보호하는 것이었다.

하지만 도시와 아름다운 소년에 사랑을 느끼던 오스만 제국 시대의 작가는 이러한 기이함을 이렇게까지 방어할 필요는 없었다. 17, 18세기에 많이 사용되었던 문학 형태인 세흐렌기즈에서, 오스만 제국 시대 작가들은 한편으로는 코추처럼 한 도시의 특징을 열거하고 그 아름다움들을 칭송하면서, 다른 한편으로는 그 도시에서 사랑받는 아름다운 소년들에 대해서도 지면을 할애했다. 게다가 이렇게 아름다운 소년들에게 할애한 시행들을 부끄러워하면서도 도시의 기념물과 특징 사이로 숨기지는 않았다. 코추가 자신의 백과사전에 많이 인용했던 세흐렌기즈는, 한 도시의 유명한 아름다운 소년들을 반은 농담 반은 진지한 목소리로 칭송하기 위해, 코추의 표현을 빌리자면 "겸손한 성향의 시인들"이 발전시킨 문학 형태였다. 당시 터키 정부의 '요약'과 은근히 검열한 것에 신경 쓰지 않고 에블리야 첼레비\*의 『여행기』를 대강 보아도, 가장 고전적인 이 오스만 제국 시대 작가조차, 그 어떤 도시를 묘사하고, 집과 사원, 날씨, 물, 기이한 이야기에 대해 언급할 때 매번 그 도시에서 사랑받는 아름다운 소년들도 빠트리지 않았음을 볼 수 있다. 현대화와 서구화 추진이 가져온 중심부화, 단일 모델화, 규율과 통제 정책이 이스탄불 작가들이 자신들의 기이함, 강박관념, "중산층 가정의 도덕이 받아들일 수 없는 성적 취향"을 표현하는 방법들을 막았다는 것을 레샤트 에크렘 코추는 알았기 때문에 이에 대한 도피처로 이스탄불 백과사전을 출간하려고 했던 것이다.

내게 진심 어린 존경을 불러일으키는 이런 용기의 뒤에는 물론 어떤 문화와 문명의 산물인 백과사전에 대해 아주 순진하고 어린아이 같은 생각이 있다. 『이스탄불 백과사전』의 첫 번째 발간이 중도 하차된 후 출간된 『오스만 가지에서 아타튀르크까지』에서 코추는 15세기에 아랍어에서 터키어로 번역된 카즈빈리 제케리야의 『경이로운 피조물들』이라는 책이 '일종의 백과사전'이라고 썼다. 오스만 제국 사람들이 민족주의의 충동으로 서양의 영향을 받기 전에, 한때 백과사전과 비슷한 형태를 발견해 사용했다는 것을 증명하는 노력일 뿐만 아니라, 백과사전을 온갖 지식이 나열된 알파벳 순서로 된

---

\* 1611~1698. 오스만 제국 당시의 유명한 여행가. 당시 유럽을 포함한 오스만 제국 영토를 여행한 후 열 권으로 된 『여행기』를 집필했다.

선집으로 여겼음을 의미한다. 지식들 혹은 '이야기들' 사이에 질서와 중요성 관계 그리고 문명의 본질 혹은 작용을 지적하는 논리적인 계급 조직이 있어야 하며, 이러한 이유로 백과사전에서 어떤 항목들은 짧고, 어떤 항목들은 길어야 하며, 같은 논리로 어떤 항목들은 없어도 무방하며, 이러한 이유로 자신이 역사에 봉사하는 것이 아니라 역사가 자신에게 봉사해야 한다고 코추는 생각한 것 같다. 이러한 면에서 니체가 『삶에 있어 역사의 유용성과 해악』에서 설명했던 대로, 코추는 과거의 세부 사실에 집착하느라, 자기가 속한 도시의 역사를 자신의 정체성의 역사로 바꾼 '무력한' 역사가에 비유할 수 있다.

    이런 무력함의 다른 원인은—마치 자신이 수집한 것들을 시장의 가치가 아니라 자신의 감정으로 평가하는 수집가들이 그러하듯—코추가 수년 동안 삶, 신문, 도서관, 오스만 시대 자료들에서 찾아낸 이야기들에 감상적으로 애착을 가졌다는 데 있다. 하지만 행복한 수집가는(대개 '서양' 남자) 아주 사적인 이유로 시작했든 체계적인 계획으로 시작했든 전 생애를 바친 수집품들을—마치 백과사전처럼—모두 분류하고, 서로 관련을 맺게 하고, 논리적 시스템으로 의미를 부여하는 어떤 질서로 전시해 낼 수 있다. 이러한 기관을 박물관이라고 한다. 코추가 살았던 시기에 이스탄불에는 개인 수집품에 의거한 박물관은 단 한 곳도 없었다.(아직도 없는 것 같다.) 수백 년의 세월을 소장한 거대한 박물관, 그리고 이와 비슷한 축적물들을 모으는 백과사전을 지식과 물건을 수집하고 분류하고 전시하는 논리로 본다면, 코추의 『이스탄불 백과사전』은 박물관이 아니라, 최초의 박물관 뒤에 있는 '기이한 것들의 서랍'에 비유해야 할 것이다. 『이스탄불 백과사전』을 넘겨 보는 것은 특히 16세기와 18세기 사이 유럽 왕자들과 예술가들 사이에서 유행했던 기이한 것들의 서랍에 진열돼 있는 조개껍질, 기이한 동물 뼈, 광물 견본을 오늘날의 눈으로 보는 것과 같다. 경탄과 함께 미소를 지으며.

『이스탄불 백과사전』은 책을 좋아하는 우리 세대의 사람들 사이에서 바로 이러한 미소로 사랑받았다. 이 미소에는 코추보다는 '서양적'이며, '현대적'인 것을 자랑 삼고, 그보다 반세기 젊은 세대가 그의 이 기이한 작품을 '백과사전'이라고 했던 것을 경멸하는 의미가 물론 포함되어 있다. 또한 서양 문명이 수백 년 동안 발전시킨 어떤 개념을 단번에 소유하고자 했던 순진한 낙관주의를 동정하며

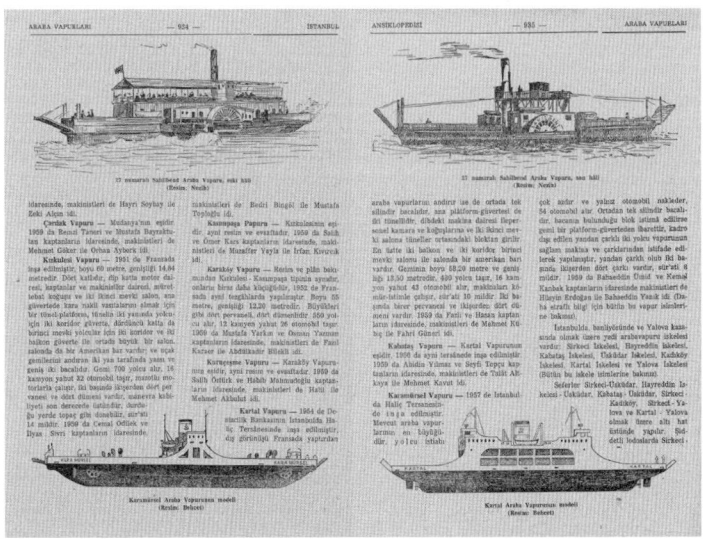

이해하는 마음도 있다. 하지만 이면에는 현대와 오스만 제국 문명 사이에 나누어진 이스탄불이 그 어떤 분류나 질서로도 구분되지 않

는 기이함, 혼란, 무질서 그리고 기이한 것과 맞아 떨어지는 책을 하나 가졌다는 행복감도 있다. 게다가 서점가에서는 절대 찾을 수 없는 열한 권짜리!

나는 때로 이 열한 권 모두를 읽어야만 하는 사람과 만난다. 이스탄불의 허물어진 테케를 연구하는 예술사 연구자 혹은 아무도 모르는 이스탄불 목욕탕에 대해 연구하는 사람. 그때 우리는 똑같은 슬픈 미소를 잃지 않고, 『이스탄불 백과사전』에 관해 언급하고 싶은 본능적인 충동을 느낀다. 나는 옛 이스탄불 목욕탕 남탕 문 앞에 목욕하는 사람들의 구멍 난 신발이나 물건을 수선하는 고물장수가 있었다는 것에 대해 연구자 친구가 읽었는지 물어본다. 그러면 나의 친구는, 이스탄불에서 나는 자두 중에 어떤 것을 왜 분묘 자두라고 하는지를 같은 권에 있는 '에윕술탄 분묘 자두' 항목을 예를 들며 나에게 묻는다. 그러면 나는 바흐리엘리 페르하드는 누구인가라고 테이블 위에 있는 책을 뒤적이며 묻는다.(답 : 1958년 어느 여름 날 배에서 바다로 떨어진 열일곱 살의 젊은이를 바다에 뛰어들어 구한 용감한 해군.) 우리는 특히 마지막 권에 있는 판에 박힌 표현을 기억하며 한동안 미소를 지었다. "항목을 쓸 때 거리의 마지막 상태를 눈으로 확인하지는 못했다." 우리의 대화는 1961년에 베이올루의 폭력배인 아르나부드 자페르가 냉혹한 경쟁자의 경호원을 어떻게 죽였는지에 관해('돌랍데레 살인' 항목) 혹은 이스탄불에 사는 룸, 유태인, 아르메니아 소수인종들이 좋아하는 도미노 게임에 관심 많은 사람들이 모이곤 했던 '도미노 하는 사람들의 찻집' 항목에 대해 이야기했다. 이 지점에서 대화가, 예를 들어 나의 어린 시절에 우리 아파트에서도 도미노 게임을 했고, 니샨타쉬와 베이올루의 장난감 가게, 담뱃가게, 문방구에서 옛날에는 도미노 세트를 팔았다는 쪽으로 흘러가면 추억과 과거에 대한 그리움이 피어올랐다. 혹은 '다섯 소녀의 포주 노릇을 하면서 방방곡곡을 돌아다니고, 아나톨리아에서 온 상인들이 그 포주와 그의 소녀들을 아주 잘 아는' 미용 할례를 한 남자에 관한 '팬티 남자' 항목에 대해, 혹은 19세기 중반 서양 관광객들이 선호했던 베이올루에 있는 임페리얼 호텔 혹은 '상점' 항목에서 장황하게 설명되는 것처럼 이스탄불에 있는 상점의 이름들이 어떻게 어떤 논리로 바뀌었는지에 대해 언급했다.

대화가 이 지점에 이르면 우리의 주제가 『이스탄불 백과사전』임에도 불구하고 열정과 사랑이 레샤트 에크렘 코추를 향하고 있다는 것을 우리의 미소로 알게 된다. 하지만 잠시 후 슬픔이 갈수록 짙어지면 진짜 주제가 다른 것일 수도 있다는 느낌이 든다. 진짜 주제는 이스탄불의 혼돈을 서양의 '학문적' 분류와 설명 방법으로 이해하려던 그의 노력이 실패했다는 것이다. 서양 도시들과는 다른 이스탄불의 차별성, 혼란, 무질서, 더 많은 기이함, 익숙해진 분류에 저항하는 무질서가 물론 그 원인이다. 하지만 이 '기이함', 유일무이함, 차별성에 관한 우리의 불평은 얼마 지나지 않아 이것이 불평이 아니라 자랑이며, 실은 코추의 백과사전을 사랑하는 사람들이 좋아하는 일종의 이스탄불 민족주의라는 것을 느끼게 해 준다.

이스탄불의 기이함을 칭송하는 기이함에 빠지지 않기 위해 코추의 백과사전이 중도하차한 것, 그리고 '실패'한 이유를 우리의 슬픈 작가가 서양적인 의미와 분류 방법을 충분히 터득하지 못했고, 충분히 서양인이 되지 못했기 때문이라고 생각해도 실은 이러한 똑같은 이유로, 바로 그의 '실패' 때문에 우리가 그를 사랑한다는 것을 떠올

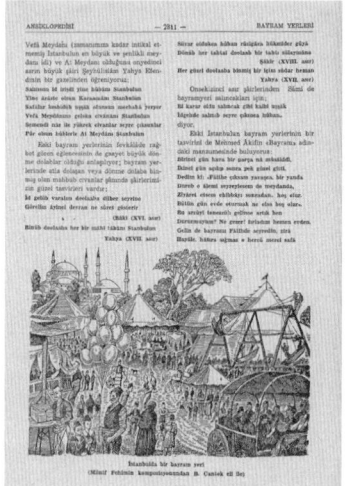

려 본다. 『이스탄불 백과사전』이―혹은 네 명의 슬픈 작가의 작품이―완성되지 못하고 실패로 남은 것은 이 작가들이 끝내 서양인이 되지 못했기 때문이다. 하지만 그들은 도시 자체와 풍경을 다른 눈으로 인식할 정도로 전통적 정체성에서 벗어났고, 결국은 서양과 동양 사이에 남았지만 서양인이 되기 위해 돌아올 수 없는 여행을 용감하게 떠났다. 코추와 다른 세 슬픈 작가의 작품들 중 가장 '아름답고' 심오한 장면들은 고독을 그 대가로 치르고, 고유성을 상으로 받았던 이 두 세계 사이에 놓여 있다.

코추 사망 이후, 1970년대 중반에 카팔르차르쉬*에 갈 때마다 들렀던 베야즈트 사원 바로 옆에 있는 고서점가에서 『이스탄불 백과사전』의 제본되지 않은 분책들, 코추가 생의 막바지에 자비로 출간한 책들이 바래고 해져서, 습기 찬 싸고 오래된 책들과 함께 꽂혀

---

\* 이스탄불에 있는 큰 시장으로 '그랜드 바자르'라고도 한다.

있는 것을 보곤 했다. 알고 지내는 서점 주인들은, 내가 할머니의 서재에서 찾아 읽기 시작했던 이 책들을 무게를 달아 폐지 가격에 팔았음에도 아무도 사려고 나서는 사람이 없었다고 말하곤 했다.

# 19장
# 정복인가 몰락인가 : 콘스탄티노플의 터키화

이스탄불 출신의 터키인들이 대부분 그렇지만, 나는 어린 시절에 비잔틴에 거의 관심이 없었다. 어렸을 때는 비잔틴이라고 하면 그리스 정교회 목사들의 무서운 옷과 수염, 도시 안에 흩어져 있는 비잔틴 수도교, 붉은 벽돌로 된 옛 교회들과 아야소피아*가 떠올랐다. 이것들은 어차피 알 필요도 없을 정도로 아주 먼 옛날의 자취였다. 비잔틴을 정복하여 없애 버린 오스만인들조차 내게는 아주 먼 옛날 사람들처럼 느껴졌다. 우리는 그들 다음에 이스탄불에 온 '새 문명'의 첫 세대였다. 레샤트 에크렘 코추가 그 기이함들을 설명했던 오스만인들은 최소한 우리와 이름이 비슷했다. 비잔틴인들은 정복된 동시에 사라졌다. 그들의 손자들의 손자들의 손자들은 베이올루에서 잡화상, 신발 가게, 제과점을 하고 있었다. 내 어린 시절의 즐거움들 중 하나는 어머니와 베이올루로 쇼핑을 나가는 것, 그리스 사람들이 경영하는 상점에 출입하는 것이었다. 어떤 포목점에는 아버지-어머니-딸, 일가족이 모두 일하고 있었다. 어머니가 커

---

* 대표적인 초기 비잔틴 건축물. 기독교 교회로 지어졌다가 오스만 제국 점령 후에 이슬람 사원으로 바뀌었다.

투용 처음 사거나 베개 커버로 쓸 벨벳을 고르기 위해 이곳에 가면 그 가족들이 자기들끼리 빠르게 그리스어로 말하는 것이 들렸다. 나중에 집에 와서 계산대에 있던 딸과 아버지의 활발한 몸짓을 흉내 내곤 했다. 나의 흉내에 대한 사람들의 관심, 그들에 대해 언급하는 신문의 태도, 가끔 "터키어로 말해!"라며 룸들을 질책하는 모습

은 도시의 가난한 사람들이나 무허가 집에서 사는 사람들처럼 룸들도 '존경받는' 사람들이 아니라는 것을 느끼게 해 주었다. 나는 파티흐 술탄 메흐메트가 이스탄불을 정복하고 그들의 손에서 도시를 빼앗은 것이 여기에 한몫했다고 생각했다. 때로 '거대한 기적'이라고 불리는 이스탄불 정복 500주년 기념행사가, 내가 태어난 일 년 뒤인 1953년에 거행되었다. 하지만 나는 이를 축하하기 위해 발행된 우표 시리즈 이외에 그 어떤 것에도 관심이 없었다. 이 기념우표에서는 육지에서 배를 끌고 가는 모습, 벨리니\*가 그린 파티흐 술탄 메흐메트의 초상화 혹은 루멜리히사르\*\*처럼 정복과 관련된 모든 신성한 상상들이 줄지어 행진하고 있었다.

우리는 어떤 사건들을 어떻게 명명하는지를 보고 우리가 세계의 어디에 있는지, 동양에 있는지, 서양에 있는지 가늠할 수 있다. 1453년 5월 29일에 일어난 사건은, 서양인들에게는 콘스탄티노플의 '몰락'이며, 동양인들에게는 이스탄불의 '정복'이다. 간단히 말하면 '몰락' 혹은 '정복'이다. 많은 세월이 흐른 후, 뉴욕의 콜롬비아 대학에서 공부하던 내 아내가 과제물에 '정복'이라는 단어를 썼는데, 미국인 교수에게 민족주의자로 비난을 받았다. 터키에서 고등학교를 다녔기 때문에 터키 민족 교육이 가르쳐 준 대로 이 단어로 사건을 표현했지만, 어머니 쪽이 러시아계인 아내의 마음은 얼마간 그리스 정교인들 편이었다. 어쩌면 사건을 정복이나 몰락으로 보지 않았을지도 모른다. 하지만 아내는 기독교인이나 무슬림 이외에는 다른 선택의

---

\* 1430(?)~1516(?). 이탈리아의 화가.
\*\* 오스만 투르크의 술탄인 메흐메트 2세가 보스포루스 해협을 통제하기 위해 해협의 가장 좁은 유럽 쪽 해안에 1452년에 건설한 요새.

여지가 없는 불행한 전쟁포로처럼 두 세계 사이에 남겨졌던 것이다.

20세기 초의 서구주의와 터키 민족주의는 이스탄불 사람들이 이 사건을 '정복'으로 축하하도록 고무했다. 지난 세기 초에 이스탄불 인구의 절반은 무슬림이 아니었고, 비무슬림 인구는 대부분 비잔틴의 연장인 룸들이었다. 내 어린 시절 그리고 청년 시절에, 강력한 터키 민족주의 운동이 일어났고, 그들은 콘스탄티노플이라는 단어를 사용하면서, 터키인은 이 도시에 속하지 않고, 이곳의 첫 주인들이 언젠가 다시 와서 500년간의 점령자들을 쫓아낼 것이며, 우리를 2류 시민으로 만들 거라고 주장했다. 그들은 '정복'이라는 개념을 받아들였다. 하지만 오스만이들은 이 도시를 콘스탄티노플이라고 부르기도 했다.

서구화를 중요하게 여기는 터키인들은 정복이라는 단어를 강조하지 않는다. 1953년 당시 대통령이었던 제랄 바야르와 수상이었던 아드난 멘데레스는 서양과 그리스인들의 기분을 상하게 하지 않기 위해, 준비 기간만 몇 년이 걸렸음에도 불구하고 마지막 순간에 '정복 500주년 기념식' 참석을 포기하고 말았다. 냉전 시대 초기 나토 회원국인 터키는 세계에 '정복'을 상기시키고 싶지 않았다. 삼 년 후인 1955년에 터키 정부는 자신들이 비밀리에 선동한 군중들을 통제하지 못했고, 군중들은 이스탄불에 사는 룸들과 다른 소수인종들의 재산을 탈취했다. 교회가 파괴되고 목사들이 살해된 이 사건들은 '몰락'이라고 '서양' 역사가들이 설명한 약탈이나 무자비한 사건과 비슷하다. 민족 정부 수립 후 소수민족을 '인질' 취급한 터키와 그리스 정부의 잘못 때문에 최근 오십 년간 이스탄불을 떠난 룸들의 숫자는 1453년 직후 오십 년간 떠난 사람들보다 더 많다.

1955년 영국이 사이프러스 섬에서 철수하고 그리스 정부가 섬을 전적으로 양도받을 준비를 하고 있을 때, 터키 비밀 정보부의 한 요원이 셀라닉에 있는 아타튀르크의 생가에 폭탄을 던졌다. 이스탄불의 신문들이 이 소식을 특별판에 과장해서 게재하여 온 도시가 알게 되자, 비무슬림 소수민족을 적대시하는 군중은 탁심 광장에 모여들었고, 예전에 어머니와 함께 가곤 했던 베이올루의 상점과 이스탄불 일부를 아침까지 불태우고 파괴하고 약탈했다.

  이스탄불에서도 룸 인구가 많은 오르타쾨이, 발륵르, 사마트야, 페네르 같은 마을에도 마찬가지로 끔찍한 공포를 불러일으킨 약탈자 폭도들은, 어떤 곳에서는 룸이 경영하는 구멍가게를 파괴하고 약탈하고, 유제품들을 태우고, 집을 습격해 그리스-아르메니아 여성들을 겁탈했는데, 파티흐 술탄 메흐메트가 이스탄불을 정복한 후 일어난 군인들의 약탈만큼이나 무자비했다고 말할 수 있다. 이틀 동안 도시에 공포심을 퍼트리고, 이스탄불을 기독교인과 서양인들이 생각하는 최악의 오리엔탈 악몽보다 더 지옥 같은 곳으로 만든 약탈자들을 부추기기 위해 정부 지원 조직들이 그들에게 "약탈은 자유다."라고 했다는 것도 나중에 밝혀졌다.

  무슬림이 아닌 모든 사람들이 구타당할 위험이 있었던 밤이 지난 후 다음날 아침, 베이올루와 이스틱랄 거리에는 진열장과 문을 부수고 약탈한 상점에서 꺼내와 신나게 파괴해 버린 물건들이 가득했다. 둘둘 말린 형형색색 옷감, 카펫, 옷 위에는 그 당시 터키에서 조금씩 사용되기 시작한 냉장고, 라디오, 세탁기가 널브려져 있었다. 깨지고 산산조각이 난 도자기 세트, 장난감들(당시의 가장 좋은 장난감 가게들은 베이올루에 있었다.), 주방기구, 당시 유행했던 수족관, 샹들리

에 유리들로 거리는 뒤덮여 있었다. 여기저기에 자전거, 전복되거나 불에 탄 자동차, 깨진 피아노, 백화점 진열장에서 옷감으로 뒤덮인 거리로 넘어져 하늘을 쳐다보고 있는 역시 깨진 마네킹과, 늦은 감이 있지만 그래도 사건을 진압하기 위해 온 탱크들이 보였다.

　이 모든 것이 오랜 세월 동안 우리 집에서 자세히 얘기되었기 때문에, 마치 내가 본 것처럼 모든 것이 상세하고 생생하게 머릿속에 있다. 기독교인 가족들이 자신들의 집과 가게를 청소하고, 약탈자 폭도들이 우리 아파트 앞 거리에서 위아래로 뛰어다니며 상점의 진열장을 부수면서 룸과 기독교인과 부자들을 향해 구호를 외치던 당시에 삼촌과 할머니가 이 창문에서 저 창문으로 뛰어다니며 그 광경을 구경했던 일에 관해 가족들은 자주 이야기했다. 그 바로 며칠 전에 형이 그 당시 부상한 터키 민족주의 때문에 알라딘의 가게에서도 팔기 시작한 천으로 된 작은 터키 국기를 샀고 삼촌의 닷지 자

동차 안에 걸어 두었기 때문에 그들은 그 자동차를 전복시키지도 유리창을 깨지도 않았다.

## 20장
## 종교

열 살 때까지 내 머릿속에는 아주 뚜렷한 신의 이미지가 있었다. 얼굴은 확실하지 않았으나, 아주 늙고, 하얀 차르샤프*로 몸을 감싼 아주 존경할 만한 여성의 모습이었다. 인간을 닮았음에도 불구하고, 그녀의 모습은 내 상상 속에 있는 다른 사람들과 달리, 길거리에서 우연히 만날 수 있는 일반 사람처럼 눈앞에 나타나지 않았다. 왜냐하면 고개를 숙인 채, 몸을 약간 옆으로 돌리고 서 있었기 때문이다. 그녀가 내 머릿속에 약간은 호기심 약간은 경외감 속에 자리 잡자, 내 머릿속에 있던 다른 환영들은 사라져 갔고 그녀의 모습은, 텔레비전 광고나 영화에서처럼, 그 자리에서 우아하게 한두 번 돈 후, 약간 모습이 확연해지다가 그녀 자신이 속한 구름들 사이로 올라가곤 했다. 하얀 차르샤프의 굴곡들은 역사책에 나오는 조각상들처럼 아주 잘 정리되어 있었다. 손, 팔, 몸의 그 어느 부분도 잘 보이지 않는 이 환영이 내 눈앞에 나타날 때마다, 아주 강하고, 아주 존경스럽고, 우월한 존재가 내 머릿속에 들어왔다고 느꼈지만, 나는 그녀를 그다지 두려워하지는 않았다. 내가 죄인이라고 절대 믿지 않았거나, 눈

---

* 머리부터 발까지 온몸을 덮는 여성용 외출복.

처럼 결백하다고 생각했기 때문은 아니었다. 그 먼 곳에 있는 중요한 존재는 나의 엉뚱한 상상력이나 죄에 관심을 갖지 않을 거라고 여겼기 때문이다. 도와 달라며 그녀를 부르거나, 그녀에게서 무엇인가를 갈구한 기억이 없다. 왜냐하면 그녀는 나와 같은 부류의 사람이 아니라 가난한 사람들에게 관심이 있다는 것을 확실히 인식하고 있었기 때문이다.

우리 아파트에서는 오로지 가정부들과 요리사들만이 이 환영에 관심을 보였다. 신이 단지 가난한 사람들만이 아니라, 아파트에 있는 다른 모든 사람과 관련이 있으며, 최소한 이론적으로는 그래야 한다고 느꼈다. 하지만 우리는 그녀의 필요성을 느끼지 않을 정도로 행운아였다. 그녀는 아픈 사람들, 아이들을 교육시키지 못할 정도로 가난한 사람들, 그녀의 이름을 입에 달고 사는 거리의 걸인들, 어려움에 처한 순수하고 선한 사람들의 구원자였다. 이러한 이유로 어머니는 라디오에서 폭설로 길이 차단된 외딴 마을이나 지진으로 갈 곳이 없어진 가난한 사람들에 대해 언급할 때 "신이 그들을 도와주시길!"이라고 말하곤 했다. 이 말은 그 기원이 실현되기를 원한다기보다는 우리의 처지가 좋기 때문에 그 순간 일시적으로 느꼈던 죄책감을, 어려움에 처한 사람들에게 별로 해 줄 것이 없다는 데서 비롯된 공허함을 극복하기 위해 사용되곤 했다.

어차피 내 상상 속에 있는 그 하얀 차르샤프를 두른 나이든 부드러운 존재가 우리의 기원에 귀 기울이지 않을 거라는 것도 우리의 합리적인 이성은 알고 있었다. 왜냐하면 우리는 그녀를 위해 아무것도 하지 않았기 때문이다. 하지만 아파트의 요리사나 가정부, 그리고 우리가 알고 있는 다른 모든 가난한 사람들은 신과 관계를 맺기 위해 열심히 모든 기회를 활용하려고 했다. 이들은 일 년에 한 달 금식을 했으며, 우리 집 가정부였던 에스마 부인은 우리에게 봉사하고 남는 시간에는 자신의 작은 방에 기도용 깔개를 펴고 예배를 드렸다. 또한 즐겁고, 슬프고, 행복하고, 두렵고, 화가 나는 순간들, 이뿐만 아니라 때로 문을 열고 닫을 때, 무엇인가를 처음으로 혹은 마지막으로 할 때, 그리고 기회가 있을 때마다 '그녀'를 떠올리며, 이름을 부르며 작은 목소리로 무슨 말인가를 속삭였다.

가난한 사람들, 속수무책인 사람들이 신과 맺은 이 집요한 관계는 단지 그들이 도움이 필요하다는 것을 상기시킬 때는 나와 우리 가족들을 불안하게 하지 않았다. 그들이 우리 말고 다른 사람을 믿고, 이렇게 해서 '그들의 짐을 짊어질' 다른 힘이 있었으므로 우리가 편했다고도 할 수 있겠다. 하지만 이 편안함은 신을, 우리와 같지 않은 사람들이 어느 날 우리에 맞서 사용할 수 있는 힘이나 최소한 어떤 질투의 대상으로 만들어 때로 우리를 초조하게 하기도 했다.

나는 심심했다기보다는 호기심 때문에 예배를 드리고 있는 늙은 가정부를 몇 번 주의 깊게 관찰하면서, 이와 비슷한 초조감에 휩싸였던 것을 기억하며, 문 틈을 통해 그녀를 바라보았다. 마치 내 머릿속에 있는 신의 환영처럼, 기도용 깔개 위에서 고개를 숙이고 약간 옆으로 서 있던 에스마 부인이 천천히 몸을 숙였다 일어나는 모습, 이마를 기도용 깔개에 갖다 대는 모습, 몸을 숙였다 일어날 때 행동이 갑자기 느려지는 모습은 마치 애원이나 자신의 한계를 아는 제스처처럼 보였고, 그 이유를 완전히는 알 수 없었던 어떤 분노와 초조감을 안겨 주었다. 집에 아무도 없거나 일을 하지 않을 때 했던 이 예배 시간에, 그림자가 드리운 방을 덮고 속삭이는 기도 소리로 깨지는 정적 역시 나를 화나게 했다. 창유리에서 천천히 움직이고 있는 파리가 눈에 들어왔다. 파리가 뒤집어지고 몸을 똑바로 하기 위해 다급하게 파닥이는 반쯤 투명한 날개가 내는 소리가 에스마 부인의 기도 소리와 뒤섞이면 신경이 곤두서서 이 게임을 '망치기' 위해 나는 그녀의 머릿수건을 잡아당기곤 했다.

　방해를 받으면 예배를 '망치는' 것을 이전의 경험으로 알고 있었다. 에스마 부인이 예배를 망치지 않고 끝내기 위해 온갖 의지를 끌어 모아 아무 일도 없었다는 듯 계속 기도를 할 때, 내 머릿속 한구석은 그녀가 하는 것이 가식적인 게임이라고 생각하고(왜냐하면 그녀는 지금 단지 예배 드리는 시늉을 하고 있었기에) 한편으로는 정신적 힘을 자신이 하는 일에 몰두하는 그녀의 단호함에 분개하여, 그녀와의 의지 싸움에 돌입하곤 했다. 언제나 나를 사랑하고, 기회가 있을 때마다 나를 품에 안고 쓰다듬으며, 길에서 나를 귀엽다고 하는

사람들에게 "내 손자예요."라고 소개하는 이 여자와 나 사이에 신이 끼어들었다는 것이, 마치 지나치게 신을 믿는 사람 때문에 온 가족이 불편해하는 것처럼, 나를 불안하게 하곤 했다. 나는 그녀가 예배를 계속하기 위해 애를 쓰는 단호함에 존경을 표하면서도 우리 이

외의 다른 존재에 대한 이 애착이 불안하고 두려웠다. 내가 느꼈던 두려움은 터키 세속 부르주아들이 항상 그러하듯이, 신이 아니라, 신을 지나치게 믿는 사람들의 분노에 대한 두려움이었다.

때로 에스마 부인이 예배를 드릴 때 어머니가 안에서 그녀를 부르거나 전화벨 소리가 울릴 때가 있었다. 그럴 때면 내가 하는 일은, 어머니에게 달려가 그녀가 지금 예배를 드리는 중이라고 말해 주는 것이었다. 때로는 착한 마음으로 이런 행동을 했지만, 때로는 위에서 언급한 이상한 불안감, 나쁜 짓을 하고 싶은 충동, 질투가 뒤섞인 마음으로 어머니에게 알리지 않고, 무슨 일이 일어날까 기다리기도 했다. 여기에는 우리에 대한 애착이 더 강한지 신에 대한 애착이 더 강한지 측정하는 것만큼이나, 그녀가 몰입했던 세계와 때론 분노 섞인 위협으로 되돌아온 세계와 싸우고 싶은 바람도 있었다.

에스마 부인은 "예배를 드릴 때 내 머릿수건을 잡아당기면 네 손이 돌처럼 굳어 버릴 거다!"라고 했다. 그래도 나는 또 그녀의 머릿수건을 잡아당겼으며, 내 손은 돌처럼 굳어 버리지도 않았다. 아무 것도 믿지 않지만 그래도 만일에 대비해 경계하는 어른들처럼, 나는 내 게임을 어느 선에서 그만두곤 했다. 왜냐하면 지금은 손이 돌처럼 굳지 않았지만, 앞으로도 굳지 않는다는 의미는 아니라고 생각했기 때문이다. 아파트에 사는 절도 있는 사람들처럼 나도 어느 시점이 되자 종교에 관한 무관심과 조롱을 그만두고, 믿는 사람들의 신에 대한 두려움을 이해하지는 않고 그저 지나치면서, 그들의 믿음이나 종교적 습관을 그들의 가난과 연관 지었다.

그들이 가난하기 때문에 자주 신의 이름을 되뇌는 거라고 느껴졌다. 누군가가 신실한 종교인이라는 이유로, 하루에 다섯 번 예배를 드린다는 이유로, 마치 다른 누군가가 시골에서 막 올라온 것처럼 반은 놀라고 반은 무시하듯 언급하는 집안 분위기로 보아 이와 정반대의 결과를 도출해 낼 수도 있다. 그들은 어쩌면 신을 너무 믿기 때문에 가난한 것일 수도 있다.

머릿속에 있는 하얀 차르샤프에 감싸인 존경스런 신의 이미지를 더 이상 발전시키지 못하고, 그녀와 나의 관계가 불확실한 두려움과 경계심 때문에 문제를 더 이상 파헤치지 않고 지나치는 수준에 머물 수밖에 없었던 다른 원인은, 집에서 이 문제에 대해 아무도 내게 가르침을 주지 않았기 때문이다. 어쩌면 그들이 내게 가르쳐 줄 어떤 것도 알지 못했기 때문일 것이다. 우리 가족 중 그 누가 예배를 드리거나, 금식을 하거나, 기도를 중얼거리는 것을 본 적이 없다. 이러한 면에서 우리 가족은 종교에서 꽤 멀리 떨어져 있었고, 종교와의 마지막 흥정을 시도하는 것을 두려워하는 프랑스 부르주아들처럼 살고 있었다.

절도 없는 냉소 혹은 무신앙처럼 보일 수 있는 이런 믿음의 결여가 아타튀르크주의 공화국의 세속적 맹위나 현대주의와 서구화에 대한 열정으로 비쳤기 때문에, 이런 정신적 게으름은 필요한 때마다 자랑스레 부각되는 어떤 '이상주의'의 불길로 한 번씩 반짝이다 꺼지곤 했다. 하지만 집 안에서의 정신적 풍경은, 종교의 자리에 다른 그 어떤 심오한 것도 들어온 적이 없었기 때문에, 옛 목조 저택들이 무정하게 불태워지고 허물어진 후 그 잔재와 고사리로 뒤덮인 슬픈 공터처럼 비어 있었다.

이 공허함과 나의 호기심을 집에 있는 하인들과 그들의 습관들이 채워 주었다.(그렇다면 그 모든 사원들은 왜 만들었단 말인가?) "만지면

손이 돌처럼 굳을 거다.", "혀가 움직이지 않을 거다.", "천사가 와서 그를 하늘로 데리고 올라갔다.", "왼쪽 발을 먼저 딛지 마라." 같은 말에서 종교가 일종의 미신이나 '맹신'이라는 결론을 끌어내는 것은 어렵지 않았다. 교주들의 분묘에 매달아 놓은 천 조각들, 지하기르에 있는 성인 소푸 바바의 분묘 앞에 켜 놓은 촛불들, 의사에게 보이지 않고 부엌에서 하인들이 만들어 낸 '민간 치료제들' 그리고 다양한 테케, 종파의 수백 년 역사에서 우리의 공화국주의자와 서구주의자들의 가정에 말을 통해 스며든 속담이나 관용구, 위협, 제안은 우리 삶을 때로는 네모나 동그라미를 밟지 않아야 하며 때로는 뛰어넘어야 할 즐거운 깽깽이 놀이로 만들었다. 나는 지금도 광장, 복도, 인도를 걸을 때, 보도블록 사이의 선을 밟지 않거나 이것들 사이에 있는 검은 네모 돌 위를 뛰어넘어 걷는 것을 믿음의 문제로 삼아 껑충껑충 걷기도 한다.

　종교의 자리를 대신하는 많은 믿음과 금지는 때로 어머니가 말한 "손가락으로 가리키지 말아라." 종류의 충고들과 내 머릿속에서 뒤섞여 버린다. "문하고 창문을 열지 마라, 맞바람이 치니까."라는 말 때문에 한동안, 마치 성인 소푸 바바처럼, 영혼을 침범해서는 안 될 성인 '맞바람 바바'가 있다고 생각했다.

　종교를 신의 존재나 책, 규율 혹은 예언자들을 매개로 세상사와 우리의 양심에 호소하는 어떤 활동이라기보다는, 하층민들이 속수무책으로 관심을 갖는 기이하고 때로는 즐거운 규율로 격하시키는 것이, 동양과 서양 사이에서 이상한 리듬과 논리로 왔다 갔다 하는 일상생활에 받아들이기 쉬웠다. 할머니와 할머니 이후 세대인 삼촌들, 숙모들, 아버지, 어머니는 하루도 금식을 하지 않았지만, 라마단 때가 되면 마치 금식을 하는 사람들처럼 입맛을 다시며 금식이 끝나는 시간을 기다리곤 했다. 밤이 일찍 오는 겨울날 할머니가 손님들과 함께 포커나 베지크 게임을 하면 금식이 끝나는 시간은 빵을 먹고 차를 마시는 시간처럼 변했다. 카드 게임을 하면서 연신 주전부리를 하는 이 늙고 쾌활한 여자들은 금식이 끝나는 시간이 다가오면 주전부리는 그만두고, 카드 테이블 옆에, 신실한 어느 부자의 저택에서나 볼 수 있는 다양한 잼, 치즈, 올리브, 뵈렉\*이 준비된 식탁을 정성스레 준비한다. 라디오에서 금식이 끝나는 시간이 가까워졌음을 알리는 네이\*\* 연주가 들려오면 할머니와 손님들은 마치 아침부터 굶기라도 한 듯 안달하며 "시간이 얼마 남았어?"라고 묻곤 했다. 식사 시간을 알리는 대포 소리가 들리면 요리사가 부엌에서 무엇인가를 먹도록 기다린 후, 자신들도 게걸스레 음식을 먹기 시작했다. 오늘날에도 나는 라디오에서 네이 소리를 들을 때마다 입 안에 군침이 돈다.

  처음 사원에 갔을 때, 종교와 이슬람에 관한 나의 선입견이 맞다는 것을 확인했다. 사실 공식적인 외출은 아니었다. 집에 아무도 없는 어느 오후, 에스마 부인은 예배를 드리고 싶은 마음보다는 심심해서 아무에게도 허락을 받지 않고 나를 사원에 데리고 갔다. 테쉬비키예 사원에서는, 니샨타쉬 부자들에게 봉사하는 하인들, 요리사들, 관리인들, 뒷골목에 있는 작은 상점들의 주인으로 이루어진 삼사십 명의 무리가 예배의 분위기라기보다는, 상호 의존과 우정의 마

---

\* 얇게 민 밀가루 피 안에 치즈, 잘게 다진 고기, 시금치 등속을 넣어 만든 음식.
\*\* 구슬픈 소리를 내는 피리 모양의 악기로 터키 고전 음악 특히 테케 음악에 사용된다.

음으로 카펫에 앉아 예배 시간을 기다리면서 속삭이며 잡담을 하고 있었다. 그들이 예배를 드릴 때, 나는 그들 사이에서 돌아다니거나, 사원의 한적한 곳에서 뛰어다니며 놀았다. 아무도 날 꾸짖거나 통제하지 않았으며, 더욱이 그들 중 많은 사람은, 내가 어렸을 때 항상 그랬듯이, 내게 다정하게 미소를 지어 보였던 것을 기억한다. 나는 종교가 가난한 사람들에 속한 것임을 다시 한 번 깨달았다. 하지만 신문에 나오는 캐리커쳐나 우리 집의 공화국주의 분위기와는 반대로 종교에 신실한 사람들은 무해하다는 결론을 내렸다.

하지만 이 사람들의 순진하고 좋은 면들과 그들이 믿는 것 사이에 갈등이 있다는 것을, 이것이 현대화나 서구화, 경제개발 같은 거대한 계획을 어렵게 한다는 것을, 그들을 경시하는 집 안에서의 분위기가 때때로 권위적인 분노로 변하는 것을 느끼고 알게 되었다. 단지 재산이 많아서가 아니라, 우리가 서구화된 실증주의자들이기 때문에 지배할 권리가 있는 이 '무식한' 사람들이 이상한 미신에 지나치게 집착하는 것에 단지 우리의 이익을 위해서가 아니라 국가의 이익을 위해서라도 강하게 맞서야만 했던 것이다. 나는 어린 나이였지만, 일을 해야 할 전기공이 예배를 드리러 갔다는 말을 들었을 때, 할머니의 가시 돋힌 혀가 겨냥한 것이 도중에 그만둬 버린 수리라기보다는 우리의 발전을 저해하는 전통과 습관이었다는 것을 이해했다.

신문에 나오는 아타튀르크주의 성향의 글에서, 검은 차르샤프의 여성과 손에 염주를 든 둥근 수염의 수구주의자들의 캐리커처에서, 학교에서 열린 '공화국 혁명의 순교자 쿠빌라이'\* 추모식에서 가난한 사람들의 이 미신들이 우리에게, 우리가 그들보다 조금 더 많이 속해 있다고 느꼈던 정부와 조국에게 해를 입히는 차원에 도달할 수 있을 거라고 느꼈으며, 통치 계급으로서의 우리의 존재가 정당화되었다고 느끼곤 했다. 이럴 때면 나는 수학을 좋아하는 공학도 정신에 휩싸여, 우리가 재산이 많기 때문이 아니라, 서구화되고 현대화된 가정이기 때문에 '주인'의 위치에 있다고 결론 내리곤 했다. 이는 우리만큼이나 부자지만 우리만큼은 서구화되지 않은 가정을 무시하는 이유가 되기도 했다. 이후에 민주주의가 조금 더 발전하고 우리 나라에 사는 다른 부자들이 시골에서 이스탄불로 와서 '사회'에서 부각되기 시작하자, 서양 문화와 세속주의의 혜택을 받지 않고도 우리보다 훨씬 더 부자인 사람들이 등장했고, 아버지와 삼촌은 파산을 거듭해 우리를 가난하게 만들었기 때문에 가족 내에서 실망

---

\* 1930년 12월 23일, 이즈미르 시의 메네멘 군에서 교사이자 예비 장교인 무스타파 페흐미 쿠빌라이, 그리고 그를 도와주려고 달려온 경비원 하산과 셰브키가 한 무리의 광신자들에 의해 살해당하고, 이어 소집된 참모 회의에서 범죄자들에게 다양한 형벌을 내림으로써 결론이 난 사건.

감과 분노가 일기 시작했다. 점차 잃어 가던 재산, 부동산, 특권, 안락함을 우리가 서구화된 사람들이기 때문에 마땅히 소유했던 거라고 한다면, 정신적인 문제에 있어서(그 당시 나는 메블라나\*도, 신비주의의 섬세함도, 거대한 페르시아 문학에 대해서도 알지 못했다.) 운전사나 요리사와 같은 수준의 생각을 하고, 군사혁명을 조장하는 좌익주의자들이 '시골뜨기'라고 했던 이들의 부유함은 어떻게 설명할 수 있었을까? 최근 사십 년 동안 앙카라에서 행해진 모든 군사적 개입과 군대가 정치에 관여하는 것에 대해 이스탄불의 서구화된 부르주아는 좌익의 공격에 맞서는 게 아니라(그렇게 강력한 좌익 활동은 어차피 터키에서 한 번도 존재하지 않았다.) 하위 계층과 시골 부자들이 종교를 기치로 내걸며 자신들의 삶의 방식에 대항하여 연합할 거라는 두려움 때문에 지지했다. 나는 내가 종교가 아니라 이것과는 관련이 없는 정치적 이슬람주의와 군사 쿠데타의 세계로 서서히 들어가 이 책의 비밀스런 조화를 깨트릴까 두렵다.

 내게 있어 진짜 종교적 문제는 죄책감이다. 어린 시절에 머릿속에 가끔 떠오르던 하얀 차르샤프를 입은 존경스런 여성의 이미지를 그다지 두려워하지도 않고 충분히 믿지도 않았기 때문에 죄책감을 느꼈다. 또한 그녀를 믿는 사람들과 나를 별개로 생각했기 때문에 죄책감을 느꼈다. 하지만 그리 힘들이지 않고 상상의 세계에 도망쳐 들어갔던 것처럼, 어린아이 같은 본능으로 온 힘을 다해 내 영혼을 심오하게 하고 내 인생을 더 다채롭고 이지적으로 만들 어떤 불안감으로 이 죄책감을 껴안았다. 이 불안감은 대개 나를 불행하게

---

\* 메블라나 젤랄레딘 루미. 이슬람 신비주의의 대가.

했지만, 경험하던 그때가 아니라 나중에 기억을 떠올렸을 때 내가 뒤에 남겨 놓은 삶을 사랑하는 원인이 되어 주었다. 이스탄불에 있는 다른 집에 산다고 상상하곤 했던 행복한 다른 오르한은 종교적 두려움이나 죄책감 같은 고민은 없을 거라고 상상하곤 했다. 이러한 것들로 시간을 허비하느니 극장에나 갔을 거라고 상상했던 이 오르한을, 내가 종교적 죄책감으로 지쳤을 때 찾고 싶었다.

그래도 어린 시절에 종교적 명령에 복종한 적도 있었다. 예를 들면 초등학교 5학년 때 내가 아주 잘 보이고 싶었고, 그녀의 미소로 행복해지고, 그녀가 눈썹을 치켜뜨면 가슴이 아팠던—지금은 마음에 들지 않고, 권위적인 사람으로 기억한다—선생님이 있었다. 얼굴을 찌푸리고 있던 백발의 이 늙은 여자는 '우리 종교의 훌륭한 점들'을 내가 두려워했던 믿음이나 겸손의 문제로서가 아닌 어떤 합리주의와 공리주의 미학으로 학생들에게 열성적으로 설명하곤 했다. 그녀에 의하면, 예언자 모하메트는 '단식'이 의지를 강하게 할 뿐만 아니라 건강에도 좋기 때문에 금식을 아주 중요하게 여겼다는 것이다. 그로부터 수백 년이 지나서야 아름다움에 열중하는 현대 서구 여성들이 단식이 얼마나 중요한지 발견했다는 것이다. 예배 행위 역시 혈액순환을 돕고 몸을 튼튼하게 하는 체조이다. 오늘날 수백 명의 일본인은 매일같이 사무실이나 공장에서 호루라기 소리와 함께 작업을 중단하고, 마치 예배를 드리듯 오 분 동안 체조를 하고 다시 각자의 일로 돌아간다. 이 효율적이며 논리적인 이슬람의 제시가, 내 마음속에 있는 작은 실증주의가 몰래 키우고 있던 믿음에 대한 사랑과 희생정신에 맞아떨어지자 나도 라마단 때 금식을 하기로 결정했다.

나는 선생님의 영향으로 그녀가 좋아하라는 뜻에서 금식을 했지만 그녀에게 말하지는 않았다. 어머니에게 이런 나의 결정을 말하자, 어머니는 약간 놀라고, 약간 좋아하고, 약간 걱정했다. 어머니는 종교적인 습관이 없었고, 우리 중 가장 '혹시 어떻게 될지 모르니 믿어나 보자.'주의였지만, 그래도 금식을 하는 것이 서구화되지 않은 사람들의 습관이라는 것은 잘 알았다. 나는 이 문제를 아버지와 형에게는 전혀 알리지 않았다. 내 마음속에 있는 믿음에 대한 사랑은, 첫 금식조차 실행하기도 전에 부끄러워하며 감추어야 할 것이 되어 버렸다. 나이든 여선생님 때문에 생긴 종교적 의무에 관한 실증주의적인 웅변도 집안에서의 계급적 상징 문제에 관한 예민함, 회의적이며 빈정대는 감성과 말 앞에서 밖으로 드러나기도 전에 패배했던 것이다. 나는 아무에게도 들키지 않고, 자랑하지 않고, '참 잘했어요.'를 기대하지 않고 금식을 했다. 어쩌면 어머니는 열한 살 먹은 아이가 금식을 할 필요는 없다고 내게 말해 줘야 했을 것이다. 어머니는 그저 금식이 끝난 다음 먹을, 내가 좋아하는 초렉\*, 안초비가 들어간 빵을 정성스레 만들었을 뿐이다. 한편으론 작은아들에게 신에 대한 두려움이 있다는 것에 만족하면서도, 다른 한편으로는 정신적 고통을 느끼고 인내하는 것을 누구보다도 더 바라는 자학적인 면이 내게 있는지 걱정하는 것을 어머니의 눈에서 읽을 수 있었다.

종교에 대한 이런 이중적인 태도가 가장 확연히 드러나는 때는 희생절이었다. 먹고살 만한 모든 무슬림의 의무였기에, 희생절 때마다 숫양 한 마리를 파묵 아파트 뒤뜰에 묶어 두면, 마을 푸주한은

---

\* 설탕과 계란을 넣은 반죽으로 만든 약간 바삭거리는 둥근 빵.

희생절 첫날 아침 집에 와서 도살을 했다. 나는 양, 어린 양을 별로 좋아하지 않았으므로, 만화에 나오는 마음씨 착한 어린 주인공과는 달리 마지막 날을 살고 있는 숫양이 메에하고 울어도 가슴이 아프지 않았다. 오히려 그 못생기고, 바보 같고, 더러운 냄새가 나는 동물에게서 곧 벗어날 수 있다는 생각에 기쁘기도 했다. 하지만 도살한 동물의 고기를 가난한 사람들에게 나누어 주고, 온 가족이 점심 식사 시간에 종교적으로 금지된 맥주를 마시며, 방금 자른 고기는 냄새가 좋지 않다며 정육점에서 사 온 다른 고기를 먹는 것은, 사람들 모두 나처럼 지속적으로 불안해하며 죄책감으로 살지는 않는다는 것을 상기시켜 주었다. '희생'이라는 사고의 종교적 본질이 신에 대한 예속을 증명하기 위해 아이 대신 동물의 목숨을 앗고, 이렇게 해서 죄책감에서 벗어나는 것이라고 한다면, 우리는 정반대로 했던 것이다. 희생시킨 동물 대신 정육점에서 산 더 좋은 고기를 먹으며, 한 번 더 죄책감을 느껴야 할 행동을 했던 것이다.

하지만 나는 이러한 종류의 정신적 갈등과 모순을 깊은 정적으로 얼버무렸던 집에서 살고 있었다. 이스탄불의 서구화되고 부유한 세속 가정에서 자주 보이던 정신적 결핍은 실은 종교를 외면하는 데서보다는 이런 정적 속에서 나타난다. 가족들은 수학, 우수한 성적, 축구, 놀이에 대해서는 모든 이야기를 하면서도, 사랑이나 연민, 종교, 삶의 의미, 질투, 원한 같은 기본적인 문제들에 대해서는 모두 놀람과 슬픈 외로움에 파묻혀 버리곤 했다. 그들이 상처를 입고 가슴이 아파서 이런 주제에 대해 무엇인가를 이야기하고 소통하고 싶을 때는, 귀머거리나 벙어리처럼 한마디도 하지 못하고 속수무책으로 손과 팔만 허둥거릴 뿐이었다. 이후 라디오에서 나오는 음악에 집중하고, 담배를 피우며 자신들의 내면세계로 조용히 침잠했다. 나도 어떤 믿음에 대한 사랑으로 감행했던 금식을 이러한 정적 속에서 보냈다. 어두운 겨울밤은 어차피 짧았기 때문에 배고픔의 고통도 그리 느끼지 않았다. 어머니가 나를 위해 만든(금식 후에 먹는 올리브와 수죽이 포함된 전통적인 터키 식사와는 비슷하지도 않은) 안초비, 어란, 마요네즈가 들어간 음식들을 먹을 때, 그래도 나는 만족스러웠고 내 마음은 평온했다. 내가 신을 위해 무엇인가를 했다기보다는, 스스로 시도했던 시험에서 좋은 성적으로 통과했다는 기쁨이었다. 기뻐하며 배부르게 먹은 후 그날 저녁, 추운 거리를 뛰어서 코낙 극장으로 가서 모든 것을 잊고 할리우드 영화를 봤다. 그러고는 다시 금식을 할 생각은 추호도 하지 않았다.

하지만 종교와 나의 이 어설픈 관계는 종교적이며 형이상학적인 문제에서 전혀 나를 멀어지게 하지 않았다. 종교를 원하는 대로 믿지 않더라도, 사람들이 말하듯 신이 모든 것을 아는 존재라면 '그녀'는 아주 영리할 것이니, 내가 '그녀'를 왜 도무지 믿지 못하는지 이해하고는 나를 용서할 거라고 머리 한구석으로 생각했다. 나의 불신을 그녀에게 도전하거나 그녀에게 맞서는 의식적인 공격으로 바꾸지 않는다면 신은 나를 이해할 것이고, 신을 믿지 않기 때문에 느껴야 했던 죄책감을 불신의 고통을 감소시킬 이유로 볼 것이며, 어차피 나 같은 아이를 별로 중요하게 여기지 않을 것이라 생각했다.

내가 두려워했던 것은 신이 아니라, 그녀를 믿는 사람들이 나 같은 사람들에게 느낄 분노였다. 그들의 분별력이—이런 일이 절대로 없기를!—그들이 진심으로 믿는 신의 분별력과 그 어떤 형태로든지 비교되지 않을 이 독실한 신자들의 아둔함은 나를 두렵게 하는 두 번째 원인이었다. 내가 '그들처럼' 되지 않았기 때문에 어느 날 벌을 받을 거라는 두려움은 오랜 세월 동안 나를 떠나지 않았고, 이 두려움은 좌익 사상에 애착을 느꼈던 청소년 시기의 이론서들보다 내게 더 많은 영향을 미쳤다. 세속적이며 절반의 믿음만 있는 서구화된 이스탄불 사람들이 죄책감을 느끼지 않는다는 것에 나는 놀라게 되었다. 나는 그 어떤 종교적인 명령도 이행하지 않았을뿐더러, 종교를 믿는 사람들도—마치 하층민들의 예술적, 문화적 습관을 무시하는 소위 '모더니스트' 속물들처럼—계급적 이유로 무시했던 이 사람들 모두는 삶의 어느 시기에, 예를 들면 교통사고를 당하는 순간이나 입원했을 때 신과 비밀스런 협상을 시도했다고 항상 상상했다.

이런 비밀스런 협상을 하지 않은 그 용기에 감탄했던 중학교 친구가 있었다. 우리가 쉬는 시간에 어설프지만 이 문제에 대해 대화를 나누었던 것을 기억한다. 아주 부유한 건축업 집안 출신이며, 보스포루스 언덕에 있는 멋진 집의 커다란 정원에서 승마를 하고 국제 승마 대회에 터키를 대표해 출전했던 이 악마 같은 아이는, 형이상학과 관련된 토론의 어느 지점에서 내가 두려움으로 갈등하는 것을 보고는 갑자기 시선을 하늘로 향하더니 "존재한다면 지금 나를 당장 죽여 주십시오!"라고 말했다. 그러고는 놀라운 자신감으로 이렇게 덧붙였다. "그것 봐, 난 아직 살아 있잖아!" 나는 그만큼 용감하지 않았을뿐더러 속으로는 그가 옳다고 여겼기 때문에 죄책감을 느꼈지만, 나의 이 혼란스러움을, 좋아하는지도 모르고 좋아하곤 했다.

신에게서가 아니라, 도시가 공유하는 공동체 정신에서 멀리 있는 죄책감을 개인적인 것으로 경험하곤 했다. 믿고자 하는 욕구와 소속되고자 하는 욕구 사이에 있는 이 형이상학적 긴장이 열두 살 이후에 성과 관련된 호기심과 죄책감으로 바뀌자, 종교적 고민의 영향력은 작아졌다. 하지만 그래도 군중 속에서, 배 혹은 다리 위에서, 하얀 차르샤프를 입은 나이든 여자와 마주치면 전율을 느끼곤 했다.

## 21장
## 부자들

1960년대 중반에 어머니는 일요일마다 《악샴》 신문을 샀다. 이 신문은 매일 집에서 보는 신문이 아니었다. 그래서 매주 일요일 아침 신문 판매소에 가야 했는데, 어머니가 이 신문을 귈-페리*라는 가명의 누군가가 쓴 '들으셨나요?'라는 제목의 상류사회 가십을 읽기 위해 사 오라고 한다는 것을 알고 아버지는 매번 놀리는 말을 했다. 나는 아버지의 농담과 놀림에서 두 가지 인간적인 나약함 때문에 상류사회 가십들을 궁금해한다는 것을 깨달았다. 우선 가명으로 이 가십을 쓰는 작가는 우리도 포함되어 있거나 포함되어 있다고 여전히 생각하고 싶어 하는 '부자들'에 대해 질투심에 가득 차 비꼬거나 거짓말을 늘어놓았기 때문이다. 두 번째는 그것이 거짓말이라 하더라도, 상류사회 칼럼에 나올 정도로 어리석은 부자들의 삶에는 어차피 그리 부러워할 만한 것이 없을 것이기 때문이었다. 하지만 그래도 어머니와 아버지는 가십을 읽고 진지하게 이야기를 나누었다.

* '장미-요정'이라는 의미.

■ 페이지에 마덴지에게 유감을 표하는 바이다. 베벡에 있는 그의 집에 도둑이 들었는데, 무엇을 훔쳐 갔는지 확실치 않다. 수수께끼 같은 이 도난 사건을 경찰이 해결할 수 있을지 한번 보자.

■ 아이셀 마드라는 지난여름 편도선 수술 때문에 바다에 들어가지 못했다고 한다. 올여름 쿠루체시메 섬에서 행복해 보였지만 약간은 신경질적이었다. 이유는 묻지 말아 주시길…….

■ 무아제즈 아파르는 로마에 갔다. 이스탄불 상류사회의 이 우아한 여성은 그 어떤 여행에서도 이렇게 쾌활한 적이 없었다. 왜 그럴까요, 사람들이 그녀 옆에 있는 신사 분 때문이냐고 묻는군요.

■ 여름을 뷔윅아다 섬에서 보낸 세미라미스 사르아이가 이제 카프리에 있는 집으로 돌아간다. 거기에서 다시 파리로 가서 그림 전시회를 열 것이라고 한다. 조각 전시회는 언제 열 것인가?

■ 이스탄불 상류사회에 불운이 드리워졌다. 이 칼럼에 이름이 많이 거론된 사람들이 하나둘 편도선 수술을 하고 있다. 얼마 전 참르자에 있는 고(故) 뤼셴 에쉬레프 집에서 열렸던 달맞이 파티에서 아주 기분 좋아 보였던 하리카 귀르소이 역시.

"어머, 하리카도 편도선 수술을 했다는군요."
어머니가 먼저 이렇게 말한다.
"그녀는 얼굴에 있는 사마귀부터 없애는 게 나을걸!"
아버지는 그 문제를 별로 중요하게 여기지 않으면서 이렇게 냉정하게 말한다.
나는 이런 대화에서, 가명의 기자가 실명을 공개하거나 때로 공개하지 않고 암시하는 몇몇 '상류사회 사람들'이 우리가 아는 사람이라는 결론이 나고, 우리보다 부자라는 것이 확실한 이 사람들의 삶을 어머니가 부러워한다는 것을 감지했다. 이 부자들에 대한 어머니의 불만은 때로 "신문 가십거리가 되었네."라는 말로 드러나곤 했다. '거리'라는 단어에서도 알 수 있듯이 이 말에는 거짓 기사를 많이 쓰는 이스탄불 신문에 대한 불신만큼이나, 부유한 사람들은 그리 자주 모습을 드러내면 안 된다는 이스탄불 사람들의 강한 믿음도 포함되어 있었다.

단지 어머니만이 아니라 나의 어린 시절과 청소년 시기의 이스탄불 부자들은, 부자들이 자신들과 자신들의 부유함을, 그리고 만약 있다면 권력도 역시 감춰야 한다는 것을 암시하곤 했으며, 때로는 이를 솔직하게 표현했던 것을 기억한다. 옛 이스탄불 부자들의 이런 차별적인 특징은, 자랑스러워할 만한 겸손한 태도라거나 프로테스탄트와 같은 어떤 노력이나 축적된 도덕의 결과가 절대 아니었다. 단지 정부에 대한 두려움에서 비롯된 것일 뿐이었다. 오스만 제국의 술탄들과 조정은 수백 년 동안, 이스탄불에서 엄청난 부자가 된 사람들을—이들은 대부분 정치적 힘이 있는 파샤들이었다—자신들에 대한 위협으로 보고, 구실을 붙여 그들을 죽이고 재산을 몰수했다. 오스만 제국 말기에는 정부에 빚을 줄 정도로 강력해진 유대인들, 작은 기업과 장인 기술로 유명해진 아르메니아인들과 룸들은 2차 세계대전 이후 재산세 명목으로 무자비하게 수령해 간 재산이나 공장, 그리고 1955년 9월 6~7일 사건에서 극악하게 약탈당한 상점들에 대한 기억으로 불안했던 것이다.

시골에서 이스탄불로 온 대지주들이나 시골 출신 2세대 부유한 산업가들은 재산이나 부동산을 노출하거나 자랑하는 데 있어 이스탄불 부자들보다 더 용감했다. 물론 이들의 이런 편안함은, 정부에 대한 두려움으로 위축되거나 우리 집안처럼 어리석음 때문에 재산을 한 세대 이상 지속시키지 못한 이스탄불 출신 집안들에게는 '천박한 부자!'로 인식되어 조롱거리가 되곤 했다. 터키에서 두 번째 부자 집안의 우두머리이자, 아다나에서 이스탄불로 이주해 온 2세대 부자 사큽 사반지는, 그의 편안한 행동 때문에 이스탄불 출신 부자들에 의해 '천박한 부자'라고 무시당했으며, 이상한 외모도 일조하여 마음을 불편하게 하는 기이한 행동을 했기 때문에 어쩌면 모든 사람들이 웃고 뒤에서 조롱했던(하지만 광고가 끊길까 두려워 이를 신문에 쓰지는 못했던) 사람일 수도 있다. 하지만 자신의 재산을 전시하는 것을 꺼리지 않는 시골 사람 특유의 용기 덕분에 1990년 이후, 마치 뉴욕의 프릭\*처럼, 자신의 집에 이스탄불에서 가장 좋은 개인 박물관을 세울 수 있었다.

내가 어렸을 때 이스탄불 출신의 부자들이 벽이나 문 사이에 재산을 감추고 절대 보여 주지 않고, 수집품으로 그 어떤 박물관도 세우지 않은 또 다른 이유는 자신들의 부유함이 '비리'로 여겨질 거라는 당연한 두려움 때문이었다. 정부와 관료는 생산을 하는 모든 곳에 관여했으므로 정치인과 손을 잡지 않으면 큰 부자가 될 수 없었고, 가장 '선량한' 부를 포함한 모든 사람들의 과거에 어두운 구석과 오점이 있을 거라 추측했다. 아버지는 할아버지의 유산을 다 써 버린 후 베흐비 코치\*\* 곁에서 몇 년 동안 일해야 했다. 아버지는 베흐비 코치의 시골 억양이나 아버지만큼 똑똑하지 못한 그 아들의 결

---

\* 1849~1919. 미국의 기업가, 자선사업가.
\*\* 터키의 유명한 기업가.

점을 신나게 조롱하지는 않았다. 그저 화가 나면 그의 부의 배후에 2차 세계대전 당시 음식을 타기 위해 줄지어 늘어섰던 사람들과 기근이 있다고 설명했을 뿐이다.

내 어린 시절과 청년 시절의 이스탄불 출신 부자들은, 자신들의 독창적인 능력 혹은 사업적 발명으로 돈을 벌거나, 이런 논리로 돈을 벌어들인 자신감 있는 사람들이 아니라, 과거에 정부나 관료와 거래했던 뇌물의 도움으로 잘 처신해 단번에 부자가 되어, 여생을 그 부를 감추고(1990년대 이후 이 두려움은 감소되었다.) 유지하고, 나아가 정당하게 보이려는 노력을 하며 보냈다. 자신들의 부의 배후에 사상적 활동이 없기 때문에 이 사람들은 책과 독서, 혹은 뭐랄까, 체스게임과 같은 것에도 별로 관심이 없다. 공부를 잘하고 좋은 교육을 받은 후 정부에서 차차 지위가 올라가 부자 파샤가 될 수 있었던 오스만 제국 시대나 이 시대의 신비주의 사상, 폐쇄된 테케 그리고 이제는 읽히지 않는 책들과 함께 이 섬세한 문화는 공화국 이후 등한시되었고, 문자 개혁으로 자동적으로 유럽 문화에 양도된 이후 차츰 잊히게 되었다.

당연히 정부를 두려워하고, 수입의 대부분을 이후의 세대로 넘겨주지 못하는 겁 많고 사상 없는 이스탄불 신흥 부자들은 자신들의 부에 정당성을 부여하고, 단지 자신들의 만족을 위해 자신들을 유럽인들처럼 꾸몄다. 그들은 유럽에서 살 수 있는 의상들, 물건들 그리고 서양 기술의 최신 발명품들을(오렌지 짜는 기계에서 시작해 전기 면도기까지) 사용하고 서로에게 보여 주며 행복해했다. 오랜 세월 동안 이스탄불에서 살면서 사업을 해 부자가 된 어떤 집안은 더 이상 정부와 법에 대해 고민하거나 두려워하지 않았음에도 불구하고(고모와 아주 친한, 유명한 칼럼 작가이자 신문사 사장이 그랬던 것처럼) 이스탄불에서 보스포루스를 보며 사는 것보다는, 사업체와 집과 재산을 모두 팔아 런던의 평범한 지역에서, 맞은편 아파트의 벽과 별로 이해도 하지 못하는 영국 텔레비전을 보며 사는 것을 더 매력적으로 여겼다. 이는 어쩌면 서양인처럼 보이고 싶어 안간힘을 쓰는 가장 좋은 예일 것이다. 한때 러시아 귀족들이 그랬던 것처럼, 자녀들에게 외국어를 가르치기 위해 유럽에서 가정교사를 데려오고, 『안나 카레니나』에서 그랬듯이, 그리고 우리가 아는 많은 집안에서 그랬듯이, 가장이 이 가정교사와 몰래 연애를 즐기는 일도 있었다.

오스만 제국이 혈연 귀족사회는 아니었지만 공화국 시기에 이스탄불 출신 부자들은 자신들을 가장 '진정하게', '다르게', '특별하게' 보여 주는 데에 어려움을 겪었다. 오스만 제국 문화의 유산이자 대부분 별장들과 함께 불타 버린 그 모든 옛 물건들을 부자들이 '골동품'으로 소유한 것은 1980년대 이후였으며, 또한 그들이 오스만 문화의 상징들을 수집하는 것과 서구화 사이에 갈등이 있었다는 것도 이해해야만 한다. 우리도 한때 부자였고, 게다가 여전히 그렇게 보인다는 것 외에, 이스탄불 출신 부자들의 성격, 습관 그리고 특히 어떻게 부자가 되었는지에(나는 1차 세계대전 당시 배로 한가득 설탕을 운반해 와서 하룻밤에 부자가 되고, 생을 마감할 때까지 그 기회의 맛을 만끽한 부자의 이야기를 좋아했다.) 대해 집에서 미소를 지으며 신나게 늘어놓는 모든 이야기들은 어쩌면 내가 부자들을 '신비롭게' 여기는 데 걸림돌이 되었을 것이다. 하지만 돈으로 무엇을 할 수 있는지를 정확히 모르는 데서 비롯된 잠정적이며 공허한 감정, 영혼의 메마름과 무식함이 그들을 아주 특별하게 만들기도 했기 때문에, 먼 친척이나 아는 사람들, 아버지나 어머니의 어린 시절과 젊은 시절의 친구, 혹은 우리 같은 니샨타쉬 출신이거나 칼럼 「들으셨나요?」에 가명으로 나오는 이스탄불 출신의 부자들과 만나면, 그래도 그들의 인생을 궁금해하곤 했다.

 아버지의 젊었을 때 친구인 멋쟁이 아저씨가 있었는데, 그는 오스만 제국 말기에 베지르\*를 지낸 파샤 아버지의 막대한 유산이 다시 상당한 불로소득을 가져와 '평생 일할 필요가 없다는 것'(이는 당시 이스탄불에서 한 사람이 부자라는 것에 대한 증거였다.)을 자랑스럽게 혹은 슬프게 말했다. 그는 아무것도 하지 않거나 신문을 읽으며, 니샨타쉬에 있는 아파트 창문에서 거리를 지나가는 사람들을 구경하며 하루를 보냈다. 오후에는 파리나 밀라노에서 산 멋진 옷을 천천히 입고, 면도를 하고, 정성스럽게 콧수염을 빗고, 하루의 유일한 일인 힐튼 호텔의 로비나 제과점에서 앉아 차를 마시며 두 시간을 보내려고 나가곤 했다. 한번은 그가 아버지에게 아주 중요한 비밀이라도 말하듯, 눈썹을 치켜뜨며, 커다란 정신적 고통을 이해해 달라는 듯 슬픈 표정을 지으며 "왜냐하면 유일하게 거기에서만 나 자신이 유럽에 있는 것처럼 느껴지기 때문이네."라고 말한 적이 있었다. 그와 같은 세대이자 어머니의 친구이며, 자기가 원숭이를 아주 많이 닮았음에도 불구하고 다른 사람들에게 "원숭이, 잘 지냈어?"라고 물어서 형과 내가 흉내를 내곤 했던 아주 뚱뚱한 부인이 있었다. 그녀는 자신에게 결혼 신청을 해 온 남자들이 충분히 유럽적이지 않고 섬세하지 않다고 거절하면서, 그녀가 아름답지 않기 때문에 절

---

\* 오스만 제국 시대의 고관으로, 오늘날의 장관에 해당된다.

대 그녀와 결혼하지 않을 정중하고 부유한 남자를 사랑하며 평생을 보냈다. 쉰 살이 가까워졌을 때 "아주 신사야, 아주 정중해."라고 했던 서른 살가량의 경찰과 결혼했다가 얼마 되지 않아 이 결혼에 실패한 후에는, 자신과 같은 계층의 젊은 여성들에게 그녀 자신들처럼 부유한 남자를 찾아야 한다는 이야기를 해 주는 데 여생을 바쳤다.

오스만 제국 마지막 세대의 서구화된 부자들과 파샤들의 후손들이기 때문에 전통문화뿐만 아니라 서구 문화와도 아주 친밀했던 이 사람들이 자신들의 아버지와 가족의 재산을 자본으로도 전환하지 않고, 자신들의 부를 이스탄불의 급성장하는 사업과 산업의 자본의 일부로 만들지 않는 이유가 있었다. 무자비한 사기와 속임수를 쓰는 습관과 같은 수준의 '진정하고 진심 어린' 우정과 공동체 문화를 공유하는 '교양 없고, 세련되지 못한 상인들'과 함께 생산과 사업을 하는 것은 고사하고, 자신들은 그들과 같은 테이블에서 차조차 마시지 못할 거라는 것을 알았기 때문이다. 재산을 보호하고 월세 수입을 걷어 달라고 고용한 변호사들에게 사기를 당했다는 것도 알아채지 못하는 이 옛 부자들의 저택이나 보스포루스에 있는 해안 저택에 초대받아 간 적이 있었다. 나는 이들이 대부분 사람보다 고양이와 개를 더 좋아한다는 것을 아주 잘 알았기 때문에, 이들이 내게 보여 준 특별한 사랑을 소중히 여겼다. 모두 얼마 지나지 않아(만약 화재로 재가 되지 않는다면) 팔리고 거대한 재산이 될 이 보스포루스 해안 저택에서 십 년이나 십오 년 후에는 골동품 상인 라피 포르타칼의 가게를 채울 독서대, 긴 의자, 자개로 장식된 테이블, 유화, 서예 족자, 오래된 장총, 조상에게서 물려받은 역사적인 장검, 과녁, 거대한 시계 같은 오래된 물건들 사이에서 사는 이 사람들이, 해안 저택과 물건들뿐만 아니라 다른 재산과 소유물이 많음에도 불구하고, 어쩔 수 없이 빈곤한 삶을 지속하는 것을 은근히 즐기며 지켜보았다. 이들은 저택 밖 현실과의 관계에 문제가 있다는 것을 의미하는 강박관념이 있었다. 지팡이를 짚고 걸어야만 하는 아주 삐쩍 마른 노인은 아버지를 이끌고 가서 먼저 시계를 보여 주고, 그다음에는 마치 여자 나체 사진이라도 보여 주듯 비밀스럽게 무기 수집품을 보여 주었다. 어떤 늙은 아주머니는 오 년 전에 우리가 갔을 때도 아주 위험했던 작은 벽 폐허 주위를 돌아서 나룻배 창고로 내려가는 방법을 같은 말로 한 번 더 설명하곤 했다. 누군가는 하인들이 듣지 못하도록 속삭였고, 어머니가 나중에 고심할 법한 문제를 무례하게 한 번 더 묻고, 아버지의 아버지가 어디 출신인지를 꼬치꼬치 따지곤 했다. 자신의 집을 박물관이라도 구경시켜 주듯 천천히 보여 주는 습관이 있던 뚱뚱한 친척 아저씨는 칠 년 전에 신문에서 읽었던 수치스럽지만 사소한 뇌물 사건에 대해 마치 오늘 아침 《휘리예트》 신문에서 읽기라도 한 것처럼, 도시에 만연한 수치스러움의 수위 때문에 놀랐다는 듯 우리가 올 때마다 반복하곤 했다. 이런 모든 이야기들을 하고 서로 안부를 묻거나 손님을 접대하는 중에, 어머니는 우리가 무슨 잘못을 하는지 곁눈질로 통제했고, 나는 우리가 이 '부자들'에게 그렇게 중요한 사람들이 아니라는 결론을 내리곤, 한시라도 빨리 이 저택 혹은 해안 저택에서 나가 집으로 돌아가고 싶었다. 누군가 우리 아버지의 이름을 잘못 말할 때나 할아버지를 시골 농부로 생각할 때, 외부 세계와 단절된 옛날 부자들처럼 일상생활의 평범하고 단순한 작은 결점에(각설탕 대신 가루 설탕이 나오거나, 하녀 아이가 비위에 거슬리는 색깔의 양말을 신거나, 저택 아주 가까이로 쾌속정이 지나가는 것) 분노와 강박관념이 가세하여 과장되고, 우리의 존재마저 잊게 하는 아주 중요하고 끝도 나지 않는 주제가 되어 버리면, 나는 그들과 우리의 사회적 신분이 다르다고 느꼈다. 어차피 이들의 아들이나 손자 혹은 당시 그 집에서 나와 친구하며 놀고 싶어 하는 내 또래 누가 있던지 간에 그도 마을 찻집에서 어부들과 싸우거나, 시내에 있는 프랑스 학교에서 목사를 때리거나, 몇 년 후에 스위스의 정신병원에 수감되지 않는다면 몇 년 후 자살을 할 정도로 '까다로운' 사람이었다.

  자신의 재산이나 소유물, 분노, 강박관념에 대한 집착은 파묵 아파트에 사는 나의 가족처럼 서로를 고소할 정도로 강했기 때문에 이 사람들과 '우리 가족' 사이에서 공통점도 발견하곤 했다. 커다란 집에서 오랜 세월 같이 살았으면서도, 재산 다툼 때문에 서로 고소하고, 나중에는 나의 아버지-삼촌-고모처럼 모두 함께 웃으며 저녁을 먹다가도 때로 불만을 지나치게 심각하게 받아들여서는, 같은 저택에서 사는 데도 몇 년 동안 서로 한마디도 하지 않거나 서로의 얼굴을 보는 것도 참지 못해서, 보스포루스의 전망 좋고, 천장이 높고, 퇴창이 있는 가장 큰 방에서 시작하여 모든 해안 저택을 끔찍한 회반죽으로 된 벽으로 둘로 나눈 사람들(이들은 서로를 보지 못하지만 기침 소리에서 시작하여 발소리까지 하루 종일 서로가 내는 소리들을 들어야 했다.), 그리고 '하렘\*은 네 것, 별채는 내 것'으로 나누어 놓은 저택에서 자신들의 편안함 때문이 아니라, 자신들이 혐오하는 가까운 친척들에게 불편을 끼쳐 행복해할 수 있기 때문에, 서로의 정원 문

---

\* 오스만 제국 당시의 저택에서 여성 전용 구역을 일컫는 말.

으로 통하는 길을 여러 가지 법적 술수로 막는 사람들도 있다.
　이후의 세대에서도 이와 비슷한 가족 간의 재산 싸움이 계속되었으므로, 이런 종류의 가족 간의 혐오가 이스탄불 부자들의 특징이라는 생각까지 들었다. 공화국 초기, 할아버지처럼 부자가 되어 니샨타쉬의 테쉬비키예 거리에서 별로 멀지 않은 곳에 정착한 어느 부유한 가족의 자녀들은 아버지가 압둘하미트 파샤에게 하사받은 토지를 둘로 나누었다. 먼저 형제들 중 동생이 이 땅의 절반에다 시당국의 법에 맞게 인도를 넘지 않는 한도 내에서 아파트를 지었다. 몇 년 뒤, 형은 자기 몫인 남은 절반의 땅에 아파트를 세워 일부러 동생 아파트의 조망을 막았다. 이에 형제는 니샨타쉬 사람들이 모두 아는바, 오로지 상대 아파트의 창문에서 바라다보이는 풍경을 막기 위해 아파트 5층 높이의 벽을 세웠다.
　시골에서 와서 이스탄불에 정착한 가족들은, 도시에서 적응하고 살아남기 위해 서로 단결하고 서로를 지지해 주었기 때문에 이러한 가족 간의 싸움은 별로 많지 않았다. 1960년대 이후 도시의 인구가 두 배로 증가하고 토지 가격이 급상승하자, 몇 세대 동안 이스탄불에서 살아오고 도시에서 토지를 소유할 수 있었던 사람들은, 갑자기 하늘에서 떨어지듯 내려온 이 돈 때문에 정신이 나가게 되었다. 이들은 자신들이 옛 이스탄불 출신의 부자라는 것을 증명하기 위해 재산 분배를 놓고 서로 싸움부터 했다. 바크리쾨이 뒤에 있는 불모의 산과 언덕의 주인이었다가, 1960년대 초에 갑자기 도시가 팽창하면서 믿지 못할 정도로 부자가 된 형제 중 동생은 권총을 꺼내 들고 어쩌면 이러한 이유로 형을 쏴 죽였던 것이다. 내가 주의 깊게 읽었던 신문들에서는 형제간 살인의 배후에는 형이 동생의 아내와 사랑에 빠졌다는 사실이 있음을 암시했다. 형을 죽인 살인자의 아들이 (초록색 눈을 가진) 쉬실리 테라키 고등학교 부속 초등학교에서 나와 같은 반이었기 때문에 나 역시도 충격에 빠져서 이 부자들의 살인 사건에 관심이 생겼다. 신문들이 1면에 재산과 여자 싸움의 세세한 것들을 신나게 쓰고 있을 때, 하얀 피부에 붉은 머리를 한 살인자의 아들은 언제나처럼 무릎까지 오는 가죽 바지와 촌스런 재킷을 입고 교실로 들어와서 손에 손수건을 든 채 하루 종일 조용히 울었다. 이후 사십 년 동안, 무릎까지 오는 가죽 바지와 재킷을 입는 같은 반친구와 성이 같은 사람들이 25만 명이나 살고 있는 이스탄불의 그 지역을 지나갈 때나 이제는 모두 이스탄불이 알고 있는 작은 도시가 된 그 마을의 이름을 들을 때면, 진지하지만 조용하게 계속 눈물을 흘리던 내 친구의 새빨간 눈을 떠올리곤 한다.

우리 집안처럼 가족 내 분쟁을 법정이 아니라, 더 현실적인 방식인 무기로 해결하는 것은 흑해 사람들의 방식이었다. 이들은 대부분 조선업에서 출발하여 정부의 운반 입찰 경쟁을 하게 되면서, 서양의 자유 경쟁이 아니라 자신들이 만든 무장 집단으로 서로를 위협하곤 했다. 가끔 총으로 쏘고 죽이는 일에 지치면 중세 왕자들처럼 서로에게 딸을 줘서 결혼을 시키고, 별로 오래 지속되지 않는 평화 시기를 보낸 후, 다시 서로 총질을 시작해 양가 모두에 속한 여자들을 힘들게 했다. 하지만 이 사람들은 언제나 장난기를 잃지 않고, 돛배로 하는 사업에서 시작하여 작은 화물선을 경영하고 딸들을 대통령 아들과 결혼시켰으며, 어머니가 관심을 가지고 주시하던 「들으셨나요?」 칼럼에 나올, 진부한 당시 표현대로 '캐비아와 샴페인을 곁들인 화려한' 파티를 열어 사람들을 초대하기 시작했다.

어머니와 아버지, 때로는 삼촌과 할머니도 참석했던 이러한 파티, 결혼식, 무도회에서 즉석 사진사가 찍어 준 사진을 그날 밤 집으로 가져와 장식장 위에 며칠 동안 올려놓곤 했는데, 나는 그 사진에서 우리 집에 오고 가는 아는 사람들이나 신문에 사진이 실린 유명한 부자들 그리고 그들과 잘 지내려는 정치인들을 알아봤고, 이러한

초대에 어머니보다 더 많이 응하는 이모와 어머니가 전화하는 것을 들으며 결혼식 분위기를 상상해 보았다. 텔레비전 방송국과 같은 언론과 모델들을 초대하고 폭죽으로 이스탄불 전체에 알렸던 파티는 1990년대 이후 시작되었는데, 부자들은 이 시기의 결혼식이나 무도회에서 나머지 이스탄불 사람들보다 자신이 얼마나 더 부자인지를 알리려 하기보다는 서로를 만나 두려움과 걱정을 잊고 싶어 했다. 나 역시 이러한 결혼식이나 무도회에 가면, 머리가 혼란스러우면서도 부자들끼리의 특별한 행복을 곧장 느낄 수 있었다. 하루 종일 단장을 하고 집에서 나가는 어머니의 반짝이는 눈에서도 이런 행복을

읽곤 했다. 하지만 이것은 파티에 가는 것이나 즐거운 시간을 보내고 맛있는 음식을 먹고 즐기는 것에서 오는 행복이라기보다는, 그 사람들과, 즉 부자들과 함께 있다는, 이런저런 이유로 그들 중 한 명으로 간주된다는 것에서 비롯된 행복이었다.

환히 밝혀진 거대한 홀로 들어갈 때나 여름에 야외 정원에서 열리는 결혼식 파티의 잘 차려진 테이블, 차양, 화분, 하인과 웨이터 사이를 걸을 때 부자들이 사실은 서로를 보고 아주 흡족해한다는 것, 유명한 부자들 사이에 있다는 것이 그들을 기분 좋게 한다는 것을 느낄 수 있었다. 이러한 이유로, 어머니처럼 그들도 '누가 있지?'라는 마음으로 초대 손님들을 바라보고, 같은 파티에 함께 초대받았다는 기쁨에 그 사람들을 볼수록 더 즐거워한다는 것을 감지하곤 했다. 부유함의 배후에는 대부분 자신의 지식이나 독창성, 근면보다는 운이나 잊어버리고 싶은 속임수가 있으며, 자신의 재능보다는 돈의 양을 믿는 이 사람들은, 마치 그들 자신처럼, 오로지 돈이 많기 때문에 부각되는 다른 부자들과 같은 장소에 있다는 것을 편하게 느낄 뿐만 아니라 좋아했다.

나는 얼마 지나지 않아 이상한 바람이 불어 나 자신이 그곳에서 이방인처럼 느껴지기 시작했다. 우리 집에 없는 물건들, 전혀 알지 못하는 호화로운 기구들을(예를 들면 고기를 써는 전기 칼) 보고는 소심해지기도 했다. 이 사람들의 부유함 뒤에는 수치, 비열함, 속임수가 있다고 비웃으며 말했던 아버지와 어머니가 이들과 지금 이토록 친해진 것을 보고는 불편해졌다. 이들과 함께 있다는 이유로 행복한 어머니와, 어쩌면 애인들 중 한 명과 시시덕거리는 아버지가 사실은 이들에 대해 집에서 이야기했던 이상한 이야기들과 가십들을 잊어버리고, 그 이야기들을 일시적으로 모른 체한다는 것을 곧 깨달았다. 어차피 다른 모든 부자들도 그렇게 하지 않는가? 부자라는 것은 어쩌면 끊임없이 '척하는 것'일 수도 있었다. 예를 들면 아주 신경 쓰이는 일인 양, 아주 중요한 문제인 양, 정성을 들이지 않고 만든 평범한 음식을 먹고 사는 양, 많은 파티에서 많은 이스탄불 부자들은 최근 여행길에 비행기에서 제공한 음식에 대해 불평했다. 마치 스위스 은행에 예치한(부모님의 표현을 빌리자면 '빼돌린') 돈처럼, 자신들의 영혼도 멀고, 쉽사리 도달하지 못할 안전한 곳에 숨겨 놓은 듯 편하게 사는 이 사람들이 내게 나쁜 모델이 되지는 않았는지 가끔 고민해 보곤 한다.

가끔은 이 사람들의 영혼이 우리와 그리 멀리 있지 않다는 것을 아버지의 이야기로 알아채기도 했다. 스무 살 때 나는 이스탄불 부자들의 멍청함과 무정함을, 보다 더 서양인처럼 보이기 위해 했던 가식적인 행동들을, 물건을 수집하거나 박물관을 세우지 않고 그 어떤 강박관념이나 열정에도 따르지 않고 겁쟁이처럼 극히 평범한 사람으로 사는 것을, 이 단어들로 표현하지는 않았지만 격한 말로 비판했다. 나의 날카로운 혀가 가족의 친구들, 아버지와 어머니의 친구들, 때론 내 친구들의 아버지와 어머니를 겨냥했을 때, 아버지는 내 말을 주의 깊게 가로막더니, 이후 내가 실제로 깨달았던 대로, 어쩌면 내가 불행하게 살 것을 걱정하고 내게 경고를 하려는 목적으로, 내가 언급했던 숙녀는(어떤 아름다운 여자) '사실은' 아주 마음이 착하고, 좋은 의도를 가진 '처녀'이며, 내가 그녀를 잘 알았더라면 그녀를 잘 이해할 것이라고 말했다.

## 22장
## 보스포루스를 지나가는 배들, 화재, 가난, 이사 그리고 다른 재앙들

아버지와 삼촌이 했던 사업의 파산, 어머니와 아버지의 갈등, 네 명으로 구성된 우리 가족과 할머니가 중심이 된 대가족 사이의 다툼은, 삶이 즐거운 사건들과 매일 새로운 것을 발견하는 재미들과 (그림 그리는 것, 성적 관심, 우정, 잠, 사랑받는 것, 음식, 노는 것, 바라보는 것 등) 무진장한 행복의 가능성만큼이나, 전혀 예기치 않는 순간에 나타나 불타오르고 커지는 크고 작은, 중요하거나 중요하지 않은 재앙들로도 이루어져 있다는 것을 천천히 가르쳐 주었다. 이러한 재앙들이, 어린 시절 라디오에서 뉴스와 일기예보가 끝나고, '선원들에게 알림'이라는 제목으로 아주 진지한 목소리로 보스포루스로 나오는 흑해 출구의 어떤 위도와 경도에 부유기뢰가 보이는지 선원들에게뿐만 아니라, 모든 이스탄불 사람들에게도 알려 주는 것처럼, 사람들 앞에 전혀 예기치 않는 순간에, 전혀 예기치 않은 형태로 나타날 수 있다는 것을 이제는 잘 알게 되었다.

언제고 어머니와 아버지가 전혀 예기치 않는 순간에 논쟁을 할 수 있고, 위층에서 재산 싸움이 일어날 수 있고, 어떤 이유로 화가 난 형이 내게 분풀이를 할 수도 있었다. 어느 날 아버지는 집에 들어와서, 우리가 살고 있는 집이 팔렸다거나, 압류당했다거나, 다른 곳으로 이사 가야 한다는 것을, 마치 여행을 떠날 거라고 말하는 것처럼 아무렇지도 않게 말해 버리곤 했다.

당시 우리는 여러 번 이사를 갔다. 매번 이사를 할 때마다 집에서는 긴장이 고조되었고, 시간을 잘 분배하여 냄비와 접시 같은 모든 용기를 날짜가 지난 신문으로 일일이 싸고 점검하는 데 바빠 우리를 감시하는 어머니의 시선이 줄었기 때문에, 형과 나는 자유롭게 집 안에서 뛰어놀았다. 집 안 풍경 중에 뗄 수 없고 위치도 바뀌지 않는 일부로 생각했던 장식장, 서랍, 테이블이 짐꾼 손에 들려 집 밖으로 나가고, 몇 년의 세월을 보냈던 집이 텅 비면 내 마음은 슬픔에 쌓였다. 하지만 장식장 밑에서 오랫동안 잊고 있던 연필이나 구슬, 소중한 추억이 담긴 장난감 자동차를 발견하는 것이 위로가 되었다. 우리가 이사 갔던 집들에 어쩌면 니샨타쉬에 있는 파묵 아파트의 안락함과 따스함은 없을 수도 있지만, 지한기르나 베식타쉬에 있었던 그 집들에서는 보스포루스 풍경이 아주 잘 보였기 때문에 우리가 그곳으로 이사 갔다고 해서 절대 불행하다고 느끼지는 않았다. 우리가 서서히 가난해지는 것도 별로 크게 걱정하지 않았다.

이 작은 재앙들에 맞서 혼자 발견해 낸 예방 조치들이 언제나 준비되어 있었다. 엄격한 질서와 규칙, 이것들의 조화나 반복에 상징적으로 복종하고(선을 밟지 않는 것, 어떤 문들을 절대 꼭 닫지 않는 것) 반대로 하는 것과(다른 오르한과 만나는 것, 두 번째 세계로 도피하는 것, 그림을 그리는 것 혹은 형에게 시비를 걸어 나 자신이 재앙을 만들어 내는 것) 같은 논리로 움직이는 이 예방 조치 중 하나는 보스포루스를 지나가는 배들을 세는 것이었다.

사실 나는 나 자신을 인지한 이래로 보스포루스를 지나가는 배들을 세어 왔다. 루마니아 유조선, 러시아 연방 순양 전함, 트라브존에서 온 어선, 불가리아 여객선, 흑해로 가는 터키 해운 정기 여객선, 러시아 연방 정찰선, 호화로운 이탈리아 대서양 항로 정기선, 석탄 나르는 배, 바르나*에 등록된 연안 무역선, 페인트칠도 안 되고 돌보지 않아 녹이 슨 짐배, 국기와 나라가 확실치 않은 어둡고 썩은 배

들을 세었다. 하지만 모든 것을 다 세지는 않았다. 보스포루스의 한쪽에서 다른 쪽으로 출근하는 직장인들과 손에 장바구니를 들고 시장에서 돌아오는 부인들을 태운 모터보트, 담배를 피우고 차를 마시는 멍하고 우울한 손님들을 태우고 이스탄불의 한 연안에서 다른 연안으로 가는 페리보트, 이제 나도 아버지처럼 알고 있는 배들은 세지 않았다. 왜냐하면 이미 그것들은 집에 있는 물건들처럼 어차피

---

* 불가리아에 있는 항구 도시.

떼려야 뗄 수 없는 내 세계의 일부였기 때문이다.

나는 근심하며, 어떤 때는 고민하며, 어떤 때는 당황하며, 그리고 대체로 세고 있다는 것도 모른 채 배들을 셌다. 보스포루스를 지나가는 배들을 세면, 내 삶의 질서를 유지하는 행동을 한다고 느껴지기도 했다. 어렸을 때 극도의 분노와 슬픔을 느끼던 순간에, 나 자신과 학교와 삶에서 도망쳐 이스탄불 거리에서 자유롭게 방황하던 시기에는 배를 세지 않았다. 그때는 재앙, 화재, 또 다른 삶, 다른 오르한을 그리워한다고 느끼곤 했다.

배를 세는 이 습관이 어떻게 시작되었는지 설명한다면 어쩌면 나의 강박관념이 더 잘 이해될 수 있을 것이다. 1960년대 초에 어머니와 아버지, 형과 나는 할아버지가 지은, 바다가 내다보이는 지한기르에 있는 작은 아파트에 살았다. 나는 초동학교 마지막 학년이었다. 그러니까 열한 살이었다. 한 달에 한 번, 밤에 잠자기 전에 종이 그려진 자명종을 일출보다 몇 시간 전에 맞추어 놓고 깊은 밤 고요한 정적 속에서 깨어나곤 했다. 잠들기 전에 꺼 버렸던 난로에 혼자 불을 붙일 수 없었기 때문에 겨울밤에 덜덜 떨지 않기 위해서는 일하는 사람이 머무는 빈 방의 침대로 들어갔다. 터키어 책을 손에 들고 등교 시간이 될 때까지 시를 외우기 위해 열심히 반복했다.

"아, 국기, 영광스러운 국기,
하늘에서 물결치누나!"

어떤 텍스트, 어떤 기도문, 어떤 시를 외워야만 했던 사람은 모두가 아는 것처럼, 단어들을 뇌리 속에 새기려고 애를 쓸 때 우리는 눈에 보이는 것에 별로 주의하지 않는다. 우리 머릿속의 눈은 쉽게 외우기 위해 상상이 제공하는 광경에 관심을 갖는다. 이렇게 외우고 있을 때 우리 눈은 우리의 뇌리에 전혀 귀 기울이지 않고, 자신의 즐거움을 위해 세계를 구경한다. 나는 어두운 겨울 아침, 추위 속에서 덜덜 떨며 시를 외울 때 창밖으로 어슴푸레 보이는 보스포루스의 어둠을 보곤 했다.

4, 5층짜리 아파트, 이후 십 년 동안 하나하나 불에 타 버릴 목조 가옥들의 지붕과 굴뚝, 지한기르 사원의 첨탑 사이로 보이는 보스포루스는, 그 이른 시간에는 페리보트를 운행하지 않기 때문에 탐조등과 전등도 없어 칠흑처럼 어두웠다. 아시아 대륙에 면해 있는 하이다르파샤에서 짐을 내리는 낡은 크레인들, 조용히 지나가는 짐배의 전등, 희미한 달빛이나 홀로 외로운 보트의 빛이 이 칠흑 같은 어둠을 밝혔다. 조개들로 덮인 녹슬고 이끼 낀 거대한 바지선, 홀로 고기를 잡는 어부의 배, 유령처럼 하얀 크즈쿨레시를 알아보았다. 하지만 바다는 대부분 신비로운 어둠

보스포루스를 지나가는 배들, 화재, 가난, 이사 그리고 다른 재앙들

속에 있었다. 아시아 대륙 쪽에서 해가 뜨기 전, 아파트들과, 사이프러스 나무가 있는 묘지들로 덮인 언덕들이 약간 밝아질 때도 보스포루스는 어두워 보였고, 그 물은 항상 어두운 상태 그대로 있을 것처럼 느껴졌다.

밤의 어둠 속에서 내 머리가 암기, 반복, 기억의 신비스러운 놀이로 바쁠 때, 내 시선은 보스포루스의 급류 위로 천천히 지나가는 어떤 것에―이상한 배, 일찍 고기잡이에 나선 어선―멈추었다. 내가 보곤 했던 것에 전혀 집중하거나 생각을 하지 않았음에도 불구하고 내 눈은 한순간 습관적으로 내가 보고 있는 것을 점검하고, 그것이 익숙한 물체라는 것을 안 후에야 보스포루스를 지나가도록 허가했다. 그래, 짐배, 전등 하나 들어오지 않는 어선, 하고 혼잣말을 했다. 그래, 아시아에서 유럽으로 아침 첫 승객들을 나르는 여객선, 그래, 러시아 연방의 한적한 항구로 가는 낡은 구축함······.

그러던 어느 날 아침, 추워서 이불 밑에서 웅크리고 시를 외우고 있을 때, 내 눈은 지금까지 한 번도 보지 못했던 어떤 것에 경악하며 고정되었다. 손에 들고 있던 책은 완전히 잊고 그대로 얼어붙었던 것을 아주 잘 기억하고 있다. 그것은 밤의 어둠 속 바다에서 솟아올라 커지고 커져, 바다와 가장 가까운 언덕에서 그를 바라보는 나에게 다가오는 거인이었다. 크기와 형태는 꿈에서나 나오는 거대한 유령과 같았다. 러시아 연방 전함! 동화에서 나오는 것처럼, 희미한 안개와 어둠 속에서 갑자기 나타나 떠다니는 괴물 요새! 그것은 엔진의 속도를 줄이고 조용히 지나가고 있었다. 하지만 얼마나 힘이 있었던지 그렇게 천천히 통과하는데도 창문턱, 나무 세공, 집의 나무 마루를 삐걱거리게 했고, 잘못 걸어 놓은 난로 집게, 어두운 부엌에 줄지어 있는 냄비들, 커피 끓이는 그릇을 달그락거리게 했다. 방 안에서 잠을 자고 있는 어머니, 아버지, 형의 따스한 방의 창문들을 떨리게 했고, 바다로 내려가는 네모난 돌이 깔린 비탈길, 문 앞에 놓인 쓰레기통, 아침 이른 시간에 슬퍼 보이는 마을을 마치 가벼운 지진이 난 듯, 깊은 곳에서 천천히 떨리게 하고 있었다. 그러니까 냉전 시기에 이스탄불 사람들이 귀에서 귀로 속삭였던 그 소문이 사실이었나 보다. 자정이 지나면서 러시아 연방 전함이 조용히 보스포루스를 지나가고 있었다.

한순간 나는 어떤 책임감을 느끼며 허둥댔다. 모든 도시는 잠들어 있었고, 잘은 모르겠지만 어딘가로 나쁜 짓을 하러 가는 이 거대한 러시아 연방 전함을 나만 유일하게 보았던 것이다. 나는 이스탄불과 전 세계에 경고를 해야만 했다. 게다가 이 상황은 어린 시절 잡지에서 읽었던, 모든 사람이 잠들어 있는 밤에 온 도시를 홍수나 화재 혹은 적군의 침입으로부터 구한 용감한 아이의 이야기와도 비슷했다. 하지만 어렵사리 데워 놓은 따스한 침대 속에서 나가고 싶은 마음은 조금도 없었다.

나는 근심에 휩싸여 어쩔 줄 몰라 하다 다른 해결책을 찾았다. 암기로 열려 있던 내 이성은 정신을 집중하여 지나가는 러시아 연방 전함을 세었던 것이다! 이후 이것은 습관이 되어 버렸다.

나는 여기서 무슨 말을 하려고 하는가? 언덕 위에 위치한 집에서 보스포루스를 지나가는 모든 공산주의 배들의 사진을 찍었다는 전설적인 미국 스파이들처럼(냉전 시기의 어쩌면 맞는지도 모르는 또 다른 이스탄불의 전설) 지나가는 배의 특징들을 머릿속에 기입했다. 그 전함을, 지나가는 다른 배나 보스포루스의 흐름 그리고 세계가 돌아가는 것과 함께 내 상상 속에서 관련을 지었다. 지나가는 배들을 같이 셈으로써 그 거대한 전함을 보통의 배로 만들어 버렸다. 하지만 세지 않고, 기입하지 않고, 특징들을 확실히 하지 않는 것이 끔찍한 재앙의 원인이 된다는 것을 아주 잘 알고 있었다. 단지 거대한 러시아 연방 전함만이 아니라 보스포루스를 지나가는 모든 '기입할 만한' 배를 세어 세상의 질서와 나 자신의 행복을 통제했다. 보스포루스가 모든 세계의 정복의 열쇠이자 세계의 지정학적 심장부이며, 이러한 이유로 러시아인을 위시하여 모든 민족과 군대가 우리의 아름다운 보스포루스를 탐한다고 가르친 사람들의 말이 맞았던 것이다.

어린 시절 이후 나는 항상 멀리 아파트, 사원의 돔, 언덕 사이로 보스포루스가 보이는 언덕에 살았다. 멀리서나마 보스포루스를 볼 수 있다는 것이 갖는 정신적 의미 때문인지 몰라도 이스탄불의 집에서 바다가 바라다 보이는 창문은 사원에 있는 미흐랍\*(교회에서의 제대(祭臺), 유대 교회당에서의 제단) 역할을 한다. 안락의자, 긴 의자, 의자, 식탁은 거실에서 항상 보스포루스가 바라다 보이는 위치에 놓인다. 보스포루스를 집에서 보고 싶어 하는 우리의 이런 열정 때문에 마르마라 해에서 보스포루스로 들어오는 배에서는 이스탄불이, 그 배와 보스포루스를 엿보기 위해 열려 있는, 서로의 시야를 막고 서로의 앞으로 무자비하게 튀어나온 수백만 개의 탐욕스런 창문으로 보인다고 한다.

보스포루스를 지나가는 배를 세는 것은 나만의 이상한 습관이 아니라, 나이를 불문하고 나와 비슷한 이스탄불 사람들에게 흔한 습성

---

\* 이슬람 사원에서 신자들의 예배 방향을 가리키는 벽면의 오목한 곳.

이라는 것을 나중에 알게 되었다. 우리 대부분이 일상생활에서 재앙이나 죽음, 거대한 혼란이 다가오는지를 점쳐 보기 위해 창문과 발코니에서 보스포루스로 시선을 던지고 배를 세 본다는 것을, 나의 습관과 불안감을 다른 사람들과 공유하기 시작했을 때 알게 되

었다. 많은 세월이 흐른 후 우리가 이사를 갔던 베식타쉬의 세렌제베이 언덕에 있는 보스포루스를 바라보는 집에서 살면서, 마치 의무라도 되는 양 지나가는 배들에 관해 공책에 쓰는 먼 친척이 있었다. 의심 가는 모든―약간 낡고, 녹이 슬고, 오래되거나 어느 나라 소속인지 알 수 없는―배가 러시아에서부터 어떤 곳에 있는 지역 반란자들에게 무기를 공급한다거나, 그 배가 운반하는 석유가 국제 경제에 타격을 줄 거라고 주장하는 고등학교 시절의 반 친구도 있었다.

창밖을 바라보며 시간을 보내는 취미는 텔레비전이 나오기 이전의 문화적 결과로 볼 수도 있다. 또한 보스포루스의 풍경을 바라보

는 무한한 즐거움 때문으로도 이해할 수 있을 것이다. 하지만 배를 세는 나의 취미, 다른 사람들과 공유하는 이 취미 뒤에는 이스탄불 사람들의 마음속에 작용한 또 다른 두려움이 있다. 한때 중동의 부유함을 모두 고갈시켰던 그들의 도시가, 오스만 제국이 서양 그리고 러시아와 치렀던 전쟁으로 쇠잔해지고 서서히 사라지면서 폐허 속에서 가난하고 침울한 곳으로 변해 버리자, 이스탄불 사람들은 외부에 대해, 먼 곳에 대해, 서양인들 나아가 온갖 종류의 패배에 대해, 이방의 흔적을 안고 있는 것에 대해 끊임없이 의심하는 내향적이며 민족주의적인 사람들로 변해 갔다. 또한 같은 이유로 이스탄불 사람들은 내가 어린 시절에 항상 느꼈던 것처럼, 도시에 매순간 온갖 종류의 재앙이 일어날 수 있고, 또 다른 패배와 몰락이 올 수 있다는 두려움을 마음속에서 150년간 버리지 못했다.

나는 이스탄불을 떠나 있으면, 이 배를 세는 일을 계속하기 위해 한시라도 빨리 이 도시로 돌아가고 싶다고 생각할 때도 있다. 지나가는 배를 세지 못하면 도시가 퍼트린 비애와 상실감에 더 빨리 휩싸일 거라고 생각하기도 했다. 비애는 나와 같은 시기에 이스탄불에서 살아온 사람들에게는 어쩌면 피할 수 없는 운명일 것이다. 하지만 비애에 맞서 무언가를 하고자 하는 노력은, 창문 밖으로 이스탄불을 멍하니 바라보는 일에 어떤 의무감 같은 것을 부여해 주었기 때문에 중요하다.

보스포루스에서 일어나는 선박 사고는 온 도시가 끝없이 떠올리면서 공포 속에 기다렸던 재앙이다. 이것은 모든 도시를 단결시키는 거대한 공동체 의식처럼 존재했다. 평범한 삶의 질서에서 탈피하면서도 결국 우리에게는 아무 일도 일어나지 않을 거라고 느낄 수 있었기에 이런 재앙들을 은근히 좋아했고 죄책감이나 희열을 느끼기도 했다.

예를 들면 여덟 살 때, 석유를 실은 유조선 두 대가 보스포루스 한가운데에서 충돌해 거대한 폭발과 함께 불타오른 일이 있었는데, 폭발의 굉음이 들리고 별이 반짝이던 하늘이 어두운 불길과 연기로 휩싸이자, 두려운 마음보다는 구경하고 싶은 마음으로 흥분이 되었다. 주위에 있던 석유 저장고도 폭발했으며, 보스포루스 전체가 불타고 있다는 전화가 걸려 왔다. 큰 구경거리가 될 만한 큰 화재가 일어나자 먼저 누군가가 불길과 연기를 보았고, 이후 대체로 잘못된 소문들을 들었고, 시간이 더 지나자 어머니와 이모들의 만류에도 불구하고 구경을 가고 싶은 저항할 수 없는 유혹에 휩싸였다.

삼촌은 우리를 급히 깨우고 자동차에 여러 명을 태워서 보스포루스 뒤에 있는 언덕인 타라비야로 데려갔다. 건축 중인 큰 호텔 앞 해안도로가 경찰에 의해 차단된 것이 화재만큼이나 나를 슬프게 했고 흥분시켰다는 것을 기억한다. 이후 학교 친구가 뻐기듯 "언론!"이라고 말하며 신분증을 보여 주는 아버지와 함께 경찰 저지선을 넘었다는 것을 알고 질투심이 일었다. 이렇게 해서 나는 1960년 가을 새벽 무렵 잠옷 위에 급히 바지를 걸쳐 입고, 슬리퍼를 신고, 품에 인형을 안고, 가방과 비밀 봉지를 손에 들고 거리로 뛰어나온 호기심 많은 이스탄불 사람들 속에서 보스포루스가 타는 모습을 구경하며 흥분했다. 이후 보스포루스의 그 멋진 바다에, 해안 저택에, 선박에 화재가 났을 때 보았던 것처럼, 얼마 지나지 않아 어디서 나타났는지 도무지 이해할 수 없었던 헬와 장수, 시미트 장수, 물장수, 열매 씨 장수, 쾨프테 장수, 주스 장수가 벌써 군중들 사이를 돌며

장사를 하기 시작했다.

　러시아 연방의 트바체 항구에서 가스 오일 11톤을 싣고 유고슬라비아로 출발하여, 나중에 신문에 나온 바에 따르면 보스포루스에서 잘못된 항로를 가던 페테르 조라니치라는 유조선이, 액체 연료를 사기 위해 러시아 연방으로 향하던 월드 하모니라는 그리스 유조선과 충돌하고 일이 분 후 유고슬라비아 유조선에서 흘러나온 가스 오일이 온 이스탄불에 다 들릴 정도로 큰 소리를 내며 폭발했다. 두 배의 승무원들은 즉시 배에서 탈출했거나 순식간에 불에 타 죽었기 때문에 지휘자가 없어진 선박들은 통제에서 벗어난 채 보스포루스의 강력하고 신비스런 급류와 소용돌이에 좌우로 끌려 다녔고, 유럽과 아시아 대륙에 각각 면해 있는 마을들, 에미르갼과 예니쾨이의 해안 저택들, 칸르자, 추북루에 있는 석유와 벤진 저장고, 목조 가옥들로 뒤덮인 베이코즈 해안을 위협하며 불덩이 상태로 돌아다니기 시작했다. 한때 멜링이 천국처럼 그렸고 압둘학 쉬나시 히사르가 '보스포루스 문명'이라고 했던 장소들은 석유 불꽃과 검은 연기로 덮여 버렸다.

　선박들이 어느 해안에 다가가면 그곳에 사는 사람들은 다급히 해안 저택들을, 목조 가옥들을 빠져나와야 했다. 손에는 이불을 든 채 아이들은 거리로 나와 해안에서 도망쳤다. 유고슬라비아 유조선은 먼저 아시아 쪽에서 루멜리 쪽으로 휩쓸려 갔고, 이스틴예 앞에 정박 중이던 타르수스 여객선에 부딪히는 바람에 이 배도 곧 불길에 휩싸여 타오르기 시작했다. 그리스 선박이 베이코즈 앞으로 다가오자 집과 해안에서 도망친 사람은 잠옷 위에 다급하게 비옷을 걸쳐 입고 손에는 이불을 든 채 언덕 위로 올라갔다. 바다는 불길 속에서

샛노랗게 번쩍거렸다. 시뻘건 철 더미로 변한 배의 굴뚝, 돛대, 선장실의 단상은 열기 때문에 녹아내려 기울어졌다. 하늘은 배에서 비쳐 나오는 거대한 붉은 불빛으로 훤히 밝혀진 것 같았다. 이따금 폭발이 일어나면 담요만 한 양철 조각이 종이처럼 타오르면서 바다로 떨어졌고, 해안과 언덕에서는 비명과 고함 소리가 끊임없이 들려왔으며, 폭발과 함께 아이들의 울음소리도 들려왔다.

박태기나무와 인동덩굴 사이로 봄꽃의 향기를 맡고, 뽕나무 아래에서 천국 같은 잠을 자고, 달이 뜬 밤에 비단처럼 반짝이는 바다 위로 음악을 연주하며 지나가는 나룻배로 다가가기 위해 천천히 저었던 노의 끝에서 떨어지는 은빛 물방울을 바라보았던 곳이, 사이프러스와 소나무로 덮인 정원과 작은 숲들이, 불타지 않고 살아남았던 오래된 해안 저택들이 폭발과 화재로, 붉은 하늘로, 집에서 잠옷을 입고 도망쳐 나와 울먹이는 사람들로 에워싸여 있는 것만큼이나 교훈적인 것이 무엇이겠는가?

이후에 나는 당시 내가 아직 배를 세지 않았기 때문에 이 모든 것이 일어났다고 생각했다. 재앙과 관련된 이런 죄책감은 거기서 도망치고자 하는 바람이 아니라, 반대로 재앙이 일어나는 현장을 목격하고자 하는 자극을 발동시켰다. 이스탄불 사람들처럼 실은 재앙을 원하고 있었기 때문에 불길이 솟아오를 때마다 내 마음속에서는 죄책감도 같이 솟아올랐다. 하지만 현장에서 구경하려는 바람은 이런 감정보다 더 강렬했다.

오스만 제국의 문화적 잔재가 서양 현대화의 타격과 빈곤, 이스탄불 사람들의 무지와 무기력으로 점차 무너져 사라져 가는 것을 슬퍼하면서, 자신의 소설에서 이 문제를 심오한 정신적 차원으로 다루었던 탄프나르조차 옛 목조 가옥의 화재를 구경하는 것을 즐겼다고 『다섯 도시』라는 작품의 이스탄불 부분에서(고티에처럼, 네로가 맛본 즐거움에 비교하면서) 고백했다. 탄프나르가 그 부분 바로 앞에서 "우리 눈앞에서 걸작들이 연이어 물에 떨어진 암염(巖鹽)처럼 녹고, 재와 흙더미로 변해 갔다."라고 진심으로 슬퍼했다는 점이 아이러니이다.

할아버지가 1950년대에 짓고 내가 러시아 전함을 세었던 아파트가 있던 그 거리에, 지한기르의 타욱 우추마즈 비탈길에 있는 자신의 집에서 탄프나르는, 옛 사비아 술탄 해안 저택과 오스만 제국 의회가 있으며 자신이 교수 생활을 했던 예술 아카데미의 목조 건물이 타는 것을 구경했다. 폭발이 한 시간이나 계속되어 멋진 불꽃으로 주위를 수놓은 이 "이상한 최후의 심판의 날에 공중을 향해 순식

간에 떠올라 뒤집힌 불과 연기 기둥에 대해" 한편으로는 신나게 언급하는 것과 다른 한편으로는 마흐무트 2세 시기의 가장 아름다운 목조 건물 중 하나가 그 안에 간직한 수많은 추억과 작품과 함께(오스만 건축의 가장 위대한 기록 보관자인 건축가 세다드 하크 엘뎀*의 수집품과 유물 사본들도 이 화재에서 모두 소실되었다.) 사라지는 것에 대한 애통함 사이의 모순을 줄여 보고자, 탄프나르는 불구경을 좀 더 좋아했을지 모르는 오스만 제국의 파샤들 이야기를 꺼낸다. "불이야!"라는 비명을 듣자마자 마차를 타고 구경하러 달려가는 사람들, 추울까 봐 담요나 모피를, 구경이 오래 걸릴 수도 있기 때문에 먹을 것과 커피를 끓일 수 있는 기구를 가지고 온 사람들을 이상한 죄책감을 느끼며 일일이 열거했다.

  옛 이스탄불의 화재는 단지 파샤, 약탈자, 도둑 그리고 아이들과

---

* 1908~1988. 터키의 건축가.

호기심 많은 사람들만이 뛰어가 구경했던 것이 아니라, 19세기 중반부터 도시에 온 서양의 여행작가들도 자신들이 목격한 것을 설명할 의무를 느꼈던 거대한 최후의 심판 날의 즐거움이었다. 1852년에 이스탄불에 온 테오필 고티에는 도시에 두 달 동안 머무르면서 목격했던 화재 다섯 건 중 첫 번째부터 시작하여(그는 당시 베이올루 묘지에 앉아 시를 썼다.) 하나하나 즐겁게 설명해 내려간다. 구경꾼들은 물론 불이 밤에 나는 것을 더 좋아한다. 고티에는 할리치 만에 있는 페인트 공장이 형형색색의 불길을 하늘로 흩날리며 타들어 가는 것을 "멋진 광경"이라고 설명하면서, 할리치 만에 있는 배의 그림자, 불구경을 하는 군중들의 물결, 불길이 집어삼킨 나무와 건물이 허물어질 때 내는 타닥거리는 소리에 관심을 집중한다. 얼마 후 다시 화재가 난 곳으로 가서 화재에서 살아남은 카펫, 매트리스, 베개, 식기 같은 다른 물건으로 이틀 만에 만들어 놓은 피난처에서 살아가려고 하는 수백 명의 사람이 자신들에게 닥친 일을 '운명'으로 받아들이는 것을 터키 무슬림들의 특징이라고 생각했다.

하지만 화재는 500년 오스만 이스탄불 역사에서 떼려야 뗄 수 없는 일부였다. 이스탄불 사람들은 특히 19세기부터 도시를 공포의 도가니로 몰아넣은 이런 재앙에 대해 마음의 준비를 했다. 좁은 골목에 있는 목조 가옥에 살았던 이스탄불 사람들에게 집이 불타는 것은 재앙이라기보다는 피할 수 없는 종말처럼 미리 준비된 것이었다. 오스만 제국이 몰락하지 않았다손 치더라도, 20세기 초에 잇달아 발생하여 단숨에 수천 채의 집과 수십 군데의 동네와 커다란 지역을 집어삼켜 버리고, 수만 명에게서 집을 앗아가고 그들에게 어쩔 수 없는 가난을 안겨 준 화재 때문에 제국은 기억과 힘을 어차피 잃어

버렸을 것이다.

1950년대와 1960년대에 도시의 마지막 목조 해안 주택, 저택, 폐허가 된 목조 가옥들이 타서 허물어지는 것을 목격했던 나 같은 사람들은 불구경하는 재미뿐 아니라, 즐거움이 먼저였던 오스만 제국 파샤들과는 다른 정신적 고뇌 역시 품고 있었다. 서양 문명의 2류이며, 희미하고 빈곤한 모방을 위해서, 정당하게 상속자가 되지 못했던 거대한 문화와 문명의 마지막 흔적들이 이스탄불에서 가급적 빨리 사라지기를 바라며 죄책감, 의기소침, 질투의 감정을 느꼈던 것이다.

나의 어린 시절과 청년 시절에는 보스포루스에 있는 목조 가옥이 불타기 시작하면 보스포루스 양쪽에는 이 광경을 보려는 호기심 많은 사람들이 모여들었다. 더 가까이에서 모든 것을 보려는 사람들은 모터보트와 나룻배를 타고 불타는 해안 저택 쪽으로 다가가기도 했다. 청소년 시절에는 보스포루스에 이런 화재가 발생하면 친구와 전화를 해서 자동차에 다 같이 끼어 타고 그룹을 지어 에미르걍 같은 곳으로 몰려갔다. 바닷가에 나란히 주차한 자동차 안에서 당시 유행하던 크리던스 클리어워터 리바이벌\*을 테이프로 들으면서 옆에 있는 찻집에서 날라 온 치즈가 들어간 토스트에 차와 맥주를 마시며 맞은편 아시아 대륙 쪽에서 솟아오르는 해안 저택의 신비스러운 불길들을 구경했다.

이렇게 구경을 하면서 우리는 옛날에 일어났던 화재에서 목조 가옥 벽에 박혀 있다가 하늘로 치솟은 뜨거운 못들이 보스포루스를 넘어 유럽 쪽에 위치한 다른 목조 가옥에 불을 붙였다는 이야기를 하곤 했다. 하지만 사랑이나 정치에 관해 잡담을 하고, 축구 경기나 어리석은 부모들에 대해 떠들어 대기도 했다. 중요한 것은 불타고 있는 목조 저택 앞으로 검은 유조선이 지나가는데도 아무도 관심을 갖지 않았다는 사실이다. 어차피 재앙은 이미 일어나 버렸기에 이제 아무도 그 유조선은 생각하지 않았다. 불길이 가장 세게 치솟고, 재앙이 가장 끔찍하게 느껴지는 순간에는 자동차에 있던 친구들 사이

---

\* 미국의 록밴드.

에 정적이 흘렀다. 그럴 때는 모두 불길을 보면서 미래에 자신들에게 닥칠 개인적인 재앙을 상상한다는 것을 나는 알 수 있었다.

나는 새로운 재앙에 대한 두려움을, 이스탄불의 모든 사람들이 이미 경험으로 알고 있는 그 두려움을 잠을 자면서 느끼기도 했다. 자정과 아침 사이에 뱃고동 소리를 듣고 잠에서 깨어나곤 했다. 길게 울리며 보스포루스를 둘러싼 언덕으로 메아리치는 그 깊고 힘찬 뱃고동 소리가 밤의 정적 속에서 들려오면 보스포루스에 안개가 끼었음을 바로 알 수 있었다. 안개 낀 밤이면 보스포루스에서 마르마라 해로 나가는 지점에서 신호를 보내는 아흐르카프 등대의 나팔 소리도 일정한 간격을 두고 슬프게 울려 퍼졌다. 반수 상태인 머릿속에서는 안개 낀 보스포루스 급류에서 길을 찾아가는 커다란 배의 환영이 떠올랐다.

어느 나라의 배일까, 크기는 어느 정도일까, 무엇을 실었을까? 선장실에서는 사람들이 왜 걱정을 하고 있을까? 급류에 휘말린 것일까, 안개 속에서 다가오는 검은 형체를 알아챘던 것일까, 항로에서 벗어나 잘못된 방향으로 가고 있다는 것을 알아채고는 경고 나팔소리를 울리는 건 아닐까? 반수 상태로 침대에 누워 있던 이스탄불 사람들은 갈수록 더 슬프고 절망적으로 들려오는 뱃고동 소리에 선원들에게 연민을 느끼며, 재앙에 대한 염려와 악몽과 보스포루스에서 무슨 일이 일어나고 있는지에 대한 호기심 사이를 왔다 갔다 했다. 폭풍이 치는 날이면 어머니는 "이런 날씨에 바다에 나간 사람들을 신께서 도와주시길!" 하고 말하곤 했다. 한편으로는, 가까우면서도 자신에게 해를 입히지 않을 정도로 떨어져 있는 곳에서 일어나는 재앙이나 공포에 대한 감정은 한밤중에 깬 사람들에게는 가장 좋은 약이다. 반수 상태의 이스탄불 사람들은 뱃고동 소리를 세면서 얼마 지나지 않아 이불을 껴안고 다시 잠들어 버리기 때문이다. 어쩌면 꿈속에서 사람들은 안개로 휩싸인 배 위에서 위험의 문턱에 서 있는 자신을 볼지도 모른다.

그러나 대부분의 사람들은 아침이 되면 꿈을 잊어버리는 것처럼 한밤중에 뱃고동 소리에 깨어났다는 것을 잊어버린다. 하지만 아이들이나 아이 같은 사람들은 밤안개와 뱃고동 소리를 기억한다. 일상생활의 가장 평범한 순간, 우체국에서 줄을 서서 기다릴 때나 점심을 먹을 때 그런 사람들은 이렇게 말한다.

"어젯밤 뱃고동 소리로 잠에서 깨어났어."

그러면 나는 어린 시절 이후 보스포루스의 언덕에서 살았던 수백만 명의 이스탄불 사람과 함께 안개 낀 밤에 같은 꿈을 꾸었다고 느끼곤 했다.

보스포루스 해안에서 나와서 해안 저택에 사는 사람들의 꿈속으로 들어간 두려움에 대해, 유조선의 화재처럼 내 기억에 깊이 새겨진 사고와 함께 설명해 보겠다. 안개 낀 어느 날 밤, 정확한 날짜를 말하자면 1963년 9월 4일 새벽 4시, 러시아의 노보로시스크 항구에서 군수물자를 선적하고 쿠바로 향하던 5500톤급 화물선 아르항겔스크는 가시거리가 10미터도 되지 않는데도 항해를 계속하려다가, 발타리만에서 10미터 정도 육지로 올라가서 단숨에 목조 해안 저택 두 채를 무너뜨리고 세 명을 죽여 버렸다.

"끔찍한 소리가 나서 깼습니다. 집에 벼락이 떨어졌다고 생각하는데 건물이 갈라지더니 둘로 나누어져 버렸습니다. 천만다행으로 우리는 무너지지 않은 쪽에 있었습니다. 정신을 차리고 보니 우리는

3층에 있는 거실에서 거대한 유조선과 마주 보고 있었습니다."

　신문들은 사고에서 살아남은 사람들의 말을 목조 저택의 거실로 들어온 배 사진과 함께 실었다. 벽에 걸려 있는 파샤 노인의 사진, 장식장 위 접시에 놓여 있는 포도송이, 방의 다른 절반이 사라져 버렸기 때문에 한 끝이 커튼처럼 허공으로 늘어져 바람에 흔들거리는 카펫, 장식장, 작은 테이블, 서예 액자, 옆으로 누워 있는 긴 의자 사이로 보이는 뱃머리. 이런 사진들이 견딜 수 없을 정도로 무섭고 매력적으로 보이는 것은, 배가 죽음과 함께 침투해 들어간 물건들이 우리 집에 있는 것과 비슷한 눈에 익은 안락의자, 장식장, 작은 테이블, 병풍, 의자라는 사실 때문이었다. 이 사고로 사망한 아름다운 여고생이 바로 얼마 전에 약혼한 사실, 사고가 일어나기 전날 밤에 죽은 사람들과 살아남은 사람들 사이에 나누었던 이야기, 잔해 속에서 아름다운 약혼녀의 시체를 보았던 청년의 고통을 삼십 년 전 신문에서 다시 읽으면, 이 사고가 이스탄불 사람들 사이에서 회자되었던 일들이 함께 떠올랐다.

　당시 이스탄불 인구는 지금처럼 1000만이 아니라 100만이었기 때문에 보스포루스에서의 이 사고는, 한 개인이 군중들 속에서 사라져 버리는 혼란스러운 도시에서 일어나는 평범한 재앙이 아니라 한 마을에서 입에서 입으로 전해져서 전설처럼 되어 버린 이야기처럼 존재했다. 내가 이스탄불에 대해 무엇인가를 쓴다는 것을 알게 된 사람들이 마치 과거의 아름다운 날들에 대해 언급하듯이 촉촉한 눈길로 그 옛날 이스탄불의 보스포루스 재앙에 대해 그리워하는 듯 언급하고, 내 글에 자신들이 뽑은 재앙에 대해 써 달라고 애원해 와서 나는 놀랄 수밖에 없었다.

그러니까 한번은, 아마도 1966년 7월이었던 것 같다, 보스포루스 크루즈 여행을 하던 터키-독일 친선 단체의 승객을 태운 모터보트가 예니쾨이와 베이코즈 사이에서 마르마라 해로 나가는 목재를 실은 모터보트와 충돌해 침몰했고, 이 사고로 승객 중 열세 명이 보스포루스의 어두운 물속으로 사라졌는데, 내가 꼭 이에 대해 써야 한다는 것이었다.

해안 저택의 발코니에서 모든 것을 신에게 맡기고 지나가는 배를 세고 있던 지인의 눈앞에서 플로이에슈티라는 루마니아 유조선이 어선과 충돌해서 눈 깜짝할 사이에 어선을 두 동강 내서 침몰시켰는데, 내가 이것을 써야 한다는 것이다.

그 후에, 그러니까 또 다른 루마니아 유조선과(인데펜덴타) 또 다른 배가(그리스 화물선 에우리알레) 하이다르파샤 앞바다에서 충돌하고, 배에서 흘러나온 액체 연료에 한순간 불이 붙어 석유를 가득 실은 유조선이 끔찍한 굉음을 내며 폭발해 우리 모두 잠에서 깨어났던 것을 내가 잊으면 안 된다고 했다. 나는 잊지 않았다. 사고 현장에서 몇 킬로미터나 떨어져 있는데도 우리 가족이 사는 동네의 유리창 중 절반이 강한 폭발 때문에 깨져 버렸고 거리가 유리 조각으로 뒤덮였던 것을 기억한다.

양과 함께 보스포루스 바다으로 가라앉은 배도 있었다. 1991년 11월 15일에 루마니아에서 구입한 2만 마리가 넘는 양을 싣고 보스포루스를 지나가던 레바논 국기가 달린 라부니온이라는 선박이, 뉴올리언스에서 러시아로 밀을 싣고 가던 마돈나 릴리라는 필리핀 국기가 달린 화물선과 충돌해 양들과 함께 침몰해 버렸다. 몇 마리는 배에서 뛰어내려 헤엄쳤고, 보스포루스 해안에 있는 찻집에서 신문을 읽으며 커피를 마시던 사람들이 물에서 건져냈다. 하지만 2만 마리나 되는 불운한 양들은 보스포루스의 심연에서 건져 올려 줄 누군가를 여전히 기다리고 있다. 이 사고는 파티흐 다리로 알려진 제2 보스포루스 다리 바로 밑에서 일어났다. 하지만 나는 1970년대 이후 이스탄불 사람들의 가장 커다란 발견, 즉 보스포루스 다리에서 떨어져 자살하려고 하는 아주 일반적인 도시 습관에 관해서는 전혀 언급하지 않겠다. 왜냐하면 이 책을 쓰면서 어린 시절의 습관으로 즐겁게 읽기 시작한 옛날 신문에서 우연히 발견한, 내가 태어난 시기의 이스탄불 신문에 나온 기사가 다리에서 보스포루스로 뛰어내리는 것보다 더 일반적인 죽음의 방법이 있다는 것을 상기시켜 주었기 때문이다. 예를 하나 들어 보겠다.

루멜리히사르에서 자동차 한 대가 바다로 떨어졌다. 어제(1952년 5월 24일) 실시한 온갖 수색에도 불구하고 자동차도 그 안에 타고 있던 사람들도 발견하지 못했다. 자동차가 바다로 떨어질 때 운전사가 차문을 열고 "도와주세요."라고 소리쳤지만, 무슨 이유에서인지 다시 차문을 닫았고, 차와 함께 물속에 잠겼다. 자동차는 급류의 영향으로 현장에서 멀리 떨어진 더 깊은 곳에 침몰한 것으로 보인다.

아래의 기사는 사십오 년 후인 1997년 11월 3일 이스탄불의 한 신문에 나온 것이다.

결혼식이 끝난 후 텔리바바에 기원을 하러 가던 아홉 명이 탄 자동차가 음주 운전자의 실수로 타라비야에서 바다로 떨어졌다. 이 사고로 두 자녀를 둔 부인이 익사했다.

나는 오랜 세월 동안 수많은 자동차가 보스포루스로 떨어지고 승객들이 돌아올 수 없는 깊은 물속으로 들어간 것을 듣고 읽고 보았다! 고함치는 아이들, 싸우는 연인들, 모든 것을 우습게 보는 술 취한 사람들, 서둘러 귀가하는 남편들, 새로 산 자동차의 브레이크를 시험하는 젊은이들, 넋이 빠진 운전사들, 자살하고 싶어 하는 슬픈 사람들, 어둠 속에서 눈이 잘 보이지 않은 아저씨들, 부두에서 차를 마신 후 후진 기어가 아니라 전진 기어를 넣은 사람과 그의 친구들, 사고가 한순간 어떻게 일어났는지 전혀 이해하지 못하는 사람들, 과거 회계 담당이었던 셰픽 씨와 그의 아름다운 비서, 배를 세며 보스포루스를 바라보던 경찰들, 공장의 자동차를 허락 없이 몰고 놀러 나간 초보 운전사와 그의 가족들, 먼 친척이 알고 지내던 나일론 스타킹 제조업자, 같은 색의 비옷을 입은 아버지와 아들, 유명한 베이올루 폭력배와 그의 애인, 보스포루스 다리를 처음 본 콘야 출신의 가족이 타고 있던 자동차들은 물속으로 떨어지자, 돌처럼 곧장 가라앉지 않고 한순간 마치 물 위에 떠 있는 듯 멈추었다. 이 모든 일이 대낮에 혹은 가로등이나 술집 불빛 아래서 일어나면, 그 짧은 순간에 보스포루스에 있던 사람들은 깊은 쪽으로 절대 가고 싶지 않지만 갈 수밖에 없는 사람들의 얼굴에 떠오른 공포를 읽을 수 있다. 그런 후 자동차는 서서히 어둡고 물살이 거센 보스포루스의 물속으로 잠겨 든다.

자동차 안에서 보스포루스의 심연 속으로 들어가는 사람들은 이제 차문이 열리지 않을 것임을, 왜냐하면 차 안의 수압이 문을 여는

데 장애가 된다는 것을 상기한다. 많은 자동차가 물속으로 떨어졌던 시기에 사려 깊은 신문들은 현명하게도 이와 같은 정보를 독자들에게 전달했으며, 그림과 함께 지침을 실었다.

**보스포루스로 떨어진 자동차에서 어떻게 빠져나올 것인가?**

1. 절대 당황하지 마십시오. 창문을 닫고 물이 자동차 안에 충분히 차기를 기다리십시오. 문의 장금장치를 해제해 놓으십시오. 아무도 자리에서 움직이지 마십시오.

2. 자동차가 보스포루스 심연으로 계속 내려가면 핸드 브레이크를 당기십시오.

3. 물이 자동차 안에 완전히 찰 즈음, 천장에 몰려 있는 마지막 공기를 폐 깊숙이 들이마시고, 창문을 천천히 열고, 당황하지 말고 자동차에서 탈출하십시오.

마지막 순간에 비옷이 핸드 브레이크에 걸리지만 않으면 수면으로 올라갈 수 있습니다, 라는 네 번째 조항을 첨가하고 싶다. 만약 수영을 할 수 있어 수면으로 올라가게 된다면, 이 도시의 온갖 슬픔에도 불구하고 보스포루스와 인생이 얼마나 아름다운지 즉시 알 수 있을 것입니다.

23장
이스탄불의 네르발 : 베이올루 산책

멜링의 그림에서 세부적인 것들을 보고 있으면 소름이 끼친다. 내가 어린 시절부터 모든 인생을 보낼 이스탄불의 거리와 집과 마을이 생길 언덕들을, 아직 아무도 정착하지 않았을 때, 건물 한 채도 없었을 때 화가는 이미 보았던 것이다. 일드즈, 마치카, 테쉬비키예라고 불릴 장소들을, 손에 돋보기를 들고 멜링의 풍경 가장자리에 있는 포플러, 사이프러스, 밭으로 덮인 황량한 언덕을 보면, 화재터

나 불탄 저택의 정원, 허물어진 벽, 수도교를 보며 느꼈던 것처럼 한때 그곳에 살았던 이스탄불 사람들이 느꼈을 고통과 비슷한 느낌을 받는다. 어린 시절 이후 자신의 삶과 세계의 중심으로 받아들인 곳,

모든 지식의 출발점인 장소가 실은 얼마 전까지는(내가 태어나기 100년 전) 존재하지도 않았다는 것을 보면, 죽은 후 우리가 남겨 두고 온 세계를 보는 것처럼 견딜 수 없이 궁금하고 충격적이다. 내 인생의 모든 경험, 섬세하게 쌓아 놓은 모든 인간관계와 물건들 앞에서 느끼는 전율이다.

이와 같은 전율을 제라드 드 네르발이 쓴 『동양 여행』의 이스탄불 부분에서 느끼곤 했다. 멜링이 그림을 그린 지 반세기가 지난 후인 1843년에 이스탄불로 온 이 프랑스 시인은 오십 년 후에 튀넬이 될 곳에 있는 갈라타 메블레비하네\*에서 오늘날 탁심이라고 하는 곳까지—150년 후 내가 어머니의 손을 잡고 나갔듯—했던 산책에 대해 설명하고 있다. 오늘날 베이올루라고 하는 대로이자, 공화국 이후에는 이스틱랄 대로라고 불릴 그랑 루 드 페라는 1843년에도 지금과 거의 비슷했다. 네르발은 메블레비하네를 지나가면서 이 대로를 파리에 비유한다. 유행하는 옷들, 세탁소들, 금은방들, 깨끗한 진열장들, 사탕 가게들, 영국과 프랑스 호텔들, 찻집들, 대사관들. 시인이 프랑스 병원(오늘날의 프랑스 문화원)이라고 했던 곳을 지나면 그 장소는 놀랍고, 충격적이며, 두려운 형태로 끝나고 만다. 왜냐하면 오늘날 탁심 광장이라고 부르는, 어린 시절 이후 내가 그 근처에서 살았던 나의 세계의 중심인 가장 넓은 광장을, 네르발은 마차와 쾨프테, 수박이나 생선을 파는 사람들이 시간을 보내는 공터로 설명하고 있기 때문이다. 그는 평지의 풍경, 그 주변, 광장과 도시에 포함되어 100년 만에 사라져 버릴 묘지에 대해서도 언급한다. 하지만

---

\* 신비주의 종단 수도승들의 집회소.

나의 뇌리에서 절대 떠나지 않는 네르발의 문장은, 나의 모든 삶을 보내고, 내게는 언제나 "아주 오래된 아파트들로 뒤덮여 있는" 것처럼 느껴질 평지에 관한 것이었다. "소나무와 호두나무의 그림자가 드리워져 있는 드넓은 들판!"

네르발은 서른다섯 살에 이스탄불에 왔다. 이로부터 십이 년 후에 파리에서 목을 매달아 자살하는데, 그 원인이 되는 우울증 발작이 이 년 전에 한 번 일어났고 그래서 한동안 정신병원에 입원했다. 그의 평생을 좌우할 정도로 짝사랑했던 연극배우 제니 콜론도 육 개월 전에 죽었다. 네르발은 이러한 고통과 함께, 이집트-카이로, 알렉산드리아-시리아, 사이프러스, 로도스, 이즈미르와 이스탄불을 거쳐, 물론 샤토브리앙이나 라마르틴, 빅토르 위고로 프랑스 문학에서 하나의 전통이 되어 가던 낭만주의의 동양에 대한 환상의 영향으로, '동양 여행'에 나섰다. 네르발은 이전의 작가들처럼, 동양에 대해 뭔가 쓰고 싶어 했는데, 프랑스 문학에서 그가 우울과 동일시된다는 것을 감안하면, 그가 이스탄불에서 본 것들은 아주 특별하고 가치 있는 것으로 볼 수 있다.

하지만 1843년의 이스탄불에서 네르발은 자신의 우울이 아니라 그것을 잊게 해 줄 것들에 집중한다. 어차피 그는 정신적 고통을 극복하기 위해, 최소한 그것을 감추기 위해 동양 여행에 나섰던 것이다. 아버지에게 보낸 편지에서 동양 여행이 이 년 전의 발작-정신 병원 사건이 재발하지 않을 단순한 "사고임을 사람들에게 증명할 것이다."라고 썼으며 건강이 좋아졌다는 희망적인 말도 덧붙였다. 패배, 빈곤, 서양에 맞서 열세함에 대한 타격을 아직 받지 않은 이스탄불도 비애의 감정을 키우기에 충분한 모습을 시인에게 주지 못했다고 할 수 있다. 비애가 패배 이후 그 도시에서 살아가는 사람들이 도시 안에서 느꼈던 감정이라는 것을 잊지 말아야 한다. 네르발은 유명한 시에 나오는 단어들을 인용해 멜랑콜리의 검은빛이 동양에서도 간간이 보였다고 여행기에 썼다. 하지만 그 예로는 나일 강가를 들었다. 1843년 이스탄불에서 그는 도시의 가장 부유하고, 매력적이고, 이국적인 곳에서 그런 것들에 대한 글감을 찾는 기자처럼 행동했다.

이러한 이유로 그는 라마단 기간 중에 이 도시로 왔던 것이다. 그에게는 카니발 시기의 베네치아에 가는 것과 마찬가지였을 것이다.(그는 라마단이 '금식'과 '카니발'의 시기라고 썼다.) 밤이 되면 네르발은, 라마단 시기에는 카라괴즈 인형극을 하는 사람들을, 평상시에는 램프로 밝힌 도시의 풍경을 구경하고 찻집에 가서 이야기꾼의 이야기를 들었다. 이후 수많은 서양 여행가들 역시 마찬가지로 경험하고 써 내려갈 이런 것들은, 100년 후 현대 기술과 서구화와 빈

곧으로 인해 이스탄불에서 볼 수 없게 되고, 이스탄불 출신 작가들이 쓰는 『옛 라마단의 밤과 놀이들』 같은 회고록과 책의 소재가 되었다. 내 어린 시절, 과거를 그리워하며 이끌리듯 읽고, 스스로 금식하던 그날의 나를 준비시켰던 문학의 배후에는, 네르발 그리고 그와 비슷한 서양인 관찰자들이 과장하여 이국적으로 만들고 서로서로 영향을 받아 진전시킨 '관광지로서의 이스탄불'이라는 이미지가 있었다. 그는 이스탄불에 와서 사흘 동안 모든 '관광지'를 둘러보고 즉시 그에 관한 책을 썼던 영국 작가들을 조롱했지만, 자신도 그들처럼 수도승들의 테케에 의식을 구경하러 갔으며, 술탄이 궁전에서 나오기를 기다려 먼발치에서 그를 보았으며(네르발은 압둘메지트와 눈이 마주쳤으며, 그도 자신을 보았다고 주장한다.) 묘지에서 오래 산책을 하며 터키인들의 의상과 풍습과 관습에 대해 의견을 내놓았다.

『오렐리아, 꿈과 인생』이라는 전율이 날 정도로 비할 데 없이 멋진 자서전은(그 자신은 단테의 『새로운 인생』에 비유했다.) 그가 목을 매 자살할 때 그의 주머니에 있었으며, 초현실주의자인 앙드레 브르통, 폴 엘뤼아르, 앙투안 아르토\*가 감동했던 책으로, 거기서 네르발은 사랑하는 여자에게 거절당하자 이제 자신의 삶에는 "하는 일 없이 세속적으로 시간을 보내는 것" 이외에는 아무것도 남지 않았다고 쓴다. 그리고 세계를 돌아다니며 먼 곳에 있는 민족들의 의상과 이상한 관습을 보며 바보처럼 시간을 보냈다고 정직하게 고백한다. 마치 기자처럼 관습과 풍경, 동양 여성, 라마단의 밤에 대해 관찰했던 것이 얼마나 피상적이고 속악하고 조야한지 의식하고 있었기 때

---

\* 1896~1948. 프랑스의 연극 연출가.

문에, 네르발은 『동양 여행』이라는 책에―마치 서술의 영향력이 감소될수록 그 사이에 새롭고 순수한 이야기를 끼워 넣어야 한다고 느끼는 작가들처럼―자신이 대부분 직접 쓰고 전개시킨 긴 이야기를 첨가했다.(야흐야 케말과 압둘학 쉬나시 히사르가 함께 준비한 『이스탄불』이라는 책에서 도시의 계절에 대해 썼던 탄프나르는 이 이야기들이 꾸며 낸 것인지, 전통적인 오스만 시대 이야기인지 궁금해서 조사했다고 쓴다.) 네르발의 상상 세계, 깊이와 밀도에 좀 더 어울리지만 이스탄불과는 크게 관련이 없는 이야기들 사이에 있는 도시에 대한 관찰은 세헤라자데식 액자 이야기 역할을 한다. 네르발은 자신이 그린 풍경에 기백이 충분하지 않다고 느낄 때마다 "마치 『천일야화』처럼"이라며 독자들을 현혹하려 했으며, 이스탄불 여행을 "다른 사람들이 궁전들, 사원들, 목욕탕들을 너무나 많이 설명했기 때문에 나는 하지 않았다."라고 글을 마친다. 그리고 그는 100년 후에 야흐야 케말이나 탄프나르 같은 이스탄불 작가들의 모범이 되고, 서양 여행가들이 자주 인용할 진부한 말을 하게 된다. "외양적으로는 세계에서 가장 풍경이 아름다운 이스탄불의 어떤 마을들의 빈곤과 불결함"은 도시를 "무대 뒤로 들어가지 않고" 객석에서 구경해야 할 무대 장식으로 보이게 한다. 이후 글과 시로 이스탄불 사람들에게 호소하는 이스탄불 이미지를 발전시킨 야흐야 케말과 탄프나르는 이런 이미지는 오로지 풍경의 아름다움과 "무대 뒤"의 빈곤함을 결합시켜야만 만들 수 있다는 것을 네르발을 읽으면서야 인식했을 것이다. 하지만 네르발을 동경하던 이 두 위대한 이스탄불의 시인과 작가, 즉 야흐야 케말과 탄프나르가 이후의 세대가 단순화시키고 보편화시킨 도시의 아름다운 모습보다는 빈곤과 역사로 조직된 이스탄

불 이미지를 발견하고 진전시켰음을 이해하기 위해, 네르발 이후에 이스탄불에 온 다른 작가들의 책들도 한번 봐야 할 것이다.

24장
# 변두리 마을, 고티에의 우울한 산책

저술가이자 기자, 시인, 비평가, 소설가인 테오필 고티에는 네르발의 고등학교 친구이다. 이들은 청년 시절을 함께 보냈고, 위고의 낭만주의를 함께 동경했으며, 파리에서 아주 가까운 거리에 살았으며, 한 번도 서로 떨어진 적이 없었다. 네르발은 자살하기 며칠 전에 고티에에게 연락을 했고, 고티에는 네르발이 가로등에 목을 매달아 자살한 후 그에 대해 슬픔이 가득 찬 감동적인 글을 썼다.

이 일이 있기 이 년 전인 1852년에(그러니까 네르발이 동양 여행을 한 지 구 년 후, 내가 태어나기 정확히 100년 전) 이후 러시아에 맞서 영국과 프랑스와 오스만 제국이 가까워지고 크림 전쟁 발발의 원인이 될 사건들이 다시 동양 여행에 대한 프랑스 독자들의 관심을 끌었다. 네르발이 두 번째로 동양 여행에 대한 환상을 꿈꾸던 이 시기에, 이번에는 고티에가 이스탄불에 왔다. 증기선이 빨라지고 보편화되어 파리-이스탄불 여행이 십일 일로 단축되었다. 고티에는 이스탄불에서 칠십 일간 머물렀으며, 첫인상을 우선 자신이 근무하던 신문에 연재하고, 그 후 곧장 이 글들을 『콘스탄티노플』이라는 책으로 묶어 냈다. 꽤 두꺼운 이 책은 여러 언어로 번역되어 유명해졌는데, 19세기 이스탄불에 관해 쓴 책 중에서는 이탈리아 작가 에드몬도 데 아미치스*가 이십오 년 후에 밀라노에서 출판한『콘스탄티노폴리』다음으로 좋은 작품이다.

고티에의 여행기들은 친구 네르발의 글보다 노련하고 체계적이며 유려하다. 고티에는 신문 소설가이자 예술문화 연재물 작가였으므로(자신의 이런 상황을 매일 이야기를 꾸며 내야만 하는 세헤라자데에 비유하기도 했다.) 매일 신문에 글을 써야만 하는 조급함에다 독자들을 즐겁게 해야 한다는 우려를 더한 채 글을 썼기 때문에 그럴 것이다.(플로베르는 이런 이유로 그를 비판했다.) 하지만 이런 기자 특유의 취약점이 이스탄불에 관한 그의 책을—술탄이나 여자, 묘지 같은 진부하고 정해진 주제들은 예외로 한다면—대도시 탐방 기사로 전락시켰다. 그러나 이 탐방 기사가 이후 야흐야 케말과 탄프나르 같은, 이스탄불 이미지를 이스탄불 사람들을 위해 확장시킬 사람들의 눈에 중요하게 여겨진 것은, 고티에가 한편으로는 능숙한 기자처럼 행동하면서 다른 한편으로는 친구 네르발의 충고에 따라 도시의 "무대 뒤"로 들어가 변두리 마을이나 폐허, 어둡고 더러운 길로 파고 들어갔고, 가난하고 외딴 이스탄불이 관광지 풍경만큼이나 중요하다는 것을 처음으로 독자들에게 느끼게 해 주었기 때문이다.

고티에가 이스탄불을 여행할 때 그의 머릿속에 친구 네르발이 있었다는 것은 책의 여행 부분에서 알 수 있다. 고티에는 시테르 섬을 지나면서, 네르발은 이곳에서, 기름 먹인 옷감에 감싸여 교수대에 매달려 있는 시체를 보았다는 것을 떠올린다.(둘 가운데 한 명은 이후에 목을 매달아 자살했지만, 이 친구들이 아주 사랑했던 이 이미지는 네르발의『동양 여행』에서 영감을 받은 보들레르가「시테르 섬으로의 여행」이

───
* 1846~1908. 이탈리아의 기자, 소설가.

라는 자신의 시에 사용했다.) 고티에는 이스탄불에 온 후 도시에서 더 편히 돌아다니기 위해 친구 네르발처럼 '무슬림 복장'을 했다. 그도 네르발처럼 라마단 기간에 도시에 왔으며, 라마단 밤의 오락들을 과장해서 설명했다. 또한 고티에는 친구가 그랬던 것처럼 위스퀴다르로 가서 루파이 수도승들의 신비주의 의식을 구경했고, 묘지에서 배회했으며(묘비들 사이에서 놀고 있는 아이들!) 카라괴즈 연극을 보고, 상점에 들락거리고, 시장을 돌아다니며 주의 깊고 즐겁게 사람들을 구경했다. 그는 네르발이 그랬던 것처럼 금요 예배에 가는 술탄 압둘메지트를 보기 위해 안간힘을 썼다. 대부분의 서양 여행가들과 마찬가지로 고티에는 먼발치에서 본 무슬림 여성들과 그들의 폐쇄성, 접근하기 어려움, 신비성에 관해 익히 잘 알려진 것들을 이야기했다.("절대 남편들에게 아내의 안부를 묻지 마시오." 같은.) 하지만 그래도 여성들이 도시의 거리를 혼자가 아닐지라도 잘 돌아다닌다고 솔직하게 말했다. 관광지라는 이유로 네르발이 언급하지 않았던 톱카프 궁전, 사원, 히포드롬에 대해 고티에는 장황하게 설명했다. 이 모든

장소와 주제는 그 당시 이스탄불에 온 서양 여행가들이라면 누구나가 보고 설명할 의무감을 느꼈던 것이기 때문에 어쩌면 이 '관광지'에 대한 네르발의 영향을 과장할 필요는 없을 듯하다. 고티에의 책이 재미있게 읽히는 이유는, 작가에게 자신감과 관찰력과 유머 감각, 기이하고 이상한 것에 대한 서양 기자 특유의 호기심이 있었음은 물론이요, 이를 상황에 따라 풍부한 경험에서 나오는 성숙함으로 농담으로 넘길 정도로 화가의 시각까지 갖추고 있었기 때문이다.

테오필 고티에는 열아홉 살에 빅토르 위고의 『동방 시집』에 나오는 시들을 읽을 때까지는 화가를 꿈꾸었다. 또한 당시 그는 아주 유명한 미술 평론가였다. 그는 이스탄불의 풍경과 모습에 대해 언급할 때 그 어떤 작가도 이스탄불에 적용한 적이 없는 미술 용어를 사용했다. 갈라타 메블레비하네가 있는 평지, 그러니까 구 년 전에 네르발이 언급했고, 내가 어린 시절에 어머니와 함께 갔던 베이올루 산책의 마지막 지점, 즉 마치카-튀넬 행 전차를 탔던 오늘날의 튀넬 광장에서 할리치와 이스탄불의 실루엣을 설명할 때 "풍경이 얼마나 기이하고 아름다웠던지 비현실적으로 느껴졌다."라고 말한 후, 사원 첨탑과 돔, 아야소피아, 베야즈트 사원, 쉴레이마니예 사원, 술탄 아흐메트 사원, 구름, 할리치의 물, 사이프러스 나무로 뒤덮인 사라이부르누에 있는 정원, 그리고 "생각조차 할 수 없을 정도로 섬세한 자개 같은 푸른 하늘" 사이에 있는 빛의 유희를, 자신이 그린 그림의 섬세함을 잘 아는 화가의 취향과 자신이 무엇을 했는지 아는 작가의 자신감으로 너무나 잘 설명하고 있기 때문에, 이 풍경을 전혀 보지 못한 독자들도 무척 즐거워하게 된다. 이스탄불의 풍경과 도시의 모습이 "한 무더기 빛의 놀이"로 바뀌는 것에 관해, 이스탄불의 가장 눈 밝은 작가 아흐메트 함디 탄프나르는 고티에의 이 언어와 주의력에서 많은 것을 배웠다. 탄프나르는 2차 세계대전 중에 썼던 사설에서, 주위에 있는 물건을 보고 서술하는 문제에 거부감을 드러내는 터키 소설가들의 태도를 서양 작가들과 비교하면서, 스탕달과 발자크와 졸라가 그림과 긴밀한 관계를 맺고 있으며, 더불어 고티에가 화가라는 점을 상기시켰다.

풍경, 빛, 아름다움, 섬세함을 글로 옮길 수 있고 이를 어떤 감정으로 설명하는 재능은, 고티에가 이스탄불의 "무대 뒤", 도시의 뒷골목, (고티에의 글을 읽고 사랑하는 야흐야 케말의 시적인 표현으로 하면) "가난하고 외딴 이스탄불" 산책에서 아주 멋진 텍스트를 끄집어내는 데 유용했다. 고티에는 뒷골목이나 성벽 밑으로 산책을 나가기 전에 먼저 이스탄불을 방문한 친구의 충고를 새겨서, 도시의 멋진 풍경이 마치 빛과 확실한 시점이 요구되는 '무대 장식'처럼, 다가갈수록 그 매력을 잃는다는 것을 알게 되었다고 썼다. 멀리서 보기에 감탄을 불러일으키는 풍경들은, 실은 좁고 가파르고 더럽고 특징 없는 거리나 무질서한 집과 나무 무더기가 "태양의 팔레트로 칠해진 것이었다."

하지만 고티에에게는 더럽고 무질서한 주위를 '아름답고' 슬프게 보는 눈이 있었다. 그는 낭만주의 문학이 그리스와 로마의 폐허, 몰락한 문명의 잔재에서 느꼈던 흥분을 적당한 조롱과 함께 진심으로 느끼는 법을 알았던 것이다. 고티에는 화가를 꿈꾸었던 젊은 시절에, 루브르에 가까운 두아엔의 막다른 골목에 네르발과 이웃해 살면서, 발자크가 무덤에 비유했던 빈집과 생토마스 뒤 루브르 교회의 폐허를 달빛 아래서 매력적으로 느끼곤 했다.

오늘날의 베이올루에 있는 호텔에서, 갈라타 언덕에서, 해변으로, 할리치로 내려온 고티에는 "나룻배로 만든 다리"라고 했던 1853년의 갈라타 다리를 지난 후, 운카파느로, 북서로, 도시 속 마을로 프랑스인 관광 안내원과 함께 들어갔다. 그리고 이를 "우리는 미로 속으로 들어갔다."라며 강한 어조로 설명했다. 멀리 갈수록 외로움은 더해 갔고, 개들만 으르렁거리며 따라왔다고 썼다. 페인트칠이 벗겨지고, 나무의 색이 검어지고, 지붕은 무너진 채 방치된 분묘와 만났

다는 내용을 읽을 때마다, 나는 어린 시절에 아버지의 차를 타고 가며 보았던 것들이 100년 전에도, 네모난 돌로 된 보도를 제외하고는, 같았다는 생각을 하곤 했다. 마치 나처럼, 그는 어두운 목조 가옥의 폐허, 돌 벽, 텅 빈 골목, 묘지를 완성하는 사이프러스 나무들이 아름다웠기 때문에 눈여겨보았던 것이다. 100년 후, 청년 시절에 내가 혼자 돌아다닐 때, 서구화되지 않은 마을들에서 보게 될—그리고 삼십 년간 화재와 콘크리트로 사라지고 변해 버릴 것들을 고통스럽게 목격하게 될—풍경들이 그를 지치게 했지만 "골목에서

골목으로, 광장에서 광장으로" 계속 걸어갔다. 그에게 에잔*은, 내 어린 시절에 그러했던 것처럼, 이런 마을들에서는 마치 "혼자 조용히 허물어지는 장님에다 벙어리에다 귀머거리" 집에 호소하는 것처럼 느껴졌다. 그는 골목에서 드문드문 지나가는 사람들, 노파, 돌들 사이로 사라지는 도마뱀과, 자신보다 이 년 전에 플로베르와 함께 이스탄불에 온 막심 뒤 캉의 수채화에서 나온 것처럼 보이는 아

---

* 이슬람 사원에서 예배 시간을 알리는 기도 소리.

이들이 부서진 분수의 세면대에 돌을 던지는 것을 이 풍경에 가장 적합한 순간이라 생각하며 구경했다. 배가 고프면 도시의 반대 쪽 해안에 식당과 상점이 부족하다고 느꼈으며, 100년 후 내가 이러한 것을 쓸 때는 모두 콘크리트로 변했음에도 불구하고 여전히 샛길을 다채롭게 해 주는 뽕나무에서 딴 것들을 먹었다. 폐허가 되었지만 여전히 도시의 살아 있는 부분이자 동네의 삶과 비슷한 것을, 룸 마을인 사마트야나 "도시의 게토"라고 했던 유대인 마을 발라트에서 보았다. 발라트에 있는 집들의 외부는 문둥병에 걸린 듯하고, 골목은 더러운 진흙탕이며, 페네르에 있는 룸 마을이 더 잘 가꾸어져 있다고 그는 생각했다. 하지만 산책을 하는 내내 거리와 집과 나무 사이에서 비잔틴의 유적인 벽과 거대한 수도교의 일부를 볼 때마다 돌과 벽돌의 지속성보다는 목조의 일시성이 더 눈에 띄었다.

이 피곤하고 충격적인 산책과 책에서 가장 감동적인 부분은 고티에가 도시의 중심부에서 멀리 떨어진 외딴 마을과 비잔틴의 유적인 벽 사이를 걸으며 느꼈던 것들이다. 고티에는 도시 성벽의 두께를, 힘을, 넘어진 모습을, 균열을, 시간이 이것들을 서서히 먹어 치웠다

는 것을 독자들과 공유한다. 탑 꼭대기에서 밑으로 내려오는 균열 (어린 시절에 내가 무서워했던), 넘어져 옆으로 누운 탑의 일부들(고티에와 우리 사이에는 도시 성벽들에 심한 타격을 줄 1894년의 대지진이 있

다.), 균열 사이에서 비집고 나온 풀, 탑 꼭대기에서 성장한 멋진 무화과나무와 반쯤 부서진 벽들이 뻗어 있는 지역의 한적함, 변두리 마을, 가난한 지역의 정적. 고티에는 "죽어 있는 이 벽들 뒤로 살아

변두리 마을, 고티에의 우울한 산책 __ 319

있는 도시가 존재한다는 것이 믿기 힘들다!"라고 썼다. 또한 도시의 변두리 마을, 가난하고 외딴 마을로 이어진 이 긴 산책 끝에 고티에는 "세계의 다른 어떤 곳에도, 한쪽은 폐허, 다른 한쪽은 묘지로 뒤덮인 이 5,6킬로미터의 우울한 산책로 같은 곳은 없다."라고 썼다.

다른 사람에게서 이스탄불이 비애의 도시라고 듣는 것이 왜 나를 이렇게 행복하게 하는 걸까? 왜 나는 나의 모든 삶을 보냈던 나의 도시가 내게 준 감정이 비애라는 것을 독자들에게 충분히 설명하기 위해 이렇게 애를 쓰는 걸까?

최근 150년간(1850~2000) 이스탄불을 지배하고 도시에 널리 퍼진 기본적인 감정이 비애라는 것을 믿어 의심치 않는다. 나는 이 감정이 어떤 개념으로 발견되고 표현되고 언급되었으며, 이러한 것들이 존경하는 프랑스 시인이(우울한 친구인 네르발의 영향을 받은 고티에) 처음 썼던 글의 결과임을 설명하려 했다. 내가 고티에와 동일화했던 서양인들이 나의 도시 이스탄불의 삶과 특징에 관해 생각했던 것들이 나에게, 그리고 도시에게 왜 그렇게 항상 중요한 주제가 되었을까?

## 25장
## 서양인의 시선 아래서

한 개인으로서뿐 아니라 공동체로서 우리는 모두 외국인이나 모르는 사람들이 우리에 관해 어떤 생각을 하는지에 대해 어느 정도 고민한다. 이 고민이 우리에게 고통을 주거나, 현실과의 관계를 흐리게 하여 현실 자체보다 더 중요한 차원에 이르면, 이는 우리에게 문제가 된다는 의미이다. 서양인의 눈에 나의 도시가 어떻게 보이는지에 대한 나의 관심은—수많은 이스탄불 사람들처럼—문제가 있으며, 한쪽 눈을 서양에 고정시킨 도시 작가들처럼 나도 이 문제로 인해 가끔 머리가 혼란스럽다.

아흐메트 함디 탄프나르는 신문과 잡지 덕분에 이스탄불 사람들도 수용한 도시의 이미지와 문학을 야흐야 케말과 함께 처음으로 발전시킨 사람인데, 야흐야 케말과 마찬가지로 네르발과 고티에의 이스탄불 여행 노트를 무척 주의 깊게 읽었다. 탄프나르의 『다섯 도시』에서 이스탄불 부분은 20세기에 이스탄불에 관해 이스탄불 사람이 쓴 텍스트 중에서 가장 중요하며, 부분적으로는 네르발과 고티에가 쓴 것들과 그가 이야기하고 논쟁하며 썼다고도 할 수 있다. 여기서 탄프나르는 이스탄불에 온 프랑스 작가이자 정치가인 라마르틴이 아주 '공을 들여' 술탄 압둘메지트의 '초상화'를 그렸고, 라마르틴의 『터키 역사』는(할아버지의 서재에 여덟 권짜리 멋진 카피본이 있었다.) 압둘메지트의 돈으로 저술되었을 수도 있다고 암시한 후, 네르발과 고티에는 기자였기 때문에 압둘메지트에 대해 별로 큰 관심이 없었으며 "이미 판단을 내린" 서양 독자들의 기대에 부응하는 것 외에 다른 선택의 여지가 없었다고 했다. 탄프나르는 고티에가(혹은 이스탄불에 오자마자 그렇게 했던 서양인 여행가들이) 술탄의 하렘에 있는 여자들을 상상했던 것, 술탄이 옆에 있던 이탈리아 여성에게 시선을 던졌다며 자랑스러워했던 것을 '방자'하게 여겼지만, 이런 이유로 고티에에게 화를 내서는 안 된다고 했다. 왜냐하면 "하렘은 존재했기 때문에."

이 짧은 언급과 경고 속에는 서양인 관찰자가 도시에서 무엇을 보았는지에 대해 지나치게 불안해하는 이스탄불 지식인의 딜레마가 있다. 한편으로는 서구화로 인해 서양 작가들의 가치판단이 이스탄불 독자들에게 지나치게 중요해졌고, 다른 한편으로는 이러한 이유로 서양인 관찰자가 어떤 주제에 대해 지나치게 도를 넘어서면 그 작가와 그가 대표하는 서양 문화를 아는 것으로 자랑스러워했던 이스탄불 독자들의 마음을 상하게 했다. 게다가 '도를 넘는 것'이 무엇인지는 전혀 알 수 없다. 도시들의 특성을 만드는 것이 '도를 넘는 것' 혹은 외부의 관찰자가 어떤 것을 도를 넘어 너무 지나치게 관찰하는 것에서 기인한다는 것을 대부분 항상 잊고 있다. 예를 들어 보자. 서양인 관찰자가 이스탄불에서 묘지를 도시 일상생활의 일부라고 본 것은 내 생각으로는 '도를 넘어선' 관찰이다. 하지만 플로베르도 인식했던 것처럼, 이후 서양의 영향으로 없어지게 될 이런 특성은 그 당시 도시의 중요한 특징이기도 했다.

서구화와 동시에 터키 민족주의가 부상한 것은 이런 관계를 더욱더 복잡하게 만들어 놓았다. 18세기 중반과 19세기에 이스탄불에 발을 내디디던 서양인 관찰자들의 절대적인 주제였던 하렘, 노예 시장(마크 트웨인은 노예 시장의 최근 수확물인 체르케스와 그루지야 처녀들의 신체 치수와 가격이 거대 미국 신문의 경제면에 어떻게 보도될지에 대해 조롱 섞인 환상을 가졌다.)*, 거지, 믿지 못할 정도의 짐을 진 짐꾼(어린 시절에 나는 등에 몇 미터 높이의 주석 더미를 지고 갈라타 다리 위를 걸어가는 짐꾼들을 두려워했다. 이들을 사진으로 찍는 유럽 관광객들이 우리 모두를 불편하게 했지만, 같은 주제를 이스탄불의 사진작가, 예를 들어 힐미 샤헨크가 찍으면 아무도 불편해하지 않았다.), 수도승 테케들(어떤 파

* 마크 트웨인의 『철부지의 해외 여행기』(1869)를 의미한다.

샤는 몸 여기저기를 꼬챙이로 쑤시는 루파이 수도승들은 '미친' 사람들이니 일없이 그들의 테케에 가지 말라고 프랑스 손님에게 충고했다고 네르발은 기록했다.), 여성들의 폐쇄성은 서구화된 이스탄불 사람들에게 비판을 받았다. 하지만 똑같은 비판을 유명한 서양인 작가의 글에서 읽으면, 우리는 예기치 않았던 상심과 민족주의적인 반응을 보이게 된다.

이런 애증 관계가 절대 끝나지 않는 또 다른 이유는 서구주의 지식인들이 서양으로부터 인정받고 싶어 하고, 자신들이 서양인 같다는 말을 서양의 저명한 작가들이나 언론으로부터 듣고 싶어 하기 때문이다. 하지만 피에르 로티* 같은 작가들은 실은 정반대로 바로 이러한 이유 때문에 이스탄불과 터키인들을 아주 좋아한다고 솔직하게 밝힌 바 있다. 터키인들이 서양인들과 닮지 않은, 동양적인, 즉 '이국적인' 면을 고수하고 있기 때문에. 피에르 로티가 서구화되어 가고 전통적인 특성을 잃어 가는 이스탄불 사람들을 비판할 때도 그를 좋아하는 터키 사람들은 소수의 서구화된 사람들이다. 하지만 서구화된 이스탄불 독자들은 국제적 정치 문제가 발생하면 '터키 사랑'이라는 지점에서 피에르 로티의 과장되고 감상적이며 이국적인 소설 그리고 작품 세계와 만난다.

앙드레 지드가 1914년 터키 여행을 한 후 썼던 회고록에는 이 모든 고민에 대한 해결책인 '터키 사랑'은 없다. 반대로 지드는 터키인들을 전혀 좋아하지 않았다는 것을, 게다가 민족이라는 단어가 아니라 서서히 유행하고 있던 인종이라는 단어를 사용하여 설파한다. 이

---

* 1850~1923. 프랑스의 작가.

인종이 형편없는 의상을 입는 것은 당연하다! 터키 여행이 서양, 특히나 프랑스가 얼마나 우위에 있는지를 상기시켜 주었다고 그는 자랑스럽게 썼다. 야흐야 케말을 위시하여 당대의 주요 터키 작가들을 아주 불쾌하게 만들었던 이 글에 대해 오늘날과 마찬가지로 터키 대중매체와 신문, 잡지는 아무 대꾸도 하지 않았고, 이스탄불 지식인들은 이 모욕을 무슨 비밀이라도 되는 듯 국민들에게 숨긴 채 가슴앓이를 했다. 이의 한 가지 원인은 서구화된 터키 지식인들이 지드의 모욕을 은근히 정당하다고 여겼다는 사실이다. 터키인들의 의상을 비하하는 지드의 글이 책으로 나온 지 일 년이 지나, 가장 위대한 서구주의자인 아타튀르크는 의상 혁명을 실시하여 서양적이지 않은 의상은 모두 금지했다.

 서양인 관찰자들이 도시를 깊이 비판하고 비하했던 글을 동조하며 읽고자 하는 마음이 내게도 있다. 이런 글은, 이스탄불이 얼마나 아름답고 기이하고 멋지고 고유한 곳인가를 반복해 마지않았던 피에르 로티 같은 작가의 글을 읽는 것보다 재미있다. 장소와 풍경의 아름다움, 사람들의 상냥함, 서양인 여행자들에게 보여 주는 존경이 아니라, 작가가 도시로부터, 독자가 도시에 관한 글로부터 무엇을 기대하고 있는지에 포인트가 있다. 19세기 중반부터 프랑스-영국 문학에는 늘 같은 주제와 소재로 풍부해진 이스탄불의 이미지가 나타났다. 수도승 테케, 화재, 아름다운 묘지들, 궁전과 하렘, 거지, 거리의 개, 금주령, 여성의 폐쇄성, 도시의 신비, 보스포루스 여행, 아름다운 풍경과 실루엣 같은 소재에 대해 서로서로에게서 영향을 받고, 어떤 때에는 같은 곳에서 머물며 같은 안내원의 안내를 받았던 이 작가들은 이전에 읽었던 것들을 이스탄불에서 찾았기 때문에 실망하지 않았다. 오스만 제국이 몰락하고 있으며, 유럽에 비해 뒤떨어져 있다는 것을 서서히 느낀 새 세대 서양 여행가들은 이전 세기에는 궁금해했던 오스만 제국 군대가 가진 권력의 비밀, 정부 기구의 비밀스런 운영에 대해 크게 관심을 갖지 않았다. 과거처럼 도시와 사람들이 무섭다거나, 접근하기 어렵다거나, 이해할 수 없다고 생각하는 대신 이상하지만 재미있다고 여기고, 여행객으로서 매력을 찾기 시작했다. 어차피 그 먼 이스탄불까지 왔다는 것이 그들에게는 충분한 성공이고 즐거운 일이었다. 자신들이 찾아온 나라에서 다른 서양인 작가들이 보았던 것을 보고 쓰는 것은 이 작가들에게 여행의 승리로 보였기 때문에 그 누구도 실망할 이유가 없었다.

증기선과 철도가 이스탄불을 서양과 가까워지게 만들었고, 어느 순간 이스탄불 거리에서 자신을 발견한 서양 여행자들은 자신이 왜 이곳에 왔는지, 이 형편없는 곳에 무슨 볼일이 있는지 스스로에게 묻는 사치와 희열을 누린다. 속물근성과 무지, 창조적인 용기와 정직함이 만나는 이 지점에서, 앙드레 지드처럼 '교양 있는' 여행자들은 문화 차이와 관습 그리고 전통의 기이함 혹은 나라와 문화의 구조적 특징을 이해하려는 대신, 여행자로서 이스탄불에서 즐기고 시간을 보내고 행복할 권리를 요구할 수 있다는 것을 깨달았다. 도시에 관해 흥미로운 것을 말하지 않으면, 자신이 아니라 이스탄불이 지루하고 특징 없다고 선언해 버릴 정도로 자신감 있는 이 시기의 여행 작가들은, 서양 문명의 군사적, 경제적 승리가 가장 '비판적인' 서양 지식인들에게 그들이 미처 숨기지 못했던 자부심과 자신감을 주었다는 것을, 이제 그들도 서양이 모든 인류에게 척도임을 진심으로 믿는다는 것을 보여 주었다.

이 작가들, 그리고 이후에 온 사람들은 이스탄불에 대한 이국적 관심이 꽤 낮아진 시기에 등장했다. 이 무관심은, 서구화와 아타튀르크 혁명으로 시행했던 금지들로 인해 하렘, 수도승 테케, 술탄 같은 관광 요소들이 목조 가옥과 함께 사라지고, 오스만 제국의 자리를 서구를 모방하는 작은 터키 공화국이 대신했기 때문에 생겨났다. 아무도 이스탄불에 와서 무엇인가를 쓰지 않고, 국내 기자들이 이스탄불 힐튼 호텔에 묵은 모든 외국인과 인터뷰를 해 댔던 이 시기 말인 1985년에 러시아-미국 시인인 요세프 브로드스키\*는 잡지 《뉴요커》에 「비잔틴으로부터의 도주」라는 긴 글을 썼다. 시인 오든\*\*이 아이슬란드에 대해 썼던 조롱에 가득 차고 모든 것을 무시하는 글에서 영향을 받은 요세프는 글 초반부에서 죄송스러운 듯이 이스탄불에 오게 된(비행기로) 핑계를 장황하게 늘어놓는다. 그 당시 나는 도시에서 멀리 떨어져 있었고, 이스탄불에 대해 무엇인가를 읽고 싶었기 때문에, 조롱 섞인 그 어조가 내 마음도 상하게 했지만, 그래도 요세프가 이스탄불에 관해 했던 "여기서는 모든 것이 너무나 노후되었다. 낡았다는 의미가 아니다, 구식이라는 의미가 아니다, 오래되었다는 의미도, 유행에 뒤떨어졌다는 의미도 아니다, 단지 노후되었다!"라는 말을 나는 좋아한다. 그의 말은 옳다. 오스만 제국이 몰락해 사라지고, 터키 공화국이 무엇도 결정을 내리지 못한 채 터키주의 이외에 다른 것을 보지 못하고 세상에서 단절되자, 이스탄불은 과거의 다언어와 승리와 화려한 날들을 잃어 가고, 모든 것이 그 자리에서 서서히 노후되어 가고, 한적해지고, 텅 비고, 흑백의 단일음

---

\* 1940~ . 러시아 출신의 유대계 미국 시인. 1987년 노벨 문학상 수상.
\*\* 1907~1973. 영국 태생의 미국 시인.

과 단일어만이 있는 곳으로 변해 갔다.

내 어린 시절과 청년 시절의 이스탄불은 도시의 세계주의 구조가 급속도로 사라지는 곳이었다. 1852년, 내가 태어나기 100년 전에 고티에는 이스탄불 거리에서 터키어, 그리스어, 아르메니아어, 이탈리아어, 프랑스어, 영어가(그는 마지막 두 언어보다 더 많이 사용하는 중세 스페인어가 근간이 된 히브리어를 첨가했어야만 했다.) 사용되는 것을 보고, 이 '바벨탑'에서 이 언어들 중 몇 개를 동시에 말하는 사람들을 보고, 대부분의 프랑스인들처럼 자신이 프랑스어 이외에 다른 언어를 모른다는 것을 약간 부끄러워했다. 터키 공화국이 설립되고 통치가 지속되자 이스탄불의 터키화가 강화되었고, 정부가 도시에서 실시했던 일종의 인종 청소는 모든 언어를 고갈시켜 버렸다. 이 문화 청소 중에서 내 뇌리에 남아 있는 어린 시절의 기억은, 거리에서 큰 소리로 그리스어와 아르메니아어로(쿠르드인들은 그들의 언어를 별로 사용하지 않았다.) 말하는 사람들에게 "이보시오, 터키어로 말하시오!"라며 경고하는 것이었다. 이런 말들이 쓰여 있는 간판이 여기저기에 걸려 있기도 했다.

서양인 여행가들이 쓴 때로는 믿을 수 없는 여행기에 대한 나의 관심은 단지 애증 관계나 복잡하게 닥쳐 온 고통이나 인정하고자 하는 갈망에서 기인한 것은 아니었다. 거리에서 행동을 잘못하는 이스탄불 사람들을 비판하는 '편지 칼럼 작가들'과 상세한 정부 자료를 제외하면, 20세기 초까지 이스탄불 사람들은 이스탄불에 대해 별로 쓰지 않았다. 도시의 거리와 분위기, 도시가 매순간 어떻게 호흡하고 어떤 냄새가 나는지에 대한 기록은, 단지 문학으로 할 수 있는 이 작업은 수백 년이 넘도록 서양 여행가들의 몫이었다. 1850년대 이스탄불 거리가 어떻게 보였으며, 누가 어떤 의상으로 돌아다녔는지를 알기 위해서는 막심 뒤 캉의 사진이나 서양 화가들의 동판화를 봐야 하듯, 내가 전 생애를 보냈던 거리와 광장에서 100년 전에, 200년 전에, 400년 전에 무슨 일이 일어났으며, 어떤 광장은 과거에 공터였고, 어떤 공터가 있는 곳에 과거에는 기둥이 있는 광장이 있었으며, 이곳에서 어떻게 살았다는 것을(내가 오스만 제국 시기 자료실의 미로에서 몇 년을 보내지 않는다면) 오로지 서양 여행가들의 글에서나 읽을 수 있었다. 그들의 관심은 대부분 이국적이며 회화적인 것에 집중되어 있었다.

발터 벤야민은 「산책자의 귀환」이라는 글에서 프란츠 헤셀\*의 『베를린에서의 산책』이라는 작품을 소개할 때 "만약 지금까지 쓰인

---

\* 1880~ ? 독일의 소설가이자 시인.

도시에 관한 묘사를 작가의 탄생지를 기준으로 나누면, 그 도시에서 나고 자란 작가들이 쓴 글은 아주 적다."라고 말한 바 있다. 벤야민에 의하면 외부에서 도시로 들어온 사람들을 흥분하게 만드는 것은 이국적이며 회화적인 모습들이다. 그곳에서 나고 자란 사람들이 가진 자신의 도시에 대한 관심은 언제나 자신의 추억들과 뒤엉켜 버린다.

나의 상황은, 서구화의 결과로(그리고 어쩌면 이제는 피할 수 없는 전 세계 서구화의 결과) 이스탄불 독자들과 작가들, 서구 밖 세계의 도시에 사는 모든 사람들의 그리 특별하지 않은 상황과 같다. 내가 살고 있는 도시가 나 이전의 세대 사람들에게 어떻게 보였는지는, 그러니까 이스탄불의 일상과 추억에 관한 글들은, 외국 작가들이 썼다는 것이다.

어쩌면 이러한 이유로, 서양 여행가들이 도시에 대해 써 놓은 것을 다른 사람의 이국적인 꿈이 아니라 나의 추억인 것처럼 읽기도 한다. 또한 내가 인지했지만 그 누구도 언급하지 않았기 때문에 내가 인지했다는 것도 인지하지 못했던 것들을 서양인 관찰자들이 느끼고 썼다는 사실을 나는 좋아했다. 크누트 함순*이 갈라타 다리가 무게 때문에 가볍게 흔들린다고 했던 것이나 한스 크리스티안 안데르센이 묘지에 있는 사이프러스 나무가 "어둡다."라고 쓴 것이 바로 그런 관찰이다. 이스탄불을 이방인처럼 보는 것은 즐겁고, 특히 공동체 감정과 민족주의에 맞설 때 필요한 습관이다. 때로 하렘이나 의상이나 풍습이 너무나 사실적으로 묘사되어 나의 삶과 동떨어져

---

* 1859~1952. 노르웨이의 소설가, 극작가, 시인. 1920년 노벨 문학상 수상.

보였고, 설명된 것들이 꿈이 아니라는 것을 알면서도 나의 도시가 아닌 다른 사람의 도시의 과거처럼 느껴졌다. 서구화는 내게 그리고 수백만 명의 이스탄불 사람에게 우리의 과거를 '이국적'으로 느끼게 하는 즐거움을 선사했던 것이다.

서로 다른 다양한 시각으로 도시를 보는 것이 도시와 나를 더 잘 이어 준다고 나를 속이기도 한다. 내 집 이외에 다른 어떤 곳에도 가지 않았으며, 실은 이스탄불의 어느 곳에서 끈기 있게 나를 기다리는 다른 오르한도 찾아 나서지 않았다고 나 자신에게 말하며, 이것이 내 머리를 경직시키고, 한 도시에 이렇게나 지나치게 예속되어 있는 것이 어쩌면 도시를 바라보는 내 시각의 갈망을 죽인다고 생각하기도 한다. 그럴 때면 도시를 바라보는 나의 시선에, 서양 여행자들의 책을 반복하여 읽어서 얻게 된 이질성이 있다고 생각하며 나 자신을 위로하곤 한다. 절대 변하지 않는 도시의 대로와 뒷골목, 허물어져 가는 목조 가옥, 행상, 공터, 비애에 대해 쓴 서양인 관찰자의 글이 나 자신의 추억인 것처럼 느껴지기도 한다.

내가 지금까지 살아오는 동안 이스탄불 인구가 열 배나 증가했으며, 아무런 변화가 없는 거리나 광장이 단지 복잡해졌다는 이유로 마치 다른 장소처럼 보이는 것이 바로 그 원인이다. 나는 언제나 도시가 한적하고 텅 비었던 시절이 그립다.

서양 여행가들이 자신의 망상이나 동양과 관련된 환상을 이스탄불에 적용했다고 해도, 그 도시가 한 번도 서양의 식민지가 아니었기 때문에 이스탄불 사람들에게는 아무 해가 되지 않는다. 예를 들면 터키인들이 화재가 나도 눈물을 흘리지 않는다는 것, 같은 상황에서 많은 눈물을 흘리는 프랑스인들과는 반대로 무게 있게 행동한

다는 것, 터키인들이 운명주의자들이라는 것을 고티에의 글에서 읽어도, 이런 관점에 전혀 동조하지 않는데도 크게 부당하다는 생각은 들지 않는다. 하지만 나는 이러한 논리를 지닌 프랑스 독자들은 이스탄불 사람들이 왜 150년 동안 비애라는 감정에서 벗어나지 못했는지를 이해하지 못할 거라고 생각한다.

서양 여행자들이 이스탄불에 대해 쓴 것이 내게 아픔을 줄 때는, 아주 뛰어난 작가들이기도 한 이 관찰자들이 도시와 이스탄불의 특징이라며 과장해서 언급했던 것들이 얼마 지나지 않아 이스탄불에서 사라지는 것을 인지했을 때이다. 왜냐하면 서양 관찰자들은 이스탄불에서 서양적이지 않은 '이국적'인 것을 보고 쓰는 것을 좋아했기 때문이다. 서구화 운동은 이러한 특징이나 기관이나 전통이 서구화에 걸림돌이 된다는 이유로 짧은 시간 안에 해체하거나 없애 버렸다. 이에 대한 짧은 목록을 보자.

19세기까지 서양 여행자들이 가장 많이 글을 썼던 예니체리 군대가 먼저 해산되었다. 서양 여행자들의 또 다른 관심사였던 노예 시장은 그것에 관한 글이 많이 쓰인 후에 없어졌다. 서양인 여행가들이 아주 좋아했던, 몸 여기저기에 꼬챙이를 찌르는 루파이 수도승들의 테케와 메블레비들의 테케도 공화국 설립과 함께 폐쇄되었다. 서양인 화가들이 많이 그렸던 오스만 시대 복장도 앙드레 지드가 형편없는 의상이라고 언급한 후 얼마 지나지 않아 입지 않게 되었다. 하렘도 서양 작가들이 아주 좋아했던 주제였지만 이제는 없다. 플로베르가 사랑하는 친구에게 부탁해서 자신의 이름을 시장에 있는 서예가에게 써 달라고 한 지 칠십 오년이 지났을 때 터키는 아랍 알파벳에서 라틴 알파벳으로 문자 개혁을 했으며, 이 이국적인 즐거움도 사라져 갔다. 이런 모든 상실들 중에서 이스탄불 사람들이 가장 감당하기 힘들어했던 것은 광장과 일상생활 속으로 들어와 있던 무덤과 묘지도 서구화라는 이름 아래 교도소 벽과 비슷한 높은 벽으로 둘러싸이고, 사이프러스 나무도 풍경도 없는 곳으로 이전되었다는 점이다. 공화국 내내 관광객들이 가장 흥미 있어 했고, 많은 글의 주제가 되었던 등짐꾼, 요세프 브로드스키가 관심을 가졌던 구식 미국산 자동차도 얼마 지나지 않아 사라졌다.

"서양 관찰자-사라짐"의 기간 동안 특이하게 두 가지가 이에 적용되지 않았다. 첫 번째는 이스탄불 뒷골목을 여전히 지배하고 있는 개떼이다. 서양 군대 체제에 맞지 않는다며 예니체리를 해산시킨 마흐무트 2세의 두 번째 목표는 개떼였지만 실패하고 말았다. 입헌군주제 이후 집시들의 도움으로 단행된 또 다른 '개혁' 운동으로, 도시에서 일일이 다 잡아서 시브리 섬으로 몰아냈던 개들이 의기양양

하게 도시로 다시 돌아왔던 것이다. 이의 한 원인은 거리에 있는 개 떼를 아주 이국적으로 여긴 프랑스인들이, 이 동물들을 모두 시브리 섬에 가두어 놓은 것을 더 이국적으로 여기고 이 문제에 대해 조롱 섞인—사르트르조차 많은 세월이 흐른 후 『이성의 시대』라는 소설 에서 농담을 하고 있다—글을 많이 썼기 때문일 수도 있다.

서양인의 시선 아래서__ 335

이런 이국주의를 인식한 엽서 예술가 막스 프루흐테르만은 19세기 후반과 20세기 초반에 제작한 이스탄불 풍경 시리즈에 수도승, 묘지, 사원과 함께 항상 거리의 개들을 포함시켰다.

## 26장
## 폐허의 비애 : 탄프나르와 야흐야 케말, 가난한 변두리 마을에서

 탄프나르와 야흐야 케말은 함께 이스탄불의 가난하고 외딴 지역을 오래 산책하곤 했다. 탄프나르는 2차 세계대전 중에 혼자서 "코자무스타파파샤와 도시 성벽 사이에 있는 그 넓고 가난한 지역"으로 갔던 산책이 얼마나 교훈적이었는지 설명했다. 그곳은 바로 고티에가 1853년에 배회하면서 마음속으로 도시의 비애를 느꼈던 곳들이다. 탄프나르와 야흐야 케말은 '휴전 시기'에 이 마을들을 거닐기 시작했다. 네르발과 고티에가 이스탄불에 온 시기와, 이 두 프랑스 작가의 작품들을 동경하며 그들의 여행기들과 이스탄불에 관한 글을 열심히 읽었던 이 위대한 두 터키 작가가 이 외딴 마을에서 산책했던 시기 사이에는 칠십 년이라는 세월이 있다. 이 기간 동안 오스만 제국은 발칸 지역과 중동에 있던 영토를 모두 잃었고, 점점 작아지다가 사라졌으며, 이스탄불을 육성시켰던 수입원들은 메말라 버렸다. 특히 발칸 지역에 수립된 새로운 정부들이 실시한 인종 청소를 피해 도망친 무슬림 이주자들이 이스탄불로 속속들이 몰려들었지만, 수십만 명이 1차 세계대전에서 사망했기 때문에 도시의 인구와 부는 증가하지 않았다. 오히려 유럽을 비롯한 서양이 엄청난 기술 발전으로 인해 부유해져 갔던 이 칠십 년 동안, 이스탄불은 가난해졌고, 국제사회에서 중요성과 영향력을 잃고 실업자들이 들끓는 외딴 도시가 되어 갔다. 나는 어린 시절을 세계의 대도시가 아니라, 크지만 가난한 시골 도시에서 산다고 느끼며 보냈다.

탄프나르가 「가난한 변두리 마을에서의 산책」이라는 글에서 썼던 혼자만의 산책과 야흐야 케말과 함께 나갔던 산책에는 그저 가난하고 외딴 이스탄불의 변두리 마을로 향한 것 이상의, 터키와 이스탄불이 세상에서 가난하고 외딴 곳이 되어 버린 것에 익숙해지려는 마음의 준비라는 정신적 의도도 있었다. 가난한 변두리 지역의 풍경으로서의 발견은 터키와 이스탄불이 변두리라는 것과 관련이 있다. 탄프나르는 내가 어린 시절에 보곤 했던 화재터, 폐허, 허물어진 벽에 대해 언급한다. 그리고 이 가난하고 폐허가 된 마을에

서 "어찌된 일인지 건재하게 살아남은 술탄 압둘하미트 시대의 목조 저택"에서 들려오는 여성의 목소리에(탄프나르는 과거의 습관으로 이를 '하렘의 재잘대는 소리'라고 말한다.) 주의를 집중한다. 하지만 자신의 글에 정해 놓은 정치적, 문화적 계획에 맞게 이 목소리는 오스

만 제국의 목소리가 아니라 "양말 공장이나 직조 작업대"에서 일하는 가난한 도시의 작은 근대적 사업장에서 들려왔다고 설명한다. 그곳은 탄프나르가 "우리 모두 어린 시절부터 알고 있었던" 곳이라고 했던 곳이며, 아흐메트 라심이 칼럼에서 "작은 덩굴나무와 포도나무 시렁이 있는 분수, 햇볕에 말려 놓은 빨래, 아이, 고양이, 개, 작은 예배소, 묘지들"이 있다고 했던 변두리 마을이었다. 탄프나르는 네르발과 고티에를 읽으며 도시의 외딴 마을, 고립, 폐허, 도시 성벽의 극적의 모습에서 발견한 멜랑콜리를 토속적인 비애로 바꾸고, 이 비애를 지역 특유의 풍경에, 일하는 현대 여성의 삶에 노련하게 투입시킨다.

   자신이 했던 일의 의미를 그가 어느 정도 정확히 인지하고 있었는지 우리는 알 수 없다. 하지만 그는 자신이 가난한 변두리 마을, 도시의 폐허, 잊힌 텅 빈 거리, '고립된' 구역이라고 했던 화재터, 폐허, 작업장, 창고, 허물어져 가는 목조 가옥에 특별한 아름다움과 의미를 부여하려고 했다는 것은 인식하고 있었다. 왜냐하면 탄프나르는 그 글에서 이렇게 말하고 있기 때문이다.

"나는 이 폐허 지역의 풍경을 어떤 상징으로 보고 있었다. 한 도

시가 그 도시의 한 지역에 얼굴을 부여하는 데는 어느 정도의 시간과 사건이 필요하다. 이 사람들은 몇 번의 정복, 몇 번의 패배, 몇 번의 이주 후에 이곳으로 왔을까, 어떤 몰락과 건설 이후에 이러한 모습을 갖게 되었을까?"

이제, 어쩌면 독자를 혼란스럽게 하는 다음과 같은 질문에 대답할 수 있을 것이다. 오스만 제국의 몰락, 서구 앞에서 상실되어 가는 이스탄불의 정체성과 빈곤, 이 모든 거대한 상실이 불러일으킨 멜랑콜리—비애의 감정이, 이토록 도시에 연연해하는 두 위대한 작가에게, 왜 네르발 스타일의 고뇌와 이 고뇌에 어울리는 '순수시'를 모색하도록 하지 못했는가? 네르발의 『오렐리아』를 통해, 사랑을 잃은 후 심해진 그의 우울증이 삶의 다른 활동들을 "하는 일 없이 세속적으로 시간을 보내는" 수준으로 생각하게 된 원인이 되었다는 것을 알 수 있다. 네르발은 우울증을 잊기 위해 이스탄불에 왔다.(그의 이 우울은 이스탄불을 바라보는 고티에의 시선에 영향을 주었다.) 20세기 터키 문학에서 가장 위대한 시인과 가장 위대한 소설가가 될 야흐야 케말과 탄프나르는 이 슬프고 외딴 지역을 배회하면서 자신들이 잃었던 것들과 멜랑콜리를 더욱더 가슴속에서 느끼고 싶어 했던 것 같다. 왜일까?

여기에는 정치적인 목적이 있었던 것이다. 그들은 이스탄불의 폐허 속에서 터키 민족과 터키 민족주의를 발견하고, 위대한 오스만 제국은 몰락했지만 터키 민족이(룸 사람들, 아르메니아인들, 유대인들, 쿠르드인들, 이외에 다른 소수민족들을 터키 공화국 정부와 함께 기꺼이 잊을 준비가 되어 있었다.) 그 슬픔 속에서도 여전히 건재하다는 것을 보여 주고 싶었던 것이다. 하지만 자신들이 민족주의자가 되어야 한다는 것을 알자, 아름다움이라고는 없는 권위적인 말을 하는 터키 정부의 민족주의 관념론자들과는 달리, 터키 민족주의 사상을 명령과 강압과는 먼 '아름다움'으로 발전시키고 싶어 했다. 야흐야 케말은 파리에서 프랑스 시와 문학을 접하며 십 년을 보냈으므로, 오로지 '서양인'처럼 생각하면서 터키 민족주의를 서양 스타일의 이미지로 '미화시켜야' 한다는 것을 잘 알았다.

오스만 제국이 1차 세계대전에서 패배하고, 탄프나르의 『무대 밖의 사람들』이라는 소설에 나오듯이 이스탄불이 '노예 도시'가 되고, 영국과 프랑스의 전함이 술탄이 사는 보스포루스의 돌마바흐체 궁전 앞에 정박하자, 이스탄불과 아나톨리아의 미래에 터키의 정체성이 부각되지 않았던 다양한 정치적 계획들은 그들이 민족주의자가 될 수밖에 없게 만들었다.(앞으로 정부와의 관계를 쉽게 해 주고, 그들을 대사와 국회의원으로 만들어 줄 이런 강요와 민족주의자가 되는 것에, '9월 6~7일' 같은 기독교인과 서양에 맞선 인종적 폭동 사건 앞에서 침묵을 지키는 데에 그들은 불만이 없었다.) 아나톨리아에서 그리스 군대에 맞선 전쟁이 계속될 때, 전쟁과 정치와 군인이 그리 마음에 들지 않았던 야흐야 케말은 앙카라로 가지 않고, 탄프나르가 소설 제목에서 암시했듯이, 이스탄불에서 '무대 밖에' 머물렀으며, 한편으론 과거 터키의 승전을 회고하는 시들을 쓰고, 다른 한편으로는 '터키 이스탄불' 이미지를 발전시키는 것을 자신의 의무로 여겼다. 야흐야 케말은 이 정치적 계획을 성공적으로 실행했는데, 그는 페르시아 문학에서 전이된 전통적 운문 형태와 운율로(아루즈 운율) 쓰이고 말해지는 터키어의 분위기와 소리를 결합해서, 터키 민족을 위대한 승리를 거두고 위대한 작품을 남긴 위대한 민족으로 설명했다. 이스탄불을 터키 민족의 가장 위대한 작품으로 내세우는 데는 두 가지 목적이 있었다. 만약 1차 세계대전 후 휴전 협정 시기에 이스탄불이 서양의 식민지가 된다면, 도시가 아야소피아와 교회들로 기억될 거라는 사실이 아니라, 이스탄불의 '터키' 정체성을 감안해야 된다는 것을 식민 통치자들에게 설명하려 했다. 독립 전쟁과 터키 공화국 설립 이후 야흐야 케말은 이스탄불이 터키주의의 '새로운 민족이 되려고' 했다고 주장했다. 두 작가 모두 이스탄불의 세계주의적이며 다언어적이고 다종교적인 면을 무시하고, 이스탄불이 '터키화' 되는 이념을 지지하는 「터키 이스탄불」이라는 긴 사설을 썼다.

    탄프나르는 많은 세월이 흐른 후 "우리는 고통스런 휴전 시기에 과거의 유산들을 얼마나 꼭 끌어안았던가!"라고 쓴 적이 있다. 야흐야 케말도 「이스탄불 성벽에서」라는 글에서, 학생들과 함께 톱카프행 전차를 타고 "마르마라 해에서 할리치 만까지 탑과 요새, 끝없이 계속 이어지는 성벽 옆을" 지나갔으며 "큰 덩어리 상태로 넘어진 벽" 위에 앉아 쉬었던 적이 있다고 했다. 이 두 작가는 이스탄불이 터키의 도시라는 것을 증명하기 위해서는 서양 '관광객' 관찰자들이 흔히 강조했던 멀리서 보이는 도시의 실루엣과 사원과 교회들로 이루어진 이미지로는 충분하지 않다고 생각하고 있었다. 라마르틴에서 르 코르뷔지에까지 모든 외국인 관찰자들이 주목했던 실루엣은 (아야소피아가 중심이 되었기 때문에) 터키 이스탄불을 중심으로 하는 '민족적인' 이미지가 아니라 세계주의적인 아름다움이었다. 야흐야 케말과 탄프나르 같은 민족주의적인 이스탄불 사람들은 패배하고 억눌린 가난한 이스탄불의 무슬림들을 강조하며, 그들이 자신들의 존재와 정체성을 잃지 않고 사는 것을 증명하고 상실감과 패배감을 표현할 슬픈 아름다움이 필요했다. 이러한 이유로 이들은 가난한 변두리 마을로 산책을 나가서 도시에서 사는 사람들과, 폐허와 과거의 슬픔이 만나는 아름다운 모습을 찾았던 것이다. 고티에 같은 여행가들이 칠십 년 전에 발견한(그리고 많이 읽었던) 우울하고 가난

한 변두리 마을의 무덤들도 발견했다. 탄프나르는 민족주의자였음에도 불구하고 서양인 여행자의 시선으로, 어떤 때는 '회화적이며' 어떤 때는 '경치'라고 했던 변두리 마을의 전통을 고수하며, 서양의

영향하에 들어가지 않은 이러한 면을 설명하기 위해 "폐허였다, 가난했다, 가련했다, 하지만 그들만의 삶과 스타일이 있었다."라고 썼다.

파리 출신의 시인과 작가로부터, 오스만 제국이 몰락하고 터키 공화국이 설립될 시기에 영향을 받은 이스탄불 출신의 시인과 작가가 민족주의, 몰락, 서구화, 시, 풍경 같은 실들로 하나하나 짜 놓은 이야기를 나는 하나하나의 매듭으로 설명하려 했다. 실들이 때로 불가피하게 서로 엉키며 드러내려고 했던 이 이야기 끝에는 이후에는 이스탄불 사람들이 보편적으로 수용할 어떤 사상과 어떤 상상이 나타났다. 이 상상은 도시 성벽과 그 주위에 있는 한적하고 외딴 가난한 마을에 첫 원천이 있었으므로 '폐허의 비애'라고 해야 할 것이며, 이 비애가 가장 잘 느껴지는 도시의 풍경은 외부에서 보는 사람의 관점으로는(탄프나르처럼) 회화적이라고 표현하는 것이 적합할 것이

다. 처음에는 회화적인 풍경에서 아름다움으로 보였던 비애는, 이스탄불 사람들의 상실감과 빈곤으로 인해 100년 동안 더 지속될 비애와 같아졌다.

## 27장
## 가난한 변두리 마을의 회화적인 아름다움

영국의 예술 비평가이자 작가인 존 러스킨은 『건축의 칠등(七燈)』이라는 책의 '기억'이라는 부분에서 회화적인 아름다움에 대해 고민하면서, 이러한 유의 건축적 아름다움이 의도되거나 계획된 고전적 아름다움과 다른 점들 중 하나는 '우연성'이라고 했다. 어원적으로 '그림 같은'이라는 의미인 '회화적인' 것, 즉 어떤 건축의 풍경에서 그 건물이 계획될 때 구상되는 아름다움은 목적과 중심부로부터 먼 곳에서 드러난다는 것이다. 이러한 이유로 러스킨은 어떤 건축물이 창조된 지 수백 년이 지난 후, 그 주위에 나타나는 담쟁이덩굴, 풀, 식물 같은 자연의 연장선과의(파도, 바다, 바위, 게다가 구름도 여기에 해당될 수 있다.) 조화로 회화적인 아름다움이 이루어진다고 보았다. 즉 어떤 건물을 처음 지었을 때 우리가 보고자 했던 형태가 아니라, 완전히 다른 각도로, 역사가 우리에게 부여한 새로운 관점으로, 전혀 새로운 형태로 바라보았을 때 나타나는 우연적인 아름다움이라는 것이다.

모든 선들, 건물의 몸체가 돔에서 밑으로 우아하게 내려오는 모습, 작은 돔의 개구부(開口部), 벽과 공간들의 비율, 탑과 작은 수도교들이 곡조처럼 자아내는 메아리들, 건물이 언덕과 땅에 자리 잡은

모습, 흰색과 돔을 덮은 납들의 소박함을 내 마음속에서 느끼면서 쉴레이만 사원을 볼 때, 이런 아름다움을 보고 느끼는 정취는 회화적인 풍경을 보고 느끼는 정취가 아니다. 왜냐하면 건축된 지 400년이 지났음에도 불구하고 쉴레이만 사원을 볼 때는 그 건물을 처음 지었을 때의 총체성과 목적 안에서 그리고 또 보이고자 했던 대로 바라보곤 했기 때문이다. 이스탄불의 실루엣뿐만 아니라 풍경의 힘은 아야소피아나 야우즈 술탄 셀림 사원, 베야즈트 사원처럼 도시의 심장부에 있는 술탄들의 사원이라고 하는 아주 오래되고 웅장한 건물이 여전히 처음 건축되었을 때의 사상으로 멋지게 반짝이는 데에서 기인한다. 골목 사이나 무화과나무들로 덮인 비탈길, 바다의 빛 놀이로 건물의 일부가 보일 때 우리가 느끼는 즐거움을 회화적인 아름다움이라고 할 수 있다.

이스탄불 사람들이 가난한 변두리 마을에서 느끼는 아름다움은, 폐허 상태인 도시 성벽이나, 어린 시절에도 그랬던 것처럼 루멜리히사르 혹은 아나돌루히사르의 성벽과 탑들 위에 풀, 잡초, 담쟁이

덩굴, 나무들이 자랄 때 드러난다. 이 아름다움은 가난한 변두리 마을에 있는 부서진 분수, 페인트칠이 벗겨지고 반쯤 허물어진 오래된 저택, 100년 된 가스 공장의 폐허, 오래되어 검게 변한 목조 건물의 벽, 담쟁이덩굴과 플라타너스 나무들이 특별히 결합했을 때 우연히 드러난다. 어린 시절에 변두리 마을로 놀러 가면, 그림을 보듯 멈춰서 보고 싶은 이러한 '회화적인' 아름다움들이 얼마나 많았던지 어느 시점 이후에는 우연이라고 하는 것도 옳지 않은 것 같았다. 오늘날은 대부분 사라져 버린 그 침울한 폐허들은 내 어린 시절 이스탄불의 영혼이었다. 하지만 많은 세월이 흐른 후, 그 당시에 내가 도시의 영혼이라고 말할 수 있었던 것의 '발견'과 그것이 아름답고 '정

수'라고 결정될 수 있었던 것은 그 안에 우연들과 많은 반응이 있는 에움길을 통해 실현되었다.

먼저, 가난한 변두리 마을이나 폐허, 나무, 풀 같은 자연의 우연적인 아름다움을 음미하려면 그 마을, 즉 폐허로 덮인 그 가난한 곳에서 '이방인'이 되어야 한다. 허물어진 벽, 금지령 때문에 아무도 없

고 돌보지도 않은 목조 테케 건물, 수돗물이 흐르지 않는 분수, 더이상 생산을 하지 않는 팔십 년 된 공장, 민족주의의 압력으로 룸 사람들과 아르메니아인들과 유대인들을 쫓아냈기 때문에 텅 비어 버린 집들, 허름한 건물들, 원근법에 도전하듯 서로 다른 쪽으로 약간 기울어진(혹은 어떤 것은, 캐리커처 작가들이 아주 좋아하는, 서로 기대어 기울어진) 집들, 지붕과 퇴창과 창틀이 비뚤어진 건물들은 견고함이나 아름다움이 아니라 가난과 무력감, 방치된 느낌을 불러일으킨다. 변두리 마을의 이런 가난한 모습과 방치되어 있는 역사적 장소들이 제공하는 우연적인 '아름다움'을 좋아하는 사람들, 폐허에서 회화적인 정취를 만끽하는 사람들은 외부에서 와서 이런 곳으로 흘러

들어간 사람들이다.(로마 사람들이 관심을 갖지 않았을 때, 구 도시의 폐허를 좋아하며 그곳을 그림으로 남긴 북유럽 사람들처럼) 야흐야 케말과 탄프나르는 '가난하고 외딴 이스탄불'을, 뒷골목에서 온 힘을 다해 살아가는 전통적인 생활을 격찬했다. 그들은 서구화 때문에 이 '고유한' 문화가 사라지는 것을 고민하면서 이런 마을들의 '아름다운' 풍경을 만끽하고, 이 마을들에서 길드 도덕과 작업 예절로 살아간

'우리 조상들'의 생각을 발굴하고 전파하려 했다. 하지만 야흐야 케말은 '에잔이 없는 지역'이라고 했던 페라에서, 탄프나르는 혐오에 가깝게 무시하며 언급했던 안락한 베이올루에서 살았다. 외부에서 온 사람들이 이국적이고 회화적인 것에 관심을 갖는다고 했던 발터 벤야민의 말을, 이 두 민족주의 작가는 도시의 '아름다움'을 오로지 자신들에게 생소했던 곳에서 찾을 수 있었다는 것을 기억하자. 이런 상황은, 전통적인 일본 집은 어떠해야 하고 어떻게 보호해야 하는지

를 『그늘에 대하여』라는 책에서 장황하게 언급하면서도 서양의 편리함이 없는 이러한 집에서 절대 살지 못할 거라고 아내에게 말했다는 일본 소설가 다니자키 준이치로의 태도와 비유될 수 있다.

탄프나르와 야흐야 케말의 이 불안정한 태도가 이들을 완전한 의미에서 각각의 이스탄불 사람으로 만들었듯이, 외부에서 온 사람들만 도시 안에서 회화적인 아름다움을 찾은 것은 아니었다. 이스탄불의 가장 주요한 특징은, 거기 사는 사람들조차 때로는 도시를 서양인의 시선으로, 때로는 동양인의 안경을 끼고 바라보았다는 것이다.

『천일야화』의 영어본 번역자인 리처드 버튼이나 네르발이 좋아했던, 그리고 프랑스인들이 '야릇함(bizarreries)'이라고 했던 기이함이 부각되면서 이스탄불 언론에서 이스탄불의 역사가 처음으로 강조되는 계기가 되었다. 물론 코추가, 마치 다른 문명의 역사를 대하듯 '기이함들' 속에서 이스탄불 역사를 가장 잘 보았다. 내 어린 시절, 도시가 세계와 가장 단절된 시기에조차, 이스탄불 사람들은 한편으로는 도시를 항상 생소하게 느꼈다. 시민들의 관점에 의하면, 도시는 그곳에 사는 사람들에게 때로는 지나치게 동양적으로, 때로는 지나치게 서양적으로 보이면서 약간의 불안감과 완전히 속하지 못했다는 우려감을 안겨 주었다.

야흐야 케말과 탄프나르가 이스탄불의 한 지역에서(서구화된 페라 지역) 살면서, 다른 지역에서(오래된 도시의 가난한 변두리 지역) 발견했던 아름답고 민족적이며 침울하고, 회화적인 모습들은 이후 이스탄불 사람들이 자신들을 이해하고, 살고 있는 도시에 대해 모두가 공감하는 환상을 만들고자 했을 때 받아들이고 전파시켰던 이미지이다. 가난한 변두리 마을에 대한 이런 환상은, 우선 1930년대와 1940년대에 보수적인 신문과 잡지에 자주 게재되었고 모방을 거듭해 조악해져 버린 서양 화가들의 동판화들로 인해 널리 퍼지게 되었다. 진품을 누가 처음에, 어떤 세기에, 어디서 그렸는지는 전혀 밝히지 않고, 서양인의 회화적인 환상이라는 것 역시 숨긴 채 이스탄불 화가들이 그린 흑백의 변두리 마을 스케치, 연필로 그린 뒷골목 풍경도 함께 실었다. 나는 당시의 잡지에 실린 복제품들 중에서도 이런 전통적인 가난한 변두리 마을의 풍경을 가장 순박하게, 이국적인 면을 최소한으로만 표현한 화가 호자 알리 르자의 연필화를 무

척 좋아했다.

19세기 말엽과 20세기 초에 활동했던 호자 알리 르자느, 관광객들이 첫눈에 이끌리던 이스탄불의 현란한 실루엣이나 사원과 바닷물 사이의 빛 놀이가 아니라, 서구화되지 않았거나 현대화가 실현되지 않은 도시의 거리에 관심을 보였으며, 사진작가 아라 귈레르가 역시 이후 이러한 것들에 관심을 가졌다. 서구화가 추진되고 있었음에도 불구하고, 전통적인 삶이 유지되고, 옛것과 새것이 마모(磨耗)와 가난과 겸손의 음악으로 합치되고, 사람들의 얼굴도 풍경들처럼 슬픈 곳으로 이스탄불을 표현한 아라 귈레르의 흑백사진들은, 특히 1950년대와 1960년대, 과거의 화려함과 은행이나 상가나 관공서가 허름해져 너덜너덜 떨어지면서 드러냈던 오스만 제국의 서구화의 특별한 짜임새를 아주 시적인 감성으로 표현하고 있다. 아라 귈레르의 『사라진 이스탄불』이라는 사진집에 나란히 배치된 멋진 사진들은 내 어린 시절의 베이올루와 이스탄불, 전차들, 네모난 돌로 이루어진 보도블록들, 거리 광고, 흑백의 분위기로 도시의 빈곤, 노후와 슬픔을 부각시키면서 가난한 변두리 마을의 회화적인 아름다움과

접목시켰다.

 흑백으로 된 이런 허물어지고, 낡고, 가난하지만 '자부심과 정체성이 분명한' 외딴 변두리 마을 이미지는 특히 라마단 때 신문에 실렸던 「역사와 이스탄불」 칼럼에서, 오래된 동판화와 갈수록 더 조악해지고 유행했던 흑백 이스탄불 그림들의 새로운 판본들로 시민의 사랑을 받았다. 『이스탄불 백과사전』이나 신문에 쓴 대중 역사 칼럼에서 작자 미상의 동판화의 복제품이 아니라, 그 동판화를 보고 또 보면서 조악하게 그린 그림을(섬세하고 세세한 동판화의 스테레오판을 인쇄하는 것은 비쌌을 뿐만 아니라 기술적으로 더 어려웠다.) 게재한 레샤트 에크렘 코추가 바로 이 일의 전문가였다. 서양 화가들의 컬러 그림에서 동판화를 찍어 내곤 했기 때문에, 컬러 그림의 흑백 동판화가 다시 흑백의 그림이 되었는데, 진흙 같은 종이에 형편없이 찍어 낸 이 변두리 마을 풍경 밑에는 원본 혹은 복제 화가의 이름은 들어 있지 않고 단지 '어떤 동판화에서'라고 쓰여 있을 뿐이었다. 전통의 정체성을 고수한다고 여기면서, 가난을 부끄러워할 것이 아니라 반대로 자부심을 갖게 하는 것으로 보여 주는 변두리 마을에 대한 환상은, 가난한 도시의 삶이 혹독한 현실이라서가 아니라, 신문과 잡지를 읽는 반쯤은 서구화된 이스탄불 부르주아들의 민족주의 정체성에 맞아떨어졌기 때문에 사랑을 받았다. 이런 환상과 오래된 이스탄불 변두리 마을 사상은, 이제는 단지 도시의 '외딴' 계층만이 아니라, 도시의 실루엣을 제외한 모든 것을 대표하면서 한편으로는 이를 의미 있게 하는 문학으로 발전해 갔다.

서서히 서구화되는 가난한 변두리 마을의 순수 터키 무슬림적 측면을 강조하고자 했던 보수 작가들은, 파샤의 권력과 존재는 논하지 않고 가족과 친구들이 전통과 관습을(이것은 물론 겸손, 복종, 검소였다.) 따르는 것만 부각하는 오스만 시대 천국을 세웠다. 서구화된 공화국주의자 중산층의 취향에 상반되는 하렘, 후처들, 파샤의 폭력, 하녀 등과 같은 오스만 시대의 문화적 요인들을 부드럽게 다루면서, 파샤들과 자녀들도 실제보다 더 현대적으로 묘사했다.(사미하 아이외르디.*) 아흐메트 쿠시 테제르**는 「이웃」이라는 아주 사랑받은 연극에서, 카라괴즈에서처럼 변두리 마을 찻집을 중심으로(그가 모델로 삼은 곳은 이스탄불의 오래된 지역 중 하나인 뤼스템파샤이다.) 도시의 모든 캐릭터들이 우리를 웃기려고 서로 충돌하며, 모든 긴장이 '우

---

\* 1905~1993. 이스탄불 출신의 신비주의 성향이 강한 여성 작가.
\*\* 1901~1967. 시인이자 연극 시나리오 작가.

리'라는 분위기로 부드러워지는 이스탄불 거리를 묘사했다. 한때 지발리의 한 뒷골목에서(그의 아내는 연초 공장에서 일했다.) 살았던 소설가 오르한 케말\*은 밥벌이가 너무 고달프고 힘들어 친구들과 싸움을 벌이는 곳으로 뒷골목을 그렸다. 가난한 변두리 마을에 대한 나의 환상을 우리 가족처럼 북적거리고 현대적인 대가족 환상으로 바꾸었던(우리 가족들과는 반대로 아주 평온한 대가족) 매일 저녁 방송되었던 라디오 드라마 「우으르길 가족」에게 일어나는 작은 사건들을 나는 좋아했다. 이 가족은 '흑인 하녀'도 집에 받아들여 함께 살고 있었다.

이스탄불 작가들은 그 배후에 몰락과 침울이 있는 뒷골목 환상이나 회화적이며 외딴 이스탄불 환상을 잠재의식의 위험, 어둠, 사악한 창조물들과 절대 합치시키지 않았다. 왜냐하면 민족적이자 전통적인 것은 동시에 순수하고 우리 집에 적합한 것이 되어야 했기 때문이다. 변두리 출신의 고아, 가난하고 착한 아이들을 창조한 작가인 케말레딘 투우주가 쓴 멜로드라마틱하고 이스탄불을 아주 잘 표현한 어린이 소설을 내가 열 살 때 아주 좋아했다. 그는 다른 도시들과는 반대로 서서히 가난해지는 우리에게, 사람이 아무리 가난한 곳에 살아도 부지런하고 양심이 바르면(민족적이며 도덕적인 가치의 원천은 대부분 가난한 변두리 마을이다.) 어느 날엔가는 행복해진다고 이야기했다.

러스킨은 우연 때문에 회화적인 것은 '보존'될 수 없을 거라고 암시했다. 어차피 풍경을 아름답게 하는 것은 건축의 보존이 아니라,

---

\* 1914~1970. 사실주의 성향의 소설가.

가난한 변두리 마을의 회화적인 아름다움

보존되지 않고 폐허가 된 상태로 있는 것이다. 이스탄불 사람들이 모두 받아들이고 사랑하고 널리 퍼트린 '아름다운 이스탄불' 이미지는 비애스러운 폐허의 분위기를 안고 있을 수밖에 없었다. 이는 보수하여 깨끗하게 페인트칠을 하고, 얼룩과 썩은 부분을 없애고, 처음 지어졌을 때처럼 혹은 18세기에 도시가 승리와 부유함을 구가하고 있을 때처럼 아주 새것으로 바꾸어 놓은 오래된 목조 가옥에 이스탄불 사람들이 왜 융화되지 못하는지를 증명해 준다. 이스탄불 사람들이 근세기에 사랑하거나 또는 혐오하면서 수용한 도시의 이미지에는 빈곤과 패배와 폐허가 내포되어 있다. 열다섯 살 때 혼자서 이스탄불을 그릴 때, 특히 '뒷골목'을 그릴 때, 우리가 안고 있는 이 비애의 결과가 나를 힘들게 하기 시작했다.

## 28장
## 이스탄불 그리기

나는 열다섯 살 때부터 집요하게 이스탄불 풍경을 그리기 시작했다. 이스탄불에 대한 특별한 사랑 때문에 그린 것은 아니다. 정물화나 초상화는 그리는 방법을 몰랐고 좋아하지도 않았다. 세상의 나머지, 그러니까 거리로 나가거나 창밖을 바라보면 보이는 것은 모두 어차피 이스탄불이었다.

나는 두 종류의 이스탄불을 그렸다.

1. 보스포루스 풍경, 바다와 도시가 서로 맞물려 있는 모습, 도시의 실루엣에 의거한 그림들. 최근 200년간 도시에 온 서양 여행자들이 보통 '마법적'이라고 느꼈던 이스탄불 풍경에서 출발한 그림들이었다. 지한기르에 있는 집과 아파트 사이로 보이던 보스포루스, 크즈쿨레시, 폰득르, 위스퀴다르의 풍경, 그 후에 이사 갔던, 보스포루스가 내려다보이는 베쉭타시 세렌제베이에 있는 집에서 본 보스포루스 어귀, 사라이부르누, 톱카프 궁전, 고도(古都)의 실루엣으로 이루어진 광대한 풍경은 집 밖으로 나가지 않고 충분히 그릴 수 있었다. 내가 지금 그리고 있는 것이 유명한 '이스탄불 풍경'이라는 것을 나는 항상 머리 한구석에 간직하고 있었다. 내가 그리고 있는 것의 아름다움은 어차피 모든 사람이 알고 있었고, 이미 존재하는 아

름다운 모습을 그리고 있었으므로 나 자신에게 이 그림이 왜 아름다운지 별로 묻지 않았다. 다 그리고 나서 나 자신 그리고 가까운 사람들에게 수만 번 "멋진가요?", "멋지게 되었나요?"라고 물어도, 내가 택한 그림의 소재 때문에 어차피 "그래."라는 대답이 돌아올 것을 알고 있었다.

  사람들이 소재 때문에 그림을 멋지게 여길 것을 확신했기에 이런 그림은 마음에서 우러나는 대로 그려 나갔으며, 나 자신을 서양 화가처럼 느끼기 위해 애쓸 필요도 없었다. 나는 그 어떤 서양 화가도 모방하지 않았다. 하지만 작은 세부 사항을 그릴 때는 그들에게서 배운 것을 사용했다. 보스포루스의 파도는 아이가 그린 것같이 뒤피* 스타일로 그렸고, 구름은 마티스처럼 터치했으며, 도저히 표현할 수 없는 세부적인 것은 '인상파'처럼 물감 얼룩으로 덮어 버렸다. 이스탄

---

\* 1877~1953. 프랑스의 화가, 석판화가, 장식 미술가.

불 엽서나 달력을 보고 적용하기도 했다. 프랑스 인상주의 이후 사오십 년이 지난 다음 이를 모방하여 이스탄불의 아름다운 경치를 그린 터키 인상주의와 그리 큰 차이가 없는 그림들이었다.

내가 택한 소재는 모든 사람들이 '아름답다.'라고 여기는 이스탄불 풍경이었기 때문에, 그림을 그릴 때 '아름다움'이라는 문제에 대해 나 자신과 다른 사람을 설득할 필요가 없어서 마음이 편했다. 나는 깊고 커다란 열망을 지닌 채 종이와 연필과 캔버스 앞으로 가서 나를 두 번째 세계로 데려가 줄 도구들을 잡았다. 하지만 어떤 그림을 그려야 할지 몰랐던 때도 많았다. 문제는 소재 자체가 아니라 그림을 그리는 것이기 때문에, 결국 집 창밖으로 보이는 엽서 풍경 중 하나를 더 그려 보기로 했다. 같은 소재로 비슷한 그림을 백 번째 그린다 해도 전혀 지루하지 않았다. 중요한 것은 한시라도 빨리 그림의 세부로 들어가 이 현실 세계에서 도망치는 것이었다. 보스포루스를 지나는 배를 풍경과 원근법에 맞게 배치하는 것(멜링 이후 보스포루스를 그리는 모든 화가의 고민), 뒤에 있는 사원 실루엣의 세세한 부분에 몰입하는 것, 사이프러스 나무와 카페리를 잘 그리는 것, 돔과 사라이부르누에 있는 등대와 가장자리에서 낚시를 하는 사람을 쉽게 그려 넣는 것은, 내가 그리고 있는 것들 사이에 내가 있다고 느끼게 해 주었다.

그림을 그릴 때, 나 자신이 내가 그린 그림의 일부라고 생각했다. 그림의 가장 '아름다운' 곳에 내가 이르렀을 때, 그러니까 그림을 성공적으로 끝낼 무렵이면 갑자기 내 머릿속에 있는 두 번째 세계는 아주 강한 현실감이나 물질 같은 성질을 띠었고, 나는 이상한 흥분과 희열로 머리가 어찔해졌다. 모든 사람이 아는(그래서 좋아하는)

보스포루스와 이스탄불 풍경이 아니라 내 환상 속에 있는 멋진 것을 그린 것처럼 느껴졌다. 그림이 거의 완성되어 가면, 흥분하면서 그것을 만지고, 그림과 관련된 어떤 것을 껴안고, 입에 넣고, 깨물고, 먹고 싶었다. 내부에 아직 순수함과 조화를 지니고 있던 나의 순진한 장난기는 어떤 장애에 부딪혔고, 그림을 그릴 때 나 자신을 완전히 잊지 못했다는 것, 이 놀이에서 나를 제외시키는 어떤 문제가 생겼다는 것을 느끼게 되었고(이런 상황은 갈수록 자주 일어났다.) 그러면 자위 행위를 하고 싶은 생각이 들었다.

이런 첫 번째 스타일의 그림 그리기는, 시인 실러가 "순수한 시"라고 했던 의미의 그림 그리기와 가깝다. 내가 그린 그림의 소재와 그보다 더 중요한 것, 즉 오로지 마음에서 우러나는 대로 그림을 그린다는 것은, 내가 어떻게 그리는지와 나의 스타일과 기법보다 더 중요했다.

2. 하지만 이런 아이 같고, 다채롭고, 즐겁고, 문제없는 그림들의 세계는 날이 갈수록 '순진해' 보이기 시작했고, 그림을 그리는 즐거움을 감소시키기 시작했다. 나의 장난감들이—카펫 가장자리에 질서 있게 주차하는 것을 내 임무로 여기기도 했던 작은 자동차들, 카우보이 권총들, 아버지가 프랑스에서 가지고 온 기차와 레일—이제는 나 자신과 집 안에서의 지루함을 잊게 하기에는 불충분했던 것처럼, 다채롭고 순진한 그림을 그리는 일도 이제는 평범한 세계의 답답함에서 나를 벗어나게 하지 못했다. 모든 사람이 아는 도시의 풍경이 아니라, 고요한 거리, 잊힌 작은 광장, 돌로 된 보도블록이 깔린 비탈길(보스포루스로 내려가는 비탈길이라면 그 뒤로 바다, 크즈쿨레시, 반대편 해안이 보일 수도 있다.), 퇴창이 있는 목조 가옥을 그리기

시작했다. 때로는 도화지에 그렸던 흑백 그림이나, 때로는 캔버스에 흰색을 지배적으로 그렸던 이런 유화에는 두 가지 영감의 원천이 있었다. 나는 신문의 역사 칼럼, 갈수록 자주 잡지에 실렸던 흑백의 뒷골목 그림에 감명을 받았으며, 고요하고 침울한 변두리 마을의 시(詩)를 아주 좋아했다. 작은 사원, 허물어진 벽, 가장자리 한쪽이 보이는 비잔틴 수도교, 퇴창이 있는 목재 가옥, 기다란 골목을 따라 갈수록 작아지고 멀어지는 수수한 집들을 새로 배워 그 맛을 만끽했

던 원근법을 적용하여 그렸다. 두 번째 영감의 원천은, 내가 복제품을 통해 알고 있었고, 멜로드라마틱하게 소설화시킨 그의 삶의 이야기를 읽은 적이 있는 위트릴로*였다. 위트릴로 스타일의 그림을 그리고 싶었기 때문에 주위에 사원이나 첨탑이 별로 보이지 않는 베이올루나 타르라바쉬나 지한기르의 뒷골목 풍경을 택했다. 그래서 이 골목 저 골목을 돌아다니며 이 책에 몇 장을 실은 수많은 사진을

---

* 1883~1955. 프랑스의 화가.

찍었다. 마음속에서 그림을 그리고 싶은 열망이 솟아오르면 이 사진들을 보면서 베이올루 풍경을 그렸고, 이스탄불에서는 거의 사용하지 않았지만 파리에 있는 아파트처럼 창문에 블라인드를 그려 넣곤 했다. 이제는 그림을 끝낼 때 느끼는 흥분 속에서, 전과는 달리 내가 그린 풍경화가 나 자신의 환상이자 현실이라거나, 내가 그림에 나타나는 익히 아는 아름다움 세계의 일부라는 것을 덜 생각하게 되었

다. 그림을 그리기 위해 필요한 나 자신으로부터의 탈출 혹은 나 자신을 뒤로하고자 하는 바람을 이제는(내가 그린 그림의 소재와 세계를 순수하게 나 자신과 동일화시키는 대신에) 더 복잡하고 더 '교활한' 영혼의 도약으로, 한때 파리에서 이와 비슷한 그림을 그린 위트릴로라는 사람과 나 자신을 동일화해 궁극의 목적에 도달했다. 물론 완전한 동일화는 아니었다. 보스포루스 풍경을 그릴 때 내가 그린 것이 오로지 세계의 일부라는 것을 머리 한구석으로 믿듯이, 내 영혼의 아주 작은 일부만이 내가 위트릴로라는 것을 믿었다. 그림을 그릴 때, 그 가치에, 혹은 다른 사람들이 보기에 '아름답다.'라거나 '의미 있다.'라고 느끼는 것에 의심이 들 때, 어디에서 오는지 나조차 설명할 수 없는 불신의 순간에 느끼는 고뇌가 바로 그 감정이었다. 이 믿음에 지나치게 얽매이는 것이 나를 옹색하게 만든다고 느꼈다. 내가 그린 그림이—마치 곧 다가올 성경험 도중에 그러했듯이—어떤 때는 나의 통제에서 벗어나 커다란 흥분으로 나를 에워싸 희열로 들뜨게 하고, 해안에 부딪혀 흩어지는 거대한 파도처럼 끝났을 때, 내가 안고 있는 슬픔과 혼란을 떨치고는 잠시 휴식을 취했다.

  내가 찍은 이 사진들을 보면서 그렸던, 아직 채 마르지 않은 그림을 방 한구석이나 눈높이에 맞춰 벽에 걸고는, 마치 다른 사람의 그림처럼 보고자 했다. 서둘러 그렸던 그림이 마음에 들면 희열과 자신감이 온몸을 감쌌다. 변두리 마을과 뒷골목의 비애가 승리감으로 내 마음을 채웠다. 하지만 대부분은 어떤 결핍이나 불충분한 마음이 내 마음을 덮었으며, 그러면 머리를 좌우로 움직여 시선의 각도를 바꾸고, 멀찌감치 혹은 가까이서 다른 시각으로 그림을 보면서, 절망적으로 무엇인가를 덧그렸고, 내가 그린 그림을 나 자신이 받아들이도록 애를 썼다. 그림을 그릴 때 느꼈던, 즉 내가 위트릴로라거나 그에게 있는 것이 내게도 있다는 느낌을 이제는 믿지 않았기 때문에, 마치 사랑을 나눈 후 그러한 것처럼, 이번에는 풍경 때문이 아니라 그림이 불완전하다는 것에서 비롯된 슬픔이 내 마음에 가득 찼다. 나는 위트릴로도 아니었고, 그렇다고 다른 사람도 아니었다. 난 그저 위트릴로가 그린 그림과 비슷한 그림을 그린 사람이었다.

  하지만 그 슬픈 감정은 이후 더욱더 깊어지면서 그림 그리는 것을 어떤 고민으로 만들었고, 나 자신을 다른 사람처럼 느끼며 그림을 그린다는 사실은 부끄러움이 되지 않고 사라져 버리곤 했다. 어떤 스타일, 독특한 시각과 그림 그리는 저만의 방식이 있는 화가를 모방하면(나는 이 단어를 전혀 사용하지 않았지만) 나 자신을 약간은 다른 사람처럼 느꼈고, 나도 개성과 개성적인 스타일이 있다는 은근한 자부심을 느꼈다. 이후에 나를 괴롭힐, 다른 사람을 모방하면서 개성을 가질 수 있다는 사실과 서양인들이 '패러독스'라고 하는 자신 속에서의 갈등 상황을 그 당시에 처음 인식했다. 다른 화가의 영향 아래 있다는 것 때문에 느꼈던 답답함을, 내가 여전히 아이라는 것을, 내가 그림을 그리는 것이 여전히 그림 그리는 놀이라는 것을 생각하며 가벼운 마음을 가지려고 했다. 내가 그린 도시가, 내가 사진을 찍었던 이스탄불이 그 어떤 그림에 있는 것보다 더 강한 힘이 있다고 생각하는 것은 무엇보다 위로가 되었다.

 몰입해서 그림을 그릴 때 가끔 내 방에 들어온 아버지는 그림에 대한 나의 열정에 대해, 아주 어렸을 때 고추로 장난치던 나를 보았을 때처럼, 무시하는 투가 전혀 없는 존중해 주는 말로 "오늘은 어때, 위트릴로?"라고 했다. 이 말에 섞인 농담의 분위기는 내가 여전

히 다른 사람을 모방할 수 있는 나이라는 것을 상기시켜 주었다. 당시 나는 열여섯 살이었는데, 어머니는 그림에 대한 나의 고집을 알고는 한때 우리가 살았고, 당시에는 어머니와 할머니의 오래된 물건들을 넣어 두었던 지한기르에 있는 아파트를 아틀리에로 사용하라며 열쇠를 건네주었다. 주말에, 때로는 로버트 칼리지에서 돌아온 후 이 춥고 텅 빈 집으로 가서 난로를 피워 몸을 덥힌 후, 내가 찍었던 사진 중 한두 개를 골라 그것들로부터 얻은 영감으로 단숨에 커다란 그림 두 점을 그리고는 피곤과 이상한 슬픔에 젖어 집으로 돌아가곤 했다.

## 29장
## 그림, 그리고 가족의 행복

어머니가 그림을 그리라며 열쇠를 주었던, 할아버지가 지었던 지한기르에 있는 아파트에 가면 나는 우선 가스난로에 후후 불며 불을 붙였다.(이 집에서 모두 함께 살 때, 열한 살이던 내 안에 잠재되어 있는 방화광을—불을 가지고 놀며 화재를 내는 것을 좋아하는 사람—아주 행복하게 해 주던 가스난로에 불붙이는 재미가 어린 시절의 이상한 유희처럼 "잘 있어."라는 인사도 없이 어느 날 사라져 버렸다는 것을 아주 나중에야 깨달았다.) 천장이 높은 아파트가 손 시림이 사라질 정도로 따스해지는 것이 느껴지면, 물감으로 얼룩진 구깃구깃한 작업복을 입은 후—한동안 그림을 그리지 않았다면—몰입하여 그렸던 이스탄불 그림을 다른 사람들에게 즉시, 혹은 하루이틀 안에 보여 주지 않으면 열의가 식어 버리기도 했다. 이곳을 오가면서 그림들로 벽을 채워 갔던 지한기르의 아파트는 작은 화랑으로 변했다. 하지만 어머니도 아버지도, 그 누구도 이곳에 들러 내가 얼마나 멋진 그림들을 그렸는지 말해 주지 않았다. 단지 남에게 보이기 위해서가 아니라, 그림을 그리면서 잠시 후 그 그림을 감상해 줄 사람들을 느끼고 싶고 행복한 가족의 움직임이나 발소리나 소리를 듣고 싶다는 바람을 나는 바로 이곳에서 그림을 그릴 때 발견했다. 쉽게 따뜻해지지 않고,

___ 371

먼지와 곰팡이 냄새가 나는 오래된 물건들로 가득 찬 우울한 집에서 이스탄불의 풍경을 그리는 것은 나를 더욱더 우울하게 했다.

지금은 대부분 잃어버린 내 그림 중에서, 열여섯이나 열일곱 살 때 그렸던, 톨스토이가 좋아할 단어들로 말한다면 '가족의 행복'을 표현한 그림들을 찾을 수 있다면 얼마나 좋을까. 일곱 살 때 집으로 부른 전문 사진기사 앞에서 취했던 포즈에서 알 수 있듯, '행복한

가족'인 척하는 것이 내게는 아주 어려웠기 때문에 그 그림들은 내게 아주 중요하다. 이스탄불의 뒷골목이나 보스포루스 풍경이 아니라, 우리, 어머니, 아버지가 평범한 일상생활 속에서, 집 안에서 사는 모습을 그린 그림들이었다. 어머니와 아버지 사이의 팽팽한 긴장이 잦아들고, 아무도 다른 사람을 비꼬지 않고, 모두 편하게 행동하던 시기에, 한구석에 있는 라디오나 카세트테이프에서 음악이 흐를 때, 일하는 아주머니가 부엌에서 잠시 후 먹을 점심 혹은 저녁 식사를 준비하고 있을 때, 모두 함께 산책이나 여행을 나서기 전에, 우리 모두가 아주 행복하지는 않더라도 삶에 만족해한다는 것을 느꼈을 때 단숨에 그린 그림들이었다.

아버지는 주로 거실에 있는 긴 의자에 누워 있었다. 그는 집에서 지내던 대부분의 시간을 이 긴 의자에 누워 신문이나 잡지나 책을 읽거나(아버지가 젊었을 때 읽었던 문학 서적이 아니라 카드게임인 브리지에 관한 책들) 상념에 잠겨 천장을 바라보며 지냈다. 기분이 좋을 때는 카세트테이프에서 흘러나오는 오케스트라 음악, 예를 들면 브람스의 1번 교향곡을 연주하는 오케스트라를 지휘하기 위해, 누워 있던 곳에서 일어나 손과 팔로, 오케스트라 지휘자가 하는 분노와 패기와 열정적인 상상의 행동을 하곤 했다. 바로 옆 안락의자에 앉아 있던 어머니는 읽고 있던 신문이나 뜨개질감에서 눈을 떼고, 정과 사랑 중간쯤으로 느껴지는 미소를 지었다.

집 안에서의 이런 행복한 가족의 모습은, 관심을 끄는 특별한 행동이나 말이 없었음에도 불구하고—주로 그러한 이유로—나의 주의를 끌었다. 그럴 때면, 내 마음속으로 들어온 정령에 대해 언급하듯, 절반은 부끄럽고 나머지 절반은 흥분된 어조로 "난 그림 그릴래요."라고 작게 말한 후 내 방으로 뛰어 들어가서 그림 도구들을—유화 물감 세트나, 아버지가 영국에서 가져온 '기타' 상표의 스물두 가지 색 파스텔 상자나, 이모가 내 생일 때마다 다양한 크기로 잘라 선물했던 스콜러 상표의 도화지 몇 장—가져와, 두 사람을 다 볼 수 있는 아버지의 서재에 놓은 후 서둘러 집 안을 그리기 시작했다.

이 동안에는 어머니도 아버지도 말 한마디 하지 않은 채, 내 마음속에서 갑자기 우러나오는 그림을 그리고자 하는 저지할 수 없는 바람을 자연스럽게 받아들였기 때문에, 마치 신이 아주 짧으나마 나를 위해 시간을 멈추어 준 것 같았다.(나의 무관심에도 불구하고, 필요할 때에는 가끔 '그녀'가 내게 특별한 관심을 보이며 도와준다고 믿었다.) 어쩌면 어머니와 아버지가 아무 말도 하지 않았기 때문에 그들이 행복해 보였는지도 모른다. 시간이 흐를수록, 가족이라는 것은 사랑받는다는 것을 믿기 위해, 자신이 평온하고 편하고 안전한 곳에 있다고 느끼기 위해, 모두가 한동안 마음속에 있는 정령들과 사탄들을 숨기고 입 다물게 하며 행복한 척하는 집단으로 보였다. 모방을 계속 반복하여 진짜라고 여기고, 달리 할 일도 없기에 그런 척하는 행복한 포즈가 얼마 지나지 않아 마음속에 있는 정령들과 사탄들을 진정시키지 못하면, 아버지는—어머니가 인내심을 가지고 뜨개질을 계속하고 있을 때—읽고 있던 글에서 눈을 떼고 창밖을, 먼 곳을, 보스포루스 풍경을—그 아름다움에는 별로 관심을 갖지 않고—며 상상에 빠졌다. 1970년대 초부터 터키에 보편화된 텔레비전이 우리 집 거실에도 자리를 잡자, 어머니와 아버지가 거실에서 꼼짝 않고 앉아 아무 말도 하지 않고 만들어 낸 그 마법적인 정적과 침묵이 가져다주었다고 생각했던 이상한 행복 혹은 이상한 존재의 고통스러운 자리를 모두 함께 약간은 부끄러워하며 바라보았던 시간 때우기 좋은 텔레비전의 힘에 양도하자, 다시는 그들의 그림을 그리고 싶은 생각이 들지 않았다. 왜냐하면 내게 행복이란, 나를 사랑하는 가까운 사람들이 그들 안에 있는 정령들과 사탄들을 억누르고 있을 때, 내 마음속에 있는 것들을 한껏 즐기면서 밖으로 쏟아 놓을 수 있다는 데 있었기 때문이다.

그들은 사진기 앞에서 포즈를 취하듯 꼼짝하지 않았고, 내 손과 팔이 갈수록 빨라지며 이 행복한 가족의 그림을 끝마치려고 할 때면 자기들끼리 이야기를 하기도 했다. 한 사람이 신문에서 읽고 알게 된 것에 대해 이야기하면 상대방은 긴 침묵을 지키다가 그 기사와 관련된 분석을 내놓거나, 아무 대꾸도 하지 않았다. 어머니와 내가 이야기를 나눌 때, 그대로 누운 채 우리에게 전혀 관심 없는 척하던 아버지는 우리가 나누었던 주제에 대한 자신의 생각을 한참 시간이 흐른 후 툭 던지기도 했다. 베쉭타시 세렌제베이에 있는 집이라면 어디서나 보였던, 보스포루스를 지나는 이상한 레이더가 있는 끔찍한 러시아 선박이나, 봄이 올 때 아프리카에서 유럽으로 이동하면서 우리의 하늘 위로 지나가는 황새들에 대한 짧은 언급으로 ("황새가 지나간다!") 긴 침묵이 깨지기도 했다. 하지만 모두 함께 거실에 앉아 자신들의 세계에 몰입할 때 그 깊이를 느끼게 해 주었던 이 침묵이 내게 가져다준 평온과 행복이 일시적이라는 것도 나는 알고 있었다. 내 손이 빠른 속도로 그림의 마지막 세부 사항들을 마무리 지으려 할 때, 지금까지는 주의하지 않았던 어머니와 아버지의 몸의 세부적인 것을, 그림을 그렸기 때문에 알아챌 수 있었다. 안경을 끼고, 반은 긍정적이며 반은 행복한 표정으로 뜨개질을 하는 어머니가 손에 든 대바늘에서 이어지는 털실은 먼저 품에서, 나중에는 밑으로, 발밑으로 내려가 비닐봉지 안에 있는 털실 뭉치와 합쳐졌다. 이 투명한 비닐봉지 옆에 있는, 아버지와 이야기를 나누든지 혼자 상념에 빠졌든지 간에, 슬리퍼 속에서 꿈쩍이지 않는 어머니의 발을 잘 그리기 위해 오랫동안 바라보면 마음속에서 이상한 전율이 느껴졌다. 우리의 팔과 발과 손과 머리는 어머니가 신선한 들국화나 서양호랑가시나무 잎을 꽂아 둔 꽃병, 작은 탁자, 벽에 걸려 있는 이즈닉 산(産) 접시들처럼 물건 같은 면이 있었다. 우리가 행복한 가족의 흉내를 성공적으로 끝내고, 마치 연극을 볼 때처럼, 내 마음속의 불신을 성공적으로 중지시켰음에도 불구하고, 이곳에서, 이 거실에서, 우리 셋이 각기 한구석을 차지하고 있는 모습에는, 우리가 할머니의 박물관 같은 거실을 채우고 있는 물건 중 하나인 듯한 면이 있었다.

나는 모두 함께 공유하는 이 침묵을, 드물지만 모두 함께 게임을 ('신부(神父)가 달아났다.', '새해의 빙고게임') 했던 때처럼 아주 좋아했다. 마치 그 아름다운 순간을 놓치지 않기 위해 나는 빨리 그림을 끝마쳤다. 빠르게 놀렸을 것 같은 마티스의 붓과 보나르\*의 실내 그림에서 무엇인가를 모방하려 하면서, 카펫과 커튼을 작은 콤마와 아라베스크 터치로 채울 때, 밖이 어두워지고 있으며 그래서 아버지 머리맡에 있는 발 달린 전등이 더 강한 빛을 퍼트리고 있다는 것을 깨달았다. 날이 꽤 어두워지고, 보스포루스와 하늘의 색이 짙고 매력적인 군청색으로 변했을 때, 발 달린 전등에서 흘러나오는 오렌지

---

\* 1867~1947. 프랑스의 화가.

색 불빛 아래 보스포루스가 내다보이는 창문에는 보스포루스 풍경, 카페리, 베쉭타시-위스퀴다르 구간 페리보트와 그 배의 연기가 아니라 우리 집 내부가 비치고 있는 것을 보았다.

저녁에 길을 걸을 때나 창밖을 볼 때, 오렌지색 불빛이 감도는 집 안을 창을 통해 주시하는 것을 나는 여전히 좋아한다. 아버지가 집에 돌아오지 않는 긴 겨울밤에 어머니가 테이블 앞에 앉아 몇 시간 동안 담배를 피우며 참을성 있게 파스얀스(인내)라는 카드게임을 하듯, 테이블에서 혼자 카드 점을 치는 여자를 보기도 했다. 작고 소박한 어떤 1층 집에서, 우리 집처럼 오렌지색 불빛 아래서, 모두 함께 이야기를 나누며 저녁을 먹는 가족을 보면, 그저 그 모습만으로 그들이 행복하다는 순진한 결론을 내리곤 했다. 한 도시를 만드는 것이 그 외관뿐 아니라 도시에 있는 집 내부와 그 실내 풍경이라는 것을 외국인 여행자들은 이스탄불에서 가장 많이 잊어버리게 된다.

30장
# 보스포루스 위에 떠 있는 배에서 나는 연기

증기로 작동하는 배가 보편화되고 지중해 운행이 시작되면서 19세기 중반 이후 유럽의 중심부과 이스탄불 간의 거리가 단축되자, 이 도시로 단기 여행을 와서 서둘러 글을 쓰고 여기서 수집한 자료들로 이스탄불에 관한 사고를 형성하여 이후 이스탄불 작가들이 발전시킬 근간을 마련한 서양 여행자들을 이스탄불로 불러들였을 뿐 아니라, 도시의 풍경 자체도 예기치 않게 바뀌어 갔다. 최초의 이름이

쉬르케티 하이리예였다가 이후 서민들에게 셰히르 하트라르(도시선 〔都市線〕)이라 불렸던 회사가 설립되었고, 보스포루스의 모든 작은 마을에 선착장이 만들어졌으며, 보스포루스에서 증기선이 왕래하기 시작하면서 단지 보스포루스뿐만이 아니라 이스탄불 전체의 풍경이 변했다.(프랑스어로 '증기〔Vapeur〕'라는 단어가 이스탄불 터키어와 도시의 일상생활에 '배〔Vapur〕'가 됨으로써 아주 성공적인 조화를 이루었다는 것을 기억하자.) 그러나 이 변화라는 것이 단지 선착장 주위에 광장이 형성되고, 증기선으로 인해 도시의 일부로 편입된 보스포루스와 할리치 만의 마을들이 급속하게 성장을 했다는 것만을 의미하지는 않는다.(선착장과 증기선이 생기기 전에는 대부분의 보스포루스 마을에 길이 나 있지 않았다.)

증기선들은 보스포루스를 왕복하며 승객을 나르기 시작하면서 크즈쿨레시, 아야소피아, 루멜리히사르, 갈라타 다리처럼 온 도시에 알려지기 시작했고, 이스탄불 사람들의 일상생활에 깊숙이 들어왔는데, 그렇기 때문에 이 배들은 사람들에게 대도시에서 함께 살고 있음을 의미하는 깃발이나 상징이 되었다. 베네치아 사람들이 바포레토('작은 배'라고 번역할 수 있다.)에 애착을 느끼고, 그것들의 다양한 형태와 모델에 특별한 사랑과 관심을 갖는 것과 마찬가지로, 이스탄불 사람들도 셰히르 하트라르의 배에 애착을 가졌고, 그것들의 그림들로 가득 찬 책을 출간했다. 고티에는 이스탄불의 모든 이발소 벽에 배 그림이 걸려 있다고 쓴 바 있다. 아버지는 당신의 어린 시절과 청소년 시절에 운행하기 시작한 화려한 배들을 멀리서, 그 실루엣만 보고도 모두 알아보았으며, 내게는 여전히 시처럼 다가오는 이름과 번호를 때로는 즉시, 때로는 잠시 생각한 후 말해 주곤 했다.

오십삼 인쉬라, 육십칠 칼렌데르, 사십칠 타르즈 네빈, 오십구 카메르……

어떻게 배들을 구별하느냐고 물으면, 아버지는 모두 비슷해 보이는 이 배들의 차이를 일일이 설명해 주곤 했다. 자동차를 타고 보스포루스로 나갈 때나, 보스포루스의 교통 상황을 한눈에 볼 수 있는 베쉭타시에 있는 집의 거실에서 들려주었던 아버지의 설명 덕분에, 나는 이 배들의 어떤 특징을, 어떤 것은 혹을, 어떤 것은 긴 굴뚝을, 어떤 것은 새부리 같은 뱃머리나 통통한 선미를, 급물살에 약간 기울어져 미끄러져 가는 모습을 주의 깊게 관찰하게 되었다. 그래도 여전히 배들을 구별할 수는 없었다. 내가 구별할 수 있었던 것은 내가 태어난 해인 1952년에 이탈리아 타란토에서 제작된 배와 영국 배 두 척뿐이었다. 세 척 모두 이름이 '바흐체'*로 끝났는데, 영국산 페네르바흐체와 돌마바흐체 두 척의 배를—마치 아버지처럼—주의해서 보았으며, 기울어진 굴뚝 때문에 이 두 배와 구별할 수 있었던 이탈리아산 파샤바흐체를 나의 행운의 배로 삼았다. 도시 생활 속에서 무심히 걸을 때, 바다가 보이는 비탈길 사이나 창문에서 그 배를 볼 때마다 마치 행운의 숫자를 본 사람처럼 마음속으로 기뻐하는 습관은 여전하다.

보스포루스의 배들이 이스탄불 풍경에 진정 공헌했던 것은 무엇보다도 굴뚝에서 나오는 연기였다. 배의 위치, 모양, 보스포루스 급류, 바람에 따라 변하는 이 어두운 석탄 연기를 나는 보스포루스 풍

* 터키어로 '정원'이라는 의미.

경 그림에 첨가하곤 했다. 물감을 충분히 묻힌 붓으로 배에서 나온 연기를 그림에 덧붙일 때는 그림은 이미 모두 끝난 상태여야 하고 약간 말라 있어야 했다. 굴뚝 연기는, 잠시 후 그림 가장자리에 우쭐해하며 써 넣을 나의 서명처럼, 이미 다 끝나고 완성된 세계에 배가 찍는 특별한 도장처럼 느껴졌다. 연기가 두꺼워져 구름 속으로 빨려 들어가면, 이스탄불에서의 나의 세계가 어두워지거나 덮이는 듯 느

꺼지곤 했다. 보스포루스 해변을 따라 걷거나 배를 타고 갈 때, 다른 배가 품어내는 소용돌이치는 두꺼운 연기 아래로 지나가는 것을, 바람의 방향에 따라 희미한 그을음 비가 내 얼굴에 가느다란 거미줄처럼 느껴지는 것을, 수백만 개의 작고 검은 '그을음' 가루로 된 연기의 석탄 타는 냄새를 들이마시는 것을, 갈라타 다리와 그 주위에 나란히 매여 있는 배들의 굴뚝에서 동시에 품어 나오는 연기가 도시 위에 퍼지는 모습을 바라보는 것을 나는 좋아한다.

행복하게 그려 나갔던 그림의 마지막에, 보스포루스 배의 굴뚝에서 나오는 연기들로 왕관을 씌웠던 그림에 연기의 형태가 항상 문제를 일으켰기 때문에(때로 연기를 너무 많이 그려 넣어 그림을 망치곤 했다.) 나중에 그림에 그려 넣기 위해 보스포루스 배들이 품어내는 연기가 다양한 형태로 소용돌이치고, 흩어지고, 사라지는 이미지를 기억에 저장해 두곤 했다. 하지만 흥겨운 마지막 붓질은 언제나 그

보스포루스 위에 떠 있는 배에서 나는 연기

림 자체를 향해 있었기 때문에, 결국 내가 이전에 보았던 연기 구름의 진짜 형태는 항상 잊어버렸다.

내가 가장 좋아했던 '완벽한' 연기는, 바람이 아주 조금 부는 날, 연기가 대략 45도 각도로 약간 올라간 후, 바다와 평행이 된 상태에서 처음에는 흩어지지 않고 공중에 그대로 있다가, 보스포루스에서 배가 전진하는 길을 가리켜 주듯 우아한 선을 그으면서 퍼지는 모양이었다. 선착장에서 머물러 있는 배가 바람 한 점 없는 날에 뿜어내는 가늘지만 짙은 석탄 색 연기는, 가난한 집의 작은 굴뚝에서 흘러나오는 가냘픈 연기처럼 슬픈 면이 있었다. 배와 바람이 약간 방향을 바꾸면 굴뚝에서 나온 연기가 굴곡과 포물선을 그으며 보스포루스 허공에 아랍 알파벳과 비슷한 형태를 그리던 것도 좋아한다. 하지만 셰히르 하트라르의 배가 보스포루스 풍경에 그리는 연기는 풍경과 그림의 슬픔을 강조해 주는 기본적인 요소이기 때문에, 이 쾌활하고 우연적인 형태는 나를 불안하게 만들기도 했다. 바람 한 점 없는 날, 굴뚝에서 힘차고 검은 연기를 내뿜는 배가 보스포루스를 구불거리며 전진할 때, 그 뒤로 이 모든 굴곡을 보여 주면서 한동안 하늘에 슬픈 여행의 흔적을 남기는 광경은 잘 볼 수 없었다. 터너*의 그림에서처럼 검고 짙은 연기가 수평선에 있는 낮고 위협적인 어두운 구름과 합치되는 것을 나는 아주 좋아했다. 그림을 끝낼 때, 그 그림에 연기 구름 혹은 몇 척의 배가 있다면 나의 이 모든 취향뿐만 아니라 인상주의 화가 모네, 시슬리, 피사로가 그린 풍경과, 모네의 「생나자레 역」에 나오는 푸른색이 도는 구름과, 이들

---

* 1775~1851. 바다 그림으로 유명한 영국의 화가.

과는 전혀 다른 세계에 속하는 뒤피의 수저로 판 동글동글한 아이스크림 덩어리처럼 유쾌한 구름들을 뇌리에 떠올리며 구름들의 형

보스포루스 위에 떠 있는 배에서 나는 연기

태를 그리곤 했다.

그림을 끝내기 위해 사용한 배 연기들의 형태에 주목했고, 플로베르가 이것들을 소설 『감정 교육』의 도입부에 표현했기 때문에(다른 이유들로도) 나는 그를 아주 좋아한다. 내가 다른 주제와 다른 소

재로 옮겨가기 위해 썼던 바로 이전의 문장은 전통 오스만 시대 음악에서는 솔로로 연주되는 '아라 탁심'*이다. '탁심'이라는 단어는 '나누다', '퍼뜨리다', '물이 두 갈래로 나누어지는 곳'이라는 의미인데, 네르발이 풍경과 상인과 묘지를 바라보며 시간을 보내던 높은 평지를, 그가 다녀가기 십 년 전에 건설된 물 배급 센터 때문에 많은 세월이 흐른 후 이스탄불 사람들이 '탁심'이라고 부르기 시작했다. 내가 전 생애를 보냈던 이 지역은 여전히 탁심이라고 불린다. 하

---

\* '간주'라는 의미.

지만 이곳을 탁심이라고 부르기 전에 네르발처럼 플로베르도 그곳을 지나갔다.

## 31장
## 이스탄불의 플로베르 : 동양과 서양 그리고 매독

구스타브 플로베르는 네르발이 다녀간 지 칠 년 후, 즉 1850년 10월에 매독에 걸린 채 사진작가 친구 막심 뒤 캉과 함께 베이루트에서 이스탄불에 와서 오 주 가까이 머물렀다. 다시 이 도시를 떠난 후 아테네에서 그가 친구 루이 뷔에게 "이스탄불에는 육 개월 머물러야 한다네."라고 편지를 썼던 것은 진지하게 받아들이지 말아야

한다. 플로베르는 남겨 두고 온 모든 것을 그리워하는 사람이었다. 콘스탄티노플이라고 쓰며 날짜를 기입했던 편지에서 쉽게 알 수 있듯이, 그는 여행을 나선 후 루앙에 있는 집과 집필실, 그리고 자신과 헤어진 후 한참 동안 울며 지낸 사랑하는 어머니를 가장 그리워했고, 한시라도 빨리 귀국하고 싶어 했다.

네르발처럼, 플로베르도 동양 여행에서 먼저 이집트 카이로로, 그다음에는 예루살렘과 레바논으로 갔다. 네르발처럼, 그곳에서 보았던 거칠고, 두렵고, 추하고, 신비하며, 이국적인 동양의 모습에, 자신의 환상에, 아니 환상보다는 '동양적' 현실에 지치고 질렸기 때문에 이스탄불에는 별로 관심을 갖지 않았다.(그는 원래 이스탄불에서 석 달 머물 예정이었다.) 이스탄불이 그가 찾았던 동양이 아니었기 때문이기도 했다. 이스탄불에서 친구 루이 뷔에에게 편지를 쓰면서 서

부 아나톨리아를 여행할 때 보았던 풍경에 바이런 경을 떠올렸다고 했다. 바이런은 "터키-동양, 단검, 알바니아 의상, 푸른 바다가 내다보이는 격자창"의 동양에 관심을 가졌다. 플로베르는 "베두인과 사막으로 달구어진 동양, 아프리카의 진홍빛 심오함, 악어, 낙타, 기린"을 선호했다.

스물아홉 살의 젊은 작가는 동양 여행, 특히 이집트 여행에서 평생 동안 그의 기억에 남을 만한 상상력의 자극을 받았다. 어머니와 루이 뷔에에게 쓴 편지에서 알 수 있듯이 그는 미래의 계획과 앞으로 쓸 책들을 생각하고 있었다.(여행 도중에 생각했던 앞으로 쓸 책들 중에는 서양의 문명인과 동양의 야만인이 서서히 서로를 닮아 가다가 급기야 정체를 바꾸어 버리는 『하렐 베이』라는 소설도 있었다.) 어머니에게 썼던 편지에서, 이후 예술 말고는 다른 그 무엇도 진지하게 받아들

이지 않고, 평범한 부르주아의 삶과 결혼, 그리고 일과 힘 있는 사람이 되는 것을 혐오했던 플로베르의 전설을 형성할 재료가 이 시기부터 꽤 발전되어 있던 것을 알 수 있다. 100년 후 모든 모더니스트 문학의 기초 도덕 원리를 형성할 아래의 글이, 내가 태어나기 102년 전에 내가 전 생애를 보낼 거리에서 구상되고 종이에 쓰였다는 것이 때로 나를 고민하게 만든다. "나는 사회를 신경 쓰지 않습니다. 다른 사람들이 뭐라고 할지, 그 어떤 단체도, 더욱이 과거에 밤새 상상하며 꿈꾸었던 문학적 명성도 신경 쓰지 않습니다. 나는 이런 사람입니다."(플로베르가 어머니에게 쓴 편지, 1850년 12월 15일, 이스탄불.)

서양 여행자들이 이스탄불에 대해 어떤 말을 하고, 이 도시에서 무엇을 하고 무엇을 상상했는지, 그들의 어머니들에게 무엇을 썼는

지가 나는 왜 이렇게 신경이 쓰일까? 부분적으로는 이 여행자들 중 몇과 나를 동일화했기 때문이며(네르발, 플로베르, 아미치스), 이스탄불 그림을 그리기 위해 나 자신을 위트릴로와 동일화시켰어야 했던 것처럼, 이후의 인생에서 이들로부터 영향을 받고 그들과 부딪치며 나 자신을 만들었기 때문이다. 또한 이스탄불의 과거 풍경과 일상생활에 대해, 자신들의 도시에 전혀 주의하지 않았던 이스탄불 작가들보다 서양인들이 내게 더 많은 것을 보여 주었기 때문이기도 하다.

잘못된 인식, 혹은 판타지, 혹은 낡은 방식으로 이데올로기라고 해도 좋다, 우리 모두의 머리에는 우리 인생에서 했던 것들을 의미 있게 해 주는 비밀스럽기도 하고 읽을 수도 있는 텍스트가 있다. 우리 인생의 의미를 전해 주는 이 텍스트의 짜임에는 서양인 관찰자들이 말한 것들이 많은 자리를 차지한다. 나처럼 이스탄불에서 한 발은 어떤 문화에, 다른 한 발은 또 다른 세계에 있는 사람들에게는 이 '서양인 관찰자'는 현실의 사람이 아니라, 때론 나의 허구나 상상이나 나아가 착각일 수도 있다. 하지만 나의 이성은 전통적인 삶의 오래된 텍스트들을 유일한 텍스트로 받아들이지 못하기 때문에, 내가 살았던 삶을 새로운 텍스트와 글과 그림과 영화로 의미 있게 해 줄 이 이방인의 필요성을 느낀다. 내게서 서양인의 시각의 결핍을 느끼면 나는 나 자신의 서양인이 된다.

이스탄불은 한 번도 서양인에 의해 쓰이거나 그려지거나 영화로 만들어지는 서양의 식민지가 되지 않았기 때문에 나의 과거와 역사가 서양 여행자들에게 '이국적인' 재료가 되는 것이 불안하거나 가슴 아프지 않다. 나 역시 똑같은 흥분을 느끼며 이 여행자들을, 나에 관한 그들의 두려움과 상상을 이국적이라 느낀다. 나는 즐기거나 지식을 얻거나 도시가 그들의 붓으로 어떻게 그려지는지 보기 위해서가 아니라, 그들의 세계와 긴밀한 사이가 되기 위해 그들의 책을 읽는다. 그들은 꿈이나 강박관념, 국가들의 팽창 의욕, 혹은 자신의 한계를 궁금해하기 때문에 내가 나의 집이라고 하는 곳으로 와서, 자신들이 본 것들에 대해 썼고, 나의 세계는 그들의 글과 그림 속으로 스며들었다. 특히 19세기에 왔던 서양 여행자들의 글을 읽을수록, 오로지 그들이 나의 도시에 대해 더 많이 더 이해될 수 있는 언어로 쓰고 기록하고 비유하고 상상했기 때문에, '나의 것'이라고 생각했던 도시가 정확히는 나의 것이 아니라는 것을 알게 되었다. 나 자신, 그리고 나 자신이 속한 곳에 관한 나의 이 여림과 불안정을 인정하는 것을 나는 좋아한다. 내가 오랜 세월 동안 보아 왔던 각도로— 갈라타에서, 그리고 이 글을 쓰고 있는 지한기르에서—이스탄불의 실루엣을 보았기 때문에 나의 시각과 동일화했던 서양 화가들에게 했던 것처럼, 그들이 이스탄불에 대해 썼던 것을 읽을 때 서양 여행자들이 그러했던 것처럼, 세부적인 사항으로 들어가 세고 재고 분류하고 판단하고, 대부분 그 자신들의 상상과 한계와 바람들을 반영하는 시각들과 나 자신을 동일화하곤 했다. 나를 서양인의 시각의 주체와 객체로 만들고, 도시 안에서 보는 것과 도시 밖에서 보는 것 사이에서 오락가락하는 나의 주저 역시, 거리를 무심히 걸을 때 느꼈던 것처럼, 도시에 관해 변하기 쉽고 다양하며 서로 상반되는 사고들을 생산하는 원인이 된다. 나는 나를 이곳 사람으로도 이방인으로도 생각하지 않는다. 이는 비단 나만의 생각이 아니라, 최근 오십 년 동안 계속된 이스탄불 사람들의 도시에 관한 생각이기도 하다.

내가 한 말의 예로, 당시 플로베르의 가장 커다란 고민이었던 그의 성기에 관심을 가져 보자. 항상 고민하던 이 작가는 이스탄불에 온 지 이틀째 되던 날 루이 뷔에에게 썼던 편지에서, 베이루트에서 감염된 병 때문에 성기에 매독 상처가 일곱 군데 있었다가 나중에는 하나로 줄어들었다고 했다. 플로베르는 이스탄불에서 "매일 아침저녁으로 가련한 나의 성기에 약을 바른다네!"라고 썼다. 그는 처음에 이 병이 마론 파* 교도에게서 옮았다고 생각했다가, "어쩌면 어린 터키 여자에게 옮았나? 터키인인가, 기독교인인가?"라고 비꼬면서 "이는 바로『두 세계의 잡지』가 상상도 하지 못했던 동양 문제의 새로운 양상이네!"라고 썼다. 같은 시기에 그는 어머니에게 절대로 결혼하지 않겠다는 편지를 썼다. 하지만 그가 감염되었던 병 때문은 아니었다.

얼마 지나지 않아 머리카락이 빠지기 시작하고, 나중에 어머니가 그를 알아보지 못하는 원인이 될 매독과 여전히 싸우면서도, 플로베르는 이스탄불에서도 매음굴에 간다. 모든 서양 여행자들에게와 마찬가지로 관광 안내원은 그를 갈라타에 있는 그러한 '지저분한' 곳으로 데리고 간다. 여자들이 "얼마나 끔찍했던지" 플로베르는 도망치고 싶었다. 플로베르가 쓴 바에 의하면, 바로 그때 그 집의 여주인 '마담'이 이 프랑스 손님에게 여자를 권해 준다. 플로베르가 퍽 마음에 들어 했던 열여섯이나 열일곱 살 정도의 소녀였다. 하지만 그녀는 플로베르와 동침하고 싶어 하지 않는다. 그 집 사람들의 강요

---

* 주로 레바논에 거주하며, 동방 의식을 채용하고 있는 로마 가톨릭 교회의 일파.

로―이때에 플로베르가 무엇을 했는지 무척 궁금하다―결국 단둘이 남자 소녀는 플로베르가 병에 걸렸는지 알아보기 위해 이탈리아어로 그의 성기를 보자고 말한다. "그녀가 내 상처를 보는 것이 두려웠기 때문에, 모욕을 당했다고 말하면서 그곳에서 나와 버렸다!"라고 플로베르는 썼다.

하지만 그는 여행 초기에 카이로에 있는 한 병원에서 남자들에게 손짓으로 바지를 벗게 하고는 서양인에게 매독 상처를 보여 주던 환자들을 주의 깊게 바라보았고, 동양과 관련된 새로운 기이함과 불결함 혹은 의학 사건을 보는 즐거움으로 그가 보았던 것들을 공책에―톱카프 궁전 마당에 있는 나쟁이의 몸체와 옷을 주의 깊게 보고 썼던 것처럼―썼던 적이 있다. 플로베르는 잊지 못할 아름다운 풍경을 구경하고 추억을 만드는 것만큼이나 다른 사람들의 병과 기이함을 보기 위해 동양에 왔던 것이다. 하지만 그러면서도 자신이 걸렸던 병과 자신만의 기이함을 보여 줄 의도는 전혀 없었다. 안타깝게도 이스탄불에서는 민족주의 감정을 어루만지고, 서양인이 없다면 '동양'이 얼마나 멋진가를 다시 한 번 확인하기 위해 읽히는 『오리엔탈리즘』이라는 훌륭한 책에서, 에드워드 사이드는 네르발과 플로베르에 대해 극히 논리 정연한 글을 쓰면서 카이로에 있는 병원 장면을 인용한다. 하지만 그것을 완성시키는 이스탄불에서의 매음굴 장면에 대해서는 전혀 언급하지 않는다. 어쩌면 이스탄불이 한 번도 유럽의 식민지가 되지 않았기 때문일지도 모른다. 하지만 서양 여행자들처럼 터키 민족주의자들도 프랑스 사람들이 (미국에서 전 세계로 퍼졌다고 생각되는) 이 병을 다른 문명 세계로 퍼트렸다고 생각했기 때문에 매독을 '프렝기(Frengi)'"라고 했다. 플로베르가 이스

탄불을 방문한 지 오십 년이 지난 후 처음으로 터키어 사전을 이스탄불에서 출판한 알바니아 혈통의 셈세딘 사미는 매독이 "유럽에서 우리 나라로 전파되었다."라고 썼다. 플로베르는 『고정관념 사고의 사전』에서, 마치 병 그 자체처럼 퍼지는 "누가 감염시켰나?" 하는 이 물음을, 동양-서양 농담 형태로 만들지 않고, "우리 모두는 어느 정도 매독에 감염되었다."라고 결론 내린다.

플로베르는 편지에서 무척 솔직하고 꾸밈이 없었는데, 기이하고 끔찍하고 불결하고 괴상한 것에 대한 호기심 때문에, 밤에 묘지에서 군인들과 만나는 '묘지 창녀들', 텅 빈 황새 둥지, 추운 도시, 이스탄불을 시베리아처럼 춥게 만드는 흑해 바람, 대도시의 복잡함에 대해서도 언급한다. 이스탄불 사람들을 제외하고는 모든 사람들이 썼던 묘지에 대한 글 중에서도 플로베르의 글이 가장 감성적이다. 도시와 생활 속에 있는 비석들이, 서서히 잊혀 가는 고인들에 관한 기억처

---

* 오스만 제국 시대에 유럽인, 특히 프랑스인을 지칭하던 말.

럼, 오래될수록 땅 속으로 들어가 사라졌다는 것을 그가 처음 인식한 것 같다.

## 32장
## 형과의 싸움

나는 여섯 살부터 열여섯 살까지 끊임없이 형과 싸웠는데, 갈수록 격렬해져서 많이 맞았다. 형은 나보다 힘이 세고 강했다. 십팔 개월 차이가 나는 남자 형제가 서로 다투고 싸우고 치고받는 것을 당시 이스탄불에서뿐 아니라 어쩌면 지금도 평범하고 정상적으로 여겼기 때문에 사람들은 내가 겪는 것을 제지할 강한 의지도 없었다. 나 역시 구타를 나의 개인적인 패배나 무력함 혹은 무능력의 결과로 보았을 뿐만 아니라, 초기에는 분노와 무시를 느끼는 순간에 내가 먼저 폭력을 행사하기도 했고, 때로는 머리 한구석으로 내가 맞을 짓을 했다고 생각했기 때문에 폭력에 맞서 원칙에 의거한 대항을 하지 않았다. 싸움이 나고 집에서 유리나 컵이 깨지고, 온통 퍼렇게 멍들고, 피투성이가 되었어도 사건 현장에 온 어머니는, 우리가 온 힘을 다해 치고받고 싸운 것과 내가 맞은 것 때문이 아니라, 집안의 질서가 깨지고, 우리가 무엇인가를 나누어가지지 못한다는 것, 이웃들이 소음 때문에 불만을 토로한다는 것 때문에 화를 내곤 했다.

많은 세월이 흐른 후 이 모든 싸움과 폭력을 어머니와 형에게 상기시켰을 때, 그들은 이런 일은 전혀 일어나지도 않았으며, 내가 마치 여느 때처럼 무엇인가 흥미로운 것을 쓰기 위해 아주 인상적이며 멜로드라마틱한 과거를 꾸며 낸다는 듯 반응했다. 그들이 너무나 진심으로 얘기를 해서 나는 그들이 옳다는 결론을 내리고는, 여느 때처럼 현실이 아니라 상상력이 내게 더 많은 영향을 미친다고 생각했다. 그러니 이 글을 읽는 독자들은, 어떤 때는 내가 정도를 벗어나고, 어떤 때는 자신이 환자라는 것은 알지만 추적당하고 있다는 착각에서 도무지 벗어나지 못하는 슬픈 편집증 환자처럼, 내가 망상에서 벗어나지 못했다는 것을 염두에 두었으면 한다. 하지만 화가에게는 사물들이 아니라 형태, 소설가에게는 사건의 순서가 아니라 질서, 회고 자가에게는 과거의 사실성 여부가 아니라 균형이 중요하다.

이러한 이유로 내가 나 자신을 설명할 때 이스탄불을, 이스탄불을 설명할 때 나 자신을 설명한다는 것을 눈치 챈 독자는 이 유치하

고 무자비한 싸움이 다른 것을 말하기 위한 준비라는 것을 이미 이해했을 것이다. 어차피 형과 나의 싸움에는 우리 사이의 작은 불화를 본능적인 폭력으로 표현하려고 했던 아이들의 '천성' 그 이상의 것은 없었다. 열 살 혹은 열두 살 때까지 형과 나는 외부와 차단된 세계에서 살았다. 다른 아이들과는 학교 밖에서는 별로 만나지 못했다. 우리는 주로 우리가 발명하거나 다른 사람들에게서 배웠지만 규칙을 바꾸어 만든 놀이를 하며 놀았다. 그림자로 덮인 집 안에서 놀라게 하기, 숨바꼭질, 손수건 뺏기, 뱀, 바다 선장, 깽깽이, 함장이 침몰하다, 도시 이름, 다마*, 체스, 날개가 펼쳐지는 테이블 공(어린이용으로 만들어진 책상에서), 커다란 식탁에서 했던 탁구 그리고 더 많은 놀이를 했다. 구겨서 돌돌 뭉친 신문지를 포함해 온갖 종류의 재료로 만든 다양한 크기의 공으로, 어머니가 집에 없을 때 집 안 사방에서 땀에 흠뻑 젖을 때까지 축구를 하던 도중 싸움이 일어나곤 했다.

우리는 남자들의 축구 세계의 모든 사회적 반향과 전설을 놀이로 만들었던 '구슬 게임'에 많은 시간을 투자했다. 주사위 놀이에서 사용하는 칩으로도 했던 이 놀이는 축구 규칙, 경기장의 선수 배치, 공격과 수비 전략을 아주 잘 따라했고, 시간을 들여 발전시킨 손가락 묘기와 약간의 지능 그리고 '전략'에 의거했기 때문에 아주 재미있었다. 각각 열한 개의 칩(혹은 구슬) 세트로 카펫 운동장에 자리를 잡은 두 팀은, 목수에게 부탁해 잘라서 만든 그물 달린 골대로, 수백 번의 싸움 결과 만든 질서로 세심하게 발전시킨 다양한 규칙 안에

---

* 두 사람이 바둑판 위에서 돌 열여섯 개로 하는 놀이.

서, 골을 넣으려고 애를 썼다. 구슬에는 당시의 축구선수를 본뜬 이름들이 붙어 있었고, 우리는 줄무늬 고양이를 구별하듯 첫눈에 그것들을 구별해 알아봤다. 형은 당시 이스탄불 라디오에서 「생방송 축구 경기」를 해설했던 할리트 크반츠처럼 우리의 놀이를 관중에게 설명해 주었고, 골이 들어가면 골을 넣는 팀을 응원하는 관중석에 있는 관중처럼 "고오오올!"이라고 소리쳤으며 뒤이어 환호성을 질렀다. 그는 축구연맹, 선수, 언론, 팀의 역할은 성공적으로 했지만, 심판의 역할은 잘하지 못했기 때문에, 이 구슬 게임 끝에, 축구가 게임이라는 것을 잊고 서로를 칼로 찌르는 열광적인 팬들처럼, 우리도 게임을 한다는 것을 잊고 심각한 싸움이 붙었고 서로에게 상처를 입히고 아프게 할 때까지 싸우곤 했다.

패배, 질투, 규칙 위반, 도를 넘는 약 올리기 끝에 벌어지는 이 싸움의 배후에는 물론 경쟁심이 있었다. 하지만 이는 우리의 품행이나 자제심 혹은 예의범절을 보여 주는 경쟁이라기보다는, 재주나 힘이나 지식이나 지능 경쟁이었다. 이는 세상 혹은 게임의 규칙을 한

시라도 빨리 배우고자 하는 고민과, 지능과 능력으로 지배하려는 욕망의 색깔들로 만들어진 것이었다. 이 경쟁에는, 삼촌이 아파트에서 우리를 불러 세우고 물었던 수수께끼와 수학 문제, 혹은 각층마다 다른 축구팀을 응원했기 때문에 농담 반 진담 반으로 지속된 언쟁, 오스만 터키의 군사적 승리가 과장되게 서술된 교과서 혹은 『발견과 발명 백과사전』 같은 선물들이 서서히 형성한 어떤 문화의 그림자들이 있었다.

물론 여기에는 어머니가 당신의 생활을 편하게 하기 위해 온갖 종류의 경쟁을 선언하는 습관 탓도 있었다. 어머니는 "먼저 잠옷을 입고 침대에 들어가는 아들에게 뽀뽀 한 번 해 주마.", "감기와 병에 걸리지 않고 이 겨울을 나는 아들에게 선물 사 줄게.", "음식을 흘리지 않고 먼저 다 먹은 아들을 더 많이 사랑해 줄 테다."라고 말하곤 했다. 하지만 어머니의 이런 부추김은 그저 두 아들을 더 '덕'이 있고, 더 '얌전'하고 더 '협조적'인 사람으로 키우기 위해 고안해 낸 것들이었다.

하지만 우리의 싸움의 배후에는, 강하게 자기 주장을 내세우고 경쟁하고 성공을 쟁취하기 위해 우리가 동일화했던 영웅들처럼, 상대를 지배하고 이기려는 마음이 자리 잡고 있었다. 마치 수업 시간에 알고 있다는 것을 보여 주기 위해 손을 들고, 반에서 일등을 하고, 다른 '멍청이들'과 다르다고 생각했던 것처럼, 상대를 이기고 제압하려고 하는 우리 영혼의 어두운 곳에는 이스탄불의 치유할 수 없는 운명인 몰락과 비애라는 감정에서 멀어질 수 있을 거라는 환상이 숨겨져 있었을 것이다. 왜냐하면 이스탄불 사람들은 나이가 들수록, 도시의 운명과 자신의 운명이 서로 얽힌 채 그들의 삶에서 만족감과 예민함 그리고 작은 행복으로 변장한 비애가 자신들을 기다리고 있다는 것을 느끼기 시작하기 때문이다.

형은 항상 나보다 공부를 더 잘했다. 그는 모든 주소를 알았고, 숫자와 전화번호를 수학 공식 같은 비밀스런 음악으로 기억했고(둘이 함께 어디를 가면 나는 진열장이나 하늘에 관심을 가졌지만, 형은 아파트 번지와 이름을 보았다.) 축구 규칙과 경기 결과와 수도(首都)와 차종과 경기 순위를, 사십 년 후에 경쟁 교수*들의 무능함이나 국제 인용 목록에 그들이 얼마나 작은 부분을 차지하는지 알았을 때처럼, 흥분하며 줄줄이 열거할 수 있었다. 내가 그렇게나 그림에 집착하고, 종이와 연필과 함께 혼자 있고자 했던 배후에는 형이 이런 일에 전혀 관심을 갖지 않았던 점도 물론 있었다.

하지만 몇 시간이나 그림을 그린 후에도 그토록 갈구하던 행복을 느낄 수 없을 때, 무거운 커튼과 물건들이 집 안에 축적한 어둠이 내 영혼에 슬픔처럼 깔리기 시작할 때, 나 자신 또는 모든 이스탄불 사람들의 꿈인 지름길을 통해 승리에 도달할 삶의 기회, 혹은 그것을 대신할 어떤 경쟁 게임을 모색할 때, 형에게 가서 그 무렵 우리가 어떤 놀이에 관심을 갖고 있던지 간에—구슬 경기나 체스, 혹은 어떤 지능 게임—한 번 더 하자고 이리저리 말을 돌려 제안하곤 했다.

읽고 있던 책에서 고개를 든 형은, 게임 끝에 벌어지는 싸움이나 그 후의 구타보다는 그런 게임에서 언제나 나를 이겼다는 의미로 "또 근질거리나 보네."라고 했다. 그러고는 최근에 했던 게임에서 나를 이겼다는 것을 상기시키며 "레슬링에서 진 선수는 레슬링

---

* 오르한 파묵의 형은 현재 보스포루스 대학의 교수이다.

에 질리지 않지! 한 시간만 더 공부하고, 그다음에 놀자."라고 말했다. 그러고는 앞에 놓여 있는 책으로 시선을 돌렸다.

그의 책상은 언제나 정리정돈이 잘 되어 있었던 반면에, 내 책상은 지진이 일어난 후처럼 항상 어질러져 있었다.

이 초기의 싸움은, 우리가 했던 게임처럼, 삶의 규칙을 그대로 따라 배우게끔 해 주었다. 이후 우리가 더 커서 폭력이나 구타나 패배가 내 영혼에 흔적을 남기기 시작했을 무렵, 삶의 규칙이 우리를 조

롱하고 있다는 것을 느꼈다. 자주 어딘가로 사라지는 아버지의 부재를 채우려고 하면서, 이 부재를 무시하면 도시의 비애가 집 안으로 들어오지 않을 것처럼 행동하는 예리한 어머니의 시선과 빗발치는 충고를 받았던 동지 같은 형제는, 이제 자신들의 세계를 세우려고 하는 단호한 청년들로 변해 가고 있었다. 오랜 세월 동안 놀이를 할 때나 집에 있을 때 싸움이 나지 않도록 발전시켜 두었던 법칙과 규칙은(누가 먼저 어디에 앉을 것인지, 어느 서랍이 누구의 것인지, 어느 책이 누구의 것인지, 자동차에서 누가 얼마 동안 아버지 옆에 앉을 것인지, 밤에 침대에 누운 후 우리 방의 열린 문 혹은 부엌 전등을 누가 어떤 이유로 닫고 끌 것인지, 집에 배달된 최신호 《역사》 잡지를 누가 먼저 읽을 것인지) 서서히 새로운 싸움의 원인으로 변해 갔다. 분노, 모욕, 협박, "그거 만지지 마, 내 거야.", "조심해. 나중에 후회하게 될 테니."라는 말로 해결되지 않는 수많은 문제들은 팔 비틀기, 주먹다짐, 구타, 폭력으로 끝이 났다. 나도 나 자신을 보호하기 위해 나무 옷걸이, 난로 불쏘시개, 빗자루, 몽둥이 등 무엇이든 검처럼 집어 들었다.

사활이 걸린 게임을(진짜 축구 경기) 모방한 구슬 게임 끝에 자존심과 명예 문제 때문에 싸움이 일어나던 것이, 이제는 삶과 직접적으로 관련된 자존심과 명예 문제로 터진다는 사실이 더 최악이었다. 우리 둘 다 서로의 약점을 아주 잘 알고 있었고, 이상한 경쟁심으로 서로의 나약한 점을 무자비하게 비웃었다. 게다가 우리는 이제 한순간의 분노가 아니라 계획적으로 무자비하게 폭력을 행사하기 시작했다.

내가 형에게 이러한 상처를 주었던 날 형은 "저녁 때 엄마와 아버지가 극장에 간 뒤에 때려 주겠어!"라고 했다. 저녁 식사 시간에,

형이 나를 위협했으니 극장에 가지 말라고 어머니와 아버지에게 말했지만, 이러한 상황에서 언제나 그랬듯 부모님은 사건이 진정되었고 서로 화해했다고 생각하며 우리 둘만 남겨 놓고 나가 버렸다.

집에 아무도 없을 때 서로 온 힘을 다해 싸우다가 때로 누군가 벨을 누르면, 싸우는 것을 이웃 사람들에게 들킨 부부처럼 순간적으로 몸을 추스르고, 흥겨운 놀이를 도중에 그만두게 만든 예상치 않은 손님이나 이웃을 "무슨 일이신지요?", " 앉으시지요." 등의 정중한 말로 집 안으로 들이고는, 형과 나는 신이 나서 서로 눈짓을 하며 잠시 후 어머니가 돌아올 거라고 말했다. 다시 둘만 남았을 때는, 싸우지 않고는 못 배기는 부부와는 달리, 아무 일도 없었던 것처럼 행복하고 멍한 일상으로 돌아가곤 했다. 나는 늘씬 얻어맞은 후에, 자신의 장례식을 상상하고 슬퍼하는 아이처럼 울다가 카펫 위에서 잠이 들곤 했다. 언제나 나보다 인간성이 좋고 착한 형은 책상에서 잠시 공부를 한 후 내게 연민을 느끼고는 나를 깨워 옷을 갈아입고 자라고 했다. 하지만 나는 형이 책상에서 공부를 하고 있을 때, 입던 옷 그대로 침대에 몸을 던지고 잠이 드는 것을 좋아했다. 나는 나 자신에 대한 연민과 슬픔 사이의 어떤 어두운 장소가 내 영혼에 있다는 것을 발견했다.

내가 가지고 싶어 '근질거렸던', 그리하여 결국 얻게 된 우수와 패배와 의기소침, 그리고 무시당한 기분은 내가 배워야 할 모든 규칙, 풀어야 할 모든 수학 문제, 외워야 할 카르로비츠 조약\*의 조항

---

\* 1699년 체결된 조약. 오스만 제국은 헝가리 전역과 트란실바니아를 오스트리아에, 우크라이나를 폴란드에, 모리아와 달마티아를 베네치아에, 흑해 북부에 인접한 아조프 지역을 러시아에 각각 할양했다.

들, 삶의 고뇌로부터 나를 구해 주었고, 모든 것에서 벗어날 수 있게 해 주었다. 매를 맞고 무시를 당한 후 나는 자유로움을 느끼곤 했다. 아무것도 신경 쓰지 않을 정도로 자유로워졌기 때문에 이 구타를 원하기도 했다. 이것을 '근질거림'이라고 했던 형 역시도 그것을 알고 있었다. 나는 그가 알고 있었기 때문에, 명석함과 힘이 그에게 있었기 때문에, 그와 온 힘을 다해 싸우고 싶었고 구타를 당했다.

매번 구타를 당한 후 느꼈던 어두운 감정은 혼자 있는 나를 붙잡고는, 내가 사악하고 서툴고 죄를 지었으며 게으르다는 생각이 들게 했다. 마음속의 어떤 소리는 "난 나빠, 그럼 어때!"라고 말하곤 했다. 순간적으로 내게 충격적인 자유를 선사하는 이 말은 내 앞에 아주 새로운 세계를 펼쳐 보였다. 내가 끝까지 사악하면, 원하는 때에 그림을 그릴 수 있고 공부를 하지 않아도 되고 옷을 입은 채 잠을 잘 수 있다는 것을 깨달았다. 싸움에서 지고 깨지고 의기소침해지고, 팔과 다리가 멍투성이가 되며, 입술이 터지고 코피가 나고, 여기저기 지독하게 구타를 당한 내 모습이, 대적할 힘도 없으면서 맞서다가 깨지고 모욕당하고 자존심이 무너진 나의 상태가, 이상하게도 마음에 들었다. 희열로 만들어 낸 꿈의 색깔, 상상, 바람처럼 내 마음을 휘감는, 어느 날 위대한 일을 할 거라는 생생한 욕망과 현실이 나를 매료시켰다. 이 모든 폭력, 자존심과 상상에는 사악함이나 도덕 같은 것과는 전혀 관련이 없는 힘과 생동감이 있었다. 내게 깊은 행복과 새로운 삶을 약속하는 두 번째 세계는 폭력으로부터 자양분을 받았기 때문에 더 생동감 있고 매력적이었다. 그러면 나는 도시의 비애를 본능과 우연으로 마음속에서 느꼈고, 이런 비애에 싸여 종이와 연필을 들었을 때 그린 것들을 더 좋아했을 뿐만 아니라, 감정의 어두운 부분은 놀이와 함께, 모든 세계를 잊게 해 주는 희열과 함께 서서히 사라져 갔다.

## 33장
## 외국인 학교의 이방인

나는 영어 수업 준비 기간 일 년을 포함하여 모두 사 년 동안 로버트 칼리지 고등학교를 다녔다. 이 시기에 나의 어린 시절이 끝났으며, 어렸을 때 생각했던 것보다 세상이 훨씬 더 혼란스럽고, 따라잡기 힘들고, 그 무한함으로 사람들에게 고통을 주는 곳이라는 것을 깨달았다. 나는 어머니-아버지-형-집-거리와 마을로 구성된, 세상의 중심인 어떤 장소에서 어린 시절을 모두 보냈다. 고등학교에 가기 전까지, 나는 이 사적이며 지리적인 세상을 내 삶의 중심으로 만들고, 그것이 나머지 세계의 척도라고 자신에게 믿게끔 만들며 교육받고 살았다. 고등학교에 다니면서 이 장소들이 세상의 중심도 아니며(이것이 더 아픈 사실이었다.) 모든 것의 척도가 아니라는 것을 파악하게 되었다. 나의 장소, 나의 지식, 나의 믿음의 연약함과 세상의 무한함을(세속주의 미국인 선생들이 설립한 천장이 낮고 향기로운 오래된 종이 냄새가 나는 칼리지 도서관의 미로에서 길을 잃고, 몇 시간 동안 책을 뒤적이곤 했다.) 발견한 것은 지금까지 전혀 느끼지 못했던 외로움과 무력감을 내게 안겨 주었다.

나의 외로움은 형의 부재에서 기인한 것이기도 했다. 그와 끝없이 다투긴 했지만, 우리 주위에 있는 세계에 대해 토론하고 분류하고 판단하여 내 머릿속 어딘가에 배치하는 데 있어, 아버지와 어머니보다 더 강한 의미의 중심부였던 형은, 내가 열여섯 살 때 미국 예일 대학으로 공부하러 갔다. 나의 상상력에 불을 지펴 주고 나태함을 촉진시켰을 뿐만 아니라, 경쟁과 무시와 구타에서 벗어났기 때문에 이 외로움에 큰 불만은 없었다. 그럼에도 특히 비애에 휩싸였던 힘든 시기에는 그의 동지애를 그리워했다.

내가 힘들었던 이유는 마음의 중심부가 흩어졌기 때문인 것 같았다. 하지만 나의 머릿속과 영혼에 있는 이 중심부가 정확히 무엇인지는 알 수 없었다. 그래서 공부나 삶에 전적으로 몰입할 수 없었던 것 같다. 과거와는 달리 특별히 노력을 하지 않고도 반에서 가장 똑똑한 학생이 되지 못하는 것이 가끔 마음에 걸렸다. 하지만 그 어떠한 것 때문에도 전적으로 마음이 상하거나 기쁘지 않았다. 내가 행복했다고 결론을 내렸던 어린 시절의 삶은 벨벳처럼 부드럽고, 동화같이 즐겁고 호기심으로 가득 찬 이야기였다. 열세 살, 열네 살 이후 이 유일한 이야기는 흩어지고 바래며 다양한 파편들로 나누어졌다. 이 파편들을 나는 때로는 흥분하며 믿었다. 학기 초마다 반에서 1등을 하려고 결심하지만 결국 성공하지 못하는 것처럼, 한동안 이 삶의 파편 중 하나에 끝까지 이르려고 결심하지만 어느 순간 집중력이 흐트러져 버렸다. 세상이 내게서 멀어지는 것처럼 느껴지기도 했다. 그것도 나의 피부와 이성과 촉각이 세상을 향해 가장 열려 있던 시기에.

이 모든 혼란한 시기 속에서 끝없이 계속되었던 성적 환상은 항상 되돌아와 은신할 세상이 있다는 것을 상기시켜 주었다. 나는 성을 다른 사람과 나눌 수 있는 것이 아니라, 혼자서만 하는 상상으로 알고 있었다. 읽고 쓰는 것을 처음 배웠던 시기에 머릿속에 있던 계속해서 글자를 말하는 기계처럼, 이제는 모든 실마리에서 성적인 환상과 희열의 가능성을 찾아내는 새로운 기계가 머릿속에서 형형색색으로, 놀랄 정도로 단호하게 작동하기 시작했다. 그 어떤 신성함에도 신경 쓰지 않고 주위에 있는 모든 사람들을, 신문 잡지에서 보았던 모든 그림을 상상 속에서 자르고 붙이는 절차들로 견딜 수 없는 성적 환상의 형태로 만들었을 때에는 홀로 내 방에서 두문불출했다.

이미 과거가 되어 버린 중학교 시절의 추억인, 한 명은 뚱뚱하고 한 명은 말더듬이인 두 친구와 나누었던 대화가 죄책감 속에서 떠오르기도 했다. 말더듬이 친구는 힘들게 겨우겨우 "너 해 봤어?"라고 물었다. 그렇다, 나는 중학교 때도 해 보았지만 부끄러워서 긍정도 부정도 아닌 무슨 말인가를 중얼거렸다. "절대 하지 마! 자위는 아주 끔찍한 습관이야. 한번 시작하면 절대 그만둘 수 없어." 그런 짓은 나처럼 똑똑하고 얌전하고 공부 잘하는 아이에게 어울리지 않는다는 듯, 더듬거릴수록 더 붉어지는 얼굴로 그는 말했다. 이 시점에서, 뚱뚱한 다른 친구도, 떠올릴수록 더 슬프게 느껴지는 눈길로 날 바라보며, 자위의 세계에서 멀리 떨어져 있어야 한다고 속삭였다. 이렇게 말할 때 그의 얼굴에는, 절대 끊을 수 없는 마약에 중독되어 인생을 망치고 그 끔찍한 결과를—비만처럼—이제는 체념하며 받아들이는 듯한 표정이 나타났다.

그때의 기억과 겹쳐지는, 그런 죄책감과 외로움을 느끼면서 했던 일이 있다. 학교에 가지 않는 것. 이 습관은 이후 이스탄불 공과대학에서 건축학을 공부할 때도 계속되었다. 하지만 이 습관은 아주 오래전 초등학교에 다닐 때부터 시작되었다.

초등학교 다닐 때는 학교가 지루하고, 아무도 알아채지 못한 나의 어떤 결점이 부끄러워서, 그날 학교에서 예방접종을 할 거라는 것을 알고, 학교에 가지 않았다. 학교와는 아무 상관없는 이유로도 학교에 가지 않았다. 어머니와 아버지가 다투었기 때문에, 혹은 순전히 게으름과 무책임 때문에, 혹은 병치레로 오랫동안 애지중지 보살핌을 받은 후에 학교에 가는 습관을 잃어버렸기 때문이기도 했다. 외워야 하는 시, 중학교 시절 맞서기 힘들었던 깡패들의 구타, 고등학교와 대학에 다닐 때에는 우울이나 답답함이나 실존주의자 같은 의기소침도 학교에 가지 않으려는 핑계였다. 때로는 집 안에만 있는 것이 좋아서 학교에 가지 않기도 했다. 형이 학교에 간 후에 어머니와 단둘이 있기 위해, 내 방에서 원하는 것을 혼자 더 잘 할 수 있어서, 어차피 형처럼 모범적인 학생이 되지 못할 거라는 것을 이미 알고 있었기 때문에 학교에 가지 않았다. 하지만 진짜 이유는 이런 것들의 배후에, 비애와 관련된 곳에 있었다.

아버지가 할아버지가 남겨 준 돈을 모두 탕진하고, 일자리를 찾아 어머니와 함께 제네바로 갔던 겨울, 우리는 할머니의 손에 남겨졌는데 할머니의 힘은 우리에게 통하지 않았기 때문에 나는 학교에 가지 않기 시작했다. 매일 아침 형과 나를 학교에 데려다 주던 아파트 관리인 이스마일 아저씨가 현관 벨을 누르면, 형은 가방을 들고 문으로 나갔고, 여덟 살이었던 나는 핑계를 대며 집 안을 돌아다니기 시작했다. 책가방을 아직 싸지 않았다는 둥, 잊어버렸던 것이 갑자기 생각났다는 둥, 할머니가 내게 1리라를 줄 것이라는 둥, 배가 아프다는 둥, 신발이 젖었다는 둥, 셔츠를 바꿔 입어야 한다는 둥……. 학교에 지각하는 것을 절대 좋아하지 않았던 형은, 나의 나쁜 의도를 알아채고 "우리 먼저 가요, 이스마일. 나중에 오르한을 데리러 오면 되니까."라고 말했다.

관리인이 우리를 데려가고 데려왔던 으쉭 고등학교는 걸어서 사분 정도 걸리는 곳에 있었다. 이스마일 아저씨가 형을 학교에 데려다 주고 나를 데려가기 위해 다시 왔을 때는 수업이 막 시작될 시간이었다. 나는 한참 더 어슬렁거렸고, 준비가 되어 있지 않거나 뭔가가 없는 것을 남 탓으로 돌리거나, 이스마일 아저씨가 문 앞에서 기다리고 있을 때 배가 아파 벨 소리를 듣지 못한 척하곤 했다. 이 모든 거짓말과 속임수는 나의 신경을 곤두서게 한, 매일 아침 역겨운 냄새를 맡고 진저리 치면서도 마셔야 했던 팔팔 끓인 우유 때문이기도 했으며, 정말로 배가 조금 아픈 적도 있었다. 잠시 후에 할머니는 마음이 약해져 이렇게 말했다.

"이스마일, 이제 이미 늦었네. 이미 수업 시작 벨이 울렸을 거야. 오늘은 학교 가지 말라고 하지 뭐."

그러고는 화가 난 표정으로 눈썹을 치켜뜨며 내게 말했다.

"내일은 꼭 가야 한다, 알겠니? 아니면 경찰을 부를 테다. 그리고 네 엄마와 아버지에게도 편지를 써서 알릴 테다."

세월이 흘러 고등학교에 다닐 때는 내가 수업을 빼먹는 것을 아무도 몰랐기 때문에 학교에 가지 않는 것은 더 신나는 일이 되었다. 도시의 거리에서 내딛는 나의 모든 걸음을 죄책감으로 그 대가를 지불했기 때문에 더 소중했지만, 수업을 빼먹는 것 외에 다른 목적은 없었기 때문에, 거리를 배회하면서, 정처 없이 걷는 사람, 할 일 없는 사람, 건달들이 보는 것들을 보고 다녔다. 저 여자의 챙 넓은 모자, 매일 그 앞을 지나가면서도 알아채지 못했던 이 거지의 그을린 얼굴, 가게에서 신문을 읽는 이발사와 조수, 맞은편 아파트의 벽에 그려진 통조림 광고에 나오는 소녀, 수업을 빼먹고 이 시간에 와야만 어떻게 공사하고 있는지 볼 수 있었던 탁심 광장의 돼지 저금통 모양 시계의 내부, 텅 빈 햄버거 가게, 베이올루 뒷골목에 있는 열

쇠 장수, 고물장수, 가구 수리공, 구멍가게, 육섹칼드름 비탈길에 있는 우표 장수, 음악 관련 제품, 고서, 도장과 타자기를 파는 상점 등 모든 것이, 다른 때, 예를 들면 어렸을 때 어머니와 함께 거닐 때나 친구들과 함께 지나갈 때는 느끼지 못했지만, 독특하고 아름답고 만지고 싶을 정도로 흥미로웠다. 길거리 상인들에게서 시미트, 홍합 튀김, 밥, 밤, 구운 쾨프테, 쿠키, 아이란*, 셔벗 등 무엇이든 마음 내

---

* 요구르트를 희석시킨 음료.

키는 대로 사 먹었다. 손에 사이다를 들고 길모퉁이에 서서, 골목에서 축구를 하는 아이들을(그들도 나처럼 수업을 빼먹었나, 아니면 학교에 다니지 않는 걸까?) 바라보거나, 한 번도 가보지 않았던 비탈길을 걸어 내려가며 지극히 행복한 순간을 만끽하거나, 눈은 시계에 생각

외국인 학교의 이방인 _ 415

은 학교에 가 있어 죄책감으로 슬픔에 휩싸였던 때도 있었다.

고등학교 시절 수업을 빠지고, 베벡과 오르타쾨이의 뒷골목, 루멜리히사르의 언덕, 여전히 배가 다녔던 루멜리히사르, 에미르걍, 이스틴예 선착장, 그 주위에 있는 어부 찻집, 나룻배 정박소, 이곳들에서 배를 타고 갈 수 있던 곳, 보스포루스를 가로지르는 배를 타는

즐거움, 보스포루스 마을, 창가에서 조는 나이든 아주머니, 행복한 고양이, 아침에 문을 걸어 잠그지 않은 옛 룸 집들이 여전히 보이는 뒷골목을 발견했다.

이러한 죄를 지은 후면 나를 올바른 길로 이끌어 줄 결정들을 내리곤 했다. 더 착한 학생이 되고, 더 많은 그림을 그리고, 미국에 가서 그림 공부를 하고, 아주 좋은 의도를 지닌 미국 선생님들과 지치고 악의를 지녔으며 우릴 지루하게 하는 것 말고는 아무것도 하지 않는 터키 선생님들을 속상하게 하는 일을 하지 않고, 수업에서 낙제하지도 않을 것이다. 얼마 지나지 않아 죄책감도 가세하여 나는

열정적인 '이상주의자'가 되었다. 이상주의는, 거짓말을 하고 게으르고 이중적이고 술수를 쓰는 어른들과 선생님들을 주저하지 않고 비판하게 만들었다. 그 당시 어른들이 가장 자주 저질렀던 용서할 수 없는 죄는, 그들이 진정성이 없고 솔직하지 않다는 것이었다. 안부를 묻는 것에서 시작해서 우리 학생들을 위협하는 것까지, 시장에서 쇼핑을 하는 것에서 시작해서 정치적 웅변까지, 삶의 매 순간마다 저지르는 어른들의 이중적인 행동은, 나는 해 보지 않은 경험이라는 것을 계속 상기시켰고, 어느 정도 나이가 되면 이런 이중적인 행동과 속임수를 전혀 힘들이지 않고 해 버리고도 능청스럽게 아무 일도 없었다는 듯 행동할 것임을 생각하게 만들었다. 오해하지 않았으면 한다. 나도 술수를 썼고, 이중적인 행동을 했으며, 다른 사람들만큼이나 거짓말도 했다. 하지만 이러한 행동을 한 후 느꼈던 죄책감, 발각될 거라는 두려움, 내 영혼에 가한 혼란이 너무나 커서, 한동안 나 자신이 균형 있고 '정상적'인 사람으로 느껴지지도 않았다. 이는 내가 위선적인 행동이나 거짓말을 했다는 점을 더 부각시켰다. 새로운 거짓말이나 위선적인 행동을, 내 양심이 받아들이지 않거나 이 둘이 같은 것이기 때문이 아니라, 이 이상한 혼란이 이후에 나를 더욱더 지치게 했기 때문에 하지 않으려고 했다.

갈수록 증가하고 빈번해졌던 내 영혼에서의 혼란은 거짓말을 하거나 어른들처럼 위선적인 행동을 한 후가 아니라, 매 순간 내 삶 속에 있었다. 친구와 손짓 발짓으로 장난을 할 때, 베이올루에 있는 극장 앞에 표를 사려고 줄을 서 있을 때, 새로 알게 된 소녀와 악수를 할 때, 순간 어떤 눈[目]이 내 마음속에서 나와서 공중에 매달린 채 용의주도한 카메라처럼 그 순간 내가 하고 있는 모든 행동을

(손을 내밀어 매표구에 있는 여자에게 영화표 값을 지불한다거나, 아름다운 소녀와 악수를 한 후 절망적으로 할 말을 찾고 있을 때) 내가 말하는 평범하고 위선적이며 바보 같은 말들을("「007 위기일발」 중간 자리 표 하나 주세요.", "이런 파티는 처음인가요?") 주의 깊게 관찰하기 시작했다. 나 자신이 영화의 감독인 동시에 배우이자, 삶 속에서뿐 아니라, 내가 속한 삶의 조소적인 관찰자가 된 것 같은 순간이었다. 모든 것이 '정상'인 것처럼 행동할 수 있었던 그 순간 이후, 다시 그 수치스럽고 두렵고 무섭고 생소한 상황에 놓일 거라는 당혹스러운 정신적 혼란이 나를 완전히 사로잡아 버렸다. 이 정신적 혼란의 순간, 마치 안쪽으로 접히고 접혀 작아진 종이처럼 내 영혼도 혼란스러워 작아지면서, 나의 모든 내장과 나의 모든 것이 흔들리기 시작했다.

이러한 때에 유일한 치료법은 방으로 들어가서 문을 잠그고 혼자 있는 것이라는 사실을 알고 있었다. 혼자 방에 있으면서, 내 영혼이 견디지 못하고 나를 혼란스럽게 했던 순간을 다시 한 번 떠올리고, 그 순간을 다시 경험하고, 나를 부끄럽게 하는 평범한 말을 나 자신에게 반복하기도 한다. 종이와 연필을 준비하고 무엇인가를 쓰고 그리면 기분이 나아지고, 얼마 지나지 않아 '정상적인' 상태로 돌아오며, 사람들 사이로 나갈 수 있다.

때론 진부하고 위선적이며 거짓으로 보이는 짓을 하지 않았음에도 불구하고, 갑자기 나 자신을 가식적으로 느낄 때도 있었다. 거리를 걸으면서 진열장에 반영되는 나의 모습이 눈이 들어왔을 때, 토요일 밤의 유흥으로 극장에서 영화를 본 후 그 당시 베이올루에서 하나하나 개업하기 시작한 샌드위치 가게나 햄버거 가게 구석에 앉아 아이란을 마시고 소시지가 들어간 샌드위치를 먹을 때, 순간 맞은편에 있던 거울에 비친 나의 모습이 지나치게 현실적이며 세련되지 않아 견딜 수 없었다. 그 순간 견디지 못하고 죽어 버리고 싶었지만 가학적인 희열을 느끼며 손에 든 샌드위치를 먹으면서 나 자신을 계속 바라보았다. 잠시 후에는 나를 고야의 그림에 나오는 아들을 먹는 거인에 비유했다. 거울에 비친 내 모습은 나의 죄와 내가 형편없는 놈이라는 사실을 상기시켜 주었다. 베이올루 뒷골목의 홍등가 접견실에 있던 테두리가 둘러진 커다란 거울과 똑같은 거울이 그곳에 있었기 때문이 아니라, 내 머리 위에 있던 백열전구, 더러운 벽, 앉아 있던 의자, 가게 내부의 색깔, 이 모든 것이 허술하고 평범하고 추했기 때문에 그렇게 느끼곤 했다. 내 앞에 행복이나 기쁨이나 승리로 가득한 삶이 아니라 별로 신경 쓰지 않고 보내야만 할 지루하고 긴 시간의 조각이 있을 것만 같았다. 그리고 나 자신이 그 하나하나와 순간에 그 어떤 주의도 기울이지 않고, 그저 견뎌야만 하는 시간을 죽이는 것처럼 느껴졌다.

조금 전에 보았던 할리우드 영화처럼 아름답고 의미 있는 진짜 삶은 미국이나 유럽에 사는 행복한 사람들만 살아갈 수 있고, 나를 포함한 세상 대부분의 사람들 앞에는 엉망이며 특징도 없고 페인트칠도 되지 않은 낡고 오래되고 값싼 곳에서 살아갈 아무도 신경 쓰지 않을 부차적이며 중요하지 않은 초라한 삶이 기다리고 있었다. 그리고 이러한 삶을 내가 준비하고 있다는 생각에 서서히 익숙해져 갔다. 이스탄불에서 서양 스타일의 삶은 오로지 부유한 사람들에게나 있을 법했지만, 그런 모습은 견딜 수 없을 만큼 가식적이고 영혼이 없는 것처럼 느껴졌기 때문에 도시의 뒷골목과 침울한 풍경을 더욱더 사랑하게 되었으며, 혼자 보냈던 금요일과 토요일 밤을 이곳

극장에서 지냈다.

  그 누구와도 공유하지 않고 혼자 책을 읽고 그림을 그리며 도시의 이면을 발견하려 했던 이 삶에 전혀 끼워 주지 않았던 형편없는 친구도 몇몇 사귀었다. 아버지가 공장주이거나 섬유 관련 사업가이거나 광산업자였던 아이들의 그룹에 들어간 적이 있다. 아버지의 메르세데스 자동차를 타고 로버트 칼리지에 등교해서, 저녁 하굣길에 쉬실리와 베벡 거리에서 아름다운 소녀를 발견하면 그쪽으로 차를 몰고 가서 타라고 초대하는, '국자'라고 하던 이런 초대에 소녀들이 응해서 차에 올라타면 그녀들과 성적인 것을 경험할 거라고 기대하는 이 친구들은 나보다 나이가 많은 멍청이들이었다. 이들은 주말이면 마치카, 니샨타쉬, 탁심, 하르비예 주위를 자동차를 타고 빙빙 돌면서 '국자'로 건지려 나섰고, 그들처럼 외국인 고등학교에 다니며, 겨울마다 열흘 정도 울루 산에 스키를 타러 가고, 여름에는 수아디예와 에렌쾨이에서 휴가를 보내는 소녀들과 사귀고 싶어 했다. 나도 가끔 이 국자 사냥에 함께하면서, 소녀들이 우리가 자신들처럼 해가 없다는 걸 어떻게 첫눈에 알아보고 두려워하지도 않고 자동차에 올라타는지 놀라워했다. 한번은 자동차에 소녀 두 명이 올라탔는데, 나는 호화로운 자동차를 타는 것이 아주 평범한 일인 양 그녀들과 이야기를 나누었고, 그런 다음 모두 함께 클럽에 가서 레모네이드와 콜라를 마시고 헤어졌다. 나처럼 니샨타쉬에서 살고, 자주 만나 포커 게임을 했던 이 친구들 외에 가끔 체스나 탁구를 하거나 그림과 예술에 대해 이야기하기 위해 만났던 친구들도 있었다. 하지만 나는 이 두 그룹을 서로 소개하거나 만나게 하지 않았다.

  나는 이런 친구들 옆에서 다른 성격, 다른 농담, 다른 소리, 다른 도덕을 갖게 되었다. 환경에 따라 바뀌는 카멜레온 같은 나의 태도는 계획적이거나 음흉하게 취했던 것이 아니었다. 친구들과 대화를 하다가 우리가 나눈 대화의 주제 때문에 흥분에 휩싸여 자동적으로 얻게 된 것이었다. 선과는 선하게, 악과는 악하게, 기이한 것과는 기이하게 되는 원인이었던 이런 편안함은 다른 친구들과는 반대로, 스무 살 이후에 냉소적이며 지나치게 조소적인 사람으로 되지 않도록 나를 보호해 주었다고 생각한다. 나는 관심 있는 모든 주제에 대해 가슴 한편으로 진심으로 믿고 몰입해 갈 수 있었던 것이다.

하지만 이것이 가끔 쉬지 않고 몇 시간 동안 웃는 데 방해가 되지는 않았다. 농담을 하고, 조롱을 하고, 끽끽거리고 웃으며 몇 시간을 보내기도 했다. 대부분 로버트 칼리지의 지루한 수업으로 인해 머리의 나사가 풀렸을 때 일어나는 일이었다. 온 교실이 다 들을 수 있게끔 속삭거렸던 나의 뻔뻔한 농담들로 인해 내가 선생님보다 더 주목받는 이야기꾼이라는 사실을 알게 되자 나는 들떴고, 농담의 화살을 지루한 터키 선생님들에게도 겨냥했다. 일부 터키인 교사들은 미국 학교의 교사라는 불안감 때문에 학생들 중에 자신을 미국인들에게 고발하는 '스파이'가 있다는 것을 암시했고, 일부는 터키 민족주의자 같은 장황한 연설을 했는데, 우리는 그들이 미국인 교사들보다 열정이 없고 지쳤고 나이 많고 의기소침하며, 이제 우리뿐만 아니라 자신의 삶도 별로 사랑하지 않는다고 느끼곤 했다. 좋은 의도를 가지고 친구가 되려고 했던 미국인 교사들과는 달리 그들은 외우게 하는 것과 벌 주는 것을 우선으로 삼았기 때문에, 우리는 대체로 이 관료적인 터키인 교사들을 끔찍이도 싫어했다.

터키인 교사들과 비교하면 젊은 미국인 교사들은 터키 학생들이

순수하고 좋은 의도를 지녔다고 여겼다. 그들은 터키 학생들에게 서양 문명의 훌륭한 점들을 가르치기 위해 순수하고 지나치게 좋은 의도로 너무나 애를 썼고, 종교적인 차원에 도달한 교육열 때문에 학생들은 가끔 연민과 미소 사이에서 갈팡질팡했다. 이들 중에는 멀고 가난한 나라의 무지한 제3세계 아이들을 가르치기 위해 자원하여 터키에 온 사람들도 있었으며, 대부분 1940년대 출생의 좌파였던 탓에, 우리에게 브레히트를 읽히고, 셰익스피어 작품을 좌익 관점에서 분석하고, 문학 텍스트를 읽을 때도 모든 악의 근원은 선한 사람들을 나쁜 길로 빠지게 하는 '악한' 사회에 있다는 것을 보여 주려 했다. 문학 텍스트를 분석할 때 사회가 자신들에게 복종하지 않는 선한 사람들을 밖으로 '내몰았다는 것'을 보여 주기 위해 자주 "you are pushed."라고 했던 한 교사에게 일부 학생들이 조롱하며 "yes, sir, you are pushed."라고 대답하곤 했다. 하지만 미국인 교사는 이 문장의 마지막 단어*가 터키어 욕설과 발음이 같은 줄 알아

---

* pushed와 발음이 같은 puşt는 터키어로 '개자식, 나쁜 놈, 사생아'라는 의미.

채지 못했는데, 학생들은 몰래 비웃으며 욕설을 한 것은 아니었고, 그저 학생들이 미국인 교사들에게 암암리에 느끼는 분노를 표출한 셈이었다. 당시의 민족주의자와 좌파 분위기에 어울리는 반미 감정은 누구보다 장학생이며 명석한 아나톨리아 출신 학생들의 머리를 복잡하게 만들었다. 어려운 시험을 통과하여 특혜가 있는 미국 학교에서 수학하는 권리를 얻은, 정말로 똑똑하고 열심히 공부하는 시골 출신의 가난한 학생들은 한편으로는 미국 문화나 자유사상, 그리고 더 중요한 것은 대학 공부를 하기 위해 미국에 가서 거기서 살고 싶다는 기대에 빠져 있으면서도, 다른 한편으로는 베트남전쟁의 영향으로 미국에 대해 제어할 수 없는 분노를 느꼈다. 이스탄불 부유층이나 중산층, 혹은 부유한 친구들은 이런 고민을 별로 하지 않았다. 그들은 로버트 칼리지에서 공부하는 것을, 장차 사장이나 경영자가 될 대기업에서 일하거나 외국 대기업의 터키 에이전시를 하기 위한 첫걸음으로 보고 있었다.

나는 장차 내가 무엇이 될지 정확히 알지 못했다. 하지만 물어보는 사람들에게는 이스탄불을 떠나지 않을 것이며, 건축학을 공부하겠다고 말했다. 어차피 건축학을 공부하는 문제는, 나뿐만 아니라 온 가족이 예전에 만장일치로 결정을 한 것이었다. 내가 할아버지, 아버지, 삼촌처럼 합리적인 사람인 것으로 보이니, 나도 이스탄불 공과대학에서 엔지니어링을 공부해야 했다. 하지만 그토록 그림을 그리고 싶은 성향이 있으니, 그 학교에서 건축학을 공부하는 것이 내게 어울렸다. 누가 먼저 생각하고 말했는지조차 기억나지 않는 이 단순한 논리를 고등학교에 다닐 때는 나도 수용했다. 이스탄불을 떠난다는 생각은 추호도 없었다. 이 도시가 끔찍이 마음에 들거나, 의

식적으로 혹은 열정적으로 사랑했기 때문은 아니다. 단지 나는 본능적으로 나의 습관과 살았던 곳에서 벗어나기가 어렵고, 장소와 환경과 집과 동네를 바꾸는 데 극도로 게으른 사람이었다. 그때부터 나는 내가 매일 같은 옷을 입고, 같은 음식을 먹으며, 광란적인 상상을 하면서 수백 년이고 질리지 않고 살아갈 수 있는 사람이라는 것을 깨닫기 시작했다.

앞으로 무엇이 될지, 삶의 의미가 무엇이고 어떠해야 한다는 것과 같은 기본적인 문제에 대해 일요일 아침마다 아버지와 함께 드라이브를 하며 이야기를 나누었다. 아버지는 아이가즈 가스 회사의 책임자였으며, 뷔윅체크메제 근처와 암바르르에 있는 회사 창고와 충전소 건축을 감독하거나, 보스포루스에 바람을 쐬러 가거나, 쇼핑을 하거나, 할머니를 방문한다는 핑계로 매일 아침 나를 자동차에 태워(1966년 모델 포드 타우너스) 라디오를 켜고, 속력을 냈다.

  1960년대 말과 1970년대 초, 한산했던 일요일 아침 이스탄불 거리에서, 한 번도 가 본 적 없던 마을에서, 라디오에서 흘러나오는 '서양 경음악'을 들으며(비틀스, 실비 바르탕, 톰 존스 같은 가수들) 길을 가면서, 아버지는 사람이 마음에서 우러나오는 대로 행동하는 것이 인생에서 가장 좋다는 것, 돈은 목적이 아니라 필요할 때 사용하기 위한 수단이라는 것, 한때 우리를 떠나 파리에 있는 호텔방에 머물며 시를 썼던 것, 발레리의 시를 터키어로 번역했던 것, 세월이 흐른 후 미국 여행을 갔다가 시와 번역물로 가득 차 가방을 도둑에게 뺏겼던 것을 내게 신나게 설명해 주곤 했다. 음악의 고저, 연이어 늘어서 있는 도시의 골목들, 혹은 이야기의 흐름에 따라 이 주제에서 저 주제로 건너뛰며 내게 설명해 주었던 모든 것들, 1950년대에 파리의 거리에서 장 폴 사르트르를 얼마나 자주 보았는지를, 니샨타쉬에 있는 파묵 아파트가 어떻게 지어졌는지를, 초창기의 파산 이야기를 내가 절대 잊지 못할 거라는 것을 이미 알고 있었다. 아버지가 가끔 풍경의 아름다움과 인도에 있는 아름다운 여자를 보라고 하면서 이야기했던, 별로 강조도 하지 않고 편히 이야기했던 인생에 관한 현자 같은 충고를 들으면서 그 회색의 겨울 아침에 자동차의 앞 유리창으로 흘러가는 이스탄불의 모습을 바라보곤 했다. 갈라타 다리를 지나는 차들, 여전히 허물어지지 않은 목조 가옥으로 둘러싸인 가난한 변두리 마을들, 좁은 골목들, 축구 경기를 보러 가는 사람들, 석탄을 실은 나룻배를 끌고 가는 굴뚝이 가느다란 예인선이 보스포루스에서 전진하는 것을 바라보면서, 아버지가 내게 해 주었던

인생에 대한 현명한 충고들, 예를 들면 인간은 자신의 본능과 고민과 강박관념을 주의 깊게 살펴볼 필요가 있다는 것, 삶이 사실은 아주 빨리 지나가므로 무엇을 하고 싶은지를 아는 것이 아주 좋다는 것, 글을 쓰고 그림을 그리면서 인생의 심오함을 얻을 수 있다는 것

을 암시하는 말을 주의 깊게 들으며, 그 장면들과 이런 말이 머릿속에서 합쳐지는 것을 느끼곤 했다. 한참이 지난 후에, 들었던 음악과, 자동차 창문으로 흘러가는 이스탄불의 모습과, 아버지가 미소 지으며 "여기로도 한번 들어가 볼까?"라고 말하며 자동차를 들이밀었던 네모난 돌이 깔린 좁은 골목과 인도의 분위기가 모두 머릿속에 한꺼번에 합쳐졌다. 그리고 아버지는 우리가 인생에 대해 물었던 기본적인 질문에 대한 답은 절대 찾을 수 없을 테지만 그런 질문은 좋은 것이며, 삶의 목적과 행복은 우리가 정확히 인지하지 못하거나 인지하고 싶지 않았던 곳에 있지만 이 모든 고민만큼이나 중요한 것은 이 고민들로 고심하거나 삶에서 기쁨이나 심오함을 추구할 때 자동차나 집이나 배의 창문을 통해 보았던 모습들이라고 말했다. 왜냐하면 시간이 흐름에 따라 삶은 음악이나 그림이나 이야기처럼 변화무

쌍하게 끝이 날 테지만, 우리 눈앞에서 흐르는 도시의 모습은 수많은 세월이 흘러도 꿈속에 나오는 추억처럼 우리와 함께 남을 거라는 것을 느끼게 해 주기 때문이다.

## 34장
## 불행이란 자신과 도시를 혐오하는 것이다

때로 도시는 완전히 다른 곳으로 변한다. 집처럼 편하게 느껴지던 거리의 색깔이 갑자기 변하기도 하고, 볼 때마다 신비스러운 군중들이 신은 수백 년 동안 인두를 오갔다는 사실을 알아 버리기도 한다. 공원은 진흙이 질척거리는 땅으로, 전신주와 광고판이 가득한 광장은 콘크리트로 된 불모지로, 도시는 나의 영혼처럼 텅 빈, 철저하게 텅 빈 곳으로 변하고 만다. 뒷골목의 먼지와 오물, 열린 쓰레기통에서 도시로 퍼지는 악취, 골목과 인도에 끊임 없이 이어져 있는 웅덩이, 비탈길과 내리막길, 이스탄불을 이스탄불이게 하는 그 모든 무질서와 혼란과 분투는 도시가 아니라 내 영혼과 내 삶이 불충분하고 사악하고 부족하다는 느낌을 준다. 이 도시가 내게는 받아 마땅한 벌(罰)인 것처럼, 나 역시 그곳을 오염시키는 그 무엇이었다. 도시에게서 내게로, 내게서 도시로 짙은 슬픔과 비애가 새어 나갈 때, 도시도 나도 아무것도 할 수 없다는 것이 느껴진다. 나 역시 도시처럼 살아 있는 사자(死者)이며, 숨 쉬고 있는 시체이며, 거리와 인도가 가져다주었던 패배와 더러움에 사로잡힌 가련한 사람이었다. 있는 힘껏 내 영혼을 짓누르고, 새로 지은 추한 콘크리트 아파트들 사이에서 떨고 있는 손수건처럼 보스포루스를 보는 것조차 이러한 상황에서는 희망을 주지 않는다. 그럴 때면, 마치 가을 저녁 도시의 거리에 소리 없이 스며드는 이끼와 바다의 냄새를 맡고는 남서 폭풍이 다가오고 있다는 것을 감지하는 경험 많은 이스탄불 사람처럼, 나는 더 나쁘고 저항할 수도 없는 치명적인 진짜 슬픔이 먼 곳에 있는 보이지 않는 골목에서 내게 다가오고 있다는 것을 알게 된다. 그러면 나는 파괴나 죽음이나 지진이나 남서 폭풍을 거리가 아니라 자신의 집에서 맞고 싶은 사람들처럼 서둘러 집으로 돌아가고 싶다.

하지만 슬픔과 불행의 어둠이 다가오고 있다는 것을 깨닫는 순간, 반쯤 어둡고 어스레하고 아늑한 내 방은 갈수록 내게서 멀어져 버린다. 슬프고 추한 골목, 지겹고 무질서한 인도, 그 순간 모두 함께 닮기로 한 듯 보이고, 내 마음속의 빈곤을 감지하고 나를 사이에 끼워 주지 않으려고 몰래 맹세한 듯 보이는 사람들이 한없이, 게다가 끔찍하게 증가하기 시작한다.

태양이 갑자기 불쑥 솟아올라서, 가난하고 무질서하며 형편없는 도시의 측면을 무자비하게 밝혀 버리는 봄날의 오후를 나는 좋아하지 않는다. 탁심에서 하르비예와 쉬실리를 거쳐 저 멀리 메지디예쾨이까지(어머니는 당신의 어린 시절을 보낸 이곳의 뽕나무밭에 대해 사라진 동화 속 나라에 대해 언급하듯 말하곤 했다) 이어져 있고, 1960년대와 1970년대에 건축되었고 추한 모자이크 타일로 덮여 있으며 커다란 창문이 있는 '국제적 스타일'의 아파트들이 양쪽에 들어서 있는 할라스카르가지 대로를 나는 좋아하지 않는다. 쉬실리(판갈트 구역), 니샨타쉬(토파즈 구역), 탁심(탈림하네)의 뒷골목은 한시라도 빨리 도망쳐 나가고 싶은 욕구를 불러일으킨다. 녹음이라고는 찾아볼 수 없고 보스포루스도 전혀 보이지 않는 이곳이, 가족 싸움이나 재산 분배 문제 때문에 조각조각 나누어진 토지 위에 비뚤비뚤하게 세워져 있는 아파트가 가득한 내리막길과 오르막길이 이어져 있는 언덕들과 구덩이들이, 너무나 답답하고 무력해 보였고, 나쁜 의도로 창밖을 내다보는 아주머니들과 콧수염을 기른 늙은 아저씨들이 지나가는 나를 혐오하는 것마저 당연하다고 느낀다. 니샨타쉬와 쉬실리 사이의 골목길에 있는 기성복 가게들, 갈라타와 테페바쉬 사이의 골목길에 있는 조명기구 가게들, 한때 탁심 탈림하네 주위에 있던 자동차 부품 가게들(아버지와 삼촌은 가장 파란만장했던 시기에, 할아버지의 재산을 서로 아무 관련이 없는 사업들을 시도하다 탕진해 버렸던 시기에, 이곳에 이런 가게를 열었다. 하지만 자동차 부품 사업보다는 터키 최초의 통조림 공장을 세울 준비를 했으며, 토마토주스 안에 고추를 듬뿍 집어넣고는 이것을, 눈이 아파 눈물을 글썽이는 일꾼들에게 마시게 했다.), 쉴레이마니예 주변 거리처럼 망치 소리와 프레스 기계 소음으로 주위를 질식시키던 냄비 제조 공장들이 완전히 점령하고, 택시와 소형 트럭이 교통 체증을 유발했던 이스탄불 거리를 나는 끔찍이 싫어한다. 도시와 나 자신에 대한 혐오가 마음속에서부터 솟아오르던 이러한 때에는, 거리의 모든 간판, 즉 이름과 직업과 성공을 커다란 글씨로 도시의 사람들에게 알리려고 안간힘을 쓰는 그 모든 신사 분들의 형형색색 다양한 글자들은 그들 자체가 아니라 나 자신에 대한 분노를 불러일으킨다. 그 모든 교수, 의사, 수술의(手術醫), 공인 금융 컨설턴트, 변호사 협회에 등록된 변호사, 센* 되네르 가게, 하야

* '즐거운'이라는 의미.

트 식료품 가게, 카라데니즈* 식품 가게, 은행, 보험 회사, 세제, 신문 이름과, 벽에 붙어 있는 극장, 담배, 청바지, 컬러로 된 사이다 포스터와 광고와, 스포츠 복권, 주택복권, 식수, 프로판가스를 파는 가게 위에 자랑스럽게 커다란 글자로 쓰여 있는 대리점 광고는 이스탄불 전체가 마치 나처럼 혼란스럽고 불행하다고 말하고 있었고, 도시의 소음과 글자가 나를 질식시키기 전에 어두운 곳으로, 나의 방으로 돌아가야 한다고 알려 주었다.

하지만 이미 늦었다. 끔찍한 거리에서 서늘한 아파트 안으로 들어가기 전에, 이미 내게 도시를 낯익고 밀실처럼 숨 막히는 곳으로 만드는 광고판, 벽보, 포스터, 글자들의 소음이 내 머리 안에 있는 '읽기 기계'를 스스로 작동시켰다.

악반크사바흐되네르가게직물신용입니다마십시오매일비누들보석월케르시간입니다월부로변호사누리바야르

마침내 도시의 초초한 군중과 끝없는 혼란과 추한 것을 모두 적나라하게 보여 주는 정오의 햇빛에서 도망쳐 벗어나더라도, 내 머릿속에 있는 읽기 기계는 거리에서 되는대로 읽었던 모든 것을, 지치고 피곤하고 슬플 때에, 불행한 노래처럼 기억하며 반복했다.

봄세일셀라미매점공중전화스타베이올루공중피얄레마카로니앙카라시장쇼미장원건강아파트라디오와트랜지스터

---

* '흑해'라는 의미.

나는 가만히 누운 채 나를 그토록 불행하게 만드는 것은 도시의 복잡함과 낡음과 더러움이라고 생각했다. 패배로 인해 모든 것이 도중에 멈춰 버리자 이스탄불이라는 도시는 불완전한 곳이 되어 버렸다. 벽보, 대부분 영어와 프랑스어에서 차용한 가게 이름, 잡지 이름, 회사 이름이 나타내고 있던 서구화를, 그러나 도시는 그렇게 빨리 경험하지 않았던 것이다. 도시는 사원, 첨탑, 에잔, 역사가 암시하는 전통 또한 경험하지 않았다. 모든 것이 하다 만 상태이며, 불충분하고, 불완전하다.

면도칼가십시오점심시간필립스대리점의사창고카펫들문의유리제품변호사파히르

내 슬픔의 이유가 도시라고 생각하는 순간 나는 순수한 상상으로 이끌려 들어간다. '전적으로 그 자신'이며 '아름다운 총체'였던 황금기, 순수하고 참된 순간을 도시에 적용시키는 것이다. 하지만 이제는 내 영혼과 이성도, 멜링이 그렸고 네르발과 고티에 혹은 아미치스 같은 서양 여행자들이 썼던 18세기 말이나 19세기 초의 이스탄불에 낯설다는 사실을 고통스럽지만 알고 있다. 게다가 집 안에서 움직이기 시작한 나의 이성은, 이 도시가 순수하기 때문이 아니라 복잡하고 불완전하며, 폐허가 된 건물들의 더미이기 때문에 내가 좋아하는 것이라고 말한다. 하지만 부족하고 결점투성이인 나 자신으로부터 벗어나고 싶은 나의 일부는 도시가 강요하고 있는 슬픔에서 벗어나야 한다고도 말한다. 내 머릿속은 여전히 도시의 소음으로 가득 차 있다.

거리당신의돈의미래의보험귀네시매점벨을누르시오노바시계아르
틴부품보그꿀비전양말

어쩌면 내가 전적으로 도시에 속하지 못했기 때문에 죄책감을 느끼는지도 모른다. 명절날 할머니의 집에 모여 점심 식사를 한 후 리큐어와 맥주를 마셔 기분이 좋아진 가족들이 웃고 떠들 때, 비 오는 어느 겨울날 로버트 칼리지를 다니는 부유한 집안의 친구들 중 한 명이 몰고 온 그 아버지의 자동차에 함께 타고 도시를 돌아다닐 때, 봄날 오후 거리를 걸을 때, 내 마음속에서 생겨나는 생각, 즉 내가 가치가 없고 그 어떤 곳에도 속하지 않으며, 그렇기 때문에 사람들에게서 멀어져 숨어 있어야 한다는 생각, 아니, 그런 생각을 넘어 어떤 동물적인 본능이자 도시가 제공하는 공동체 의식에서, 형제애에서, 상호 의존감에서, 신이 모든 것을 보고 용서하는 시선에서 도망쳐 홀로 있다는 의미이기 때문에 깊은 죄책감을 느낀다.

고등학교를 다니기 시작했을 때, 나의 이런 외로움이 일시적인 것이라고 생각했다. 아직 이것을 운명으로 받아들일 정도로 성숙하지 못했던 것이다.(희망이란 유아적인 상태이며 상상력이 버텨 주는 것이다.) 어느 날엔가는 극장에 함께 갈 좋은 친구가 생길 거라고 상상했다.(그러면 영화 보는 도중 휴식 시간에 극장에 혼자 온 것에 대해, 친구가 없다는 것에 대해 걱정하지 않아도 되기 때문에.) 어느 날엔가는 내가 읽었던 책, 내가 그린 그림에 대해 마음껏 솔직히 이야기를 나눌 사람들과 만날 거라고 꿈꾸었다. 어느 날엔가는 나 자신을 인식한 이후로 그랬던 것처럼 성기나 몸의 다른 부위를 가지고 노는 즐거움, 금지되고 즐거운 것을 몰래몰래 하는 흥분을 공유할 아름다운 애인이 생길 거라고 상상했다. 이제 그런 것을 하는 데 적당한 나이가 되었을지도 모르지만, 마음속 깊은 곳에서 원했기 때문에 나를 부끄럽게 하고 두렵게 하는 이 욕구를 맞이하기에는 아직 내 영혼이 준비되어 있지 않다고 느끼곤 했다.

그 당시에는 나약함이, 자신이 사는 곳이나 집이나 가족이나, 무엇보다 도시에 속하지 않는다고 느끼는 것이라고 생각했다. 나는 도시에 사는 모든 사람들을 온 힘으로 에워싸고 있는 '형제'와 '우리' 의식, 함께 관람하는 축구 경기 같은 공동체 의식에서 떨어져 나와 있는 것 같았다. 나는 내 영혼에 있는 이 균열을 느꼈고, 다가오는 외로움으로 인해 허둥댔으며, 그 안으로 떨어져 들어가는 어둠이 나의 생활방식이 될까 두려워서 다른 사람처럼 되기로 결심했다. 열일곱, 열여덟 살 무렵, 기회가 있을 때마다 농담을 해서 모두를 웃기고, 모두와 친구처럼 건들거리며 잘 지내는 공동체의 한 사람으로 보이는 데 잠시 성공한 적도 있었다. 서서히 다가오는 광기를 감추기 위해 어둠 속에서 휘파람을 부는 사람처럼, 나는 계속해서 농담을 하고, 웃기는 이야기를 하고, 수업 도중에 선생님 뒤에서 흉내를 내서 친구들을 웃게 만들었다. 나의 농담은 가족 모임에서 전설처럼 반복을 거듭하며 언급되었다. 장난이 도를 지나쳤을 때는, 자신이 저지른 비리를 감추기 위해 안간힘을 쓰는 외교관 같다는 생각이 들기도 했다. 이 모든 놀이가 끝나고 내 방에 홀로 있으면, 이 세상 모든 가식과 가련함과 나 자신의 위선에서 가장 빨리 벗어날 수 있는 유일한 방법이 자위행위라는 생각이 들었다.

모든 사람들이 건전하거나 까칠하게, 명랑하거나 따뜻하게, 편하거나 자연스럽게 맺는 관계와 우정을 나는 왜 이렇게 힘들게, 연기를 펼치듯이 한다는 기분에 휩싸였던 걸까? 남들은 일상생활을 유지하기 위해 별로 문제없이 — 어쩌면 전혀 문제없이 — 하는 일을 나는 왜 이를 악물고 해야 하고, 나중에는 '그런 척했던' 나를 혐오해야 했던 걸까? 때로는 그런 연기에 '열광적으로' 몰입한 나머지, 연기를 한다는 걱정은 완전히 없어지고, 나의 연기와 조롱이 다른 사람들이 하는 것보다 재미있다는 희열을 다른 사람들처럼 만끽하기도 했다. 그렇게 다른 사람들과 함께 있을 때 내가 위선적이며 부정직하다고 느끼는 고통에서 드디어 벗어났다고 생각할 때, 갑자기 우울한 바람이 불어와서 이 모든 흥분의 와중에 나를 뒤죽박죽으로 만들어 버렸다. 그러면 나는 다시 집으로, 나의 방으로, 나의 어둠 속으로 돌아가고 싶었다. 이 사람들과 함께 있기 위해, 공동체와 단절되지 않기 위해 아등바등했던 나 자신을 가장 먼저 혐오했다. 하지만 이러한 상황에서는 언제나, 나 자신에게로 향했던 경멸 어린 시선은 주위로, 이제는 가족이라고 말하기도 힘들었던 어머니와 아버지와 형과 친척들에게로, 학교 친구들에게로, 다른 지인들에게로, 그리고 도시 전체로 향했다.

   나를 가련하고 위선적인 상태로 빠지게 한 것은 바로 이스탄불 자체라는 것을 감지했다. 물론 비난받아야 할 것은 내가 아주 사랑하는 이 도시의 사원, 성벽, 작은 광장, 보스포루스, 배, 그리고 항상 내게 지나치게 익숙해 보였던 밤, 불빛, 사람들 자체가 아니었다. 이 도시에 사는 사람들을 서로 이어 주고, 그들 사이의 소통과 사업, 생산, 생활을 쉽게 만드는 것들이 있는데, 나만 여기에 융화되지 못했다고 느꼈다. 모두가 모두를 알고 있고, 모두가 모두의 한계를 알고 있고, 모두가 모두를 닮고자 하며, 겸손이 강조되며 중요시되고, 전

동과 면서 살았던 사람들, 어른들, 역사, 전설에 존경을 표하는 '우리의 세계'에 '나 자신'으로서 융화되는 것이 갈수록 힘들어졌다. 사람들 안에서, 가족과 친구와 학교 친구들 사이에서 나는 '나 자신'이 될 수가 없었다. 사람들 사이에서 관객이 아니라 배우가 되어야 할 때, 예를 들면 생일 파티에서, 한참 후 마치 꿈속에서 그러하듯, 나 자신을 밖에서 나를 바라보면서, 장난을 치면서, "잘 지냈어, 형님?" 이라고 말하면서, 다른 사람의 등을 토닥거리며 그와 아주 특별하고 친하고 진정한 친분을 공유하고 있는—모든 우정, 관계, 가장 평범한 직업적인 만남에도 이러한 '진정성'이 있어야 한다—것처럼 행동하면서, 한편으로는 머리 한구석으로 나 자신을 외부에서 바라보고, 내가 사람들을 속이고 있다고 생각했다.

내 방으로 돌아와서 한참 홀로 있다가(어머니는 "이제 왜 항상 문을 걸어 잠그니?"라고 말하기 시작했다.) 위선과 결점이 내게 있는 것이 아니라, 인간관계를 맺는 그 공동체 의식에, '우리'라는 표현에, 사람이 정신이 이상해진 후에야 비로소 바깥에서 볼 수 있는 도시의 '공동체 이데올로기'에 있다고 느꼈다.

하지만 이것은 영혼에서 일어난 일들을 많은 세월이 흐른 후 기억하여 그것들을 의미 있고 즐거운 이야기로 쓰려고 하는 쉰 살의 작가의 말이다. 열여섯 살과 열여덟 살 사이일 때에는 단지 나 자신만이 아니라, 이스탄불에서 경험했던 환경과 문화, 일어났던 일들의 의미를 해명하는 공식적이거나 비공식적인 정치적 표현, 신문 1면의 기사, 도시 그리고 도시 사람들이 자신들을 다르게 보이려고 하는 욕구, 사실은 자신들을 전혀 이해하고 싶지 않다는 바람, 거리에서 머릿속에서 울려 퍼지기 시작하는 글자들과 광고판을 질식할 것처럼 받아들였고, 나 자신과 도시를 감싼 위선을 경멸하곤 했다.

나의 문제는 어쩌면 어린 시절에 형형색색의 행복과 진정한 심오함을 선물해 주었던 '두 번째 세계'의 요구를 열다섯 살 이후에 감

당하지 못했기 때문일 것이다. 나는 그림을 그리고 싶었고, 내가 읽었던 프랑스 화가들처럼 살고 싶었다. 하지만 이스탄불에는 그런 세계를 이룩할 힘도 없었고, 그 세계에 비유될 수 있는 면도 없었다. 터키 인상주의 화가들이 그린 형편없는 사원, 보스포루스, 목조 가옥, 눈 덮인 거리의 풍경조차도 내게 희열을 선사했다. 그림이라는 이유 때문이 아니라, 이스탄불을 그린 그림이라는 이유 때문에. 다른 사람들이나 내가 그린 그림이 이스탄불과 닮으면 좋은 그림이 되지 못했다. 좋은 그림이면 내가 원하는 만큼 이스탄불과 닮지 않았다. 어쩌면 나는 더 이상 도시를 어떤 그림, 어떤 풍경으로 보지 말아야 할 것 같았다.

나는 열여섯 살과 열여덟 살 사이에, 한편으로는 급진적인 서구주의자처럼 도시와 나 자신이 전적으로 서양인이 되는 것을 원했고, 다른 한편으로는 나의 본능과 습관과 추억으로 좋아했던 이스탄불에 속한 사람이 되고 싶었다. 어렸을 때는 이 두 가지 바람을(아이는 앞으로 건달도 되고 위대한 학자도 되겠다고 동시에 상상할 수 있다.) 머릿속 서로 다른 곳에 둘 수 있는 재능이 있었다. 하지만 나이가 들어 갈수록 이 재능을 잃어버렸고, 나는 서서히 침울한 사람으로 변해 갔다. 이스탄불이 충분히 현대적이지 않다는 것을, 가난과 비참함에서 벗어나고, 그 위에 드리워진 패배감을 내던지는 데는 시간이 아주 많이 걸릴 거라는 것을 절망적으로 깨달았으며, 나의 삶과 나의 도시에 대해 슬퍼했다고도 할 수 있다. 나이를 먹을수록 이스탄불 전체가 체념과 동시에 자랑스럽게 받아들인 비애는, 나의 영혼에도 바로 이렇게 스며들었다. 하지만 이것이 똑같은 비애였을까, 아니면 도시의 비애에 항복하는 것으로 인한 비애였을까?

어쩌면 진짜 이유는 이스탄불의 빈곤도, 파멸적인 짐처럼 도시가 안고 있던 비애도 아니었을 것이다. 때로는 부상당해 죽어 가는 동물처럼 한구석에 숨어 혼자 있고 싶은 나의 바람, 날이 갈수록 더욱 더 빈번해지는 이 바람은 외부에서가 아니라 내 안에서 곧장 나온 것일 수도 있다. 그렇다면 내가 잃어버렸다고 그토록 슬퍼했던 것은 무엇이었나? 왜, 누구와 떨어져 있었기 때문에 슬퍼했던가?

## 35장
## 첫사랑

이것이 회고록이니 그녀의 이름을 숨겨야 할 것이며, 디완 시인들처럼 사랑하는 연인에 대해 실마리를 제공한다면 이제 이야기할 사랑 이야기처럼 그녀의 이름 역시 사실과 다르다는 느낌을 주어야 할 것이다. 그녀의 이름은 페르시아어로 흑장미라는 뜻이지만, 그녀가 신나게 바다로 뛰어들었던 선착장에도, 그녀가 다녔던 프랑스 학교에도 그 뜻을 아는 사람은 없는 것 같았다. 왜냐하면 길고 반짝이는 머리카락은 검은색이 아니라 밤색이었고, 눈도 조금 더 짙은 밤색이었기 때문이다. 내가 잘난 척하며 그 뜻을 말해 주자, 그녀는 아주 진지할 때 늘 그랬던 것처럼 눈썹을 치켜뜨고 앵두 같은 입술을 앞으로 내밀며, 그 뜻을 당연히 알고 있으며, 알바니아인 할머니의 이름에서 따서 어머니가 붙여 주었다고 했다.

나의 어머니가 설명해 준 바에 의하면 '그 여자', 그러니까 그녀의 어머니는 아주 젊은 나이에 결혼했을 거라고 한다. 왜냐하면 어머니가 각각 다섯 살과 세 살이던 형과 나를 니샨타쉬에서 마치카 공원으로 데려갔던 어느 겨울날 아침에, '소녀' 같은 그녀의 어머니가 흔들고 있는 커다란 유모차에서 그녀가 자고 있었기 때문이다. 한번은 그녀의 알바니아계 할머니가, 이스탄불 점령 때 나쁜 짓을 했거나 아타튀르크에 반대했기 때문에 경멸해 마땅한 파샤의 하렘 출신이라고 암시한 적도 있다. 하지만 나는 불타 버린 오스만 시대의 저택들과 옛 이스탄불 가족에 관해 전혀 관심이 없었기 때문에 이에 관한 세부적인 기억은 남아 있지 않다. 아버지는, 어린 흑장미의 아버지가 2차 세계대전 후 정권에 영향력 있는 친한 사람들의 후원으로 미국과 네덜란드 몇몇 회사의 에이전시 권한을 얻어 순식간에 부자가 되었다고 전혀 적의 없는 투로 말했다.

그렇게 어린 시절 공원에서 만난 지 팔 년 후에, 이번에는 신흥 부자들 사이에서 1960년대와 1970년대에 인기 있었고 우리도 집을 샀던 이스탄불 동쪽의 바이람오울루 마을에서 자전거를 타고 있을 때 그녀를 보았다. 이 작은 마을이 아직 한산했던 좋은 시절에 맘껏 바다에 들어갔고, 트롤 낚시로 고등어와 전갱이를 잡았고, 축구를 했으며, 열여섯 살 이후에는 여름밤에 여자 아이들과 춤을 쳤다. 그 후 고등학교를 졸업하고 건축학과에서 공부하기 시작했던 시기에는, 1층에서 그림을 그리고 책을 읽었다. 내가 이러한 행동을 했던 데는, 교과서 이외의 다른 책을 읽는 사람은 '지식인'이며 그런 사람을 의심스럽고 '콤플렉스'가 있다고 여기는 부유한 친구들에게서 멀어지고 싶었던 이유도 있었을까? '콤플렉스가 있는'이라는 말을, 경제적 정신적인 이유 때문에 불안한 사람들에게 사용한 나의 어린 시절 친구들도 어쩌면 나를 경멸했을지 모른다. 나는 그들이 나에 대해 사용했던 지식인이라는 단어가 의미하는 '부유한 사람들을 적대시하는 속물'이라는 꼬리표가 불편했기 때문에, 그저 즐기기 위해 책을—버지니아 울프, 프로이트, 사르트르, 토마스 만, 포크너—읽는다고 했고, 그러자 그들은 그렇다면 왜 책에 밑줄을 치느냐고 물었다.

하지만 여름이 끝나갈 무렵, 나의 이러한 악명 때문에 나는 흑장미의 관심을 끌게 되었다. 그해 여름 내내, 그리고 친구들을 자주 만났던 일 년 전 여름에도 우리는 서로를 별로 잘 알지 못했다. 친구들과 떼를 지어 놀러 다니던 시절, 우리가 사는 곳에서 삼십 분 정도 거리에 있는 이스탄불의 어느 지역에, 바그다드 대로에, 메르세데스나 무스탕이나 BMW를 경주하듯 몰고(때로는 충돌도 해 가며) 가서 디스코텍에서 춤을 추고 돌아왔던 때도, 쾌속정을 타고 바위가 많은 한적한 곳으로 가서 바위 위에 빈 사이다병과 포도주병을 올려놓고 멋진 사냥총으로 쏘면서 비명을 지르는 소녀들을 진정시켰던 때도, 밥 딜런과 비틀스를 들으며 모두 함께 포커와 모노폴리 게임을 하던 때도, 우리는 서로에게 전혀 관심이 없었다.

시끌벅적했던 이 젊은이 패거리는 여름이 끝날 무렵 서서히 흩어졌고, 9월에 남쪽에서 비를 동반해 왔던 폭풍이 나룻배 한두 척을 부서뜨리고 요트와 쾌속정을 위협하다 잠잠해져 갈 무렵, 열일곱 살이던 흑장미는 내가 진지하게 그림을 그렸던 1층 '아틀리에'에 드나들기 시작했다. 친구들이 때로 그곳에 들러, 물감과 붓으로 종이에 무엇인가를 그리거나, 의심하듯 책들을 뒤적거렸기 때문에, 그녀의 방문도 그리 대단한 사건은 아니었다. 게다가 부자이건 가난하건, 여자건 남자건 상관없이 그녀도 흐르는 나날을 채우고, 시간을 보내기 위해 누군가와 수다를 떨어야만 했다.

처음에는 지난여름에 대한 잡담, 즉 누가 누구와 사랑에 빠졌는지, 누가 누구를 어떻게 질투하는지 등 내가 별로 관심을 갖지 않았던 것들에 대해 이야기했던 것을 기억한다. 내 손이 더러웠기 때문에 그녀는 물감 뚜껑을 열거나 차를 준비하는 일을 거들었으며, 구석에 있는 그녀 자리로 가서 신발을 벗고 한 손으로 머리를 받치고 긴 의자에 드러눕기도 했다. 나는 어느 날 그녀 모르게, 앉아 있는 그녀의 모습을 연필로 그렸다. 그녀가 좋아하자 다음번에도 또 그렸다. 그 다음번에도 그녀를 그리겠다고 하자 그녀는 "어떻게 앉을까?"라고 물으며 처음 카메라 앞에 선 영화배우 후보처럼 즐거워하면서도 손을 어디에 둬야 할지 갈피를 잡지 못했다.

가늘고 긴 코를 잘 그리기 위해 시선을 집중했을 때, 입가에 희미한 미소를 떠올린 작은 입, 넓은 이마, 큰 키, 햇볕에 그을린 긴 다리를 보았다. 하지만 그때는 다리를 덮는 길고 멋진 할머니의 치마를 입었기 때문에 작고 정갈한 발만 볼 수 있었다. 내가 그림을 그리면서 작은 가슴 주위, 긴 목 주위에 있는 새하얀 피부를 바라보자 그녀의 얼굴에 약간 부끄러운 표정이 떠올랐다.

처음에는 많은 대화를 나누었다. 대부분 그녀가 더 많이 말했다. 내가 그녀의 눈과 입술에서 보았던 슬픔을 지적하며 "그렇게 슬픈 눈으로 보지 마!"라고 했기 때문인지 몰라도, 그녀는 예상보다 정직하게 집 안에서 일어나는 부모의 다툼, 자기보다 어린 네 남동생의 끝없는 싸움, 아버지가 내린 벌에―외출 금지, 쾌속정 탑승 금지, 따귀 한두 대―맞서 자신을 어떻게 보호했는지, 아버지가 다른 여자들의 꽁무니를 따라다니기 때문에 어머니를 위로해야 한다는 것, 내 아버지도 그렇다는 것을 안다는 것을(나의 어머니가 브리지 게임 친구인 그녀의 어머니에게 털어놓았기 때문) 내 눈을 똑바로 바라보며 말했다.

하지만 우리는 서서히 말이 없어지기 시작했다. 그녀는 항상 앉던 자리에 가서 앉거나, 보나르의 영향이 강한 내 그림을 위해 포즈를 취하거나, 주위에 있는 책을 하나 펼치고 긴 의자에서 다양한 포즈를 취하며 읽었다. 이후에 그녀를 그리던지 그리지 않던지 간에, 내가 아틀리에에서 그림을 그릴 때 그녀는 예고 없이 찾아와서 말도 없이 구석에 있는 긴 의자에 누워 책을 읽고, 책을 읽는 자신이 그려지는 것을, 때로는 자신을 그리는 나를 곁눈질로 바라보았다. 매일 아침 일을 시작한 후 얼마 지나지 않아 그녀가 오기를 기다렸고, 그녀도 나를 그리 많이 기다리게 하지는 않았으며 부끄러운 미소를 띤 채 미안한 표정을 지으며 자신의 자리로 가서 누웠던 것을 기억한다. 드물어진 대화의 주제 중 하나는 미래에 관한 것이었다. 그녀는 내가 아주 재능이 많고 열심히 노력하는 사람이라고 했다. 앞으로 전 세계적으로 유명한 화가가 될 것이며—아니면 터키 화가라고 했던가?—파리에서 열릴 내 전시회에 프랑스 친구들과 함께 올 것이며, 그들에게 우리가 '어린 시절' 친구라고 하며 자랑스러워할 것이라고 했다.

어느 저녁 무렵, 비가 갠 뒤 청명한 풍경과 한동안 나타난 무지개를 반도의 저 끝에서 보고 싶다는 핑계로 나의 어두운 아틀리에에서 나와서 처음으로 함께 마을의 거리를 오래 거닐었다. 우리가 아무 이야기도 하지 않았다는 것을, 여름이 끝났기 때문에 반쯤 비어 있는 마을에 있는 몇몇 아는 사람들의 시선이나 우리의 어머니와 우연히 만나게 될 가능성 때문에 불안해했던 것을 기억한다. 하지만 이 산책을 '헛되게' 만든 것은, 이러한 것들도, 우리가 도착하기 전에 무지개가 사라져 버린 것도 아니고, 우리 사이에 있던 눈에 보이지 않는 긴장감이었다. 나는 그녀의 키가 얼마나 크며, 걸음걸이가 얼마나 마음에 드는지를 처음 인식하게 되었다.

마지막 토요일 저녁에 함께 어디를 가 보기로 하고, 우리처럼 아직 마을에 있는 호기심 많고 중요하지도 않은 친구들에게 알리지 않고 만났다. 나는 긴장하고 있었으며, 아버지의 차를 빌렸다. 그녀는 화장을 했고, 짧은 치마를 입었고, 자동차에 오래 남아 있을 향수를 뿌리고 왔다. 하지만 아직 유흥 장소에 도착하기도 전에 우리의 산책을 '헛되게' 했던 그 유령이 여전히 우리 사이에 있는 것이 느껴졌다. 우리는 사람들로 반쯤 찬 시끄러운 디스코텍에서, 나의 아틀리에에서 나누었던 대화가 얼마나 심오했는지를 깨닫게 해 준 길고 평온한 침묵을 공허하게 모방하고 있을 뿐이었다.

그래도 느린 음악이 나오자 우리는 블루스를 췄다. 다른 사람들이 하는 것을 보고 먼저 팔로 그녀를 안은 다음 마음이 시키는 대로 그녀를 끌어안자, 머리카락에서 아몬드 향이 풍겨 왔다. 나는 그녀가 무엇인가를 먹을 때 입을 작게 움직이는 모습을, 호기심이 일 때면 드러나는 다람쥐 같은 시선을 좋아했다.

그녀를 집에 데려다 주기 전에 나는 자동차 안에서의 침묵을 깨고 "그림 그릴까?"라고 물었다. 그녀는 별로 들뜨지도 않고 그러자고 했다. 하지만 우리 집 정원의 어둠 속에서 걸을 때—내 손은 그녀의 손을 잡고 있었다—아틀리에의 불이 켜져 있는 것을 보고는, 안에 누가 있었던 것일까, 들어가는 것을 포기했다.

그로부터 사흘 동안 그녀는 계속 찾아왔다. 긴 의자에 눕거나 조용히 앉아 내가 그림을 그리는 모습을, 자신의 손에 들려 있는 책을, 포말을 일으키며 파도치는 바다를 바라보다 얼마 지나지 않아 돌아갔다.

10월에 이스탄불에서 그녀를 찾아야겠다는 생각은 전혀 들지 않았다. 열정적으로 읽었던 책, 열성적으로 그렸던 그림, 급진적인 정치에 관심 많은 친구들, 대학 복도에서 서로를 죽이던 마르크스주의자들, 민족주의자들, 경찰들은 여름을 함께 보냈던 친구들, 집 정문에 바리케이드가 쳐져 있고 경비원들이 서 있던 부유한 마을과 관련된 모든 것을 부끄럽게 만들었다.

라디에이터가 작동하기 시작한 추운 12월 저녁 나는 그녀의 집에 전화를 했다. 그녀의 어머니가 전화를 받자 아무 말도 하지 않고 수화기를 내려놓았다. 그러고는 아무 일도 없었던 것처럼 일상으로 돌아갔다. 그다음 날 그 엉뚱한 전화를 왜 했는지 나 자신에게 물어보았다. 내가 사랑에 빠졌다는 것을 이해하지 못했을 뿐만 아니라, 장차 하게 될 나의 모든 사랑의 모험에서 비참해질 만큼 내가 강박관념에 사로잡힌 사람이라는 것도 아직 채 발견하지 못하고 있었다.

일주일 후, 춥고 어두운 어느 저녁 무렵 다시 전화를 했다. 그녀가 받았다. 머리 한구석에 미리 주의 깊게 준비한 문장들을, 무의식적으로 머리에 떠오른 것처럼 말했다. 여름 끝 무렵 그녀를 보면서 그렸던 그림이 있는데 그 그림을 마무리 짓고 싶다. 그러니 어느 날 오후에 내게 포즈를 취해 줄 수 있느냐고 물었다.

"같은 옷을 입어야 해?"

나는 이 점은 미처 생각하지 못했다.

"응, 같은 옷을 입고 와."

나는 이렇게 대답했다.

어느 수요일, 나의 어머니도 다녔던 담 드 시옹 고등학교 앞에서 그녀를 기다리고 있을 때, 교문 앞에서 소녀들을 기다리는 부모나 요리사나 하인들로부터 멀리 떨어진 나무 뒤나 교문 문턱에 나와 같은 젊은 바람둥이들이 웅크리고 있는 것이 보였다. 감색 치마와 흰 블라우스를 입은 프랑스 가톨릭 고등학교 학생들 사이에서 모습을 드러낸 그녀는 키가 작아진 것 같았다. 머리는 묶였고, 손에는 교과서와 포즈를 취할 때 입을 여름옷이 든 비닐 봉투가 들려 있었다.

나의 어머니가 우리에게 차와 케이크를 대접할 거라고 생각했던 우리 집이 아니라, 내가 그림을 그리도록 어머니가 허락해 준 지한기르에 있는 오래된 물건들로 가득 찬 아틀리에로 쓰는 집으로 간다는 것을 알자 그녀는 불안해했다. 하지만 그곳에서 내가 난로를 피우고, 그녀도 여름 집에서처럼 긴 의자에 자리를 잡고, 나 역시 '진지'하다는 것을 보더니 안도하며 훈훈해진 방에서 내 시선을 피해 여름용 긴 옷을 입고는 누웠다.

이렇게 해서 어떤 사랑의 관계가 형태를 갖추기도 전에, 열아홉 살의 젊은 화가와 그보다 어린 모델의 형태로 다시 시작한 우리의 관계는 음조를 이해하지 못한 이상한 음악의 하모니로 계속되었다. 그녀는 처음에는 이 주에 한 번, 나중에는 일주일에 한 번 지한기르에 있는 집으로 왔다. 나는 비슷한 포즈의(긴 의자에 누운 젊은 여자) 다른 그림을 그리기 시작했다. 우리는 지난여름보다 대화를 더 조금 했다. 건축대학, 책, 화가가 되려는 계획 같은 것들로 꽉 찬 실제 나의 삶을 향해 열린 이 두 번째 삶의 순수함을 깨트리는 것이 나는 두려웠으며, 나의 고민을 아름답고 슬픈 나의 모델에게 전혀 말하지 못했다. 그녀가 이해하지 못할 거라서가 아니라, 거리를 두고 싶었던 이 두 세계를 뒤섞고 싶지 않았기 때문이다. 나는 여름을 같이 보냈던 친구들에게서, 아버지들의 공장을 경영할 준비를 하는 고등학교 친구들의 세계에서 벗어나고 싶었다. 하지만 흑장미를 일주일에 한 번 보는 것은—이제 나는 이 사실을 나 자신에게 숨기지 못했다—나를 무척이나 행복하게 했다.

비가 오는 날에 우리는, 어린 시절에 이런 아파트에 있는 이모의 집에 한동안 머물렀을 때처럼, 지한기르의 타욱 우츠마즈 오르막길로 올라가는 작은 트럭과 미국산 자동차가 네모난 돌이 깔린 젖은 길 위에서 내는 바퀴 미끄러지는 소리를 들었다. 내가 그림을 그리는 동안 점점 길어지고, 그러나 전혀 불만이 없었던 이 정적 속에서 서로 눈이 마주치곤 했다. 처음에는 단지 눈이 마주쳤고, 그녀도 이러한 것으로 행복할 정도로 아이였기 때문에 미소를 지었고, 이 미소가 포즈를 흐트러뜨릴 수 있다는 것을 염려하며 즉시 입술을 이전 상태로 되돌리고, 커다란 갈색 눈으로 내 눈 안을 정적 속에서 한동안 바라보았다. 아주 오래 지속된 이 이상한 정적 끝에, 그녀의 얼굴을 뚫어져라 바라보는 나의 얼굴에 나타난 표정에서 그녀가 영향을 받았다는 것을 깨닫고, 내가 시선을 거두지 않고 그녀의 눈을 계속 바라볼 때, 나의 의미심장한 시선이 그녀를 행복하게 한다는 것을, 그녀의 입술 가에 나타나기 시작하는, 이번에는 멈추게 할 수 없었던 새로운 미소를 보고 알게 되었다. 한번은 약간은 행복하고 약간은 심오한 그녀의 이 미소에, 나도 입술 가에 이해심 많은 미소를 지으며(그사이 나의 붓은 캔버스 위에서 주저하며 돌아다녔다.) 응답을 하자, 나의 아름다운 모델은 미안하다는 듯 자신이 왜 웃었는지—그리고 포즈를 왜 흐트러뜨렸는지를—밝힐 필요성을 느꼈던 것 같다.

"그런 눈길로 날 바라보는 게 맘에 들어."

그녀의 미소뿐만 아니라, 일주일에 한 번 오후에 지한기르에 있는 이 먼지 많은 집에 그녀가 왜 왔는지도 밝히는 말이었다. 몇 주 후 그녀의 입술 가에서 다시 같은 미소를 보았을 때 나는 붓과 물감을 내려놓고, 그녀 곁으로 가서, 긴 의자 가장자리에 앉아, 지난 몇 주 동안 상상했던 것처럼, 용기를 내어 그녀에게 키스를 하기 시작했다.

아주 늦게 시작된 폭풍은, 날이 어두워지고 방 안이 아주 캄캄해져 우리 둘 다 마음이 편해졌기 때문에 자연스럽게, 그 어떤 한계도 느끼지 않고 우리를 먼 곳으로 데리고 갔다. 우리가 누워 있던 긴 의자에서는 배의 탐조등 빛이 어두운 물과 방의 벽에서 호기심에 가득 차 돌아다니는 것이 보였다.

우리의 만남은 계속 이어졌다. 나는 이제 나의 모델과 아주 행복했다. 하지만 이러한 상황에서 앞으로 다른 사람들에게 듬뿍 바칠 달콤한 사랑의 말을 왜 하지 않았고, 질투의 발작이나 당혹감이나 어눌함, 그리고 이와 비슷한 감정적인 반응과 과민 반응을 왜 나의 이 아름다운 여자에게 보여 주지 않았을까? 이러한 마음이 나지 않아서가 아니었다. 어쩌면 서로를 인식하게 만들고, 우리를 서로 연결하는 화가와 모델 관계가 정적을 필요로 했기 때문인지도 모른다. 어쩌면 머릿속 가장 구석진 곳에서 부끄럽고 유치하게 여겼지만, 앞으로 그녀와 결혼을 할 거라면 화가가 아니라 공장주가 되어야 한다는 것을 알았기 때문인지도 모른다.

조용히 그림을 그리고 조용히 사랑을 나누었던 아홉 번의 멋진 수요일이 지나고, 이런 걱정보다는 단순한 것이 행복한 화가와 모델 사이에 끼어들었다. 아들이 무엇을 하는지 알지 않고는 못 배기는 어머니가 무슨 볼일이 있어 지한기르에 갔고, 물건들을 보관하는 창고로 쓰였던 나의 아틀리에에 들어와서, 내 그림들이 보나르의 영향을 지대하게 받았음에도 불구하고 화가의 아름다운 모델이 누구인지 식별해 냈던 것이다. 그림을 다 그린 후 갈색 머리의 나의 모델이 던졌던, 그리고 나의 가슴에 상처를 주었던 "이 여자가 날 닮았어?"(나는 거만하게, 그건 중요하지 않아, 하고 대꾸했다.)라는 질문에 대한 단정적이며 긍정적인 대답이었기 때문에, 어머니가 나의 그림들을 보고 모델을 식별한 것에 어쩌면 우리 둘 다 기뻐해야 했을 수도 있다. 하지만 이와 동시에 나의 어머니가 모델의 어머니에게 전화를 해서 아이들 사이의 친밀감에 대해 기뻐하며 이야기했다는 것에 우리 둘 다 두려워졌다. 왜냐하면 흑장미의 어머니는 딸이 수요일 오후에 프랑스 대사관에서 주관하는 연극 강좌에 간다고 생각했기 때문이다. 화가 잔뜩 난 그녀의 아버지에 대해서는 언급하지 않겠다.

우리는 즉시 수요일의 만남을 그만두었다. 얼마 지나지 않아 우리는 다른 날, 그녀가 학교에서 일찍 돌아오는 오후나 나처럼 학교에 가지 않았던 날 아침에 만나기 시작했다. 지한기르에 있는 집에 어머니의 급습이 계속되었고, 우리는 어차피 거기서 조용히 앉아 그림을 그릴 시간도 없었을 뿐만 아니라, 한동안 경찰에 수배를 받고 있다며 끈질기게 부탁하는 정치범 친구가 숨어 지낼 수 있도록 허락을 했기 때문에 그 집에는 전혀 가지 않았다. 이스탄불 거리로 나갔지만 니샨타쉬나 베이올루나 탁심 같은, 우리가 '모든 사람들'이라고 했던 지인들이 가는 곳에서 멀리, 대신 타쉬크쉬라에 있는 나의 대학이나, 하르비예에 있는 그녀의 프랑스 여고에서 사 분 정도 거리에 있는 탁심에서 만나 버스를 타고 먼 곳으로 가곤 했다.

　나는 그녀에게 먼저 베야즛트 광장, 여전히 옛 분위기를 고수하고 있었던 츠나르알트 찻집(이스탄불 대학 정문에서 정치적 충돌이 시작되어도 서빙 하는 남자 아이는 전혀 평정심을 잃지 않았다.), "터키에서 출판되는 책이 여기에 모두 한 권씩 다 보관되어 있어."라고 자랑스럽게 보여 주었던 베야즛트 국립 도서관, 그림자 속의 고서점가, 날씨가 추워질수록 작은 가게에 있는 가스 혹은 전기난로에 더 가까이 앉는 늙은 서점 주인, 외지네지네르에 있는 페인트칠이 벗겨진 목조 가옥, 비잔틴 시대 폐허와 무화과나무들로 둘러싸인 거리, 외파 보자* 가게와 그곳 벽에 걸려 있는, 아타튀르크가 보자를 마셨던 프레임 속 컵을 보여 주었다. 니샨타쉬 출신의 유럽화된 소녀로서 베벡과 탁심에 있는 모든 유행하는 상점과 식당을 아는 아름다운 나의 모델은 할리치의 다른 쪽에서, 침울하고 가난한 옛 이스탄불의 뒷골목에서 보았던 많은 것들 중에서 보자 컵을 삼십오 년 동안 씻지 않고 보관했다는 것에 가장 많은 관심을 보였지만 나는 별로 기분이 상하지 않았다. 왜냐하면 나처럼 손을 외투 호주머니에 넣고, 나처럼 빠르게 걷는 것을 좋아하는 길 친구에 나는 만족했기 때문이다. 그리고 이러한 장소를 이삼 년 전에 혼자 처음 발견했을 때 내가 가졌던 관심을 그녀도 보이자, 아직 사랑의 아픔이라고 정확히 알지 못했던 이상한 복통을 느끼면서 나의 모델과 더 가까워지는 것을 느꼈다.

　그녀도 나처럼 처음에는 쉴레이만, 제이렉의 뒷골목에 있는 100년

---

＊ 보리, 기장, 옥수수, 밀 같은 곡식의 반죽을 발효시켜 만든 신맛 나는 터키 고유의 음료수.

된 목조 가옥의 폐허 같은 분위기, 아주 작은 진동에도 곧 무너질 듯 서 있는 모습, 가난한 주위를 보며 두려워했다. 그녀는 내가 다니는 대학의 바로 맞은편에 있는 돌무쉬 정거장에서 오 분 만에 갈 수 있었던 회화조각 박물관이 텅 비어 있는 것에 매료되었다. 가난한 변두리 마을에 있는 메마른 분수, 타케\*를 쓰고 흰 턱수염을 기른 채 아무것도 하지 않고 찻집에 앉아 거리를 바라보는 노인들, 창가에 자리 잡고 앉아 지나가는 이방인들을 노예 상인처럼 주의 깊게 훑어보는 아주머니들, 우리가 지나갈 때 다 들리게 우리에 대해 분석하는 마을 사람들은(쟤네들은 누구야, 남매잖아, 길을 잃어버렸나 봐) 내게도 그러했듯이 그녀에게도 슬픔과 부끄러움을 불러일으켰다. 서물용 물건을 팔기 원하거나, 노골적으로 말을 걸고 싶어 하는(투리스트, 투리스트, 왓 이즈 유어 네임?) 아이들이 우리 뒤를 따라왔는데, 그녀도 나처럼 "왜 우리를 외국인이라고 생각하지?"라고 했으나 신경질은 내지 않았다. 하지만 그래도 카팔르차르쉬, 누루오스마니예 같은 곳에는 가지 않았다. 서로에 대한 성적 끌림으로 참을 수 없었을 때는—그녀는 여전히 지한기르에 가서 그림 그리는 것을 원하지 않았다—회화조각 박물관에 가기 위해 가곤 했던 베쉭타시에서 되는대로 배를 타고(54, 인쉬라\*\*) 시간이 허용하는 범위 안에서, 보스포루스, 가을이 깊어 갈수록 나뭇잎이 떨어져 가던 숲, 남동풍이 불면 해안 저택 앞에서 전율하듯 떨었던 바다, 바람과 구름의 변화에 따라 색이 바뀌는 물살, 소나무로 덮인 숲을 바라보았다. 많은 세월이 흘러 그 산책과 나들이 도중에 왜 한 번도 손을 잡지 않았을까,

---

\* 납작한 모자.
\*\* 배 번호와 이름.

하고 나 자신에게 물었을 때, 진짜 이유를, 나의 부끄러움을 감추는 꽤 많은 대답을 찾을 수 있었다. 1. 겁 많은 두 아이는 우리의 사랑을 알리기 위해서가 아니라, 감추기 위해서 이스탄불에서 돌아다녔다. 2. 손을 잡고 걷는 것은 행복하다는 것을 보여 주고 싶어 하는 연인들의 행동이다. 하지만 나는 우리가 행복하더라도 이를 인정할 정도로 단순하고 피상적으로 되는 것이 두려웠다. 3. 이러한 행복한 제스처는, 우리가 폐허로 뒤덮여 있는 가난하고 보수적인 변두리 마을을 관광객처럼 '즐기며, 진심을 다해' 보지 않았다는 의미가 될 것이다. 4. 변두리 마을의, 가난하고 폐허로 가득 찬 이스탄불의 비애가 벌써 오래전에 우리에게 전이되어 있었다.

이러한 비애에 온전히 휩싸이면 나는 뛰어서 지한기르로 가서 내가 본 이스탄불의 모습과 유사한 그림을 그리고 싶었다. 그 그림이 어떤 것이 될 줄도 모르면서. 동참하는 것을 거부했던 나의 아름다운 모델이 비애에 맞서기 위해 아주 다른 약을 원한다는 것을 처음 알았을 때 실망하고 말았다.

탁심에서 만났을 때 그녀는 이렇게 말했다.

"오늘 기분이 안 좋아. 힐튼 호텔에 가서 차 마실까? 그 가난한 마을들이 오늘 내 기분을 더 망쳐 버릴 거야. 어차피 시간도 없잖아."

그때 나는 당시 좌익 학생들이 입었던 군인 파카를 입었고, 면도도 하지 않았다. 힐튼 호텔이 나를 들여보내 줄까, 찻값은 있던가 하는 생각을 하며 발을 질질 끌며 호텔로 갔다. 로비에서 아는 사람을 봤다. 매일 오후 여기에서 차를 마시면 자신이 유럽에 있는 것처럼 느낀다는 아버지의 어린 시절 친구가 나를 알아본 것이다. 내 옆에 있는 나의 슬픈 애인에게 아주 잘난 척을 하며 악수를 청한 후, 내 친구 마드무아젤이 아주 멋지다고 내 귀에 속삭였다. 하지만 우리 둘은 다른 생각에 몰두하고 있었다.

"아빠가 당장 나를 스위스에 있는 학교로 보내고 싶어 해."

나의 아름다운 연인의 커다란 눈에서 흐른 커다란 눈물방울이 손에 쥐고 있는 찻잔 쪽으로 빠르게 흘러 내려갈 때 그녀는 이렇게 말했다.

"왜?"

부모님이 '우리' 사이를 알아챘다는 것이다. 그들이 말하는 우리가 누구인지 내가 물어보았던가? 분노에 가득 찬 질투심 많은 아버지는 흑장미가 이전에 만난 애인들도 중요하게 여겼던가? 내가 왜 이렇게 중요하게 되었나? 내가 이 질문들을 정확하게 물어보았는지조차 잘 기억나지 않는다. 왜냐하면 반은 이기적이며 반은 겁쟁이 같은 어떤 것이 내 심장을 무디게 만들었고, 나를 무자비하게 나 자신 안에 가두어 버렸기 때문이다. 나는 그녀를 잃는다는 것이—게다가 얼마나 커다란 아픔을 겪을지는 아직 상상조차 하지 못했다—두려웠을 뿐만 아니라, 두려움 때문에 이제는 긴 의자에 누워 포즈도 취하지 않고 나와 사랑을 나누지도 않는 그녀에게 화가 났다.

"목요일에 지한기르에서 이 문제를 더 자세히 얘기하자. 누리는 나갔어, 집은 이제 비어 있고."

하지만 이후에 다시 만났을 때 우리는 또 회화조각 박물관으로 갔다. 박물관은 학교에서 돌무쉬를 타고 빨리 갈 수 있었고, 그림들로 가득한 텅 빈 전시실에 키스를 할 수 있는 곳이 있었기 때문에 그곳에 아주 익숙해져 있었던 것이다. 게다가 도시의 비애와 갈수록 더해 가는 추위로부터 우리를 보호해 주기도 했다. 하지만 얼마 지나지 않아 텅 빈 박물관과 형편없는 그림들도 도시보다 더 강한 비애의 원천이 되어 갔다. 더욱이 이제는 우리를 알아보는 경비들이 방마다 우리를 따라다녔고, 나의 모델과 나 사이에는 갈수록 불안감이 커져서 그곳에서도 키스를 할 수 없었다.

하지만 우리는 장차 다가올 쓸쓸한 날들에도 그만둘 수 없었던 습관을 이미 박물관에서 갖게 되었다. 이스탄불의 몇 군데 없는 박물관 경비원들처럼 '뭘 보려고 왔는데!'라는 표정으로 우리를 탐탁지 않게 바라보는 두 노인에게 이제는 물어보지도 않는데 학생증을 보여 주면서 가식적으로 밝은 표정을 짓고 안부를 물었다. 보나르와 마티스의 소품이 전시되어 있는 전시실로 들어가면서, 경외심을 갖고 이 화가들의 이름을 동시에 서로에게 속삭였으며, 학구적일 뿐 영감이 메마른 터키 화가들의 한탄스러운 그림들 앞을 스쳐가면서 그들이 모방한 유럽 거장들의 이름을 열거했다. 세잔, 레제, 피카소. 주로 유럽으로 파견한 군인 출신의 이 화가들이 서양 화가들에게 영향을 받았다는 사실이 아니라, 그들의 영향을 받아 그린 그림들이 우리가 사랑해 빠져 떨면서 거닐던 도시의 분위기, 조직(組織), 영혼을 내포하고 있지 못했기 때문에 우리는 실망했다.

하지만 그럼에도 불구하고 돌마바흐체 궁전의 후계자실이었던 이 방에 오곤 했던 것은―아타튀르크가 사망했던 방에서 두 걸음 정도 떨어진 곳에서 우리가 키스를 했다는 것을 생각하니 소름이 끼쳤다―단지 텅 비고 유용했기 때문이 아니라, 이스탄불의 지친 빈곤에 비견되는 오스만 제국의 마지막 시기의 장엄함, 그러니까 높은 천장, 멋진 발코니 창살, 벽에 걸려 있는 그림보다 더 아름다운 보스포루스 풍경이 내다보이는 창문들 때문이 아니라, 우리가 좋아했던 그림 한 점을 보기 위해서였다.

할릴 파샤*의 「누워 있는 여자」라는 그림이었다. 힐튼 호텔 로비에 간 이후 처음 만났을 때, 우리는 박물관에서 시간을 보내지 않고 곧장 그림 앞으로 걸어갔다. 젊은 여자가, 이 그림을 처음 보았을 때 놀랐던 나의 모델처럼, 신발을 벗고 푸른색 긴 의자에 누워 화가를 (남편을?) 슬픈 시선으로 바라보면서, 나의 연인이 자주 그랬던 것처럼 한 손으로 머리를 기대고 있었다. 우리가 이 그림에 매료된 것은, 화가의 모델이 나의 모델과 이상하게도 닮았다는 것뿐만 아니라, 우리가 처음 이곳으로 왔을 때 그림이 걸려 있는 작은 구석진 방이 키스하기에 적당한 곳이라는 것을 발견했기 때문이었다. 늙고 호기심

* 1857~1939. 군인 출신의 터키 화가.

첫사랑 _ 457

많은 경비들 중 한 명이 우리 쪽으로 다가온다는 것을 삐걱거리며 신음하는 나무 바닥 덕분에 알아채면, 우리는 키스를 멈추고 그림을 보면서 아주 진지하게 이야기를 했기 때문에 그림의 세부적인 것을 모두 잘 알고 있었다. 이후 할릴 파샤에 대해서 백과사전을 통해 얻은 지식도 여기에 추가되었다.

나는 이렇게 말했다.

"날씨가 추워질수록 저 여자의 발이 시릴 거라고 생각해."

그림을 볼 때마다 할릴 파샤의 모델과 더 많이 닮았다는 결론을 내렸던 나의 연인은 이렇게 말했다.

"다른 안 좋은 소식도 있어. 엄마가 나를 이번에는 선을 보이려고 해."

"선 볼 거야?"

"우스워. 그 사람은 미국에서 공부한 누구누구의 아들이래."

그녀는 그 부유한 가문의 이름을 조롱하듯 속삭였다.

"네 아버지는 그들보다 열 배나 더 부자야."

"이해 못하겠어? 나를 너와 떼어 놓고 싶어 해!"

"중매쟁이 앞에 나가서 커피 대접할 거야?"

"그건 중요하지 않아. 집안에 문제 일으키는 게 싫어."

"지한기르에 가자. 나는 다시 이 「누워 있는 여자」 같은 너를 그리고 싶어. 네게 마음껏 입 맞추고 싶어."

나의 강박증을 서서히 발견하고 두려워했던 나의 아름다운 연인은 나의 마지막 질문에 대답하는 대신, 우리 둘이 동시에 생각하고 있는 진짜 질문에 대답했다.

"우리 아빠는 네가 화가가 되고 싶어 한다는 것에 대해 아주 심각하게 생각하고 있어. 너는 가난한 술주정뱅이 화가가 될 거고, 나는 너의 누드모델이 될 거라고 걱정해."

나는 웃어 보이려고 했다, 하지만 실패하고 말았다. 천천히, 그러나 강하게 삐걱거리는 나무 소리를 듣고는 경비가 다가오고 있다는 것을 알아채고는—키스를 하지도 않았는데—습관적으로「누워 있는 여자」를 바라보며 주제를 바꿨다. 하지만 나는 "네 아버지는 딸과 '나가는'*(이 단어는 터키에서 이 당시부터 이 의미로 사용되기 시작했다.) 청년이 무슨 일을 하며 자기 딸과 언제 결혼할지 알아야만 되는 거야?"라고 묻고 싶었다.(하지만 같이 춤을 췄던 모든 소녀에게 사랑을 느끼는 나의 친구들처럼 나도 머리 한구석으로는 그녀와 결혼하는 상상을 이미 하고 있었다.) "네 아버지에게 내가 건축학을 공부한다고 해!"라고도 말하고 싶었다.(하지만 이는 그녀의 아버지에게 핑계를 대는 것일 뿐만 아니라, 벌써부터 내가 주말에만 그림을 그리는 화가가 되는 것을 받아들인다는 의미가 된다.) 지한기르에 가자는 나의 물음에 긍정적인 대답을 받지 못할 때마다—이제는 몇 주나 지나 버렸다—한동안 냉정하고 이성적으로 작동하는 능력을 잃어버리는 나의 이성은 싸움을 일으키려는 충동으로 "화가가 되는 게 뭐 어때서?"라고도 묻고 싶었다. 하지만 이스탄불의 가장 아름다운 곳에 있는 이 화려한 후계자의 방에 가득한 공허와 '터키 최초 회화조각 박물관'의 벽에 걸린 가련한 그림들의 비참함은 이 질문에 대한 이미 충분한 대답이 되었다. 군인인 할릴 파샤가 노년기에 그림을 한 점도 팔지 못하고, 그에게 모델이 되어 주었던 슬픈 아내와 군인 숙소에서 값싼 음

---

\* 원문에 나오는 çıkmak이라는 동사는 '나가다.'라는 의미와 함께 '교제하다.', '사귀다.'라는 의미가 있다.

첫사랑 ___ 459

식을 먹으며 살았다는 것을 나는 바로 얼마 전에 읽은 적이 있었다.
 그다음 번에 만났을 때는, 그녀를 진심으로 즐겁게 해 주려고, 압둘하미트 왕자가 그린 「하렘의 괴테」, 「하렘의 베토벤」이라는 진지한 그림을 나의 모델이 미소를 지으라는 의미로 보여 주었다. 그러고는 "지한기르에 갈까?"라고 그녀에게 물어 버렸다. 사실 나는 이렇게 묻지 않겠다고 스스로에게 맹세를 했다. 그녀가 내 손을 잡자 우리는 한동안 아무 말도 하지 않았다. 그러고는 청춘 영화에 나오는 것처럼 이렇게 말했다.
 "내가 널 납치해야 하는 거야?"
 다음 번 만남은 전화 통화가 제한되었기 때문에 어렵사리 성사되었는데, 아름답고 슬픈 나의 모델은 박물관의 「누워 있는 여자」 앞에서 눈물을 흘리며, 아들들은 무자비하게 때리면서 딸은 '병적으로' 끔찍이 사랑하고 모든 것을 질투하는 아버지가 무섭다고 했다. 한편으로 그녀도 아버지를 아주 사랑하고 있었다. 하지만 지금은 나를 더 사랑한다는 것도 알고 있었고, 늙은 박물관 경비가 복도에 들어섰다는 것을 알리는 발소리가 우리가 있는 문 앞에서 들려올 때까지 칠 초 동안, 그때까지 우리가 전혀 느끼지 못했을 정도로 격렬하고 억누를 수 없는 감정으로 입을 맞추었다. 입을 맞출 때 우리는 마치 깨질 도자기를 든 것처럼 서로의 얼굴을 감싸 안고 있었다.
 그런 후, 휘황찬란한 틀 속에서 우리를 슬프게 바라보는 할릴 파샤의 부인에게 한동안 시선을 돌렸다. 경비가 문에 나타나자 "날 납치해 줘."라고 나의 아름다운 그녀가 말했다.
 "알았어."
 할머니에게서 받은 용돈을 오랫동안 모아 둔 통장이 있었다. 부모님의 다툼으로 인해 내 명의가 된, 루멜리 거리에 있는 상점의 사 분의 일, 몇몇 유가증권도 내 것이지만 그것은 어디에 있는지 몰랐 다. 그레이엄 그린*의 옛날 소설들을 이 주 만에 터키어로 번역한다 면, 이제는 경찰을 피해 다니지 않는 누리가 알고 있는 출판사에서 돈을 받을 테고, 내 계산에 의하면 나의 아름다운 모델과 함께 살 지한기르에서 아틀리에와 비슷한 집의 두 달 치 월세를 낼 수 있을 것이다. 그녀를 정말로 납치한다면, 요즈음에 내가 왜 그렇게 고민 스러워 보이는지를 물었던 어머니가 우리 집에 머물도록 허락해 줄 까?

  소방관이 되고자 하는 어떤 아이의 꿈보다 이러한 것들이 더 현 실적이라고 생각하며 일주일을 보낸 후, 탁심에 있는 약속 장소에 나가 추위 속에서 한 시간 반 동안 오지 않는 그녀를 기다렸다. 저 녁 무렵, 누군가에게 속을 털어 놓지 않으면 미쳐 버릴 것 같아서, 오랫동안 연락하지 않았던 로버트 칼리지 고등학교 시절 친구들에 게 전화를 했다. 그들은 내가 사랑에 빠져, 고민을 하며 어쩔 줄 몰 라 하는 것을 보고 즐거워했으며, 베이올루의 술집에서 몸을 가눌 수 없을 정도로 취한 것을 보고 미소를 지었다. 그들은 아버지의 허 가 없이 열여덟 살도 안 된 소녀와 결혼하는 것은 고사하고 같은 집 에 사는 것만으로도 교도소 행이라고 알려 주었다. 내가 술에 취해 횡설수설하자, 친구들은 그녀를 위해 학교를 그만두고 일해서 돈을 번다면 어떻게 화가가 될 수 있겠느냐고 내 마음이 다치지 않도록 조심스레 물었다. 그러고는 내가 「누워 있는 여자」와 원할 때 만날

---

\* 1904~1991. 영국의 작가.

수 있도록 어떤 집의 열쇠를 내 손에 쥐여 주었다.

담 드 시옹 고등학교의 복잡한 교문에서 멀리 떨어진 구석에서 그녀를 두 번 기다린 끝에, 눈 오는 어느 날 오후 나의 여고생 애인이 학교에서 나올 때 납치하는 데 성공했다. 내가 먼저 가서 보았으며, 조금 더 '정상적인' 곳으로 설명하려고 애를 썼던 '집'으로 가자고, 그곳에 아무도 오지 않는다고 맹세를 하며 그녀를 설득했다. 하지만 내게 열쇠를 준 착한 친구뿐만 아니라, 그의 아버지도 그 당시의 말로 '독신 남자의 방'으로 사용했다는 것을 나중에야 알게 되었던 그 집이 얼마나 형편없었던지, 나의 흑장미는 그곳에서 그림을 그리거나 우리 서로가 기분이 나아질 수 있도록 그림 그리는 포즈를 취하는 것이 쓸데없는 일이라는 것을 즉시 깨닫게 해 주었다. 한쪽 벽에 은행 달력이 걸려 있고, 진열장에는 조니 워커 위스키 두 병 사이에 브리태니커 백과사전 쉰두 권이 있었던 이 집의 작은 침대에서, 매번 더욱더 커지는 슬픔과 싸우며 내 연인과 세 번 사랑을 나누었다. 내가 생각하는 것보다 나를 더 많이 사랑한다는 것을, 사랑을 나눌 때 떤다는 것을, 그녀의 눈에서 자꾸 흐르는 눈물을 볼수록 나의 복통은 심해졌고 내게 다가오는 고통의 강도를 가늠하고는 더욱더 무력감을 느꼈다. 왜냐하면 만날 때마다 그녀는 아버지가 2월 방학 때 스키를 핑계로 자신을 스위스로 데리고 가서, 부유한 아랍인들과 어딘가 모자란 미국 아이들이 다니는 그곳의 호화로운 학교에 입학시키려고 한다고 너무나 다급하고 고집스럽게 말했고, 내가 그 말을 믿게 되었기 때문이다. 더 이상 걱정하지 말라는 의미에서 터키 영화에 나오는 터프한 남자들처럼 나는 '그녀를 납치하겠다.'라고 했으며, 아름다운 그녀의 얼굴에 나타나는 행복한 표정을 보고는 내가 말한 것을 나도 믿게 되었다.

2월 초, 방학이 시작되기 전에 마지막 만났을 때, 다가오는 재앙을 머릿속에서 지워 버리고, 우리에게 집 열쇠를 건네 준 친구에게 고맙다는 인사도 할 겸 같이 만났다. 고등학교 시절 친구들도 왔다. 그들이 나의 애인을 처음 본 그날 밤, 내 정체성의 각기 다른 면을 만족시키는 친구들은, 주위 사람들을 절대 서로 소개시키지 않고 섞이게 하지 않으려는 문제에 관한 나의 본능적인 결정이 얼마나 옳았는지를 다시 한 번 확인시켜 주었다. 나의 흑장미와 나의 고등학교 동창들은 시작부터 모든 것이 좋지 않았다. 먼저 그들이 그녀와 친해지려고 나에 대해 가벼운 농담을 하려고 했을 때, 다른 행복한 때였더라면(예를 들면 여름휴가를 보냈던 마을의 선착장에서 신나게 바다로 뛰어들었다가 나왔던 그 시절……) 농담에 동참했을 나의 아름다운 애인은 그저 짧게 대꾸하며 나를 보호했다. 어머니 아버지가 누구이며, 무슨 일을 하며, 어디에 살고 있으며, 재산이 어느 정도 되는 부자인지를 알아보려는 호구조사에도 경멸스럽다는 태도를 보이며 짧게 대꾸했다. 그날 밤 베벡에 있는 식당에서 술을 마시면서 보스포루스를 바라보고 축구 경기나 브랜드에 대해 언급하는 것 말고 했던 유일한 유희는 돌아올 때 보스포루스에서 가장 좁은 곳인 아쉬안에서 차를 멈추고 맞은편 쪽에서 일어난 목조 저택 화재를 구경한 것이었다.

칸딜리에 있는 보스포루스에서 가장 아름다운 목조 해안 저택 한 채가 불타는 것을 더 잘 보기 위해 자동차에서 내렸다. 즐겁게 불구경을 하는 친구들을 지루해했던 나의 애인의 손은 내 손 안에 있었다. 차를 마시면서 마지막 오스만 제국 저택 한 채가 불타는 것을 바라보는 사람들과 자동차들에서 멀어지기 위해 우리는 히사르\*를 따라 걸었다. 고등학교 다닐 때 수업을 빠진 후 배를 타고 맞은편으로 건너가서 그곳 골목들을 많이 돌아다녔다는 이야기를 그녀에게 들려주었다.

작은 묘지 앞 어두운 곳에서, 어지러운 보스포루스 급류의 어두운 힘을 뼛속까지 느끼며 추위에 떨 때, 나의 아름다운 모델이 아주 사랑한다고 속삭였고 나는 그녀를 위해 무엇이든 할 거라고 말하며 힘껏 껴안았다. 입맞춤을 하면서 가끔 눈을 떠 보면, 그녀의 벨벳 같은 피부에 비치던 맞은편 해안의 오렌지색 불빛이 보였다.

차 뒷좌석에서 손을 잡고 조용히 앉아 집으로 돌아왔다. 자동차에서 내려 아파트 문을 향해 아이처럼 뛰듯이 걸어가는 모습이 내가 본 그녀의 마지막 모습이다. 그녀는 다음 약속 장소에 나오지 않았다.

삼 주 후, 봄방학이 끝나고 수업이 시작되자, 오후마다 담 드 시옹 문 앞으로 가서 약간 떨어진 곳에서 교문 밖으로 나오는 소녀들을 하나하나 바라보며 그녀를 기다렸다. 열흘이 지난 후에도, 내가 쓸데없는 짓을 한다고, 이제는 가지 말아야 한다고 나 자신에게 말했지만, 내 다리는 자동적으로 나를 고등학교 교문으로 데려갔고, 매번 소녀들이 다 흩어질 때까지 기다렸다. 어느 날 사람들 속에서, 그녀의 남동생들 중 가장 사랑스러운 맨 위 남동생이 나타나서 누나가 스위스에서 안부를 전해 달라고 했다며 편지봉투를 내게 내밀었다. 무할레비 가게에서 담배를 피우며 열어 본 편지에는, 새 학교

---

\* 이스탄불 보스포루스 해안가에 있는 지명.

가 마음에 들지만 나와 이스탄불이 아주 그립다고 쓰여 있었다.
 나도 그녀에게 아홉 통의 긴 편지를 썼다. 일곱 통은 봉투에 넣었고, 그중 다섯 통은 부쳤다. 그녀로부터는 아무런 답장을 받지 못했다.

## 36장
## 할리치 만에 떠 있는 배

1972년 2월, 건축대학 2학년이었을 무렵부터 점점 더 수업에 들어가지 않게 되었다. 나의 아름다운 모델을 잃었다는 것, 갈수록 침잠했던 외로움과 슬픔이 여기에 기여한 몫이 어느 정도나 되었을까? 베쉭타시에 있는 집에서 두문불출하고 온종일 책만 읽기도 했다. 두꺼운 책 한 권을(『악령』, 『전쟁과 평화』, 『부덴브로크 가의 사람들』) 가지고 가서 수업 시간에 계속 읽기도 했다. 흑장미가 보이지

않게 된 후에는 '나의 아틀리에'에 가서 그림을 그리는 즐거움도 이상하게 줄어들었다. 종이나 캔버스 위에 선을 그리고 물감을 칠할 때도, 어린 시절 놀이와 승리에서 받았던 느낌을 이제는 느낄 수 없

었다. 행복한 어린 시절에 재미로 시작한 그림 그리는 즐거움을 이유마저 정확히 알지 못한 채 잃어버렸고, 대신에 무엇을 해야 할지 몰랐기 때문에 강한 불안감의 파도가 서서히 나의 영혼을 포섭했다. 그림을 그리지 않고 사는 것이, 내가 가끔 벗어나야만 했던 진짜 세계를, 다른 사람들이 '삶'이라고 했던 것을 서서히 감옥으로 변하게 했다. 이 감정이 나를 억누르면—그리고 담배를 많이 피우면—숨 쉬기가 힘들었고, 평범한 삶 속에서도 숨이 막혔다. 이럴 때는 나 자신에게 나쁜 짓을 하거나, 그것도 내키지 않으면 수업과 학교에서 도망쳐야겠다는 생각이 들었다.

그래도 가끔 아틀리에에 가서, 아몬드 향기가 나는 나의 모델을 잊으려고 안간힘을 쓰거나 정반대로 기를 쓰고 기억하려고 하면서 그림을 그렸다. 하지만 내가 그린 그림은 뭔가 부족했다. 나의 어린 시절은 이미 끝났는데도, 그림이 여전히 내게 그때와 같은 순수한 행복감을 주기를 기대했기 때문이었는지도 모른다. 그림을 그리다가도 그 그림이 어떤 것이 될지 생각하려 했고, 불충분하다고 여겨지면 도중에 그만두곤 했다. 이런 망설임은 매번 새로 그림을 그릴 때마다, 어렸을 때 그랬던 것처럼, 행복하다고 느끼고 싶으면 어떤 그림을 그려야 하는지 미리 생각해 두어야 한다는 느낌이 들게 했다. 그림에 대한 이런 생각을 어떻게 발전시켜야 할지도 알지 못했다. 어쩌면 지금까지 그림을 그릴 때는 항상 행복했기 때문에, 이제는 그림을 위해 고통을 당해야 하며, 이러한 고통으로 기교를 발전시켜야 한다는 것을 알지 못했을 수도 있다.

이런 불안이 전염성이 있는 것을 보는 것도 나를 두렵게 만들었다. '건축예술' 역시 많은 세월이 흐른 후에는 그림 그리는 것같이 될 거라는 것을 알고 있었다. 각설탕이나 나무 블록으로 집을 만드는 것 말고는 건축과 관련된 행복한 어린 시절도 없었다. 대부분 평범하고, 엔지니어의 영혼을 지닌 공과대학의 교수들 역시 건축학과 관련된 오락적이며 창조적인 감각은 가지고 있지 않았다. 그래서 건축학 수업이 진짜 내가 살아야 하고 경험해야 할 또 다른 '진정한' 삶을 놓치게 하고 시간을 허비하게 하는 것으로 보이기 시작했다. 이런 느낌에 휩싸이면, 강의실에서 얘기하는 것들, 어서 울렸으면 하는 수업 종료 벨소리, 교수가 설명했던 것들, 쉬는 시간에 담배를 피우고 농담하는 사람들, 이 모두는 한때는 살아 있다가 이제는 죽어 버린 그들의 유령으로 변했고, 나 자신이 이 목적 없고 잘못되고 숨 막히는 세계에서 도무지 벗어나지 못했기 때문에 스스로를 경멸하게 되었고 숨을 쉬기도 힘들었다. 꿈에서처럼, 시간은 쏜살같이 지나가지만 가야 할 곳에는 도무지 도달하지 못하는 이 숨 막히는 세계에서 도망치기 위해, 수업 시간에 공책에 무언가를 쓰고, 그 옆에는 무언가를 그렸다. 연필로 그린 교수님과 수업을 듣는 친구들의 모습, 수업 시간에 들었던 것들과 일어난 일들의 모방, 패러디, 혼성화(畵), 단순한 운율의 '2행 대구시'……. 나의 낙서를, 건축학과 교실에서 쓴 것을 호기심에 가득 차 기다렸다가, 내가 기대했던 미소를 띠며 읽는 작은 독자 그룹이 형성되었지만, 시간이 빠르게 흘러가고 내 삶이 헛되이 지나간다는 느낌에 휩싸여, 하루 온 종일을 보내려고 왔던 타쉬크슬라에 있는 건축대학 건물로 들어간 후 한 시간 만에 마치 목숨을 건지고 싶은 듯 뛰어나가서(바닥에 깔린 돌 사이의 선을 밟는지도 전혀 신경 쓰지 않고) 이스탄불 거리 속으로 사라지곤 했다.

탁심과 테페바쉬 사이에 있는 골목들을, 어머니와 갈라타사라이에서 돌무쉬를 타고 집으로 돌아올 때 지나갔던, 여섯 살이던 내게는 먼 나라의 동화처럼 보였던 19세기 후반 아르메니아인 장인들이 세운 페라 마을들을, 허물어지기 전이었던 그 당시에 거닐곤 했다.

건축대학에서 나와서 탁심으로 간 다음, 아무 버스나 타고 기분 내키는 대로 발길이 닿는 곳으로 가곤 했다. 카슴파샤의 좁고 가난한 골목, 처음 갔을 때 인공적인 연극 무대처럼 보였던 오래된 집, 이주와 가난 때문에 이상한 형태가 되어 버린 발라트의 룸과 유대인 마을, 1980년대까지 목조 가옥들로 가득했던 지극히 무슬림적이고 환했던 위스퀴다르의 뒷골목들, 급속도로 들어선 콘크리트 아파트들로 멋이 사라지고, 나쁜 의도를 지닌 듯 보였던 오래되고 무서운 코자무스타파파샤의 골목들, 항상 매력적으로 보였던 파티흐 사원의 멋진 마당, 발륵르와 그 주변, 가난해질수록 낡고, 정부의 압력으로 중산층들이 종교와 인종과 언어를 바꾸면서 수천 년 동안(실은 오십

년) 근처에 살아왔다고 생각되게 만드는, 비탈길을 내려갈수록(마치 지한기르, 타르라바쉬 혹은 니샨타쉬에서도 그러하듯) 더 가난해지는 쿠루툴루쉬와 페리쾨이 마을들을 정처 없이 돌아다녔다. 학교와 수업, 나중에는 다른 사람들처럼 직장과 지위와 사무실을 소유하는 세계에서 도망치기 위해 처음으로 갔던 이 마을들은, 내 마음속에 있는 악의와 분노와 슬픔의 색깔로 절대 지워지지 않을 듯 뇌리에 각인되었다. 무엇인가를 찾고, 목적 없고 나태한 나의 모습을 즐기면서, 벽과 골목을 이미 샅샅이 알고 있는 이 도시를 가지고 내가 언젠가는 무엇인가를 할 거라고 머리 한구석으로 생각했던 이 산책은 내게 너무나 감동적인 흔적을 남겼고, 이후 아주 평범한 이유와 평범한 감정으로 우연히 이 거리로 가면 그 지역이 내게 슬픈 추억으로 가득한 아주 특별한 장소라는 것을 첫눈에는 알아보지 못하다가, 오래된 마을의 폐허가 된 분수 혹은 그보다 더 낡은 비잔틴 교회의

(팬토크레터, 작은 아야 소피야) 허물어진 벽 혹은 오르막길 초입에 있는 사원의 벽까지 추한 모자이크 타일로 덮인 끔찍한 아파트 사이로 할리치 풍경을 보고서야 기억이 나면, 처음 여기 왔을 때의 괴롭고 고뇌하던 나의 모습이, 같은 장소와 같은 지점에서 보았던 풍경이 지금 얼마나 다르게 보이는지를 깨닫곤 했다. 내가 풍경을 잘못 기억하고 있는 것이 아니었다. 같은 풍경을 아주 다른 감정으로 보는 것이었다. 도시의 풍경을 바라보는 것은, 거리를 걸으며 배로 돌아다니며 이스탄불이 부여한 감정들을 풍경들과 결합시키는 것이다. 단지 거닐면서 도시의 풍경을 바라보는 것이 아니라, 당신이 느끼는 감정을 도시가 당신에게 부여한 풍경들과 결합시키는 것이다. 이를 능란하게 진심에서 우러나는 마음으로 하는 것은, 인간의 기억에다 가장 심오하고 진심 어린 감정, 고통과 슬픔과 우울, 때로는 행복과 삶의 기쁨과 낙관주의로 도시의 풍경을 결합시키는 것이다.

한 도시를 이런 마음으로 볼 수 있다면, 가장 참되고 가장 심오한 감정과 풍경을 충분히 결합시킬 기회를 얻을 정도로 오랫동안 같은 도시에 살았다면, 노래가 사랑이나 연인이나 절망감을 떠올리게 하는 것처럼, 어느 시점 이후에는 우리 도시의 거리, 모습, 풍경은 감정과 정신 상태를 하나하나 상기시켜 주는 것들로 전환된다. 많은 마을과 뒷골목을, 언덕에서만 볼 수 있는 아주 특별한 풍경을, 아몬드 향기가 나는 나의 연인을 잃고 수업을 빼먹던 시절에 처음 보았기 때문에 이스탄불은 내게 그토록 슬픈 곳으로 보였을 것이다.

이제는 쫓아다니며 그릴 모델도 없다는 것을 깨달았던 시기에, 빈번히 결석을 하고 거리에서 방황하던 어느 날, 나의 꿈을 평범하고 진부한 이미지들로(보름달이 시계 문자판으로 변한다.) 점령할 나의

시간 강박증에 맞아떨어질 것들을 느끼게 되었다. 1972년 3월 어느 정오 무렵 탁심에서 돌무쉬를 타고(흑장미와 함께 그랬던 것처럼) 원하는 곳에서, 갈라타 다리 위에서 내렸다. 하늘은 어둡고, 회색을 띠는 보랏빛으로 무겁게 내려앉아 있었다. 곧 눈이 내릴 것만 같았고,

다리 위 인도는 텅 비어 있었다. 할리치 만 옆에 있는 다리의 나무 계단을 보고 아래로 내려갔다.

그곳에서 막 출발하려 하는 작은 도시 페리보트를 보았다. 작은 배가 선착장에 묶여 있었고 선장, 기계공, 밧줄 담당자가 모여서 원양 정기선 승무원처럼 이따금씩 배에 타는 승객들을 맞이하는 듯했고, 담배를 피우고 차를 마시며 대화를 나누고 있었다. 배 안으로 들어갈 때 나도 그 분위기에 동화되어 인사를 건넸다. 그리고 이곳에서, 이 배 안에서, 빛바랜 외투를 입고, 머리에 타케를 쓰고, 장바구니를 들고, 스카프를 쓴 채 출발 시간을 기다리는 이 지친 사람들과

아주 오래전부터 알고 지내는 것처럼, 내가 그들과 함께 매일 이 배를 타고 할리치에서 일터로 오가는 것처럼 느껴졌다. 배가 조용히 출발하자 비유할 데 없는 공동체 감정, 도시의 심장부에 속해 있다는 느낌이 너무나 강하게 나를 휘감았기 때문에 나는 또 다른 것을

느끼게 되었다. 위에서, 무궤도 전차의 안테나와 은행 광고를 보았던 다리 위에서, 도시 대로에서 1972년 3월 어느 정오 무렵이 흘러가고 있을 때, 우리는 밑에서 더 오래되고 더 넓고 무거운 시간 안에 있는 것 같았다. 우연히 보았던 할리치 선착장 쪽으로 열리는 다리의 계단을 내려갈 때, 삼십 년 이전으로, 이스탄불이 세상에서 더 단절되어 있고, 더 가난하고, 더 침울했던 시기로 돌아간 것 같았다.

작은 배의 1층 뒤쪽에 있는 객실의 흔들리는 창문으로 할리치의 선착장들, 옛 이스탄불 목조 건물로 덮인 언덕들, 사이프러스 나무로 덮인 묘지들이 서서히 흘러가기 시작했다. 끝없이 이어지는 작은 공장, 제작소, 굴뚝, 연초 창고, 허물어진 비잔틴 교회, 해안가에 있는 좁고 외딴 골목들과 호화로운 오스만 시대 사원들, 오르막길, 어두운 언덕들, 조선소, 녹슨 배의 시체들, 가난한 마을……. 제이렉에 있는 팬토크레터 교회, 지발리에 있는 거대한 연초 공장, 저 멀리 뒤에 있는 파티흐 사원의 그림자는 흐리고 흔들리는 배의 창문 때문에, 옛날 영화에서 보았던 이스탄불 풍경들처럼, 대낮인데도 밤 속에 있는 것처럼 보였다.

선착장 한 곳에 근접하자 어머니의 재봉틀 소리 같은 배의 기계 소음이 가라앉았고 창문들도 흔들리지 않았기 때문에, 할리치의 잠잠한 물, 페네르 선착장 옆에 있던 닭과 함께 배에 오르는 바구니를 든 아주머니들, 뒤에 있는 룸 마을의 좁은 골목, 제조소, 창고, 배가 불룩한 통, 낡은 자동차 타이어, 여전히 도시를 돌아다니는 마차들이 100년 된 옛 엽서에서처럼 정확하고 선명한 선으로, 흑백으로 보였다. 배가 다시 출발하여 묘지들로 덮여 있는 맞은편 할리치 쪽으로 전진할 때, 창문들은 다시 흔들리기 시작했고, 배의 굴뚝에서 나

오는 검은 연기 때문에 풍경은 더욱더 우울하게, 그림처럼 보였다. 하늘은 짙은 검은색이었다가, 불길이 솟아오르는 영화에서처럼 한 구석에서 갑자기 차갑고 밝은 눈(雪) 빛이 나타났다.

거대한 역사 옆에 존재하는 빈곤, 외부의 영향에 열려 있음에도 불구하고 내향적인 마을, 공동체의 삶을 마치 비밀처럼 지속시키고 있다는 것과, 외향적인 기념비와 자연의 아름다움 뒤에 일상생활의 허름하고 깨지기 쉬운 관계들로 이스탄불의 비밀은 형성되어 있는 것인가? 하지만 어떤 도시의 일반적인 특징, 정신 혹은 정수와 관련된 모든 이야기는 우리 자신의 삶에 관해, 우리의 정신 상태에 관

할리치 만에 떠 있는 배 __ 475

해 우회적으로 말한다. 우리 자신들 이외에 도시의 다른 중심부는 없다.

1972년 3월에 수업을 빼먹고 낡은 할리치 배를 타고 에윕으로 갈 때, 나 자신을 이스탄불 사람들과 이렇게나 강하게 동일화시켰던 것은 무슨 의미였을까? 가슴에 상처를 남겨 준 사랑과 나의 모든 삶을 바칠 거라고 생각했던 그림 그리는 즐거움을 놓친 것은 도시의 비애와 비교하면 중요하지 않다고 믿고 싶었는지도 모른다.

나보다 더 좌절하고 의기소침하고 슬픈 이스탄불을 바라보며 나의 아픔을 잊고 싶었는지도 모른다. 하지만 나는 멜로드라마 같은 터키 영화에 나오는, 비애 때문에 처음부터 상처를 입고 이러한 이유로 '사랑과 삶'에서 실패하도록 운명 지어진 주인공처럼 도시의 비애를 나 자신의 비애로 평계 삼지 않았다. 왜냐하면 나의 특별한

상황 때문에 나의 아픔을 그 누구와도 나누고 싶지 않기 때문이다. 나의 특별한 상황이란 나의 가족이나 가까운 사람들이 내가 시인이나 화가가 되는 것을 전혀 진지하게 받아들이지 않을 거라는 것이었다. 이 도시의 시인이나 화가는 도시를 보지 못할 정도로 서양에 시선을 고정시키고 있었다. 그들은 갈라타 다리 위에 있는 무궤도 전차와 은행 광고가 있는 현대 시대에 속하기 위해 안간힘을 쓰고 있었다. 이 도시를 보는 대가(代價)인 비애에 나는 익숙하지 않았다, 어쩌면 내 마음속에 있는 행복하고 놀기 좋아하는 아이 때문에, 나는 이스탄불에서 비애로부터 가장 먼 사람이었을지도 모른다. 나는 이 감정에 익숙해지고 싶지 않았고, 내 안에서 그것을 느낄수록 더욱 받아들이지 못했고, 오로지 불안하게 달리면서 이스탄불의 '아름다움'으로 도피하고 싶었다. 이 도시의 아름다움, 풍부한 역사, 신비는 왜 우리의 정신적 고통에 약이 되어야 하는가? 어쩌면 우리

가 살고 있는 이 도시를, 가족처럼, 좋아하는 것 외에 다른 방도가 없기 때문에 좋아하는지도 모른다! 하지만 이스탄불의 어느 부분을, 왜 좋아할 것인지 궁리해야만 한다.

하스쾨이에 근접한 배 안에서, 복잡한 머리와 비애에도 불구하고 수업 시간에 배우는 것보다 더 심오한 지식과 위안을 나 자신에게 주기 때문에 이스탄불에 이렇게 집착하고 있다고 느꼈다. 흔들리는 배의 창문을 통해 폐허가 된 옛 목조 가옥들, 정부의 끝없는 압력 때문에 반은 비어 있는 페네르의 버림받은 룸 마을들, 허물어진 건물과 함께 어두운 구름 속에서 더욱 신비스럽게 서 있는 톱카프 궁전, 쉴레이마니예와 이스탄불의 언덕과 사원과 교회로 이루어진 실루엣이 보였다. 역사와 폐허, 폐허와 삶, 삶과 역사가 이렇게 특별하게 맞물려 있는 상태, 나무와 돌로 만든 도시의 오래된 조직의 잔재,

 먼 마을로 가고 싶은 열망은, 고갈되었다고 걱정했던 그림 그리는 즐거움의 자리를 대신할 준비가 되어 있는 '두 번째 세계'처럼 느껴졌다. 나는 이 목적 없는, 시적 혼란 속에 있고 싶었다! 어린 시절 할머니 집에서 공부를 하다 지루해지면 이 두 번째 세계로, 상상의 세계로 도망쳤던 것처럼, 지금은 건축학을 공부하기가 지겨울 때마다 이스탄불 속으로 사라졌다. 이스탄불에 사는 대가인 비애에, 이 피할 수 없는 운명에 한시라도 빨리 도달해서 편안해지고 싶었다고도 할 수 있다.
 나는 산책을 나갔던 곳에서 항상 무엇인가를 먹었고, 지금의 평범한 세계로, 그러니까 집으로 갈 때는 항상 무엇인가를 들고 갔다. 이제는 통용되지 않는, 가장자리가 꺼끌꺼끌한 전화 토큰, 친구들에게 웃으면서 보여 줄 '구두주걱과 병따개'로 사용할 이상한 물건, 천

년 된 벽에서 떨어진 벽돌 조각, 이스탄불의 고물상에서 흔히 볼 수 있던 러시아 차르 시대 은행권, 삼십 년 전에 파산한 회사의 스탬프, 거리 판매상들의 저울추, 산책 끝에 내 발이 저절로 나를 데리고 간 고서점에서 샀던 싸고 오래된 책들……. 이 도시의 무언가, 만질 수 있는 부분을, 물건과 돌과 티켓과 책을 보관하는 데 그치지 않고, 그것과 관련된 책이나 잡지 같은 온갖 인쇄된 지식, 프로그램, 시간표를 흥미롭고 중요하게 여겨 수집하며 느끼고 있었다. 내가 수집한 것들을 영원히 보관하지는 못할 것이고, 단지 잠시 가지고 놀면서 시간을 보내며 부끄러워할 것도 나는 머리 한구석으로 이미 알고 있었다. 이러한 이유로 나는 절대로 끈끈질긴 집념을 지닌 수집가나 코추 같은 수집가가 되지 못할 것도 나는 느끼고 있었다. 하지만 처음 수집할 때는 이런 정보들이 어느 날 어느 위대한 계획의—위대한 그림이나 당시 읽고 있었던 톨스토이, 도스토예프스키, 토마스 만의 소설, 아직 무엇인지 모르는 위대한 어떤 것—일부가 될 거라고 나 자신에게 말하곤 했다. 이스탄불의 온갖 기이하고 오래된 것, 제국의 거대함과 역사의 잔해로 이루어진 조직의 시적(詩的)인 면을 비애와 함께 느낄 수밖에 없었을 때는, 이 조직의 아주 특별한 비밀과 도시의 시(詩)가, 오로지, 오로지 내게만 보인다고 여겼다. 나 자신의 행복뿐만 아니라 나의 특별한 삶에도 생소한 무엇인 것처럼, 도시로부터 내게 전이될 수밖에 없는 어떤 감정과 운명처럼, 비애를 받아들이며, 할리치 배의 창문을 통해 내가 보았던 것들을 아무도 나처럼 보지 못했을 거라고 스스로에게 자랑스럽게 말하곤 했다!

이런 시적인 관점을 갖게 되자, 도시와 관련된 모든 것 혹은 모든 지식을, 형체가 갖추어져 가는 어떤 시, 어떤 그림, 어떤 예술 혹은 박물관의 아주 중요한 작품 앞에 있는 것처럼 흥분하며 받아들였다. 이러한 감정으로 만졌던 모든 것, 모든 지식은 마치 예술품이 될 것만 같았다. 이러한 흥분으로 다른 평범한 지식, 창문을 흔들리게 했던 배에 대해 언급하고자 한다.

배의 이름은 코자타시였다. 이 배는 쌍둥이인 사르에르와 함께 1937년 할리치에 있는 하스쾨이 조선소에서 제작되었다. 이 두 배에 흐디브 압바스 힐미 파샤의 니메툴라흐라는 요트에서 떼어 낸 1913년 산(産) 모터 두 대를 달았다. 배의 창문이 이렇게나 많이 흔들리는 것은 모터가 배에 잘 맞지 않았다는 뜻일까? 나는 이러한 세부적인 것을 좋아했기 때문에 나 자신을 이스탄불 사람이라고 느꼈으며, 이런 느낌은 나의 슬픔을, 삶 앞에서의 나의 두려움을 더 깊고 참되게 했다. 작은 코자타시 배는 나를 에윕에 내려놓고 십이 년이 지난 후인 1984년에 은퇴했다.

나의 정처 없는 거닐음, '방황'의 끝에 내가 가지고 왔던 물건, 오래된 책 몇 권, 명함, 옛날 엽서, 혹은 오래되고 귀한 물건인 듯 안고 있던 도시와 관련된 기이한 지식의 원천은, 나의 배회가 '진짜'라는 증거처럼 느껴졌고, 도시와 관련된 나의 꿈이 이 고물들과 더 고물 같은 지식들을 통해 실현될 거라고 생각하게 했다. 꿈에서 보았던 장미를, 깨어나 자기 손에서 보게 된 콜리지의 등장인물처럼, 이러한 물건들과 책들은, 어린 시절에 거닐었던 행복한 두 번째 세계 같은 나의 상상이 아니라, 이스탄불이 이런 상상과 가까운 현실이라는 것도 느끼게끔 해 주었다.

코자타시가 나를 내려놓은 에윕은, 할리치의 끝에 있는 이 아주 작고 멋진 마을은, 현실이 아니라 환상처럼 보였다. 내향적이고, '동양적'이고, 마법적이고, 신실하고, 회화적이고, 신비로운 환상으로서의 에윕이 얼마나 완벽했던지, 다른 사람들이 이스탄불에 비유했던 동양의 환상처럼, 이스탄불에 있는 터키-동양-무슬림 디즈니랜드처럼 느껴졌다. 이 지역이 도시 성벽 밖에 있기 때문에 비잔틴의 영향과 이스탄불이 안고 있는 수많은 혼란스러움을 안고 있지 않아서인가? 아름다운 묘지, 나무, 집이 서로 뒤섞여 있기 때문인가? 높은 언덕 때문에 저녁이 빨리 오기 때문인가? 모든 것이, 건축의 척도가 종교적, 신비적인 겸손함으로 과소평가되어서인가, 이스탄불의 거대함과 힘과 에너지의 혼잡함으로부터—오염, 녹, 연기, 부서지고, 깨지고, 갈라진 폐허와 더러움에 이르는 힘으로부터—에윕이 멀어져 있기 때문인가? 에윕이 '낭만적인' 동양의 환상으로 이 도시에 온 사람들을 만족시켰던 이유는, 계속해서 서구화되는 이스탄불이나 서구의 재료를 자신의 것으로 만들고 자신을 새롭게 하는 중심부, 관료주의, 정부 기관과 공공건물로부터 멀리 떨어져 있기 때문이다. 피에르 로티가 그 변질되지 않은 상태 때문에 좋아했고 집을 사서 정착했던 이 멋진 동양의 환상은, 그 변질되지 않은 완벽함 때문에 내게는 항상 거부감을 주었다. 이러한 이유로 에윕에 도착한 것이, 그날 할리치의 폐허와 역사로 만들어진 풍경에서 내가 행복하게 느꼈던 비애의 끝이었다. 폐허와 비애, 그리고 한때 소유했던 것을 잃었기 때문에 내가 이스탄불을 사랑한다는 것을 서서히 알게 되었다. 다른 물건들을 얻고, 나를 행복하게 하는 폐허를 보기 위해 나는 그곳에서 멀어져 다른 곳을 향해 걸어갔다.

## 37장
## 어머니와의 대화 : 인내, 신중함, 예술

어머니는 오랜 시간 거실에 혼자 앉아 아버지를 기다리곤 했다. 아버지는 브리지 카드게임을 하는 클럽에 가고, 그다음에는 다른 곳으로 가서, 밤늦은 시간, 어머니가 그를 기다리다 지쳐 잠이 든 후에야 집에 오곤 했다. 나와 마주 앉아 저녁을 먹은 후(아버지는 '난 아주 바쁘니 먼저 저녁을 먹으라.'라는 전화를 하곤 했다.) 어머니는 테이블에 깐 크림색 테이블보 위에서 카드로 점을 치곤 했다. 쉰두 장짜리 카드 두 벌을 하나하나 다 뒤집고, 숫자와 가치, 빨간색과 검은색으로 나열하는 게임은 사실은 점을 치는 것이 다 그렇듯 미래를 알거나, 카드가 보내는 신호를 읽고 삶의 나아갈 방향에 적당한 이야기를 꾸며 내는 재미보다는, 카드놀이를 하는 사람의 인내를 시험하는 편에 가깝다. 그래서 어머니는 파스얀스(인내)라는 게임을 하는 중간에 내가 방에서 나와서 점괘가 나왔냐고 물으면 항상 똑같은 대답을 했다.

"점을 치려는 게 아니야. 시간을 보내려는 것뿐이야. 몇 시나 됐니? 한 번 더 패를 떼 보고 자야겠다."

어머니는 이렇게 말하면서, 터키에 막 들어온 흑백텔레비전에서 방영되는 옛날 영화나 라마단 명절에 대한 토론 프로그램에(어차피 당시에는 정부의 관점을 피력하는 채널만 딱 하나 있었다.) 멀리서 잠깐 한번 눈길을 주고는 "난 안 보니까 꺼도 된다."라고 했다.

하지만 이번에는 내가 화면에 나오는 어린 시절의 흑백의 거리나 축구 경기를 한동안 바라보았다. 나의 이러한 행동은 텔레비전에 나오는 장면을 보기 위해서라기보다는, 정신적 혼란과 분노와 불안감으로 문을 닫고 혼자 있었던 방에서 잠시 나와, 저녁마다 늘 그랬듯이 어머니와 잠깐 대화하고 토론을 하기 위해서였다.

대화는 가끔 아주 무자비한 다툼으로 변했다. 그러면 나는 다툰 걸 후회하고는 내 방으로 돌아와 문을 닫고 아침까지 책을 읽었다. 어머니와 논쟁을 한 후 추운 저녁의 이스탄불 거리로 나가서 탁심 근처와 베이올루에서 담배를 뻑뻑 피우며 혼자 정처 없이 걷고, 악으로 가득 찬 어두운 뒷골목을 추위에 떨며 돌아다니다가 모든 도시와 어머니가 잠든 후 집으로 돌아가곤 했다. 이후 이십 년 동안 지속될 생활, 그러니까 새벽 4시 정도에 잠을 자고 정오에 일어나는 습관이 이 시기부터 서서히 시작되었다.

그 시절 어머니와의 대화 혹은 논쟁은 주제가 확실히 언급되던 되지 않았던 간에, 항상 같은 지점으로 수렴되었다. 1972년 겨울 이스탄불 공과대학 건축학과 2학년 때 나는 갑자기 수업에 들어가지 않기 시작했다. 등록이 말소되지 않고, 학교에서 정학 처분을 당하지 않기 위해, 몇몇 필수과목을 수강하는 것 이외에 건축대학에는 전혀 발을 들이지 않았다.

나는 소심하게 '앞으로 건축 관련 일을 하지 않아도, 대학 졸업장은 있어야지.'라고 생각했는데, 이런 생각을 친구들과 아버지가 자주 반복해서 말했고, 이 모든 것들이 내게 영향을 미쳤기 때문에, 나의 상황은 최소한 어머니의 눈에는 불확실하게 비쳐졌다. 이제 나는 건축가가 되지 못할 거라는 것을 가슴 깊이 알고 있었다. 게다가 그림 그리는 즐거움이 내 마음속에 더 고통스런 공허감을 남기고는 흔적도 없이 사라져 버렸다는 것도 깨달았다. 아침까지 책과 소설을 읽고, 밤마다 탁심-베이올루 거리와 베쉭타시에서 걷는 것으로는 두 번째 세계로 도피하려는 충동이 해소될 수 없다는 것을 알았기 때문에, 나의 불안감은 다급함으로 변했고, 그럴 때면 갑자기 책상에서 일어나 나의 이러한 상황을 어머니가 받아들일 수 있게 설명하려고 했다. 이것을 왜 하는지, 그러니까 어머니가 받아들일 수 있게 애를 써서 설명하는 것이 무엇인지 나도 정확히 알 수 없었기 때문에, 우리의 대화는 앞뒤 분간이 안 되는 장님들의 싸움처럼 변했다.

예를 들면 어머니는 내 신경을 긁기 위해(나중에 깨달았지만) 이렇게 말하곤 했다.

"나도 젊었을 때 너처럼 그랬지. 너처럼 삶에서 도망쳤지. 네 이모들이 대학에서, 지성인들 사이에서, 댄스파티나 파티에서 즐길 때, 나는 너처럼 집에서 네 외할아버지의 《일러스트레이션》 잡지를 몇 시간이고 멍하니 보곤 했어."

그러고는 담배를 한 모금 들이마시고는 당신의 말이 내게 준 영향의 흔적을 내 얼굴에서 찾아보려 했다.

"나는 수줍음이 많았고, 삶을 두려워했어."

어머니가 이런 말을 할 때 나는 "너처럼"이라는 표현에 신경이 쓰였다. 마음속에서 분노가 끓어오르면 나 자신을 제어하려고 안간힘을 썼고, 어머니가 "내가 잘되라고" 혹은 그렇게 생각하기 때문에 그렇게 말한다고 치면을 걸었다. 하지만 어머니가 한 말의 배후에는, 그녀도 동의했기 때문에 더욱 가슴이 아프고, 어쩌면 그래서 논쟁을 하며 싸우고자 했던 더 깊고 넓은 관점이 있었다. 나는 텔레비전에서 시선을 거두고, 보스포루스에서 천천히 왕래하는 페리보트의 탐조등 빛을 바라보면서, 나를 화나게 하는 이 주제를 생각하곤 했다.

어머니가 허심탄회하게 말하지 못한 이 관점을, 이스탄불의 게으른 부르주아들과 그들처럼 생각하는 칼럼 작가들은 비관적이고도 오만하게 표현했다. "어차피 이곳에서 좋은 것은 있을 수 없다."

이런 비관론은 도시 전체의 의지를 꺾는 비애와 관련이 있었다. 하지만 비애의 배후에 패배와 가난이 있다면, 풍족한 이스탄불 부자들은 왜 이 관점을 이렇게나 자주 반복하는 것일까? 어쩌면 그들이 우연히 부자가 되었기 때문일지도 모른다. 또 어쩌면 그 우연을 감추기 위해 모방했던 서구 문명의 멋진 생산물과 비슷한 것들을 창조하지 못하자, 이 모든 실패를 만들어 낸 동시에 그 일부가 된 비관적이며 침울한 문화를 탓하려는 것일 수도 있다.

이렇듯 파괴적이면서 신중한 중산층 언어에서 평생 많은 것을 얻은 어머니의 비관론에는 사실 옳은 부분도 있었다. 결혼을 하고 형과 내가 생긴 직후, 아버지는 가혹하게 어머니의 가슴을 아프게 하기 시작했다. 결혼할 때는 생각도 하지 않았던 남편의 부재와 점차적인 가난으로 인해 그녀가 삶에 맞서 방어 자세를 취했다고 나는 생각했다. 어린 시절 형과 내가 어머니와 함께 시장에서, 베이올루에서 걸을 때, 극장이나 공원에 갈 때, 자신을 바라보는 남자들의 시선을 느꼈을 때, 나는 어머니의 얼굴에 나타나는 표정에서, 외부에 맞서 가족과 자신을 방어하려는 신중함과 경계심을 곧장 알아챌 수 있었다. 또는 형과 내가 길거리에서 논쟁을 하고 싸움을 시작했을 때, 어머니의 얼굴에는 분노와 무기력함만큼이나 방어의 감정이 떠올랐다.

어머니에게서 자주 느껴졌던 이런 신중함은 "평범해라, 다른 사람처럼 하거라, 절대 눈에 띄는 행동을 하지 말아라."라는 말로 자주 표출되었다. 겸손하고, 작은 것에 만족하라고 강조함으로써 모든 문화에 영향을 미친 신비주의 교육과 전통적인 도덕을 내포한 이 관점은, 무언가에 연연하여 학교를 그만두거나 수업에 들어가지 않는 것을 이해할 수 있는 종류의 것이 아니었다. 나 자신을 중요하게 여겨야 하며, 도덕적이고 사상적인 강박관념을 지나치게 심각하게 받아들이지 않아야 하며, 만약 열정적인 사람이 되려고 한다면 부지런하고 정직하고 선하고 모든 사람과 비슷하기 위한 열정을 느껴야만 했다. 어머니는 그림이니 예술이니 창조니 하는 것들을 지나치게 심각하게 받아들이는 것은 유럽인들이나 하는 행동으로 여기는 것 같았다. 20세기 후반 이스탄불에 사는 우리는 과거의 부유함을 잃어버리고 가난해진, 힘을 잃고 의지와 욕구가 약해진 문명의 사람들이라는 것이다. "어차피 이곳에서 좋은 것은 있을 수 없다."라는 것을 처음부터 명심해야 하며, 그래야만 나중에 상처를 받지 않는다는 것이었다.

이 주제에 대해 깊은 이야기를 하기 위해서 어머니는, 오스만 제국 술탄의 이름을 따서 직접 내 이름을 지었는데, 그 이유는 역대 술탄 중에서 술탄 오르한을 가장 좋아했기 때문이라고 했다. 술탄 오르한은 절대 거대한 일을 추구하지 않았고, 눈에 띄지 않았으며,

평범한 삶을 살았고, 역사책은 이 2대 오스만 제국 술탄을 별로 중요하게 언급하지는 않았지만 존경스럽게 서술하기 때문이라는 것이다. 어머니는 이 선택의 의미와 중요성을 내가 파악해 주기를 바랐다.

이렇게 아버지의 귀가를 기다리던 저녁마다 내 방에서 나와서 어머니와 논쟁하기 시작했을 때, 이스탄불이 내게 주었던 망가지고 슬프며 소박한 삶만큼이나, 어머니가 날 위해 예비한 평범한 삶의 이야기에 저항하고 있다는 것을 나는 알고 있었다. 나는 스스로에게 '왜 어머니한테 가서 논쟁을 하지?'라고 물어보기도 했다. 이 질문에 도무지 만족스럽고 진정한 답을 찾지 못하자, 내게도 그 의미가 확실치 않고, 좀 더 복잡한 과정이 내 영혼에 숨겨져 있다는 것을 느끼게 되었다.

어머니는 카드를 빠르게 뒤집으면서 이렇게 말했다.

"넌 옛날에도 학교를 빼먹곤 했단다. '몸이 아파요, 배가 아파요, 열이 나요.'라고 했지. 우리가 지한기르에 살 때는 습관적으로 그랬단다. 어느 날 아침 네가 또 '아파요, 학교에 가지 않겠어요.'라고 했을 때, 나는 '그만 해 이제, 아프던 말던 간에 지금 당장 집에서 나가서 학교에 가거라, 네가 집에 있는 꼴을 못 보겠다!'라고 소리쳤단다."

내 신경을 자극하는 걸 잘 알고 자주 들려주었던 이야기의 이 부분에서 어머니는 항상 웃음을 터뜨렸고, 그런 다음에는 잠시 말을 하지 않았다. 그러고는 담배를 한 모금을 들이마시고 내 얼굴은 보지도 않은 채 여느 때처럼 만족스럽게 덧붙였다.

"그다음부터 너는 한 번도 '아파요, 학교에 가지 않겠어요.'라는 말을 하지 않았단다."

그러면 나는 화가 나 이렇게 말했다.

"그렇다면 지금 말하겠어요! 다시는 건축대학에 가지 않겠어요!"

"그럼 뭘 할 건데? 나처럼 항상 집에 있을 거니?"

어머니와 싸운 뒤 현관문을 닫고 나가 밤의 어둠 속에 잠긴 베이올루 뒷골목을 반은 술에 취한 사람처럼, 반은 미친 사람처럼, 모든 사람과 모든 것을 혐오한다고 생각하면서, 담배를 피우면서 걷자 오랫동안 걷고 싶은 바람이 내 마음속에서 서서히 타올랐다. 나는 몇 시간이나 계속 했던 이 산책을 하면서, 그저 발길이 닿는 대로 걸으면서, 도시의 진열장, 식당, 반쯤 희미한 찻집, 다리, 극장 앞, 광고,

글자, 오물, 진흙, 인도에 있는 어두운 물웅덩이 위로 떨어지는 빗방울, 네온 가로등, 자동차 불빛, 떼를 지어 쓰레기통을 뒤엎는 개들을 보았고, 가장 한적한 마을의 가장 좁고 침울한 거리에 있을 때면 집

으로 뛰어가 도시의 이 모습, 이 어두운 영혼, 이 혼란스럽고 신비롭고 지친 상태를 설명하는 무엇인가를 쓰고 싶은 마음이 들었다. 한때는 행복과 유쾌함과 욕망으로 형성되었던 감정이 내 영혼에서 꿈틀거리기 시작하면서, 그림을 그리고 싶은 바람이 거부할 수 없게 내 마음속에서 솟아오르는 것 같은 기분이었다. 하지만 나는 정확히 무엇을 해야 할지 몰랐다.

"엘리베이터가 올라오니?"

우리는 귀를 기울였다. 하지만 엘리베이터의 모터 소리와 비슷한 소리는 들리지 않았다. 아버지는 오지 않았다. 내게는 놀랍게만 느껴졌던 아주 새로운 인내심으로 어머니가 카드 점에 집중하면 나는 한동안 어머니를 바라보았다. 어머니의 손과 팔에는, 어린 시절

에 항상 그녀에게서 보았던, 나를 그녀에게 매이게 하고, 그녀가 내게 정을 베풀어 주지 않으면 고통을 안겨 주었던 무엇인가가 있었다. 하지만 이 제스처나 행동이 무엇인지 정확히 알아낼 수는 없었다. 그녀에게 느끼는 지나친 사랑 혹은 지나친 분노 사이에 나 자신이 놓여 있는 것 같았다. 네 달 전, 어머니는 오랫동안 아버지를 뒷조사하여 그가 메지디예쾨이의 어느 곳에서 숨겨 둔 애인과 만나는 아파트를 찾아냈고, 요령껏 경비에게서 열쇠를 받아 빈집으로 들어갔으며, 내게 침착하게 설명해 주었던 장면과 마주쳤다. 아버지가 집에서 입었던 파자마와 똑같은 것이 그 집 침대의 베개 위에 놓여 있고, 침대 곁의 탁자 위에는 집에서와 똑같이 아버지가 그 당시에 읽고 있던 브리지 카드와 관련된 책들이 탑처럼 차곡차곡 쌓여 있었다.

어머니는 당신이 본 것을 오랫동안 아무에게도 말하지 않았고, 몇 달이 지난 후, 인내심을 갖고 파스얀스 카드를 뒤집으며, 담배를 피우며, 곁눈질로 텔레비전을 보던 어느 날 밤, 내가 방에서 나와 어머니와 이야기를 할 때, 갑자기 전부 말해 주었다. 내가 아주 듣기 싫어하는 걸 알았기 때문에 간략하게 들려주었던 이 이야기를 떠올릴 때마다, 아버지가 한동안 매일 가다시피 해서 살았던 그 두 번째 집의 존재는 전율을 일으키는 어떤 형이상학적인 느낌을 내 마음에 불러일으켰다. 아버지는 내가 하지 못했던 것, 즉 숨겨 둔 애인이 아니라 도시에 있는 자신의 닮은꼴을, 쌍둥이를 찾아 한동안 자신의 쌍둥이와 매일 만나 온 것처럼 느껴졌다. 그리고 이 착각은 내 삶과 영혼에 어떤 결핍이 있다는 것을 깨닫게 해 주었다.

어머니는 카드를 뒤집으며 이렇게 말했다.

"어찌되었든 넌 대학을 마쳐야 한다. 그림을 그리는 것으로는 먹고살지 못할 테니 일을 해야겠지. 우리도 이제는 옛날처럼 부자가 아니야."

"그건 맞지 않아요."

나는 이렇게 말했다. 왜냐하면 내가 아무 일을 하지 않아도 어머니와 아버지의 재산이라면 내게는 충분할 거라는 계산을 머리 한구석으로 벌써 하고 있었던 것이다.

"그러니까 넌 그림을 그려서 먹고살 수 있을 거라고 생각하는 거니?"

어머니가 담배를 신경질적으로 재떨이에 비벼 끄고, 조롱하는 듯하며 무시하는 듯한 목소리로 이야기하고, 내게 있어 아주 중요한 문제에 대해 관심이 없다는 듯 카드놀이를 계속 하는 것은, 우리가 밤마다 했던 모자간의 싸움을 향해 성공적으로 그리고 전속력으로 전진하고 있다는 것을 의미했다.

"여기는 파리가 아니라 이스탄불이야."

어머니는 행복한 듯 이렇게 말했다.

"네가 세계에서 가장 훌륭한 화가라 할지라도 아무도 널 신경 쓰지 않을걸. 넌 철저히 혼자가 될 거야. 네 앞에 멋진 삶이 있는데도 모두 그만두고 화가가 되려고 하는 것을 아무도 이해하지 못할 거야. 예술과 그림에 가치를 부여하는 부유한 사회에서 산다면 또 모를까. 하지만 유럽에서도 반 고흐나 고갱이 약간 미쳤다는 것을 어차피 모두들 알잖니."

1950년대에 아버지가 집어삼킬 듯이 읽었던 실존주의 문학의 전설이 어머니의 귀에까지 들어갔던 것이다. 나는 어머니가 이러한 지식을 점검하기 위해 자주 참고했던, 장정이 다 헤지고 종이가 바랜 백과사전을 들먹이며 조롱하는 듯한 투로 말했다.

"어머니의 그 《페티 라로스》에 모든 예술가가 미쳤다고 쓰여 있나요?"

"모르겠다, 얘야. 재능이 뛰어나고 아주 노력하는 예술가에게 운까지 따라 준다면 어쩌면 유럽에서 유명해질 수도 있겠지. 하지만 터키에서는 확실히 미친 사람이 될 거야. 절대 오해해서 기분 상해하지 마라, 모두 네가 상처를 입지 않았으면 해서 말하는 거니까."

"내 기분이 상할 말이 뭔데요?"

나는 어쩌면 더 가혹한 말을 듣고 상처를 입고 싶은 바람으로 이렇게 물었다.

"그 누구도 네가 정신적인 불안감을 느끼고 있다고 생각하는 것이 싫어. 그래서 네가 학교에 가지 않는다는 것을 내 친구들에게 말하지 않았다. 그들은 너 같은 아이가 화가가 되겠다며 대학을 그만둔 것을 이해하지 못할 거야. 네가 정신이 나갔다고 입방아를 찧을 거야."

"다 얘기하세요. 어차피 난 그들처럼 바보가 되지 않기 위해 모든 것을 그만두려고 하니까요."

"절대 그만두면 안 돼. 어렸을 때도 넌 결국 책가방을 들고 학교로 후다닥 달려갔으니까."

"내가 건축가가 되고 싶지 않다는 걸 이제 알게 되었어요."

"학교에 이 년만 더 다녀. 대학 졸업장은 있어야지. 그다음에 건축가가 되든 화가가 되든 마음대로 해."

"싫어요."

어머니와의 대화 493

그러자 어머니는 여느 때처럼 내 속을 긁기 위해 이렇게 말했다.

"누르지한이 네가 학교를 그만두는 것에 대해 뭐라고 하는지 아니? 내 친구는 네 아버지와 나의 불화 때문에 네가 이렇게 화를 내고, 바람피우는 네 아버지 때문에 학교에 가지 않는다고 하더라."

"엄마의 그 새대가리 상류사회 친구들이 나에 대해 어떻게 생각하는지는 내가 상관할 바가 아니에요!"

나는 미칠 듯이 화가 났다. 기막힌 일은, 내 화를 돋우기 위해 한두 마디 던지는 것을 어머니가 좋아하는 걸 익히 알면서도 스스로 들어갔던 놀이의 덫에 빠져 나 자신을 통제하지 못하고 화를 낸다는 것이었다.

"얘야, 넌 너무 자존심이 강하구나. 하지만 난 그게 좋다. 왜냐하면 인생에서 중요한 것은 예술 따위가 아니라 자존심이니까. 유럽에서는 자존심과 자만심이 강하기 때문에 많은 사람이 예술가가 되지. 왜냐하면 거기서는 예술가를 수도관 고치는 사람이나 수공업자가 아니라 아주 특별한 사람처럼 대해 주니까. 하지만 여기서 화가가 된들 자존심을 가질 수 있겠니? 예술을 전혀 이해하지 못하는 사람들에게 네가 그린 그림들을 인정받으려고, 그림을 팔려고 정부나 부자, 심지어 무식한 신문기자들에게까지 아첨하게 될 거야. 이런 일을 할 수 있겠니?"

나는 분노에 휩싸여, 자신을 밖으로 내모는 현기증 나는 활기, 나 자신조차 놀랐던 깊은 열망을 느꼈으며, 집에서 나가 거리를 달리고 싶었다. 그렇지만 동시에, 이상한 파괴심, 반항, 고통을 주고 느끼고 싶은 열정으로 어머니와 몇 분 더 입씨름을 할 것이며, 그런 다음 가장 격렬한 말을 내뱉은 후 문을 꽝 닫고는, 더럽고 어두운 밤 속으로 나가 뒷골목으로 도망칠 것임을 알고 있었다. 나의 발은 인도가 깨지고, 가로등이 꺼졌거나 희미하고, 네모난 돌이 깔린 좁고 우울한 거리로 나를 데려갈 것이며, 나는 그곳에서 이 슬프고 더럽고 가난한 곳에 내가 속해 있다는 변태적인 행복과, 내가 장차 뭔가 위대한 일을 할 것이라는 열망과 환상에 사로잡혀 한동안 걸을 것이

며, 연극에 나오는 형상처럼 내 눈앞에 지나가는 그림, 판타지, 이미지를 가련하지만 열정적인 행복감으로 바라볼 것이다.
　어머니는 카드를 조심스럽게 펴면서 나를 더욱더 화나게 하는 반

은 다정하고 반은 무시하는 듯한 말을 이었다.

"플로베르도 평생 동안 자기 어머니와 한 집에서 살았다더구나! 하지만 난 네가 평생 나와 함께 같은 집에서 멍하게 지내는 게 싫어. 그곳은 프랑스야. 거긴 위대한 예술가라고 하면 아무도 이의를 제기하지 않아. 여기서는 학교를 그만두고 평생 어머니와 함께 사는 화가는 결국 정신병자가 되던지 술주정뱅이가 되지. 너도 알겠지만, 오로지 화가가 되려고 한다면 넌 불행해질 거야. 네게 믿음을 주고, 돈을 벌 수 있는 일이 있다면 그림을 그리는 것보다 더 즐거울 거야. 내 말을 믿어."

불행하고 화가 나고 슬픈 순간에 왜 나는 한밤중 도시의 거리를 걷는 상상을 하곤 했을까? 관광객들이 좋아하고 엽서에 나오는 그 햇빛 찬란한 대낮의 이스탄불 풍경이 아니라, 왜 반쯤 어두운 뒷골목, 저녁 무렵이나 추운 겨울밤, 희미한 가로등 불빛 아래서 어렴풋이 보이는 반쯤 그림자 같은 사람, 이제는 모두가 잊어버린 돌로 된 네모난 보도블록과 한적함을 좋아했을까?

"건축가가 되지 않고, 다른 사업을 해서 돈을 벌지 않으면, 넌 부자들이나 힘 있는 사람들의 손을 바라보며 사는 그 가련한 터키 예술들처럼 콤플렉스가 있는 불안한 사람이 될 거야, 알겠니, 애야? 너도 알겠지만, 이 나라에서는 아무도 자신이 그린 그림을 팔아서 먹고살 수 없다. 넌 비참하게 살 것이고, 무시당할 것이고, 평생을 콤플렉스와 불안에 싸여 예민한 상태로 살아갈 거야. 이런 것이 너처럼 똑똑하고 잘생기고 생기 있는 사람에게 어울리는 일이니?"

베쉭타시에서 내려와 돌무쉬를 타지 않고 돌마바흐체 궁전 벽을 따라 스타디움까지 걸어야지, 하고 나는 속으로 상상했다. 나는 밤

마다 높이가 최소한 20미터가 되는, 돌에 이끼가 끼고 검게 변한 두껍고 오래된 궁전 벽을 따라 플라타너스 나무를 뒤로하며 걷는 것을 좋아했다. 분노의 순간, 박동이 빨라진 이마의 혈관처럼 내 마음 속에서 높아지는 에너지를 느끼며 돌마바흐체에서 십이 분 만에 비탈길을 따라 탁심으로 올라가야지, 하고 속으로 말했다.

"너는 어렸을 때, 우리가 아주 상황이 안 좋았을 때조차 항상 미소를 짓는 쾌활하고 사랑스럽고 낙관적이고 귀여운 아이였어. 너를 본 사람들은 항상 미소를 지었지. 그건 네가 사랑스럽기만 했기 때문이 아니라, 악이나 비관적인 것이 무엇인지 모르고, 기분이 안 좋을 때에도 혼자 상상을 하며 행복하게 놀 줄 알았던 낙천적인 아이였기 때문이야. 이런 아이가 부자들의 손을 바라보는, 불행하고 근심 많은 화가가 되는 것은 네 엄마가 아니라도 나는 반대했을 거야. 그러니 내가 한 말에 절대 속상해하지 말고 유념해서 들어줬으면 한다."

탁심으로 올라갈 때, 불 켜진 갈라타의 반쯤 어두운 풍경을 바라볼 것이며, 베이올루로 나가서 이스틱랄 대로 초입에 있는 책 진열대를 보며 삼사 분 시간을 보낸 후, 텔레비전과 꽉 찬 손님들이 내는 소음으로 신음하는 맥줏집 중 한 곳에서 보드카가 들어간 맥주를 마시고, 그 안에 있는 모든 사람들처럼 담배를 피울 것이며(주위에 유명한 시인, 작가, 예술가가 있는지 둘러보며), 콧수염을 기른 이 남자들 속에서 혼자 온 (동안(童顏)의) 호기심 많은 젊은이라는 이유로 관심이 쏠린다는 것을 느끼면 밖으로 나와 밤의 품속으로 도망칠 것이다. 대로에서 잠시 걷다가 베이올루의 뒷골목인 추쿠르주마, 갈라타, 지한기르에서 젖은 인도에 비치는 가로등과 텔레비전 빛을 바

라보다가 가끔 멈춰서, 고물상과 평범한 구멍가게가 진열대로 사용하는 냉장고나, 혹은 어린 시절에 보았던 광고 마네킹을 여전히 진열해 놓은 약국의 진열장을 보며, 사실은 내가 얼마나 행복한지를 깨달을 것이다. 지금 어머니 말을 들으며 마음속에서 느끼는 현기증 나는 아름답고 순수한 분노는 한 시간 후에 베이올루의 뒷골목에서—위스퀴다르나 파디흐의 뒷골목으로 갔어야 했나—추위에 떨며 걷다 보면 나의 모든 미래를 반짝반짝 빛나게 하는 욕망으로 변할 것이다. 그러면 맥주 때문에, 그리고 한동안 걸은 탓에 약간 어지러운 머리로, 도시의 더럽고 어둡고 침울한 거리들이 내가 아주 좋아했던 옛날 영화처럼 흔들리는 것을 느끼고는 너무나 행복해서 이 멋진 순간을 확인하고 감추기 위해—아주 좋아하는 과일이나 작은 구슬을 입에 물고 몇 시간이고 그 안에 감추는 것 같은 느낌이다—텅 빈 거리에서 집으로 돌아와서, 책상 앞에 앉아 연필로 종이 위에 무엇인가를 쓰고 그리고 싶을 것이다.

"벽에 있는 저 그림은 내가 네 아버지와 결혼했을 때 네르민 가족이 선물했던 거야. 그들이 결혼했을 때 우리도 뭔가 선물을 하기 위해 유명한 화가의 집으로 갔지. 터키의 가장 유명한 화가는 누군가가 자신의 그림을 사기 위해 마침내 문을 두드린 것에 얼마나 기뻐했는지, 그 기쁨을 감추기 위해 어떤 포즈를 취했고, 우리가 그림을 들고 그 집을 나갈 때 땅까지 고개를 숙이며 얼마나 정중하게 인사를 했는지를 보았다면, 이 나라에서 화가고 예술가고 뭐고 전혀 되고 싶지 않을 거야. 그래서 나는 사람들에게 내 아들이 화가가 되기 위해 학교에 가지 않는다는 걸 감추는 거야. 네가 머리가 텅 비었다고 했던 그 사람들이 언젠가는 구입할 거라고 기대하면서 그림

을 그리기 위해, 네가 온 생애와 미래를 암담하게 하면서 학교를 그만두었다는 것을 안다면, 네 아버지와 나를 무시하는 기쁨으로 팁을 주듯 네게서 그림 한두 점을 살 거야. 어쩌면 널 동정하며 돈도 줄 수 있겠지. 하지만 절대 자기 딸을 주지는 않을 거야. 네가 그림을 그렸던 그 사랑스런 여자 애의 아버지는 그 애가 널 사랑한다는 것을 알자마자, 왜 서둘러 스위스로 딸을 보내 버렸을까? 이 가난한 나라에서, 이 의지가 약하고 무식한 사람들 사이에서, 무시당하지 않고 당당하게 살기 위해서는 자신의 일과 재산이 있어야 고개를 빳빳이 들 수 있는 거야. 절대 건축학과를 그만두면 안 된다, 아

들아, 네 자신을 가엾게 여겨. 네가 자주 언급했던 그 르 코르뷔지에는 화가가 되고 싶었지만 건축학을 공부했잖니?"

베이올루의 거리가, 그 거리의 어두운 구석이, 도망치고 싶은 욕구와 죄책감과 함께 내 머릿속에서 네온사인처럼 꺼지고 다시 켜졌다. 가끔 화가 나고 극도로 예민한 순간에 그랬듯이, 내가 좋아하는 그 반쯤 어둡고 매력적이며 더럽고 사악한 도시의 거리에 있는 내가 도피할 두 번째 세계는 이미 내 머릿속에 자리 잡고 있었다. 나는 그날 밤 어머니와 나 사이에 싸움이 나지 않을 것이며, 잠시 후 문을 열고 나를 위로할 거리로 나갈 것이며, 한동안 걸은 후에 한밤중 집으로 돌아와 거리의 분위기에서, 내가 사로잡혔던 어떤 화학 작용에서 무엇인가를 끄집어내어 쓰기 위해 책상 앞에 앉을 거라는 것을 알고 있었다.

"화가가 되지 않겠어요. 난 작가가 되겠어요."

(2002년~2003년)

## 사진에 관하여

이 책을 쓸 때 느꼈던 흥분과 망설임을 사진들을 고를 때 다시 경험하였다. 이 책에는 아라 귈레르가 찍은 사진이 가장 많이 수록되어 있다. 나는 아라 귈레르가 그의 삶의 대부분을 보냈던 베이올루의 집-사진관-자료실-박물관에서 작업을 하면서, 한때 내가 아주 좋아했지만 잊어버렸던 어린 시절의 풍경을 보고는(예를 들면 다리 밑에서 굴뚝을 내린 예인선, 386쪽) 과거에 대한 그리움과 과거의 기이함에 대한 경이로움으로 어찌할 바를 몰랐다. 때로는, 예를 들면 427쪽

에 있는 갈라타의 설경처럼, 자주 눈앞에 떠오르는 아주 오래된 추억과 닮은 멋진 사진을 볼 때는, 꿈꾸듯 기억해 낸 추억을 감추거나 그에 대해 쓰고 싶어 안절부절못했다. 내게 보는 흥분과 기억하는 어쩔함을 불러일으키는 아라 귈레르의 무한하고 놀라운 자료들은 1950년에서 오늘날까지 이스탄불의 삶과 풍경에 관한 가장 멋진 기억이다. 이 책에 나오는 아라 귈레르의 사진의 페이지들은 아래와 같다.

16~17, 52, 54, 60, 64, 65, 67(아래), 69, 77(위), 79, 80(오른쪽), 133, 134, 135, 137, 138, 139(아래), 140, 144, 147, 152, 155, 197, 243, 244, 253, 281, 308, 316, 318(위), 339, 341, 342, 346, 351, 352, 353, 356, 359, 380, 381, 382, 385, 386, 397, 416, 427, 437, 438, 440, 470, 472, 473, 475(위), 477, 478, 479, 489, 495, 498, 500쪽.

1912년에 태어난 셀라하딘 기즈가 고등학생 때부터 베이올루 거리를 찍기 시작했고, 그 후 사십이 년간 《쥠후리예트》 신문사에 소속되어 찍었던 사진으로 가득한 자료실에서 작업을 하다 보면 어떤 매혹감과 함께 비밀스런 것을 목격하고 있다는 감정이 생겨났다. 이는 어쩌면 기즈가 나처럼 텅 비고 한적한 거리와 이스탄불 설경을 좋아했기 때문일 수도 있다.

51, 57, 58, 66, 76, 78, 80(왼쪽), 85, 88, 89, 123, 136, 154, 184, 194, 195, 199, 200, 201, 239, 291, 293쪽.

또 다른 기자-사진작가인 힐미 샤헨크의 사진들을 보관하고 보존했으며, 이 책에 수록하는 것을 허락한 이스탄불 시에 감사드린다.
  61, 67(위), 68, 75, 91, 139(위), 198, 279, 289, 324, 383, 415, 426, 469, 475쪽.

  1875년~1900년 사이 이스탄불에 사진관을 세운 압둘라 형제의 사진들 중 일부를 311, 315, 319쪽에 수록했다.

  이 책을 쓰기 위해 조사를 하면서 엽서 예술가 막스 프루흐테르만도 압둘라 형제의 사진들을 사용했다는 것을 알게 되었다.
  76, 77(아래), 83, 86, 317, 319(아래), 336, 349, 350, 388~391(5장의 엽서용 석판화 인쇄 당시 유행했던 파노라마)쪽에 나오는 그림들은 막스 프루흐테르만이 제작한 엽서를 사용했다.

  187, 190, 193, 215, 219, 304, 321, 347쪽에 있는 옛날 사진들은 누가 찍었는지 모른다. 다른 사람을 거쳐서 내 손에 들어왔다. 수소문했지만 주인을 찾지 못했다.

  63쪽에 있는 르 코르뷔지에의 그림 수록을 허락해 준 르 코르뷔지에 재단에 감사드린다.

  72쪽에 있는 동판화는 토마스 알롬, 355쪽에 있는 그림은 호자 알리 르자, 457쪽에 있는 「누워 있는 여자」는 할릴 파샤의 그림이다.

  92~109쪽에 나오는 그림들과 302쪽에 나오는 확대 그림은 멜링

의 것이다.

나머지 가족 사진들은 나의 개인 소장품이며, 대부분은 나의 아버지가 찍었고, 한 장은 어머니 혹은 삼촌이 찍었을 것이다. 502쪽에 있는 사진은 무라트 카르트오울루가 찍었다.

28장에서 언급했던 것처럼, 365~367쪽에 나오는 지한기르, 베쉭타시 사진들은 내가 찍었다. 124쪽에 나오는 네모난 돌이 깔린 지한기르의 비탈길 풍경 사진을 내가 열다섯 살 때 찍었다는 것을 생각하니 기분이 좋다.

이 책을 주의 깊게 읽고 조언을 해 준 에스라 악잔과 엠레 아이와즈에게 감사의 말을 전한다.

■ 옮긴이의 말 ■

## 오르한 파묵 그리고 이스탄불의 음울한 영혼

나는 이스탄불을 순수하기 때문이 아니라,
복잡하고, 불완전하며, 폐허가 된 건물들의 더미이기 때문에
좋아한다. ─오르한 파묵


오르한 파묵(Orhan Pamuk, 1952~ )은 2006년 노벨 문학상에 빛나는, 현재 터키의 최고 작가이며 세계 문단의 중심에 선 인물이다. 파묵의 소설들은 그의 명성에 걸맞게 세계 30여 개 나라의 언어로 소개되었으며, 국내에는 『새로운 인생』, 『하얀 성』, 『눈』, 『내 이름은 빨강』, 『검은 책』이 번역 출간되었다.

이번에 출간되는 파묵의 작품은 소설이 아니라 『이스탄불─도시 그리고 추억』(초판 2003년)이라는 제목의 자전적 회상록이다. 일곱 편의 장편소설을 완성한 뒤에 자신의 삶을 돌아보고 밝히기 위해 쓴 작품이 바로 이 자서전적인 성격을 지닌 글이다. 아직 작가로서의 앞날이 더 환한 작가가 아무런 허위나 가식 없이 자신의 삶과 추억, 은폐하고 싶은 어두운 열등과 자신의 삶을 이루게 한 근간이자 피폐의 심연인 도시─고향─에 대해 독자들에게 낱낱이 털어놓았다면 독자들은 어떠한 반응으로 회답해야 옳을까.

매우 기묘하고도 깊은 방식으로 쓰인 이 글을 읽을 때 우리는 먼

저 진실로 소통하고 사실로 공감하고자 하는 작가의 의지를 염두에 두어야 할 것이다. 파묵은 이 작품을 통해 허구를 창조하는 작가라는 직업에서 벗어나, 독자들 앞에서 자신을 악착스럽고도 적나라하게 드러내며 소통하고자 했다. 동시에 자신이라는 존재의 형성 과정을 이스탄불이라는 절대적이며 유일한 시공간과 결합시켜 자신이 왜 이렇게 성장했으며 왜 이런 글을 쓸 수밖에 없었는가를 보여 준다. 터키와 이스탄불이라는 시공간은 그의 많은 작품에서 중첩되어 나타나듯 오르한 파묵 자신의 의지로 사는 삶보다는 외부 세계의 많은 무수한 것들로부터 강요된 삶을 부여했다. 그러한 지난한 피폐 속에서 어떻게 자신의 자아를 지키고 만들어 왔는가에 대한 궁금증을 우리는 이 책의 진솔한 고백을 통해서 알고 함께 느낄 수 있을 것이다.

이 작품에는 허구적인 캐릭터나 플롯이 전혀 없다. 아울러 인간이라면 누구나 남에게 숨기고 덮어 두고 싶을 것이 마땅한 어두운 과거와 불행에 대해서, 이를테면 파묵의 시선에 따르면 불행하고도 모순적인 가족들의 이야기, 아스라한 첫사랑과 첫 경험, 그리고 열등감의 거대한 상징인 형과의 싸움—자서전적인 회상록에서 인간의 본능인 성과 폭력은 피할 수 없는 모티프였을 것이다—거대한 피폐와 혼란 속에서 기형적으로 낡아 가는 이스탄불, 그 속에서 겪는 모순과 환멸과 방황에 대해서 파묵은 지상에 닿은 순간 녹아 버리는 눈송이처럼 번뜩이다가 사라지고 마는 괴팍한 영감의 천사를 따라 자신의 지식과 감정을 마구 헤집고 들춰 가며 글을 썼다. 어찌 보면 아직도 많은 작품을 쓸 수 있기에 더 위대한 작가에게 조금은 때 이른 회상록을 쓴다는 것은 본인에게도 부담이 되지 않았을까

하는 생각도 든다. 하지만 이 글을 읽은 뒤의 독자라면 파묵이 자신의 자아에게 느끼는 치열함과 엄중함과 드높은 자존심을 이해할 수 있으리라. 아울러 이 책의 탄생에 대한 의문도 받아들일 수 있으리라. 파묵은 1999년에 출간한 『다른 색들』(국내 미출간)이라는 작품에서, 무엇보다도 자신의 도시인 이스탄불과 관련된 작품을 쓸 것이라는 것을 언급한 적이 있었다. 그는 이 책으로 약속을 지킨 것이다.

파묵은 세계적으로 '터키 작가'라기보다는 '이스탄불 작가'로 더 잘 알려져 있다. 제임스 조이스 하면 더블린을 떠올리고 카프카 하면 프라하를 연상하듯, 이제 오르한 파묵은 자연스레 이스탄불과 동일시된다. 이스탄불에서 태어나고 성장했다는 것, 그리고 현재까지 발표한 일곱 편의 장편소설 중 『눈』을 제외한 모든 작품의 공간적 배경이 이스탄불이라는 사실을 통해 그에게 왜 이런 수식어가 붙었는지 짐작할 수 있다. 그는 현재도 이스탄불 중심가에 살고 있으며, 여름 집필실 또한 이스탄불 시에 속한 섬에 있다. 한편 스웨덴 한림원은 오르한 파묵을 2006년 노벨 수상자로 발표하면서 "파묵은 고향인 이스탄불의 음울한 영혼을 탐색해 가는 과정에서 문화 간 충돌과 복잡함에 대한 새로운 상징을 발견했다."라고 선정이유를 밝힌 바 있다. 소설 『검은 책』이 이스탄불을 배경으로 한 오르한 파묵의 작품을 대표하는 난해한 허구의 포스트모던 텍스트라면, 이 책 『이스탄불―도시 그리고 추억』는 이스탄불에 대한 작가의 감상이 그대로 드러나 있는 사실적이며 꾸밈없는 텍스트라고 말할 수 있다.

서명(書名)에서도 추측할 수 있듯이 『이스탄불―도시 그리고 추억』에서 그는 이스탄불에서 태어나고 자란 개인사를 도시의 변천사와 함께 담담하게 풀어 나가고 있다. 빽빽하고 깨알 같은 글씨로 쓰인 묵직한 부피의 이 책 속에는 파묵을 속속들이 들여다볼 수 있는 흥미로운 사건과 장치가 곳곳에 가득하다. 그는 유년기, 청소년기, 청년기 그리고 현재까지의 자신을 때로는 아프게 때로는 행복하게 서술한다. 또한 이스탄불과 관련된 과거의 텍스트들과 외국의 알려진 텍스트들, 헌책방에서조차 사라져 가는 슬픈 기록들, 자신의 내부에 각인된 기억들과 외국의 유명 인사들의 회고들을 이야기한다. 이 작품에는 터키 현대문학의 거장인 아흐메트 함디 탄프나르에서 시작해서 코추, 야흐야 케말, 플로베르, 네르발, 고티에까지 이르는 많은 작가들의 꿈과 열정이 된 도시 이스탄불에 대한 언급이 담겨 있다. 개인적으로는 하나의 시공간에 대해 이토록 치밀하고 다양한 외부와 내부의 관점으로 기록될 수 있다는 것이 놀랍기도 하며 질투가 나기도 한다.(우리나라의 어느 도시의 과거와 현재가 이토록 그대로 기록된 적이 있었던가?) 오르한 파묵이라는 개인이 경험한, 어린 시절 부모님의 이혼 때문에 겪었던 정서적인 불안감, 첫사랑, 가족, 슬픔, 행복, 그 모든 감정이 이스탄불이라는 도시의 과거와 미래, 도시의 변천사와 환상적으로 맞물려 독자들의 눈앞에 신기루처럼 펼쳐지고 있는 셈이다.

  이 책은 파묵의 표현을 빌린다면 "영혼에서 일어난 것들을 많은 세월이 흐른 후 기억하여 그것들을 의미 있고, 즐거운 이야기로 쓰려고 하는 쉰 살 먹은 작가의 말"이다. 이 작품의 특이할 점은 터키 유명 사진작가들이 찍은 이스탄불의 흑백 사진과 유년기부터 현재까지의 파묵의 다양한 모습을 볼 수 있는 갖가지 사진들이 200점 가량 실려 있다는 점이다. 또한 파묵이 찍은 이스탄불 사진, 흑백 사진 속의 이스탄불 변천사, 거리와 건물들은 독자들의 시선을 끄는 또 다른 즐거움이다. 이미지와 글이 조합된 회상록이 새로운 시도는 아니지만, 이스탄불의 과거와 현재, 저자의 성장을 알기 위해서는 알맞은 구성이라고 본다. 사진 속의 이스탄불을 통해서 개인적으로 독자들이 '비애'라는 감정을 느낄 수 있게 되길 바란다.

우리는 이 작품을 통해 이스탄불이 낳은 세계적인 작가를 비밀스레 엿볼 수 있는 기회를 갖게 된다. 작가가 유년기를 추억할 때 가장 많이 등장하는 단어는 다름 아닌 '비애'이다. 이스탄불이라는 도시 자체가 그에게는 슬픔으로 다가왔던 것이다. 과거 오스만 제국의 수도였던 이스탄불(콘스탄티노플)은 지금의 뉴욕이나 파리를 뛰어넘는 세계의 중심지였다. 하지만 시간이 흐를수록 그 영광스런 모습은 하나둘 사라져 갔고 더 이상 발전하지 못한 채 방치되거나 버려지거나 잊혔다. 오르한 파묵은 그의 모국이자 고향인 도시, 이스탄불이 슬펐던 것이다. 진심으로 슬퍼하고 애도하는 방법의 궁극은, 그것이 사라지지 않도록 완전하게 기록해서 보존될 수 있도록 각인하는 것이다. 그러한 관점으로 보자면, 오르한 파묵의 이 회상록은 자신에 대한 고백인 동시에, 너무나 허망하고 빠르게 허물어져 가는—곧, 너무 빠르게 새로워져 가는—이스탄불의 소멸에 대한 저항의 기록으로 이해할 수 있다.

도시에 솟아 있는 웅대한 사원들과 거대한 역사적인 건물, 시간이 부여한 기품 있는 목조 별장들은 아름답고 숭고하지만, 그만큼 과거의 영광을 회상하게 하고 그리워하게 하고, 그처럼 위대했던 과거처럼 현재를 살지 못하는 비탄과 자조를 불러일으킨다. 파묵은 자신이 태어난 해부터 지금까지의 반세기 이상 세월은 이스탄불이 세상과 멀어져, 변방도시로 남아 버린 흑백의 세월이었다고 고백하고 있다. 이 변방 이미지는 파묵의 노벨 문학상 수상 연설인 「아버지의 여행 가방」*에서도 여실히 드러나고 있다. "이 예감의 일부는 아버지의 서재를 보며 느꼈던 것처럼, 중심에서 떨어져 있다는 생각, 그리고 그 당시 이스탄불에 사는 우리 모두가 느꼈던, 변방에서 살고 있다는 느낌과 관련되어 있었습니다. (중략) 삶에서뿐만 아니라, 문학에서의 저의 위치에 대해 제가 품고 있었던 기본적인 명제는 제가 '중심부에 있지 않다.'라는 것이었습니다. 세계의 중심부에는 우리의 삶보다 더 풍부하고 매력적인 삶이 있었습니다. 그리는 저는 이스탄불의 모든 사람들, 터키의 모든 사람들과 함께 이 중심부 바깥에 있었습니다. 저는 저의 이 생각을 오늘날 세계의 대다수의 사람들과 공유하고 있다고 생각합니다. 마찬가지로, 세계 문학은 존재하되 그 중심은 저와 아주 멀리 떨어진 곳에 있었습니다. 실상 제가 생각했던 것은 서양문학이지 세계 문학이 아니었습니다. 그리고 우리 터키인들은 이 경계선 밖에 있었습니다." 그리하여 파묵은 이 변방에 있는, 즉 중심부가 되지 못한 세계의 한 사람으로서, 주변부에 있다는 분노에서 비롯한 상처와 고뇌가 뒤섞인, 어느 날엔가는 우리가 쓴 것들이 읽히고 이해될 거라는 신념을 가지고, 사람들은 세계 어느 곳에서나 닮아 있다는 낙관적인 믿음으로 창작활동을 지속해 세계적인 작가의 반열에 오르게 된다.

이 작품을 번역하기 시작하면서 처음부터 끝까지 고심했던 단어가 하나 있다. 바로 'hüzün'이라는 단어다. hüzün이라는 감정에 대해 파묵은 이 책의 10장에서 단어의 어원부터 시작하여 이 단어가

---

* 이난아 번역, 「아버지의 여행 가방」, 《문학동네》 2007년 봄호, 487쪽.

이스탄불과 어떤 연관이 있는지를 집요하게 파고든다. hüzün은 우리말로 하면 비애, 깊은 슬픔, 침울, 우울, 우수, 음울 등으로 표현할 수 있다. 이 작품에서 이 감정은 하루아침에 생긴 일시적인 슬픔이나 충동적이고 즉흥적인 감정이 아니라, 시간적으로 오랜 세월을 걸쳐 축적되고 문화적으로 의미가 덧씌워진, 공동체가 함께 연대하고 공감하여 느끼게 되는 어떤 살아 있는 느낌이다. 어쩌면 우리나라의 '한(恨)' 정서와도 맥락을 같이한다고 볼 수 있다. 이 hüzün이라는 단어는 이 책에서 수백 번 반복되는, 말 그대로 이 작품 전체를 관통하고 있는 핵심이다. 필자는 파묵이 언급한 대로 이스탄불과 떼려야 뗄 수 없는 이 hüzün이라는 감정을 위에서 언급한 의미들 중에서 취사선택해야 하는 고민에 휩싸였다. 단어 하나로 표현할 수 없을 정도로 역사적, 문화적으로 심오한 의미가 있기 때문이다. 많은 고심 끝에 '비애'라는 단어를 선택했으며, 때로는 문장의 흐름에 따라 '우울', '슬픔', '침울', '비탄'으로 옮기기도 했다. 그 느낌에 대한 감상은 독자에게 맡기기로 결정했다. 역자의 이 힘든 결정이 부디 독자 여러분들의 상상력과 공감으로 이 감정의 핵심에 깊이 다가가게 되는 데 방해가 되지 않기를 바랄 뿐이다.

이제, 독자 여러분은 '비애'가 파묵이 이스탄불을 사랑할 수밖에 없었던 원천적인 감정이라는 것을 알게 될 것이다. 36장의 끝부분에서 파묵은 "폐허와 비애, 그리고 한때 소유했던 것을 잃었기 때문에 내가 이스탄불을 사랑한다는 것을 서서히 알게 되었다. 다른 물건들을 얻고, 나를 행복하게 하는 폐허들을 보기 위해 나는 그곳에서 멀어져 다른 곳을 향해 걸어갔다."라고 밝히고 있다. 파묵을 파묵이게 한 것은 다름 아닌 이스탄불의 비애였던 것이다. 독자들은 이 작품을 읽으면서 자연스럽게 그의 소설들을 떠올리게 될 것이다. 일례로 37장은 소설 『새로운 인생』의 주인공과 어머니의 관계 그리고 주인공의 정신 상태가 동일시되는 부분이다. 『새로운 인생』의 주인공은 이스탄불의 밤거리를 헤맨 후 집으로 돌아와 독서에 몰두하며 새로운 인생을 꿈꾸는 고뇌에 찬 공학도이며, 파묵이 이 주인공과 동일한 젊은 시절을 보냈다는 것을 이 장에서 알 수 있다. 이는 작가의 실제 삶이 소설에 어떻게 반영되었는지에 대한 실례이기도 하다. 이 회상록과 파묵의 소설을 연결해 가며 읽는, 발견의 기쁨을 얻는 독서도 가능하리라고 본다.

『이스탄불—도시 그리고 추억』에서는 파묵의 정신세계에 커다란 영향을 미친, 잊혀 가는, 사라져 가는 옛 이스탄불의 자취와 추억이 문장 사이사이에서 아련하게 피어오르고 있다. 이제 그는 자유로운 분위기 속의 이스탄불을 꿈꾸고 있다. 그가 경험했던 도시 이스탄불은 그가 꿈꾸는 도시 이스탄불로 나아갈 수 있을까. 파묵이 계속 나아가고 있는 작가인 것처럼 이스탄불 역시 계속해서 역사 속으로 나아가고 있다. 우리는 행복하게 자신의 삶에 대해서, 도시에 대해서, 고향에 대해서, 그리고 무엇보다도 자신의 경험과 경험 속의 존재들에 대해서 사랑해야 한다고 믿는다.

번역하는 내내 필자는 오르한 파묵과 이스탄불의 관계에 대해 생각했다. 그 관계의 핵심이 파묵의 모든 작품의 근간을 이룬다고 본다. 우리 모두는 고향을 가지고 태어나지만, 자라면서 그 소중한 고향을 계속 가질 수는 없게 된다. 우리가 고향을 사랑하는 것은, 고향이 오직 자신에게만 모든 것을 내어 주는 지극한 헌신의 결정체이며, 그 때문에 완전히 폐허로 전락할 수밖에 없는 운명에 놓인 순수의 핵심이기 때문이다. 오르한 파묵에게 이스탄불은 고향의 고향이며, 폐허의 폐허다. 그러하기 때문에 오르한 파묵에게 이스탄불은 무엇보다도 자기 자신의 심연이며 핵심이다. 이스탄불이 폐허가 된 원인은—오르한 파묵의 말에 의하면—'새로운 것에 대한 우리의 호기심'이다.

오르한 파묵에게 있어 이스탄불이라는 절망—동시에 사랑—은 '비애'로 말미암아 성장했다. 모두가 공감할 수 있을 만큼 거대하게 자신의 슬픔을 키워 냈다면, 그것은 드디어 슬픔이 아니게 된다. 독자 여러분은 이 글을 통해 파묵을 만들어 낸, 파묵이 그려 낸 도시, 이스탄불의 실체와 만나게 되다 이스탄불의 작가 오르한 파묵이 과거, 인생관, 예술관, 사랑, 가정사, 개인사 등을 궁금해하는 독자들에게 이 작품은 더할 나위 없이 좋은 텍스트가 되리라고 감히 확신한다. 독자 여러분이 이 작품으로 말미암아 오르한 파묵의 작품들을 더 깊이 이해할 수 있게 되길, 아울러 행복과 그 깊은 행복의 심연 속에 자리 잡고 있는 존재를 느낄 수 있게 되기를 기원해 본다.

마음으로 감사의 인사를 드리고 싶은 분들이 너무나 많이 떠오른다. 감사의 무게만큼 행복을 느낀다. 바쁜 일정에도 힘들거나 어려운 일이 있을 때마다 아낌없는 배려로 우정을 베푸는 오르한 파묵 씨에게 무엇보다 고맙다는 인사를 전한다. 그리고 모교에서 후배들을 가르칠 기회를 주시고 늘 마음속에 든든한 기둥이 되어 주신 서재만 교수님과, 항상 조언과 격려로 믿음을 주시고 감싸 주시는 김대성 교수님께 감사드린다. 또한 대학 3학년 때 터키 어학연수를 마치고 귀국을 준비하던 시절, 내 미래에 대해 조언을 구했을 때 용기를 북돋아 주시고 터키 문학을 전공할 수 있도록 길을 제시해 주신

연규석 교수님께도 특별히 고마움을 전한다. 이외에도 국내외의 많은 분들이 번역 과정에서 도움을 주셨다. 감사드릴 따름이다. 앞으로도 계속 터키의 훌륭하고 다양한 작품들을 국내에 소개하고, 한국의 많은 작품을 터키에 알리면서 두 나라의 문화 교류와 발전을 위해 헌신하는 것으로 그분들의 은혜에 보답하고 싶다. 십 년 전 생소한 터키의 작가 오르한 파묵의 작품을 국내에 처음 소개할 수 있는 기회를 주고 지금까지 오르한 파묵의 작품을 함께하고 있는 민음사 가족들의 열정과 노고에도 깊은 감사의 마음을 전한다. 늘 넘치는 감사의 마음으로 살았고 앞으로도 그러할 것이기에 나는 지금 무엇보다도 행복하다. 이 행복이 사랑하는 독자들에게도 전해졌으면 하는 소망을 가져 본다.

2008년 봄
이난아

## 이난아

한국외국어대학 터키어과를 졸업하고, 터키 국립 이스탄불 대학에서 터키 문학으로 석사 학위, 터키 국립 앙카라 대학에서 터키 문학으로 박사 학위를 받았다. 현재 한국외국어대학 중앙아시아연구소 전임 연구원으로 재직 중이다. 저서로 『터키 문학의 이해』, 『오르한 파묵, 변방에서 중심으로』, 『오르한 파묵과 그의 작품 세계』(터키 출간), 『한국어―터키어, 터키어―한국어 회화』(터키 출간)가 있고, 터키 문학과 문화에 관련한 다수의 논문을 발표했다. 소설 『내 이름은 빨강』 등 40여 권에 달하는 터키 문학 작품을 한국어로 번역했으며, 김영하의 『나는 나를 파괴할 권리가 있다』 등 다섯 편의 한국 문학 작품을 터키어로 번역했다.

# 이스탄불

1판 1쇄 펴냄 · 2008년 5월 9일
1판 8쇄 펴냄 · 2023년 7월 3일

지은이 · 오르한 파묵
옮긴이 · 이난아
발행인 · 박근섭, 박상준
펴낸곳 · (주)민음사

출판등록 · 1966. 5. 19. (제 16-490호)
서울특별시 강남구 도산대로1길 62 (신사동)
강남출판문화센터 5층 (우편번호 06027)
대표전화 02-515-2000 · 팩시밀리 02-515-2007
www.minumsa.com

한국어 판 © (주)민음사, 2008. Printed in Seoul, Korea

ISBN 978-89-374-8169-7 03830

* 잘못 만들어진 책은 구입처에서 교환해 드립니다.